# 유식이십론

다섯 가지 버전과 상세한 해설로 읽다

## 전체 일러두기

1. 『유식이십론』 번역에 사용된 산스크리트본, 티베트역, 한역 원문의 출처와 교감에 사용된 약호는 "『유식이십론』 서지 정보"를 참조하기 바란다.
2. 각주는 역자들의 교정이나 교감으로 구성되어 있다.
3. *는 산스크리트가 아닌 텍스트에서 추정되는 산스크리트 단어를 의미한다.
4. 번역 문장의 괄호 안에 있는 산스크리트, 티베트어, 한역어는 필요에 따라 병기하였다.

# 유식이십론

다섯 가지 버전과 상세한 해설로 읽다

강형철 · 유리 · 구미숙 역주

씨아이알

# 머리말

『유식이십론』은 흔히들 불교의 핵심처럼 인용되는 "모든 것은 마음이 지어낸 것이다"라고 하는 캐치프레이즈를 증명하기 위해서 작성된 논서이다. 저자인 바수반두는 이를 표방하는 '유식(vijñaptimātra, 唯識)' 사상을 당시 불교 교단 내외의 반론으로부터 옹호하기 위해서 여러 가지 논리적 아이디어를 창안하였고, 그 논리들이 이 논서 안에 정교하고 효율적으로 배치되어 있다. 『유식이십론』의 각 항목에는 존재와 인식에 관한 철학적 질문들에 대하여 불교를 대표하는 한 진영에서 제시하는 대답이 다양한 각도로 조명되어 있다.

그러나 바수반두라는 인도불교를 대표하는 인물의 대표작 중 하나임에도 불구하고 『유식이십론』은 국내에서 그동안 연구가 활발하게 진행되거나 대중적으로 많이 읽히지는 못한 편이라 할 수 있다. 반면 이 논서와 쌍을 이루는 바수반두의 저작인 『유식삼십송』은 상대적으로 훨씬 더 많은 관심을 받아왔다. 거기에는 여러 가지 이유가 있을 수 있겠지만, 『유식이십론』이 해독하기 어려운 논리적 문답으로 이루어져 있어서 쉽게 접근하기 힘들다는 점도 그 이유 중 하나일 것이다. 하지만 이 논서가 이처럼 다채로운 문답으로 이루어져 있다는 점은 그만큼 향후 대중적인 흥미를 끌 잠재력도 지니고 있다는 것을 나타낸다고 할 수 있다.

근대 불교학에서의 『유식이십론』 연구는 20세기 초에 시작되었다. 일본에서는 1922년 야마구치 스스무(山口益)와 사사키 게쇼(佐々木月樵)가 티베트역과 한역의 번역대조연구를 진행하였고, 프랑스에서는 1925년 레비(Sylvain Lévi)가 새로 발견된 산스크리트 사본의 교정을 거친 편집본을 발간하여, 이후에 수많은 학자들이 이 논서에 대한 연구를 개진하였다. 올해는 『유식이십론』의 산스크리트 편집본이 최초로 발간된 지 100주년이 되는 해라고 할 수 있다.

일제강점기의 한국에서도 당시 프랑스와 일본에서 유학했던 승려 김법린이 귀국 후 레비의 산스크리트 편집본을 현장과 진제의 한역과 대조하는 번역 연구를 진행하여 1932년 「唯識二十論의 硏究」라는 제목으로 『불교』지에 네 차례에 걸쳐서 연재하였다. 이는 이나즈 키조(稲津紀三)가 일본에서 1929년 발표한 번역대조연구를 참조한 것이었지만, 국내 최초로 근대 불교학의 방법론에 입각하여 산스크리트 원문을 제시하고 우리말로 유려하게 번역했다는 점에서 큰 의의가 있다. 다가올 2032년에는 국내 연구자들이 모여 『유식이십론』 한글 번역 100주년을 기념하는 자리를 마련할 수 있기를 희망한다.

해외 학계에서는 한동안 『유식이십론』 연구가 다소 정체되었던 시기가 있었지만, 최근에 관련된 학위논문과 새로운 관점을 보여주는 학술논문들이 발표되기 시작했다. 국내에서도 2017년 동아시아불교문화학회에서 '『유식이십론』과 유식사상'이라는 제목으로 학술대회가 개최되어 많은 연구자가 참여하였고, 근년에는 전남대학교와 서울대학교에서 『유식이십론』에 관한 훌륭한 박사학위논문이 제출되었다. 학술논문도 국내에서 그 이전의 논문 숫자를 모두 합친 것보다도 몇 배나 많은 수의 『유식이십론』 관련 논문이 지난 10년간 발표되었다. 이렇게 『유식이십론』은 여전히 세부적으로 더 논의가 필요한 연구의 소재가 많이 남아있는 문헌이다.

그동안 세계적으로 많은 번역이 출간되었지만, 본 번역서는 『유식이십론』의 원어로 된 산스크리트본과 티베트역 및 세 종류의 한역, 이렇게 현존하는 다섯 가지 버전을 모두 우리말로 번역하여 한 지면에 다룬 최초의 시도이다. 산스크리트는 강형철, 티베트역은 유리, 세 한역은 구미숙이 각자 1차적으로 원문을 교정 · 편집하고 우리말로 번역하였다. 세 역자는 많은 회의를 통해 서로의 번역을 수정하고, 윤문하고, 번역어를 통일하는 작업을 함께 진행하였다. 『유식이십론』을 번역하면서 역자들이 합의했던 원칙은 되도록 쉽게 읽을 수 있는 문장으로 꾸미자는 것이었다. 그래서 불교를 전문적으로 연구하는 학자뿐만 아니라 불교와 인도철학에 관심을 가진 지식인 누구나가 이해할 수 있는 우리말로 번역하고자 노력하였다. 그것이 이 난해한 논서에 대해 역자들의 해독을 가장 투명하게 보여주는 방법이라고 생각하였다.

또한 이 번역서는 내용의 이해를 보다 효율적으로 돕기 위하여 각 게송이 끝나는 부분에 상세한 해제를 첨가하였다. 배경지식이 필요한 구절, 인도 논서 특유의 논법을 알지 못하면 이해할 수 없는 구절, 논리적 해석에 있어서 여러 가능성이 있는 구절들에 대해서 되도록 명확하게 해설하고자 힘썼다. 그 과정에서 산스크리트, 티베트역, 세 한역의 다섯 버전의 번역들을 교차하여 얻은 풍부한 시야를 활용하였고, 그렇게 『유식이십론』의 세부 내용을 알기 쉽게 풀이하고자 한 결과가 본문의 해제이다. 또한, 『유식이십론』의 논리적 얼개를 한번에 파악할 수 있도록 논의가 빠짐없이 담긴 전체 줄거리를 이 책의 앞부분에 실었다. 이 줄거리는 『유식이십론』의 전체 맥락과 내용을 파악하는 데 도움이 될 것이다. 강형철이 해제와 줄거리의 초안을 작성하였고 다른 두 번역자의 수정을 거쳐 최종적으로 완성하였다.

『유식이십론』을 번역하고 해제를 작성하는 과정에서 가능한 한 국내와 해외의 모든 연구 성과들을 확인하였다. 특히 국내 학계 중에는 경남대학교 이길산 선생님의 박사학위논문(「『유식이십론』 연구: 관념론적 해석을 중심으로」, 2021)의 도움을 많이 받았다. 김명우 선생님이 번역한 『유식이십론을 읽다』(예문선원, 2011)와 이규완 선생님이 편역한 『하운의 유식이십론술기 한글역』(씨아이알, 2022), 강병화 선생님이 번역한 『철학으로서의 불교』(운주사, 2023)도 크게 도움이 되었다.

이 책을 쓰기 전 2022년 동국대학교 WISE캠퍼스 불교학과 대학원에서 『유식이십론』을 한 학기 동안 강의할 기회가 있었다. 수업 시간마다 대학원생들의 열정적인 질문에 대해 진땀을 흘리며 답변을 하는 과정에서 해제를 작성하기 위한 아이디어를 보충할 수 있었다. 이 지면을 빌려서 감사드린다.

책을 마무리하는 단계에서 교정을 봐준 동국대학교 인도철학과 대학원 송부경 선생님과 WISE캠퍼스 불교학과 대학원 이산 선생님께도 감사드린다. 그리고 출판을 허락해준 씨아이알 출판사와 여러 언어가 사용되어 다루기 어려운 출판물을 위해 몇 번이고 교정 · 편집을 반복하는 노고를 감수해주신 출판부 신은미 팀장님께도 감사의 말씀을 전한다.

재작년 하반기에 평소에 존경하고 친분이 두터웠던 두 분의 불교학자가 갑작스레 세상을 떠났다. 금강대학교 박창환 선생님과 동국대학교 WISE캠퍼스의 김성철 선생님이다. 그간 안타까운 마음을 주변의 동료 학자들과 나누는 시간을 가졌다. 이 책을 통해 두 선생님을 추모하고 싶다.

乙巳年 새해를 열며

편역자 일동

# 차 례

# 『유식이십론』의 논리적 구조

# 바수반두와 『유식이십론』

바수반두(Vasubandhu, 世親)는 4~5세기경에 활동하던 승려로, 고타마 붓다와 나가르주나(Nāgarjuna, 龍壽) 정도를 제외하면 불교사 전체에서 가장 영향력 있는 인물이라고 할 수 있다. 간다라 지역 – 티베트 전통에서는 중인도 – 출신으로 알려진 그는 수많은 저작을 통해서 유식불교의 이론을 체계화하여 인도에서 대승불교를 부흥시키는 데 크게 공헌한 인물이지만, 본래는 당시 오래도록 인도불교의 교학적 중심지 역할을 했던 카슈미라(Kaśmīra)에서 설일체유부(Sarvāstivāda) 소속으로 출가하였다.

이처럼 소위 소승이라고 불리는 부파에 출가하여 수학한 후 대승으로 전향하고, 끝내는 자신이 출가했던 전통을 비판하는 선봉에 섰다는 것이 바수반두를 상징하는 행적이다. 설일체유부 교단의 촉망받는 엘리트였던 그가 훗날 유식사상사의 한 획을 긋는 인물이 되는 과정은 인도불교사의 가장 유명한 에피소드들을 남겼다. 바수반두의 내면에서 대승으로의 전향이 점진적이었는지 아니면 급진적이었는지는 쉽게 단정할 수 없지만, 적어도 그의 저술 내용의 변화 양상만을 놓고 보면 논쟁적 태도를 일관되게 유지하면서도 단계적으로 종착지인 유식을 향해 이동하고 있다.

바수반두의 수많은 저작 중에서 그의 '유식(vijñaptimātra, 唯識)'에 대한 이론의 표준이 된다고 할 수 있는 후기의 역작이 『유식이십론(唯識二十論)』과 『유식삼십송(唯識三十頌)』이다. 그가 『삼십송』은 게송만 남긴 반면에 『이십론』은 게송과 더불어 자신의 주석도 덧붙여서, 하나는 '송', 다른 하나는 '론'이라는 한역 이름이 붙게 되었지만, 이 둘은 모두 산스크리트 제목에서 게송의 개수를 나타내는 표기 뒤에 '유식성의 증명(Viñāptimātratā-siddhi)'이라는 표현이 붙는다는 점에서 짝을 이루는 논서이다. 그런데 저술의 성격이나 의도에서 두 논서는 큰 차이를 보인다. 바수반두는 '오직 인식일 뿐'이라는 것을 성립시키는 데 있어서 두 저작에서 각각 다른 방식을 사용한다.

『유식삼십송』은 의식의 변화(vijñāna-pariṇāma, 識轉變)와 세 가지 종류의 존재 형태(tri-svabhāva, 三性), 알라야식(ālaya-vijñāna, 阿賴耶識)을 포함한 여덟 가지 의식(aṣṭa-vijñāna, 八識), 마음에 속한 온갖 작용들(caitta, 心所) 등 유식의 핵심 이론들을 정립하고 해명하는 데 편집의 초점이 잡혀 있다. 이렇게 30게송 안에서 유식 사상의 전문용어들을 사용하는 데 주저함이 없다.

반면 『유식이십론』은 그야말로 '유식성'을 논증하는 데 집중한다. 유식설을 인정하지 않는 외경실재론자를 상대로 하여 그들의 이론을 타파하면서 유식을 증명하고자 하는 것이 저술의 일차적 목적이므로, 유식 사상의 전문용어들을 사용하는 데 있어서 훨씬 더 제한적이다. 특정 집단 내부에서만 인정되는 용어들을 사용하여 '세계의 유식성'을 논증하고자 하면, 증명해야 할 것을 근거로 내세우는 오류를 범할 수 있기 때문이다. 『유식이십론』에서 바수반두가 드러내고자 하는 세부적인 유식 이론은 논쟁의 흐름 속에서 상대편의 힐난에 대해 반박하는 맥락에서 그것이 효과적인 해명으로 기능할 수 있을 때 – 혹은 그렇게 연출된 경우에 – 만 모습을 드러낸다. 불교철학자인 시더리츠 교수는 "『이십론』이 더 철학적이고, 『삼십송』은 더 구제론적이다"라고 설명했는데, 이는 두 문헌의 성격을 압축적으로 잘 드러낸 것으로 보인다.

『유식이십론』은 이 세계에 속한 모든 것이 '오직 인식(vijñapti, 識)일 뿐'이라는 것을 증명하기 위해서 공들여 구성한 22게송 – 제목과 달리 20게송이 아니다 – 과 더불어 바수반두 자신이 각각의 게송에 직접 해설한 주석으로 이루어져 있다. 이 짧은 문헌 전체에 걸쳐서 평생 이교도들과 다른 불교도들에 대한 비판을 일삼았던 논쟁가로서 바수반두의 면모가 잘 드러난다. 각 게송은 독립적인 주제를 다루고 있지만 전체적으로는 일관성을 갖춘 논쟁전략이 발휘된다.

흔히들 "모든 것은 마음이 만들어 낸 것일 뿐이다"라고 하는 문구가 불교를 대표하는 이미지 중 하나로 사용되기도 하지만, 이를 이해하는 양상은 여러 가지가 있을 수 있다. 또, 유식성이라는 주제만 놓고 보면, 학자들 사이에서도 크게 둘로 나뉘어서 그것이 말 그대로 '모든 것은 마음'이라는 세계의 존재 상태를 나타낸다고 보기도 하고, 그게 아니라 그릇되게 세계를 보는 방식, 혹은 태도의 교정과 관련된 것이라고 보기도 하여 의견이 나뉜다. 이 문제에 관해서는 역사적인 관점에서의 고려가 우선적으로 필요하지만, 유식을 대표하는 논사라고 할 수 있는 바수반두에 한정하여 그가 '유식'이라는 표현에 대해 어떠한 입장을 지니고 있는지 판단하는 데 있어서 가장 적합한 기준점이 될 수 있는 저작은 단연 『유식이십론』이라고 할 수 있다. 이 논서에서는 '외계 대상의 실재성'을 주장하는 여러 대론자와의 논쟁 상황을 맞으면서, 그의 다른 저작에서는 직접적으로 내보이지 않았던 속내를 자주 드러내기 때문이다. 그것을 본문의 맥락 속에서 확인하는 것이 『유식이십론』을 읽는 즐거움 중 하나가 될 수 있을 것이다.

『유식이십론』에는 이 책의 제목처럼 다섯 가지 버전이 남아 있다. 원어인 산스크리트본과 티베트역, 그리고 세 종류의 한역이다.

산스크리트 원문은 1925년 레비의 편집본이 나온 이후로, 원전의 불충분함으로 인한 다소의 논란이 있었다. 지난 100년간 다른 출판물을 통해 내용상의 새로운 이해를 근거로 한 교정을 제안하거나, 새로 발견된 사본을 통해 편집본을 재출간하는 형태로 군데군데 수정이 이루어졌다. 본문에서는 이것들 중 중요한 내용이 모두 반영되었다.

티베트역은 지나미트라(Jinamitra), 쉴렌드라보디(Śīlendrabodhi), 예셰데(Ye shes sde)가 티베트어로 번역하였다. 한편 산스크리트는 소실되고 티베트역만 현존하는 비니타데바(Vinītadeva, 調伏天, 7?~8세기?)의 『유식이십론』 주석서도 번역과 해제에 참조하였다.

세 종류의 한역은 진제(眞諦, Paramārtha)와 현장(玄奘), 반야류지(般若流志, Prajñāruci)에 의해서 번역되었다.

진제는 『대승유식론(大乘唯識論)』이라는 제목으로 557년에서 564년 사이에 번역하였다. 산스크리트의 편집 형태를 그대로 따랐으며, 일부 문장에서는 어순이 한역보다도 산스크리트 구문에 충실한 경우도 있다. 현장은 『유식이십론』이라는 제목으로 661년에 번역하였다. 산스크리트 원전에서 분리했던 게송을 한 군데 모으는 등 편집 형태를 일부 조정하였지만, 내용상으로는 원문을 충실하게 반영하고자 하였다. 이 번역에 대해서는 그의 제자인 규기(窺基, 632~682)가 현장이 제자들에게 남긴 강의를 받아 적어서 편집한 『유식이십론술기(唯識二十論述記)』라는 제목의 중국 찬술 주석서가 남겨져 있다. 여기서는 현장이 진제의 번역에 대해 비판적인 시선을 두고 있음을 알 수 있다. 그런 규기의 주석도 이 책에서의 번역과 해제에 참조하였다.

반야류지는 『유식론』이라는 제목으로 538년에서 543년 사이에 번역하였다. 시기적으로는 가장 빠른 번역이지만, 내용적으로는 산스크리트 원문과 가장 동떨어져 있다. 아마도 당시 인도인과는 다른 사유방식을 지니고 있던 동아시아인에 맞추어 내용을 대폭 수정하여 재편집한 것으로 보인다. 그러나 전반적인 게송의 순서는 산스크리트 원문을 그대로 반영하고 있어서, 반야류지역이 산스크리트 『유식이십론』을 저본으로 사용했던 것은 분명한 듯하다. 그런 이유로 반야류지역은 다른 번역들에는 없는 참신한 설명방식을 보여준다. 지나치게 세밀하거나 불필요하다고 생각되는 내용들은 과감히 생략하고 이를 이해하기 쉬운 표현으로 대체하였으며, 원전에 없는 비유와 인용을 첨가하였다. 그런 이유에서 반야류지역이 가장 이른 시기의 번역이지만, 내용상으로도 다른 한역을 본 후에 읽는 것이 맥락 이해에 도움이 될 것으로 판단하여 이 책의 본문에서는 진제역, 현장역, 반야류지역의 순서로 배치하였다. 그 외에 한역으로 남아 있는 유일한 인도찬술 주석인 다르마팔라(Dharmapāla, 護法, 530?~561?)가 저술한 『성유식보생론(成唯識寶生論)』도 참조하였다.

# 『유식이십론』 줄거리

**일러두기**

1. 본 줄거리는 산스크리트 『유식이십론』에서 논의가 진행되는 순서를 기본으로 작성하였으며, 티베트역과 3종 한역의 내용을 참조하여 보완하였다.
2. 숫자와 그 하위의 숫자 사이에는 증명, 혹은 부연 설명의 관계가 성립된다.
   예 : 1.1은 1의 근거이고, 1.1.1은 1.1의 근거이다.
   혹은 2.2는 2의 부연설명이고, 2.2.2.는 2.2의 부연설명이다.
3. 번호는 논의에 단락을 나누어 임의로 부여한 것으로서, 게송 번호와는 무관하다.
4. 꺽쇠 괄호([ ]) 안은 『유식이십론』 본문에는 없지만 그 의미가 생략되거나 함축되어 있다고 해석되어 부가한 내용이다.
5. 볼드체(진한 글씨)는 『유식이십론』 게송에 해당하는 부분으로 괄호 속의 번호(예: 1a)는 산스크리트 게송 번호를 나타내며, 나머지는 주석에 해당하는 부분이다.
6. "vs"라는 표기는 특정 주장에 대한 직접적인 반론이라는 것을 의미한다.
   예 : vs 2.1.1.은 2.1.1에 대한 직접적인 반론이다.

1. [바수반두 :] 대승 경전에서 삼계에 속한 것은 모두 인식일 뿐(唯識, viñapti-mātra)이라고 확립되었다.
   1.1. 붓다가 『십지경』에서 "삼계에 속한 것은 [모두] 오직 마음일 뿐(唯心)이다"라고 하였다.
      1.1.1. '오직 마음일 뿐'에서 '오직(唯, mātra)'이란 외계 대상을 배제한다는 뜻이다.
      1.1.2. '오직 마음일 뿐'에서 '마음'이란 마음(citta, 心王)과 더불어 마음작용(心所, caitta)까지 포함한다는 뜻이다.

1.2. 마음(citta, 心)과 사유기능(manas, 意)과 의식(vijñāna, 識)과 인식(vijñāpti, 了)은 모두 동의어이다.

2. **[삼계에 속한 것은 모두] 오직 인식일 뿐이다(1a).**

2.1. 어떠한 대상도 전혀 존재하지 않는다.

2.1.1. **[삼계에 속한 것은 모두] 존재하지 않는 대상이 존재하는 것처럼 마음에 나타난 것이다(1b).**

2.1.1.1. **예를 들어, 비문증 환자가 머리카락 뭉치[, 파리] 등을 보는 것과 같다(1cd).**

3. [vs 2.1.1, 외경실재론자 : 우리의 일상에서 감각적 인식이 대상 없이 발생한다는 것은 불합리하다.]

3.1. **만약 우리의 감각적 인식이 대상 없이 일어나는 것이라면(2d)**, [일상에서 흔히 일어나는] 네 가지 상황은 불합리하다.

3.1.1. 만약 감각적 인식이 대상 없이 일어나는 것이라면, **그 인식이 특정한 장소에 한정되는 것은 불합리하게 된다(2a).**

3.1.1.1. [비문증 환자가 보는 머리카락 등의 환영은 공간적 제약 없이 아무 곳에서 일어난다.]

3.1.1.2. 실제로 감각적 인식은 모든 곳에서 일어나지 않고 특정한 장소에서만 일어난다.

3.1.2. 만약 감각적 인식이 대상 없이 일어나는 것이라면, **그 인식이 특정한 시간에 한정되는 것은 불합리하다(2a).**

3.1.2.1. [비문증 환자에게 머리카락 등의 환영은 시간적 제약 없이 어느 때나 일어난다.]

3.1.2.2. 실제로 감각적 인식은 항상 일어나는 것이 아니라 특정 한 시간에만 일어난다.

3.1.3. 만약 감각적 인식이 대상 없이 일어나는 것이라면, **그 인식이 [특정한 개인의식의 흐름]에 한정되지 않[고 여러 사람에게 공통적으로 일어나]는 것은 불합리하다**(2b).

3.1.3.1. 비문증 환자가 보는 머리카락 뭉치 등의 환영은 환자 자신에게만 보이고, 다른 사람에게는 보이지 않는다.

3.1.3.2. 실제로 감각적 인식은 환각과 달리 한 개인에게만 일어나지 않고, 같은 장소 · 시간에 모인 모든 사람에게 공통적으로 일어난다.

3.1.4. 만약 감각적 인식이 대상 없이 일어나는 것이라면, **그렇게 인식된 것이 인과적 효력을 일으키는 것도 불합리하다**(2c).

3.1.4.1. 감각적 인식을 통해서 지각된 실제의 머리카락, 벌 등은 [보온, 쏘임 등의] 효용을 일으킬 수 있지만, 비문증 환자가 보는 머리카락, 벌 등의 환영은 그런 효용을 일으킬 수 없다.

3.1.4.2. 감각적 인식을 통해서 지각된 실제의 음식, 음료, 옷, 독약, 무기 등은 [영양 보충, 갈증 해소 등의] 효용을 일으킬 수 있지만, 꿈속에서 보게 되는 음식 등은 효용을 일으킬 수 없다.

3.1.4.3. [감각적 인식을 통해서 지각되는] 현실의 도시는 도시[가 지녀야 할 안식처로서]의 효용을 일으킬 수 있지만, [공중의 신기루와 같이] 실제로 존재하지 않는 간다르바들의 도시는 그런 효용을 일으킬 수 없다.

4. [vs 3, 바수반두 : 우리의 감각적 인식은 대상 없이도 발생할 수 있다.]

4.1. 대상 없이 발생하는 인식이라 하더라도 [3.2.1~4에서 지적한] 네 가지 상황은 가능하다.

4.1.1. [실재하는 대상이 없는 인식에서도 네 가지 상황이 일어날 수 있음을 증명하는 각각의 사례가 있다.]

4.1.1.1. [vs 3.1.1] 대상 없는 인식도 **장소의 한정은 있다**(3ab').

4.1.1.1.1. 실재하는 대상이 없는 **꿈속에서의 인식은**(3b') 모든 곳에서 마을, 정원, 사람 등을 보는 것이 아니라 특정한 장소에서만 그것들을 보게 된다.

4.1.1.2. [vs 3.1.2] 대상 없는 인식도 **시간의 한정은 있다**(3ab').

4.1.1.2.1. 실재하는 대상이 없는 **꿈속에서의 인식에서**(3b') 항상 마을 등을 보는 것이 아니라 특정한 시간에만 그것들을 보게 된다.

4.1.1.3. [vs 3.1.3] 대상 없는 인식도 [**개인의식의**] **흐름에 한정되지 않**[**고, 여러 개체에 공통적으로 일어난**]**다**(3c').

4.1.1.3.1. **아귀들의 경우처럼**(3b') 고름 강[의 환영]을 한 아귀만 보는 것이 아니라, [이전에 각자 서로 유사하게 저질렀던] 행위로 인해 그 결과를 똑같이 받게 된 아귀들은 그 자리에서 **모두 함께 본다**(3c'd).

4.1.1.4. [vs 3.1.4] 대상 없이 인식된 것도 **인과적 효력을 일으킨다**(4a).

4.1.1.4.1. **몽정의 경우처럼**(4a') 꿈속에서 실제로는 존재하지 않는 사람과 만나서 일으킨 교합이 실제 세계에 정액을 방출[하는 **인과적 효력이 일어나게**] **한다.**

4.1.2. **지옥의 사례를 통해서도** [**대상 없는 인식에서 네 가지 상황이**] **모두** [**일어날 수 있음이 증명된다**](4bc').

4.1.2.1. [vs 3.1.1] 지옥 중생이 [물질적으로 실존하지 않는 존재인] **지옥의 파수꾼**(4c), [불꽃으로 된 이빨을 가진 개, [죄인의 살을 파먹는] 까마귀, [양쪽에서 압착하는] 철산(鐵山) **등을 보는 경우**(4d') 장소의 한정을 지닌다.

4.1.2.2. [vs 3.1.2] 지옥 중생이 [물질적으로 실존하지 않는 존재인] **지옥의 파수꾼**(4c), **개, 까마귀, 철산 등을 보는 경우**(4d') 시간의 한정을 지닌다.

4.1.2.3. [vs 3.1.3] 지옥 중생이 [물질적으로 실존하지 않는 존재인] **지옥의 파수꾼**(4c), **개, 까마귀, 철산 등을 보는 경우**(4d') 그것들을 한 사람의 지옥 중생만 보는 것이 아니라 여러 지옥 중생이 함께 본다.

4.1.2.4. [vs 3.1.4] 지옥의 파수꾼[, 개, 까마귀 철산] 등이 물질적으로 실존하지 않는 존재임에도 불구하고, 그들이 지옥 중생들에게 **고통을 주는 경우**(4d), 그 지옥 중생이 대상없이 인식한 것이 실제로 인과적 효력을 일으킨 것이다.

4.1.2.4.1. 지옥 중생이 [이전에] 자신이 저지른 행위로 [다른 지옥 중생들과] 똑같이 받은 결과와 연관되는 영향력으로 인해 고통을 준다.

4.1.2.5. [4.1.2의 전제 : 지옥의 파수꾼, 개, 까마귀 등은 지옥 중생이 아니라 물질적으로 존재하지 않는 관념적 존재이다.]

4.1.2.5.1. 지옥의 파수꾼 등이 중생이라고 하는 것은 이치에

어긋난다.

4.1.2.5.1.1. 만약 지옥의 파수꾼 등이 중생이라면, 그들이 지옥에서 고통을 경험하지 않는다는 불합리가 생긴다.

4.1.2.5.1.1.1. 만약 지옥의 파수꾼이 지옥에서 고통을 경험하는 존재라면, 지옥의 파수꾼과 지옥 중생 사이의 구분이 없어진다는 잘못된 결론에 도달할 것이다.

4.1.2.5.1.1.1.1. 지옥의 파수꾼과 지옥 중생의 구분이 없어진다면, 비슷한 크기 · 힘 등을 가진 지옥의 파수꾼과 지옥 중생은 지옥에서 서로 고통을 줄 수 있어서 지옥의 파수꾼에게 두려움을 느끼지 못하는 지옥 중생도 있을 수 있다. [이는 지옥의 운영 시스템을 붕괴시킨다.]

4.1.2.5.1.1.2. 만약 지옥의 파수꾼이 지옥에서 고통을 경험하는 존재라면, 지옥의 불타오르는 대지 위 같은 곳에서 뜨거운 고통을 견딜 수 없어서 지옥 중생[을 통제하면서 그]들에게 고통을 주는 존재가 되지 못할 것이다.

4.1.2.5.2. 지옥의 파수꾼 등은 지옥에서 태어나는 존재가 아니다.

5. [vs 4.1.2.5.2, 외경실재론자 : 지옥의 파수꾼, 까마귀 등이 지옥에 태어

나는 중생이 아니라는 것은 불합리하다.]

5.1. [천상에서 동물들이 태어나는 것과] 같은 방식으로 지옥에서도 동물들이나 특수한 아귀들은 파수꾼 등으로 태어날 수 있다.

5.1.1. 동물들이 [지옥에서는 태어날 수 없는데] 천상에서 태어난다[는 것은 불합리하다].

6. [vs 5.1, 바수반두 :] 지옥에서 파수꾼, 동물 등은 [이전 생에 자기가 저질렀던 행위의 결과로] 태어난 존재가 아니다.

6.1. **천상에서 동물들이 태어나는 것과 동일한 방식으로 지옥에서 파수꾼 등이 태어나는 것은 아니다(5ab).**

6.1.1. 천상에 태어난 동물들은 거기에서 이전 생의 자기 행위의 결과로 얻게 된 즐거움을 누린다.

6.1.2. **지옥의 파수꾼 등은** [위에 4.1.2.5.1.1 이하의 논의에 따라] **지옥에서** [**과거 행위의 결과로 받는**] **고통을 경험하지 않는다 (5cd).**

7. [vs 4.1.2.5, 다른 외경실재론자 : 지옥의 파수꾼 등은 비록 지옥 중생은 아니지만, 관념적인 존재가 아니라 물질적으로 실재하는 존재이다.]

7.1. 지옥의 파수꾼 등은 지옥 중생들이 [과거에] 일으킨 행위의 결과로 특수한 물질적 원소가 특정한 색깔 · 형태 · 크기 · 힘을 지닌 존재로 변형한 것에 대해 부르는 명칭이다.

7.1.1. 지옥 중생들에게 두려움을 주기 위하여 지옥의 파수꾼이 손을 휘둘러 공포를 유발하는 것, 숫양 형태의 산맥이 오가[면

서 양쪽에서 압착하]거나, 철가시나무가 위아래로 움직이는 것 등으로 변형한다.

8. [vs 7, 바수반두 :] **지옥의 파수꾼 등이 지옥 중생들의 행위에 의해서 나타나는 것은, 물질의 변형이 아니라 의식의 변화(vijñāna-pariṇāma, 識轉變)이다(6).**

8.1. [지옥 중생들이 지은 행위의 결과로써 외부의 물질적 존재인 지옥의 파수꾼 등이 나타난다는 것은 불합리하다.]

8.1.1. [vs 7.1] **지옥 중생들의 행위에 의해서 다른 물질적 존재가 변화하여 지옥의 파수꾼 등이 나타난다면, 이는 어떤 곳에 행위의 결과를 일으킬 잠재력이 있고 다른 곳에 행위의 결과가 있다고 상정하는 것이 되어 불합리하다(7).**

8.1.1.1. [지옥중생이 지은 행위의 결과로 어떤 것이 발생한다고 할 때,] 그런 행위의 [결과를 일으킬] 잠재력(vāsanā, 熏習)은 지옥 중생들의 [개인] 의식의 흐름(vijñāna-santāna, 識相續) 안에 자리하고 있었어야 한다는 것을 전제로 한다.

9. [외경실재론자 :] 경전의 전승을 통해서 [외계 대상으로서] 물질적 원소의 실재가 증명된다.

9.1. 붓다가 "형색(rūpa, 色) 등의 열두 인식영역(āyatana, 處)이 존재한다"라고 경전에서 언급하였다.

10. [vs 9.1, 바수반두 :] "형색 등의 열두 인식영역이 존재한다"라고 붓다

가 설시하는 경전의 전승은 외계 대상의 실재를 증명하는 근거가 될 수 없다.

10.1. **형색 등의 열두 인식영역의 교설은 붓다가 제자들을 위해서 숨은 의도(abhiprāya, 密意趣)를 가지고 설한 것이다(8abc).**

10.1.1. **홀연히 태어나는 중생(upapāduka, 化生)[이 존재한다고 붓다가 교육용 목적으로] 설명했던 경우와 같다(8d).**

10.1.1.1. [윤회를 부정하는 사람들에게] 의식의 흐름(식상속)이 사후에도 끊어지지 않고 내세로 이어지는 것을 이해시키기 위해서 붓다는 "홀연히 태어나는 중생이 [실제로는 존재하지 않지만, 그것이] 존재한다"라고 [숨은 의도를 가지고] 설명한 것이다.

10.1.1.1.1. 어떤 경전에서는 "중생도 존재하지 않고 자아도 존재하지 않는다"라고 하[여 홀연히 태어나는 중생이 본래 존재하지 않음을 암시하]였다.

10.1.1.1.2. [그런데 다른 경전에서는 홀연히 태어나는 중생의 존재를 설명하였다.]

10.1.2. [붓다가 본래 인식이란 마음 씨앗과 마음에 나타난 것의 관계에 불과하지만, 숨은 의도를 가지고 내부영역과 외부영역으로 나누어 설명한 것이다.]

10.1.2.1. **자신의 마음 씨앗(sva-bīja, 自種子)으로부터 외부 대상처럼 [마음에] 나타나는 인식이 생겨나는데, 붓다는 [본의와 다르게] 그 '마음 씨앗'이 내부영역(감각기관)이고, '마음에 나타난 것'이 외부영역(대상)이라고 [숨은 의도를 가지고] 설명한 것이다(9).**

10.1.2.1.1. 외계 대상인 것처럼 보이는 인식은 자신의 마음 씨앗이 [의식 흐름에서] 특수한 변화(pariṇāma-viśeṣa)[를 맞이하는 순간]에 도달하여 발생한 것이다.

10.1.2.1.2. [예를 들어,] 형색처럼 마음에 나타난 [시각적] 인식이 일어나는 경우 마음 씨앗을 시각기관[의 인식영역](眼處)으로 [시각적으로 마음에] 나타난 것을 형색의 인식영역(色處)으로 설명하였다.

10.1.2.1.2. [청각 · 후각 · 미각적 인식도 이와 마찬가지이며,] 촉감처럼 [마음에] 나타난 [촉각적] 인식이 일어나는 경우 마음 씨앗을 촉각기관[의 인식영역](身處)으로 [촉각적으로 마음에] 나타난 것을 촉감(觸處)의 인식영역으로 설명하였다.

10.1.3. 숨은 의도를 가지고 설했던 열두 인식영역이라는 교설의 이점은 **그 가르침을 받은 제자들이 '인격적 주체가 없는 상태(pudgala-nairātmya, 人無我)'[를 깨닫는 경지]에 들어가게 한다(10ab')**는 것이다.

10.1.3.1. 열두 인식영역의 교설은 [이 세계에는 열두 인식영역 외에 다른 것이 없다는 것을 통해서] 인식이 일어날 때 감각기관과 대상 이외에 보는 자(draṣṭṛ), 듣는 자(śrotṛ), 생각하는 자(mantṛ) 등이 따로 존재하는 것이 아니라는 것을 알게 한다.

10.2. **열두 인식영역의 교설과 다른 방법으로 [전하는 '인격적 주체가 없는 상태'의 다음 단계] 가르침을 통해서는 '존재의 요소가 없는 상태(dharman-airātmya, 法無我)'[를 깨닫는 경지]에 들어가게**

**한다**(**10b'cd'**).

10.2.1. 다른 방법의 가르침이란 유식(唯識)의 가르침을 의미한다.

10.2.1.1. 형색 등과 같은 존재의 요소처럼 [마음에] 나타나는 인식만이 발생할 뿐이고, 형색 등의 특징적 본질(lakṣaṇa)을 지닌 어떤 존재의 요소도 실제로 존재하지 않는다는 것을 알고 나면 [존재의 요소가 없는 상태를 깨닫는 경지에 들어가게 된다].

11. [vs 10.2.1.1 외경실재론자 :] 어떤 측면으로도 존재의 요소가 실재하지 않는다면, '오직 인식일 뿐'인 존재도 실재하지 않을 것이다.

12. [vs 11. 바수반두 :] 어떤 방식으로도 존재의 요소가 실재하지 않는다는 것이 아니라, **망상분별된(kalpita) 본질(ātman)의 관점에서 보면 [존재의 요소가 없다는 것이다](10d).**

12.1. 어리석은 자들이 존재의 요소에 인식대상(grāhya, 所取)과 인식주체(grāhaka, 能取)라는 본성이 있다고 망상분별(parikalpita, 遍計所執)하는데, 그렇게 망상분별된 본질의 관점에서 보면 [그 상태에서는] 존재의 요소가 없다고 한 것이다.

12.2. [12.1과는 달리] 붓다들은 [인식대상과 인식주체 등의 본성이 없는] 인식영역을 지니는데, [그런 인식영역을] 언어로 표현할 수 없는 본질의 관점에서 보면 [존재의 요소에 내재적 본질이 없는 것이] 아니다.

12.2.1. 유식이 확립되면 망상분별된 자기의 관점에서 보는 모든 존재의 요소가 실재하지 않는다는 것을 이해하는 것으로서, 그것이 모든 측면에서 존재의 실재성을 부정하는 것은 아니다.

12.3. 만약 그렇지 않다면, [즉 존재의 요소가 없다는 것을 망상분별된 본질의 관점에서 본 것이 아니라 어떤 측면으로도 존재의 요소들이 실재하지 않는다는 것이라면,] 인식은 [자신의 의식 흐름 속에서 스스로 일으키는 것이 아니라] 다른 인식을 외부의 대상으로 삼[아야만 발생하]는 것이 되므로, '[대상 없이] 오직 인식일 뿐'이라는 것이 부정된다.

13. [바수반두 : 물질로서의 인식대상은 실제로 존재할 수 없다.]

13.1. **[만약 우리의 감각적 인식이 외부의 물질을 대상으로 한다면,] 그 대상은 ① 하나[인 대상 전체]도 아니고, ② [가까이 모인] 여러 개의 원자인 것도 아니고, ③ [원자들이] 구성물을 이룬 것 (saṃhata, 聚)도 아니다(11abc').**

13.1.1. 형색 등의 인식영역을 인식의 대상으로 하는 것이라면, [원자로 이루어진 물질이 어떻게 인식대상이 되는지를 설명해야 하고, 그러면] 인식대상[이 지각되는 방식]은 세 가지 경우 중 하나이어야 하는데, 세 가지 경우 모두 불가능하다.

13.1.1.1. ① 인식대상은 바이쉐시카가 생각하는 '[부분을 지니면서도 부분과 독립적으로 존재하는] 전체로서의 물체(avayavi-rūpa, 有分色)'처럼 하나일 수 없다.

13.1.1.1.1. 부분들과 별개의 독립적인 존재로서 '전체로서

의 물체'가 관찰되지 않는다.

13.1.1.2. ② 인식대상은 여러 개의 원자[가 가까이 모인 것]일 수도 없다.

13.1.1.2.1. 모여 있는 원자들 사이에서 하나하나가 [따로] 파악되지 않는다.

13.1.1.3. ③ 인식대상은 [원자들이] 구성물을 이룬 것일 수도 없다.

13.1.1.3.1. **[구성물을 이루는] 원자(paramāṇu, 極微)** [의 존재]**는 증명되지 않는다(11cd).**

13.1.1.3.1.1. [만약 원자가 구성물을 이룬다면,] **하나의 원자는** [앞 · 뒤 · 좌 · 우 · 위 · 아래의] 여섯 방향으로부터 **여섯 개의 다른 원자와 결합(yoga) 하므로, 여섯 부분을 지니게 된다(12ab).**

13.1.1.3.1.1.1. [만약 부분을 지니지 않는 원자들이 서로 결합한다면, 원자들의 결합은] 하나의 원자가 차지하고 있는 장소를 다른 원자도 [동시에] 차지하게 된다.

13.1.1.3.1.1.2. 하나의 원자가 차지하고 있는 장소에 다른 원자가 [동시에] 있을 수 없다.

13.1.1.3.1.1.2.1. [만약 원자들이 같은 장소를 동시에 차지할 수 있다면, 원자들이 결합한] 어떤 덩어리도 눈에 보이지 않을 것이다.

13.1.1.3.1.1.3. [**하나의 원자와 결합한 주변**] **여섯 개**

**의 원자들이 같은 장소를 차지하게 되면 [원자들이 결합한] 덩어리는 원자 하나의 크기가 되어버린다(12cd).**

13.1.1.3.1.1.3.1. [만약 원자들이 같은 장소를 차지하는 것이 가능하다면,] 서로 밀어내지 않을 것이다.

13.1.1.3.1.1.3.2. [그런데 실제로는 우리에게 사물의 모습이 눈에 보인다.]

14. [vs. 13.1.1.3.1. 이하] 카슈미라의 비바사(설일체유부) : 원자의 취합에는 모순이 없다.

14.1. 원자는 실제로 서로 결합(saṃyoga)하지 않는다.

14.1.1. 원자는 부분을 지니지 않는다.

14.1.2. 원자가 취합된 것들만이 서로 결합한다.

15. [= 13.1.1.3.1, vs 14. 바수반두 :] 하나의 실체인 원자의 존재는 증명될 수 없다.

15.1 [vs 14.1, 바수반두 :] **원자들은 결합할 수 없[지만, 원자들이 인접하여 집합체를 이룬 것끼리 결합할 수 있다는 것은 모순이]다(13a).**

15.1.1. **집합체를 이룬 것끼리의 결합도 원자 중 하나가 [접촉하여] 결합하는 것이다(13b).**

15.1.2. 집합체를 이룬 것끼리 서로 결합하지 않는다고 하더라도 모순은 생긴다.

15.1.2.1. **부분이 없는 것만이 결합불가능한 것은 아니[라고 말할 수 없게 된]다(13cd).**

15.1.2.1.1 집합체를 이룬 것이 부분을 지니더라도 [집합체들 사이의] 결합은 인정되지 않[아서 세상의 어떤 사물도 결합할 수 없]게 된다.

15.2. 원자의 결합을 인정하든 인정하지 않든 **원자가 방향에 따른 구별(digbhāga-bheda)을 지닌다면, 그것이 하나[의 실체]라는 것은 이치에 맞지 않는다(14ab).**

15.2.1. 원자가 앞 · 뒤 · 좌 · 우 · 위 · 아래로 방향을 지닌다면, 원자는 부분을 지닌다는 것을 본질로 하게 되므로 하나[의 실체]가 아니게 된다.

15.2.2. **원자가 방향에 따른 구별을 지니지 않는다면, ① 그늘진 부분(chāya, 影), ② 물리적 방해(āvṛti, 障)는 있을 수 없다(14c').**

15.2.2.1. ① 원자가 방향에 따른 구별을 지니지 않는다면, 해가 떠오를 때 사물의 한쪽은 그늘이 지고 다른 쪽은 햇빛이 비치는 현상은 일어날 수 없다.

15.2.2.1.1. 원자가 방향에 따른 구별을 지니지 않는다면, [햇빛이 원자 전체를 비추게 되어] 원자는 햇빛이 비치는 부분과 그늘진 부분으로 나뉠 수 없다.

15.2.2.1.2. [원자가 햇빛이 비치는 부분과 그늘진 부분으로 나뉠 수 있다면, 원자는 방향에 따른 구별을 지니는 것이 된다.]

15.2.2.2. ② 원자가 방향에 따른 구별을 지니지 않는다면, 원자

들 사이의 물리적 방해는 일어날 수 없다.

15.2.2.2.1. 원자가 방향에 따른 구별을 지니지 않는다면, 다른 원자를 물리적으로 가로막을 만한 어떤 특정한 부위도 가질 수 없다.

15.2.2.2.1.1. [물리적 방해도 접촉에 의해 일어나는 것이므로, 원자의 특정한 부위가 아니라 원자 전체가 서로 접촉한다는 것은 이치에 맞지 않는다.]

15.2.2.2.2. 원자에 물리적 방해가 없다면, [위의 13.1.1.3.1.2.1.(12송)에서 논의한 것처럼] 원자들이 집합체를 이룬 것 전체는 원자 하나 크기로 된다.

15.2.2.3. [외경실재론자의 주장처럼] 그늘진 부분이나 물리적 방해는 원자가 아니라 원자들의 덩어리(piṇḍa)에서 일어나는 현상이라고 설명하더라도, 이는 모순된다.

15.2.2.3.1. **원자와 [원자의] 덩어리가 동일한 것이라면, 덩어리는 원자와 마찬가지로 그늘진 부분이나 물리적 방해가 일어날 수 없다(14c'd).**

15.2.2.3.1.1. 원자와 [원자의] 덩어리가 동일한 것이라면, 그늘진 부분과 물리적 방해는 덩어리에 속하는 것이 아니[라 원자에 속하는 것이 된]다.

15.2.2.3.2. [원자와 원자의 덩어리가 서로 다른 것이라면, 같은 것으로 이루어진 이 둘이 본질적으로 다른 것이 되어 모순된다.]

16. [외경실재론자 :] 원자가 단일한지, 또는 취합된 것인지를 따지는 것은 물

질의 배열(sanniveśa)과 관련된 망상분별(parikalpa)일 뿐이므로, 원자에 관한 논의가 어떻게 진행되든 형색 등이 지니는 특징(lakṣaṇa)은 부정되지 않는다.

16.1. 형색 등의 특징이란 ① 눈의 대상인 것(viṣayatva, 對象性), ② 푸른색인 것(nīlatva, 靑性) 등이다.

17. [vs 16; 16.1, 바수반두 : 원자에 대한 논의를 제외하고,] 시각기관의 대상인 푸른색인 것, 황색인 것 등이라고 하는 것이 하나의 실체이든, 여러 개이든 불합리하다.

17.1. [푸른색인 것이] 여러 개[의 원자로 이루어진 것이]라면, 앞[의 13.1.1.2. (11송)]에서 논의한 바와 같은 결함이 있다.

**17.2. 만약 [푸른색인 것 등의 대상이] 하나[의 실체]라면, ① 한 걸음씩 (kramena) 이동하는 것도 있을 수 없고, ② [사물의 한쪽 면을] 파악하는 동시에 [반대쪽 면을] 파악하지 못하는 일도 있을 수 없고, ③ [한 장소에서] 구별되는 여러 존재가 [함께] 있을 수 없을 것이며, ④ 미세한 것을 볼 수 없는 일도 없을 것이다(15d).**

17.2.1. ① 시각기관의 대상인 푸른색인 것 등이 [형태상] 나뉘지 않을 때 하나[의 실체]라고 한다면, 한 걸음씩 이동하는 것은 있을 수 없다.

17.2.1.1. [대지에] 한 걸음 내딛는 것으로도 [대지의] 모든 곳에 도달할 수 있을 것이다.

17.2.2. ② [시각기관의 대상인 푸른색인 것 등이 형태상 나뉘지 않을 때 하나의 실체라고 한다면,] 어떤 사물의 마주하는 부분을 파악하는 동시에 [마주하지 않는] 반대편을 파악하

지 못하는 일은 일어나지도 않을 것이다.

17.2.2.1. 같은 것을 같은 시간에 파악하면서 파악할 수 없다는 것은 이치에 맞지 않는다.

17.2.3. ③ [시각기관의 대상인 푸른색인 것 등이 형태상 나뉘지 않을 때 하나의 실체라고 한다면,] 코끼리와 말이 한 장소에 [함께] 있으면서 서로 구별되는 일은 없을 것이다.

17.2.3.1. 한 장소에 있는 코끼리와 말 사이에 비어 있는 공간이 파악되는 것은 모순이다.

17.2.3.1.1. [위의 17.2.1의 논의에 따라 어떤 곳에 있으면 그 장소의 모든 곳을 차지해야 하는데, 코끼리와 말 사이에 비어 있는 공간이 파악된다는 것은] 하나의 장소를 코끼리와 말이 차지하기도 하고 차지하지 않기도 한다는 것이 된다.

17.2.4. ④ [시각기관의 대상인 푸른색인 것 등이 형태상 나뉘지 않을 때 하나의 실체라고 한다면,] 미세한 물벌레가 거대한 것과 동일한 모습일 경우 눈에 보이지 않는 일은 없을 것이다.

17.2.4.1. [푸른색인 것, 대상인 것 등의] 특징상의 구별만으로 [서로] 다른 실체라고 구별되고 다른 방법으로는 [구별되는 것이] 아니라면, [거대한 것과 작은 것은 '물벌레인 것'이라는 특징이나 색깔, 모양에 있어서 서로 차이가 없으므로] 거대한 물벌레는 보이고 미세한 물벌레는 보이지 않는다는 차이도 있을 수 없다.

18. [바수반두의 종합 :] 인식의 대상은 [17.2 이하(15송)의 논의에 따라] 반드

시 [특징에 의해서 구별하는 것이 아니라] 원자의 관점에서 구분을 고려해야 하며, [13~15.(11~14송)의 논의에 따라] 원자가 하나[의 실체]라는 것은 성립되지 않는다. [그러므로 어떤 방식으로도 외계 대상을 인식할 수 없다.] 따라서 [앞의 3~4.(2~4송)의 논의에 따라 우리의 인식이 대상 없이 가능함을 증명하였고, 여기 13~17.(11~15송)의 논의에 따라 외계 대상에 대한 인식이 불가능함을 증명하여] 삼계에 속한 것은 모두 오직 인식일 뿐이라는 것이 증명되었다.

19. [외경실재론자 :] "나에게 [대상에 대한] 지각이 일어나고 있다"라는 [내적] 인지(buddhi)에 근거하여 외계 대상이 존재한다는 것을 알 수 있다.

19.1. [지각을 통해서 외계 대상이 존재하는지, 혹은 존재하지 않는지를 결정할 수 있다.]

19.1.1. 바른 인식수단(pramāṇa, 量)에 근거하여 어떤 것이 존재하는지, 혹은 존재하지 않는지가 결정된다.

19.1.2. 지각(pratyakṣa, 現量/證量)은 가장 권위 있는 인식수단이[므로, 지각의 결과는 논리적 추리(anumāṇa, 比量)의 결과보다 우선한]다.

20. [vs 19, 바수반두 : 지각을 통해서 외계 대상이 존재함 혹은 존재하지 않음을 판정할 수 없다. 따라서 그것은 논리적 추리를 통해서 판정해야 한다. 그러면, 지금까지의 논의

에 따라 외계 대상은 실재하지 않고 삼계에 속한 것은 오직 인식일 뿐이라고 확정할 수 있다.]

20.1. [지각에 대한 인지(pratyakṣa-buddhi)가 일어났다고 해서 그것이 '대상에 대한 지각'이라고 확정적으로 알 수 있는 것은 아니다.]

20.1.1. [대상이 없어도 지각에 대한 인지가 일어날 수 있다.]

20.1.1.1. **지각에 대한 인지는 꿈에서 지각을 인지하는 경우와 같다(16ab').**

20.1.1.1.1. 앞[4.1(3~4a송)]에서 [꿈속에서는] 대상 없이도 [지각이 일어날 수 있다고] 논의되었다.

20.1.2. [지금 인지하고 있는] 지각이 [대상에 대한] 지각이라고 하는 것을 믿을 수 없다.

20.1.2.1. **지각에 대한 인지가 일어나는 순간에 지각했던 대상[의 형상]은 이미 보이지 않는다(16b'cd).**

20.1.2.1.1. "이것은 나에게 일어나고 있는 지각이다"라는 인지는 지각이 일어난 이후에 나타난 내면적 의식(mano-viñāna, 意識)에 의해서만 확인할 수 있다.

20.1.2.1.2. ["이것은 나에게 일어나고 있는 지각이다"라는] 자신의 지각을 인지하는 [내면적 의식이 일어나는] 순간에는 [앞서 지각할 때 일어났던] 시각적 의식(cakṣur-vijñāna, 眼識)은 이미 소멸했다.

20.1.2.1.2.1. [의식(vijñāna)이 찰나생멸하는 존재라는 것은 모든 학파에서 인정된다.]

20.1.2.1.2.2. 특히, [의식과 대상이 모두 찰나생멸한다고 주장하는] 찰나멸론자(Kṣaṇikavādin, 刹那

滅論者)에게 있어서는, 지각을 인지하고 있는 순간에 [그 지각의 원인이 되었던] 외계 대상조차 이미 소멸했다고 받아들일 것이다.

21. [외경실재론자 : 우리가 어떤 것을 기억한다는 사실을 통해서 대상의 존재는 증명된다.]

21.1. 어떤 것을 기억하기 위해서는 그 이전에 반드시 대상에 대한 경험이 있어야 한다.

21.1.1. 경험하지 않았던 것을 의식이 회상하지는 않는다.

21.1.2. 경험이란 그것의 대상인 형색 등을 지각하는 것이다.

21.1.2.1. 경험이라는 것은 대상을 [직접] '보는 것'이다.

22. [vs 21, 바수반두 :] 기억이 일어난다고 해서 대상이 경험된다는 것은 증명되지 않는다.

22.1. 경험한 대상을 기억한다는 것은 성립하지 않는다.

22.1.1. **앞[의 2.2.19(1송), 10.1.2.1.(9송)]에서 설명했던 것처럼, 인식은 마치 외계 대상처럼 마음에 나타나는 것이다(17ab').**

22.1.1.1. 외계 대상이 없더라도 대상처럼 [마음에] 나타나는 시각적 의식 등의 인식이 일어난다고 앞에서 설명했다.

22.1.2 **대상 없는 인식을 원인으로 하여 회상이 일어난다(17ab).**

22.1.2.1. [대상 없는] 인식을 원인으로 하여 기억과 연관되고, 그 [이전의 대상 없는] 인식처럼 [마음에] 나타나서, 형색 등으로 분별하는 내면적 인식(mano-vijñapti) [인 회상]이 일어나는 것이다.

23. [외경실재론자 :] 대상에 대한 관찰이 꿈처럼 모두 외계 대상을 지니지 않는 것은 아니다.

23.1. 현실에서의 인식이 꿈과 같이 실재하지 않는 대상을 인식하는 것이라면, 사람들은 대상이 실재하지 않는다는 것을 스스로 알아차려야 한다.

23.1.1. [꿈속의 대상이 실재하지 않는다는 것은 누구나 스스로 알아차린다.]

23.2. 그러나 [사람들은 현실에서의 인식이 꿈속의 대상처럼 실재하지 않는다는 것을 스스로 알아차릴 수] 없다.

24. [vs 23, 바수반두 :] 그렇게 [현실에서의 인식에서 대상이 실재하지 않는다고 사람들이 스스로 알아차리지 못하는 것은] 논거가 되지 않는다.

24.1. [사람들이 꿈속에서도 항상 대상이 실재하지 않는다는 것을 스스로 알아차릴 수 있다면, 그것은 논거가 될 수 있다.]

24.2. **꿈에서 보는 대상이 실재하지 않음을 [아직 꿈에서] 깨어나지 못한 [상태에 있는] 자는 알아차리지 못한다(17cd).**

24.2.1. [실재하지 않는 것을 실재하는 것으로] 진실하지 않게 분별하는 것이 반복[되어 형성]된 경향성(vāsanā, 熏習)이라는 잠[과 같은 일상]에 빠진 세상 사람은 깨어있지 못한 자(aprabuddha)로서 꿈에서처럼 실재하지 않는 대상을 [실재하는 것처럼] 보면서, 그 대상이 실재하지 않는다는 것을 정확하게 이해하지 못한다.

24.2.2. 분별의 교정수단(pratipakṣa, 對治)인 세간을 넘어선 분별 없는 앎(出世間無分別智)을 획득하여 [일상이라는 잠으로부터] 깨어난 자(prabuddha)가 되면, 그것을 뒤따라 얻게 되는 세간에 대한 청정한 앎(後得淸靜世間智)이 나타나서 외계 대상이 실재하지 않는다는 것을 정확하게 이해하게 된다.

24.2.2.1. 이 과정은 [꿈에서 깨면 꿈속의 대상이 실재하지 않는 것이었다고 이해하게 되는 과정과] 동일하다.

25. [외경실재론자 :] 만약 중생들에게 [마음에] 나타나는 인식들이 오직 [중생] 자신의 특정한 외계 대상으로부터 발생하는 것이 아니라면, 선량한 친구나 나쁜 친구와 교류하거나 바르거나 바르지 않은 가르침의 결과로 [좋거나 나쁘게 되는] 인식의 한정(niyama)은 있을 수 없다.

25.1. [만약 외계 대상으로부터 인식이 발생하는 것이 아니라면, 나의 외부에 존재하는] 바르거나 바르지 않은 사람들과의 교류나 스승이라는 사람들로부터의 가르침도 있을 수 없게 된다.

26. [vs 25, 바수반두 :] [좋거나 나쁜 친구와의 교류나 좋거나 나쁜 가르침에 따라 한정되는 인식은] 어떤 사람의 [개인의식의] 흐름에서 [일어난] 특정한 인식 때문에 다른 사람의 [개인의식의] 흐름에서 [또 다른] 특정한 인식이 발생하는 것이지, 특정한 외계 대상 때문[에 발생하는 것을 말하는 것]은 아니다.

26.1. **중생들은 상호 간에 미치는 영향력으로 인식을 서로 한정한다 (18ab).**

26.1.1. [중생들은 상호 간에 미치는 영향력으로] 상황에 맞게 서로를 원인으로 하여 인식을 한정한다.

27. [외경실재론자 :] 만약 깨어있는 사람의 인식이 꿈속처럼 대상을 지니지 않는 것이라면, [행위의 결과와 관련하여 불합리가 생긴다].

27.1. [만약 꿈과 현실이 동일하다면,] 잠든 사람이 일으킨 선하거나 악한 행동과 깨어있는 사람이 일으킨 선하거나 악한 행동이 동등하게 좋거나 나쁜 결과를 낳아야 한다.

27.2. [실제로는 꿈속에서의 행동과 현실의 행동이] 동등하게 좋거나 나쁜 결과를 낳지 않는다.

28. [vs 27, 바수반두 : 깨어있는 사람의 인식이 꿈속처럼 대상을 지니지 않는다 하더라도, 행위의 결과와 관련하여 불합리가 생기지 않는다.]

28.1. [**꿈속에서의 행동과 현실의 행동은**] **동등한 결과를 낳지 않는다 (18d).**

28.1.1. **꿈속에서 마음은 몽롱함(middha)에 의해** [**깨어있을 때보다**] **약화된다(18cd').**

28.1.2. [외계] 대상의 실제 존재(sadbhāva)[의 여부는 꿈속에서의 행동과 현실의 행동이 동등한 결과를 낳지 않는 이유]가 아니다.

29. [외경실재론자 :] 만약 [삼계에 속한 것이 모두] 인식일 뿐이라면, [살해의 행위와 관련된 불합리가 생긴다].

29.1. [만약 삼계에 속한 것이 모두 인식일 뿐이라면,] 양 도살자 등이 양 등을 죽일 수 없다.

29.1.1. [만약 삼계에 속한 것이 모두 인식일 뿐이라면,] 신체(kāya, 身)나 언어기관(vāc, 口/語)을 가지지 않는다.

29.2. 양 등을 양도살자가 죽이는 것이 아니라면, 양도살자는 살생의 죄와 연결될 수 없다.

30. [vs 29, 바수반두 : 만약 삼계에 속한 것이 모두 인식일 뿐이라 하더라도, 살해의 행위와 관련된 불합리가 생기지 않는다.]

30.1. [**살생에 의한**] **죽음이란 다른 사람의 특정한 인식에 의해 일어난** [**자기의식의**] **변화이다(19ab')**.

30.1.1. 어떤 자들의 특별한 인식의 영향력 때문에 다른 이들의 생명력(jīvitendriya, 命根)을 침해하는 어떤 변화가 생긴다.

30.1.1.1. 악귀(piśāca) 등의 의지(manas)에 의하여 다른 사람들에게 기억상실(smṛtilopa) 등이 일어난다(19b'cd).

30.1.1.1.1. 악귀에 의해 기억상실이 되거나 꿈속에서 [무서운 장면을] 보거나, 악령에 홀리는 등의 변화가 일어난다.

30.1.1.2. 초능력자의 의지에 의하여 [변화가 일어난다].

30.1.1.2.1. 사라나왕이 마하카타야나(大迦旃延)의 지배력으로 꿈속에서 [미래를] 보았다.

30.1.1.2.2. [700명의] 숲의 선인들이 적개심(manaḥpradoṣa)

을 일으켜서 [아수라의 왕인] 베마치트린가 전쟁에서 패하게 되었다.

30.1.2. 변화에 의해 '[특정한] 종으로서의 동일성[nikāya]sabhāga, [衆]同分)[을 유지하는] 흐름이 단절'되는 것은 '죽음'이다.

30.1.3. **그렇지 않다면, [즉 다른 사람의 특별한 인식의 영향력으로 죽음이 발생하는 것이 아니라면], 선인의 분노로 단다카 숲이 텅 비게 되는 것은 불가능하[게 되어 경전의 내용에 위배된]다(20ab).**

30.1.3.1. 붓다가 경전에서 의지(manas)에 의한 폭력이 신체나 언어의 폭력보다 큰 죄라고 증명할 때, 단다카숲, 마탕가숲, 칼링가숲이 텅 비어 청정하게 된 것은 선인들의 적개심(manaḥ-pradoṣa) 때문이라는 내용이 경전에 나온다.

30.1.3.1.1. **그렇지 않다면,** [즉] 선인들의 적개심으로 숲에 사는 중생들이 죽은 것이 아니라 그들을 신봉하는 정령(amānuṣa)들이 [숲의 중생들을] 섬멸한 것으로 생각한다면, **선인이 적개심을 품는 행위를 가지고 의지에 의한 폭력이 [신체나 언어에 의한 폭력보다] 큰 죄라고 증명할 수 없다(20cd).**

30.1.3.1.1.1. [경전의 내용을 위배하지 않기 위해서 행위를 가지고 의지에 의한 폭력이 신체나 언어에 의한 폭력보다 큰 죄라고 증명할 수 있어야 한다.]

30.1.3.1.1.2. [행위를 가지고 의지에 의한 폭력이 신체나

언어에 의한 폭력보다 큰 죄라고 증명하려면,] 오직 [선인들의] 적개심만으로 그만큼 많은 중생이 죽은 것이라고 해야 [단다카숲이 선인의 분노로 텅 비게 되었다고 증명할 수 있고, 따라서 의지에 의한 폭력이 신체나 언어에 의한 폭력보다 큰 죄라고] 증명할 수 있다.

31. [외경실재론자 :] 만약 [삼계에 속한 것이 모두] 인식일 뿐이라면, 다른 사람의 마음을 아는 자(paracittavid, 他心通人)의 존재는 모순이 된다.

31.1. 다른 사람의 마음을 아는 자가 실제로 다른 사람의 마음을 알 수 없다면, '다른 사람의 마음을 아는 자'라고 할 수 없다.

31.2. 다른 사람의 마음을 아는 자가 정말로 다른 사람의 마음을 아는 것이라면, **다른 사람의 마음을 아는 자의 앎(jñāna)이 있는 그대로 (yathārtham) [아는 것이] 아니라는 것은 모순이다(21ab').**

31.2.1. [다른 사람의 마음을 안다는 것은 다른 사람의 마음을 대상으로 하는 것이므로 있는 그대로 아는 것이어야 한다.]

32. [vs 31, 바수반두 :] 다른 사람의 마음에 대한 앎은 자신의 마음에 대한 앎과 마찬가지[로 있는 그대로 알지 못한]다.

32.1. [사람들이 자신의 마음을 아는 것은 있는 그대로 아는 것이 아니다.]

32.1.1. **붓다들[이 그들]의 인식영역(buddha-gocara)[을 아는 것]과 같은 방식으로는 알지 못한다(21b'cd).**

32.1.1.1. 언어로 표현할 수 없는 본질과 관련하여 붓다들[이 그

들]의 인식영역[을 아는 것]과 같은 방식으로 그처럼 [붓다가 아닌 자들이 다른 사람과 자신의 마음을] 알지 못한다.

32.1.1.1.1. [붓다가 아닌 자들은 붓다들의 인식영역을 아는 방식과 달리 마음을] 있는 그대로 알지 못한다.

32.1.1.1.1.1. [붓다가 아닌 자들이 다른 사람과 자신에 대한 마음에 대해 아는 것은 실재하지 않는 것을 실재하는 것으로] 진실되지 않게 [마음에] 나타나는 것이다.

32.1.1.1.1.1.1. [붓다가 아닌 자들에게 다른 사람과 자신에 대한 마음에 대한 앎이 나타날 때] 인식대상과 인식주체에 대한 분별은 끊어지지 않는다.

33. [바수반두의 결론 :] **나는 내 능력만큼 [삼계에 속한 것은] 오직 인식일 뿐임을 증명하[고자 하]였지만, 오직 인식일 뿐임을 모든 방면에서 생각할 수는 없다**(22abc).

33.1. 오직 인식일 뿐임은 셀 수 없이 많은 확정적 판단과 세부적 분석으로 가늠할 수 없는 깊이를 지닌다.

33.2. [오직 인식일 뿐임은] 논리적 사유의 영역을 초월한다.

33.3. [오직 인식일 뿐임을 모든 방면에서 생각하는 것은] **붓다들의 인식영역이다**(22d).

33.3.1. [붓다들은] 모든 인식대상(jñeya)에 대해 모든 형태(ākāra)로 아는 것(jñāna)에 걸림이 없다.

# 『유식이십론』
# 다섯 가지 버전의 원문과
# 한글 번역 및 해제

# 『유식이십론』 서지 정보

## 1. 산스크리트본

『유식이십론』의 번역을 위해서 다음과 같은 산스크리트어 편집본과 사본을 참조하였다.

L　Lévi, Sylvain, *Vijñaptimātratāsiddhi: Deux Traités de Vasubandhu: Viṃśatikā et Triṃśikā*, Paris: Libraire Ancienne Honoré Champion, 1925.

Lc　Lévi, Sylvain, *Matériaux pour l'étude du système Vijñaptimātra.* Paris: Bibliothèque de l'École des Hautes Études, 1932.

U　宇井伯寿,『四釋對照唯識二十論研究』, 東京: 岩波書店, 1953.

YN　山口益・野澤靜證,『世親唯識の原典解明』, 法藏館, 1953.

N　那須実秋,「唯識二十論の還梵」,『印度学仏教学研究』3/2, 日本印度学仏教学会, 1953.

B　Bachi, Sitamsu Sekhar, "Vijñaptimātratāsiddhi, Viṃśatikā of Vasubandhu", Nava-Nālandā-Mahāvihāra Research Publication, vol. I, 1957.

T　Tripathi, Ram Shankar, *Vijnaptimatratasiddhi prakarana dvayam.*

Varanasi: Sampurnananda Sanskrit University, 1992.

A Anacker, Stefan, Seven works of Vasubandhu: The Buddhist Psychological Doctor, Delhi: Motilal Banarasidass Publishers, 1984.

msA/B Manuscript A (3-4) / Manuscript B (9-15), Mimaki, Katsumi, Tachikawa, Musashi & Yuyama, Akira, *Three Works of Vasubandhu in Sanskrit Manuscript: The Trisvabhāvanirdeśa, the Viṃśatikā with its Vṛtti, and the Triṃśikā with Sthiramati's Commentary*, Bibliotheca Codicum Asiaticorum 1, Tokyo: The Centre for East Asian Cultural Studies, 1989.

BN Balcerowicz, Piotr & Nowakowska, Monika, "Wasubandhu: Dowód na wyłączne istnienie treści świadomości w dwudziestu strofach (Vasubandhu: Viṁśatikā-Vijñapti-mātratā-siddhi), opra-cowanie tekstu i przekład z sanskrytu.", Studia Indologiczne 6, 1999.

Hw 原田和宗, 「『唯識二十論』ノート (1)」, 『仏教文化』 9, 九州龍谷短期大学仏教文化研究所, 1999.

TD Tola, Fernando & Dragonetti, Carmen, *Being as Consciousness: Yogācāra Philosophy of Buddhism*. Delhi: Motilal Banarsidass, 2004.

F Fukita, Takamichi, *Vasubandhu: Viṃśatikā vijñaptimātratāsiddhi*, E-text based on Lévi(1925) & 宇井伯寿(1953), Göttin-gen Register of Electronic Texts in Indian Languages, 2020. (https://gretil.sub.uni-goettingen.de/gretil/corpustei/transformations/html/sa_vasubandhu-viMzatikA-vijJaptimAtratAsiddhi.htm, 검색 2024.4.13.)

RS Ruzsa, Ferenc & Szegedi, Mónika, "Vasubandhu's Viṃśikā", Távol-keleti Tanulmányok 1, Budapest: Távol-Keleti Intézet, 2015.

S Silk, Jonathan, *Materials Toward The Study of Vasubandhu's Viṃśikā (I): Sanskrit and Tibetan Critical Editions of the Verses and Autocommentary*, and English Translation and Annotations, Havard University Press, 2016.

『유식이십론』 산스크리트본은 최초의 교정본인 레비(Lévi, 1925)의 편집본이 나온 이후로, 새로운 사본들을 통해 개정을 거듭해왔다. 이 중 대부분은『유식이십론』의 편집본이지만, 사본(manuscript)의 복사본을 출판한 것도 있고(msA, msB), 부분적으로만 교정을 제안한 경우도 있다(Lc, U, YN, Hw). 본문에서는 최초의 출판본인 레비본과 가장 최근의 연구성과를 반영한 실크(Silk, 2016)의 비판 교정본 쪽수와 줄수를 기재하고, 다른 편집본들을 대조하여 각주에 반영하였다.

## 2. 티베트본

『유식이십론』의 티베트 문헌 서지정보는 다음과 같다.

C. Cone Edition. Microfilms of Cone bsTan 'gyur edited by the Institute for Advanced Studies of World Religions, stored in Tokyo University Liberary. 4003, sems tsam, shi 4a$^{2}$-10a$^{3}$

D. sDe dge Edition. Tibetan Tripiṭaka bsTan ḥgyur: preserved at the Faculty of Letters, University of Tokyo. Tokyo: Sekai Seiten Kanko Kyokai. 1980. 4057, sems tsam, śi $4a^{3}$-$10a^{2}$

N. sNar thang Edition. Microfilms stored in Naritasan Institute for Buddhist Studies, Mibu Catalog, 4326, sems tsam, si $5a^{5}$-$13a^{5}$

P. Peking Edition. The Tibetan Tripiṭaka 影印北京版西藏大藏經: Peking edition, reprinted under the supervision of the Otani University, Kyoto. Tokyo-Kyoto: Tibetan Tripiṭaka Research Institute. 1957. 5558, sems tsam, si $4b^{1}$-$11a^{1}$

G. Ganden(Golden) Edition. 3557, sems tsam, si $5a^{5}$-$13a^{5}$

P.K.125. An edition of the Dunhuang Manuscript Pelliot tibétain 125 (7.4×28.2cm, 1면 6행), Revue d'Etudes Tibétaines, 39, April 2017, pp. 342-360.

본문에서 사용한 티베트역의 기본 저본은 데게(D.) 판본이다. 패킹(P.), 간댄(G.), 나르탕(N.), 쪼네(C.) 판본과의 비교 교정은 빼둘마를 참조하거나 직접 대조하였다.

한편 위와 같이 『유식이십론』의 게송과 자주가 함께 있는 버전(Nyi shu pa'i 'grel pa, Viṃśikā-vṛtti) 이외에도 다섯 가지 판본 모두 게송만 있는 버전(Nyi shu pa'i tshig le'ur byas pa, Viṃśikā-kārikā)이 있어 일부 참조하였는데, 그 서지정보는 다음과 같다.

C.: sems tsam, shi $3a^{4}$-$4a^{2}$

D.: 4056, sems tsam, śi $3a^{4}$-$4a^{2}$

N.: 4325, sems tsam, si $4a^5$-$5a^5$

P.: 5557, sems tsam, si $3b^1$-$4b^1$

G.: 3556, sems tsam, si $4a^3$-$5a^5$

티베트어로만 남아 있는 비니타데바(Vinītadeva)의 주석서는 다음과 같은 판본이 있다.

비니따데바의 『유식이십론』 티베트역 주석서

① sDe dge 4065, sems tsam, śi $171b^7$-$195b^5$

② Peking 5566, sems tsam, si $201b^8$-$232a^8$

③ sDar thang 4334, sems tsam, si $192a^2$-$221a^5$

## 3. 세 한역본

진제, 현장, 반야류지 세 가지 한역본의 저본은 다음과 같다.

《大正新修大藏經》本(1924~1934년), 東京: 大藏出版株式會社, 1936.

『대정신수대장경』에는 일본에 소장되어 있는 대장경 판본을 비교하여 이미 교감해 놓은 것이 있지만, 본 역서에서는 저본의 교감을 그대로 인용하지 않고 저본의 원문과 국내 소장본의 대교본 원문을 비교하여 교감 보는 것을 원칙으로 하였다. 그 외 필요에 따라 중요하다고 판단되는 경우 저본의 교감과 대조하였다. 이를 위해 다음의 일곱 가지 대교본을 사용하였다.

高麗本《高麗大藏經》本(宋版, 1236~1251년), 서울: 동국문화사, 1957.
磧砂本《磧砂大藏經》本(宋版, 약1225~1322년), 台北: 新文豊出版公司, 1987.
乾隆本《乾隆大藏經》本(淸版, 1735~1738년), 台北: 傳正有限公司, 1997.
頻伽本《頻伽大藏經》本(1909~1913년), 北京: 九洲圖書出版社, 1998.
洪武本《洪武南藏》本(明版, 1372~1398년), 成都: 泗川省佛教協會, 1999.
永樂本《永樂北藏》本(明版, 1421~1440년), 北京: 線裝書局, 2000.
趙成本《趙成金藏》本(金版, 1149~1173년), 北京: 北京圖書館出版社, 2008.

이들 안에 수록된 텍스트는 다음과 같다.

- 《大正新修大藏經》(1924~1934년), 東京: 大藏出版株式會社, 1936.
  『唯識論』(1卷) 一名『破色心論』後魏 瞿曇般若流支譯(大正31, No1588)
  『大乘唯識論』(1卷) 陳 眞諦譯 (大正31, No1589)
  『唯識二十論』(1卷) 唐 玄奘譯 (大正31, No1590)
  『成唯識寶生論』(5卷) 護法造 唐 義淨譯(大正31, No1591)
  『唯識二十論述記』(2卷) 唐 窺基撰(大正43, No1834)
- 《高麗大藏經》(1235~1251년), 서울: 동국문화사, 1957.
  『唯識論』一名『破色心論』, 後魏 瞿曇般若流支譯(K17)
  『大乘唯識論』, 陳 眞諦譯(K17)
  『唯識二十論』, 唐 玄奘譯(K17)
- 《永樂北藏》(明版, 1421~1440년), 東京: 中華書局, 1986.
  『大乘楞伽經唯識論』一名『破色心論』, 魏 菩提流支譯(제105책)

『大乘唯識論』, 陳 眞諦譯(제105책)

『唯識二十論』, 唐 玄奘譯(제105책)

• 《磧砂大藏經》(宋版, 약 1225~1322년), 台北: 新文豊出版公司, 1987.

『楞伽經唯識論』, 一名 破色心論, 魏國 菩提流支譯(제17책)

『大乘唯識論』, 陳 眞諦譯(제17책)

『唯識二十論』, 唐 玄奘譯(제17책)

• 《乾隆大藏經》(靑版, 1735~1738년), 台北: 傳正有限公司, 1997.

『大乘楞伽經唯識論』 一名 『破色心論』 魏 菩提流支譯(제88책)

『大乘唯識論』 陳 眞諦譯(제88책)

『唯識二十論』 唐 玄奘譯(제88책)

• 《頻伽大藏經》(1909~1913년), 北京: 九洲圖書出版社, 1998.

『唯識論』 一名 『破色心論』, 元魏 瞿曇般若流支譯(제42책)

『唯識二十論』, 唐 玄奘譯(제42책)

• 《洪武南藏》(明版, 1372~1398년), 成都: 泗川省佛敎協會, 1999.

『大乘唯識論』, 陳 眞諦譯(제88책)

『唯識二十論』, 唐 玄奘譯(제88책)

• 《趙城金藏》(金版, 1149~1173년), 北京: 北京圖書館出版社, 2008.

『唯識論』 一名 『破色心論』 後魏 瞿曇般若流支譯(제42책)

『大乘唯識論』 陳 眞諦 譯(제42책)

# 1송

## ‘인식일 뿐’의 범위와 경전적 근거

## 산스크리트 1송

(L 3,2)[1]

mahāyāne[2] traidhātukaṃ vijñaptimātraṃ vyavasthāpyate[3] | cittamātraṃ bho jinaputrā yad uta traidhātukam iti sūtrāt[4] | cittaṃ mano vijñānaṃ vijñaptiś ceti paryāyāḥ | cittam atra sasamprayogam abhipretaṃ | mātram ity[5] arthapratiṣedhārtha[6] |

**vijñaptimātram evedam[7] asadarthāvabhāsanāt |**

**yadvat[8] taimirika[9]syāsatkeśoṇḍukādidarśanam[10] || 1 ||**

---

1 레비(Lévi)의 최초 출판교정본(L)은 발간할 당시 저본으로 사용하였던 사본에서 1송과 2송이 탈락되어 있어서, 게송만 있는 티베트본(136. 3a1-3a2)을 활용하여 산스크리트로 환원하였다. 레비는 뿌생(Poussin 1912)이 앞서 발견한 자이나교 논사 하리바드라(Haribhadra, 8세기)의 저작 Lokatattvanirṇaya 76송에서의 『유식이십론』 인용을 참조하였으나, 이후 1 · 2송을 포함한 전체 게송(kārikā)만 수록된 새로운 사본(msA)을 반영하여 Lc에서 일부 수정했다. 한편 나스(那須実秋)는 티베트본을 중심으로 1 · 2송 주석 부분의 새로운 산스크리트 환원(N)을 제안하였다. 현재도 1 · 2송의 주석이 포함된 사본은 발견되지 않았다. 이 책의 1 · 2송 주석 원문은 L을 기본으로 하여 교정 · 편집하고, 다른 편집본의 유의미한 제안들을 각주로 명시하였다.

2 F : māhāyane

3 RS : ... vijñaptimātratayā vyavasthāpitam

4 YN, N: sūtre ... iti vacanāt

5 N: mātragrahaṇam; Hw: mātravacanam / mātram iti vacanam

6 RS: arthapratiṣedhārtham uktam

7 Lc, B, A, msA, TD, F, RS: evedam; L, BN: evaitad

8 L, T, BN: yathā; Lc, A, msA, TD, F: yadvat.

9 msA, RS: taimiraka°

10 L, T, BN: keśacandrādi°; msA, RS: keśoṇḍūkādi°; 1송을 제시하지 않는 현장역을 제외하면, 티베트역과 진제역 및 반야류지역은 모두 L과 일치한다.

대승에서는 "삼계(三界)에 속한 것은 오직 인식일 뿐(vijñāpti-mātra, 唯識)"이라고 [하는 가르침이] 확립되어 있다. "오! 승리자의 아들(= 보살/불자)들이여! 실로 3계에 속한 것은 오직 마음일 뿐(citta-mātra, 唯心)이다"라고 경전(=『십지경』[Daśabhūmikasūtra])에서 설하기 때문이다.

마음(citta, 心)과 사유기능(manas, 意)과 의식(vijñāna, 識)과 인식(vijñāpti, 了別)은 모두 동의어이다. 여기(=『십지경』)에서 마음[이라는 표현]은 마음과 연관되는 것(saṃprayoga, = 마음작용, 心所)까지 포함하는 것으로 의도되었다. "오직(mātra, 唯)"이라는 말은 [인식과 별도로 외계의] 대상[이 존재함]을 부정하기 위한 목적으로 사용되었다.

**[주장 :] 이것(= 삼계에 속한 것)은 오직 인식일 뿐이다.**

**[이유 :] [삼계에 속한 것은 모두] 존재하지 않는 대상이 [존재하는 것처럼] 나타나는 것이기 때문이다.**

**[예증 :] [존재하지 않는 대상이 존재하는 것처럼 마음에 나타나는 것은 대상 없는 인식일 뿐이다.] 예를 들면, 비문증 환자(taimirika)가 실재하지 않는 머리카락 뭉치[의 환영] 등을 보는 것과 같다. [1]**

## 티베트역 1송

(D 136 a4, P 234 4b1)

**제목 : Nyi shu pa'i 'grel pa**[11]

**저자 : Dbyig gnyen (Vasubandhu)**

rgya gar skad du | bingshi ka brītti | bod skad du | nyi shu pa'i 'grel pa | 'jam dpal gzhon nur gyur pa la phyag 'tshal lo | theg pa chen po la khams gsum pa rnam par rig pa tsam du rnam par gzhag[12] ste | mdo las kye[13] rgyal ba'i sras dag 'di lta ste | khams gsum pa 'di ni sems tsam mo zhes 'byung ba'i phyir ro | sems dang yid dang rnam par shes pa dang | rnam par rig pa zhes bya ba ni rnam grangs su gtogs pa'o | sems de yang 'dir mtshungs par ldan pa dang bcas par dgongs pa'o | tsam zhes bya ba smos pa ni don dgag pa'i phyir ro ||

---

11 P.V : nyi shu pa'i 'grel pa bzhugs so

12 P.N : bzhag

13 Poussin and P.V : kye, D.V : kyi.

산스크리트로 Viṃśikā-vṛtti라고 하고 티베트어로 Nyi shu pa'i grel pa라고 한다. 문수보살께 경배합니다.[14]

대승에서는 삼계에 속한 것(khams gsum pa, traidhātuka)은 "오직 인식일 뿐(rnam par rig pa tsam, vijñapti-mātra, 唯識)"[이라는 가르침]이 확립되어 있다. 왜냐하면, 경전(=『십지경』)에서 "오! 승리자의 아들(rgyal ba'i sras, jina-putra)들이여! 이 삼계에 속한 것은 오직 마음일 뿐(sems tsam, citta-mātra, 唯心)이다"라고 설하기 때문이다. 마음(sems, citta, 心)과 사유기능(yid, manas, 意)과 의식(rnam par shes pa, vijñāna, 識)과 인식(rnam par rig pa, vijñapti, 了別)은 동의어이다. 또한, 여기(=『십지경』)에서 저 마음(sems)[이라는 표현]은 [마음과] 연관되는 것(mtshungs par ldan pa, [citta]samprayoga, = 마음작용, 心所)도 포함하는 것으로 의도되었다. "오직(tsam, mātra, 唯)"이라는 말은 [인식과 별도로 외계의] 대상[이 존재함]을 부정하기 위한 목적으로 사용되었다.

14 P.K.125에는 이 귀경구가 없다. 티베트 초기 번역의 형태를 보이는 P.K.125가 티베트 대장경보다 이전에 제작되었기에 이 귀경구는 후대에 첨가되었을 것으로 추정된다. P.K.125 번역은 Silk(2016) 참조.

**'di dag rnam par rig tsam nyid |**
**yod pa ma yin don snang phyir |**
**dper na rab rib can dag gis |**
**skra zla la sogs med mthong bzhin || 1 ||**

rnam par shes pa 'di nyid don du snang ba 'byung ste | dper na rab rib can rnams kyis skra zla la sogs pa med par mthong ba bzhin te | don gang yang med do ||

**[주장 :] 이것들(= 삼계에 속한 것)은 오직 인식일 뿐이다.**

**[이유 :] [삼계에 속한 것은 모두] 존재하지 않는 대상이 [존재하는 것처럼 마음에] 나타나[는 것이]기 때문이다.**

**[예증 :] [존재하지 않는 대상이 존재하는 것처럼 마음에 나타나는 것은 대상 없는 인식일 뿐이다.] 예를 들면, 비문증 환자(rab rib can, taimirika)가 존재하지 않는 머리카락, [두 번째] 달 등을 보는 것과 같다. [1]**

이 의식(vijñāna)이 대상처럼 [마음에] 나타나서 발생한다. 예를 들면, 비문증 환자들이 실재하지 않는 머리카락, [두 번째] 달 등을 보는 것과 같다. [따라서] 어떠한 외계 대상도 [전혀] 존재하지 않는다.

## 진제역 1송

(T31, 70c14-23)

제목 : 『大乘唯識論』一卷[15].

저자 및 한역자 : 天親菩薩造, 陳[16] 天竺 三藏[17] 眞諦譯.

修道不共他, 能說無等義.

頂禮大乘理, 當說立及破,

無量佛所修, 除障及根本.

唯識自性靜, 昧劣人不信.

於大乘中, 立三界[18]唯有識. 如經言: "佛子! 三界者唯有心." 心·意·識等[19]是總[20]名. 應知此'心'有相應法. '唯'言者爲除色塵等.

---

15 一卷 : 趙成本 · 磧砂本 · 洪武本 · 永樂本에는 빠져 있다.

16 陳 : 趙成本에는 '陳' 뒤에 '世'가 있다.

17 天竺三藏 : 趙成本에는 '天竺三藏'이 빠져 있고, 磧砂本 · 洪武本 · 永樂本에는 '天竺三藏'이 '三藏法師'로 되어 있다.

18 界 : 磧砂本 · 洪武本 · 永樂本에는 '界' 뒤에 '者'가 있다.

19 等 : 磧砂本 · 乾隆本에는 '等'이 빠져 있다. 저본에서는 일본에 소장되어 있는 宋本 · 元本 · 明本 · 宮內省本에 '等'이 빠져 있다고 교감해 놓았다.

20 總 : 趙成本 · 高麗本 · 磧砂本 · 洪武本에는 '揔'으로 되어 있고, 永樂本에는 '緫'으로 되어 있다.

『대승유식론』

[부처님이] 닦으신 도는 다른 이들과 같지 않으셔서
능히 비할 바 없는 뜻을 말씀하실 수 있었네.
[이와 같은] 대승의 이치에 머리 숙여 예배하고
마땅히 [뜻을] 세울 뿐만 아니라 [반대 의견을] 논파하고자 하나니
무량불이 닦으신 것은
장애를 없애고 근본으로 되돌아가는 것.
오직 인식일 뿐인 자성은 청정한데
어리석고 열등한 사람은 [이를] 믿지 않네.

대승에서는 삼계가 오직 인식일 뿐(唯有識, vijñapti-mātra)이라고 확립한다. 경전(=『십지경』)에서 "불자들이여! 삼계[에 속한 모든 존재]는 오직 마음일 뿐(唯有心, citta-mātra)이다"라고 한 것이 그것이다. 마음(citta)과 사유기능(manas)과 식들(識等, vijñāna와 vijñapti)이라는 것은 총괄적으로 [같은 것을 지칭하는] 용어이다. 마땅히 이 '마음(citta)'이란 [마음과] 연관되는 존재 요소([心]相應法, [citta]samprayoga, = 마음작용, 心所)도 포함하고 있음을 알아야 한다. '오직(mātra)'이라고 한 것은 물질적 대상(色塵, artha)을 배제하기 위해서이다.

(T31, 70c24-71a6)

**實無有外塵. 似塵識生故.**

**猶如瞖眼人, 見毛二月等. (1송)**

大乘中立義, **"外塵實無所有."** 若爾[21]云何見有外塵? 爲證此義, 故言 : **"似塵識生故."** 由識似塵現故, 衆生於無塵中見塵. 爲顯此識故立斯譬. **"如眼有病及眼根亂[22], 於無物中, 識似二月及鹿渴等而現."** 唯識義亦如是, 是故三界實無外塵, 識轉似塵顯. 三性二諦同無性性, 名非安立.

21 爾 : 趙成本 · 高麗本 · 磧砂本 · 洪武本에는 '尒'로 되어 있다.

22 亂 : 趙成本 · 高麗本에는 '乱'으로 되어 있다.

[주장 :] 실로 외계 대상(外塵)은 존재하지 않는다.

[이유 :] 마치 [존재하지 않는] 대상(塵, artha)[이 존재하는 것]처럼 인식(識, vijñapti)이 [마음에] 일어나기 때문이다.

[예증 :] 예를 들어, 비문증 환자(瞖眼人. taimirika)가 머리카락이나 두 번째 달 등을 보는 것과 같다. (1송)

대승에서 세운 뜻은 **"실로 외계 대상(外塵)은 존재하지 않는다"**는 것이다. 만약 그렇다면 어째서 외계 대상이 있는 것으로 보이는가? 이 뜻을 증명하기 위해 **"마치 [존재하지 않는] 대상[이 존재하는 것]처럼 인식이 일어나기 때문이다"**라고 한 것이다. 인식(識)이 흡사 대상처럼 나타나기 때문에 중생은 대상이 없는데도 대상을 본다. 이 인식[의 사례를] 나타내기 위하여 이[와 같은] 예증을 들었다. **"마치 비문증이 있거나 눈의 감각기능에 혼란이 생겨서, 실물이 없는 곳에서 인식이 두 번째 달, 목마른 사슴에게 보이는 신기루(鹿渴, mṛgatṛṣṇā) 등이 [마치 존재하는 것처럼] 나타나는 것과 같다."** 오직 인식일 뿐이라는 뜻도 이와 같다. 그러므로 실로 삼계에는 [인식과 별도로 존재하는] 외계 대상이란 없으며 [외계 대상으로 보이는 것은 단지] 식이 전변하여 흡사 외계 대상처럼 나타난 것일 뿐이다. 삼성(三性)과 이제(二諦)도 [외경과] 마찬가지로 자성이 없어서 안립하지 않는 것이라고 한다.

## 현장역 서두

(T31, 74b19-c2)

제목 : 『唯識二十論』 一卷[23].

저자 및 한역자 : 世[24]親菩薩造, 大唐[25] 三藏法師 玄奘奉 詔譯.

安立大乘三界唯識. 以契經說: "三界唯心." 心 · 意 · 識 · 了名之差別. 此中說'心'意兼心所, '唯'遮外境不遣相應. 內識生時似外境現. 如有眩瞖見髮蠅等. 此中都無少分實義. 卽於此義有設難言.

---

23 一卷 : 永樂本 · 乾隆本에는 빠져 있다.

24 世 : 洪武本에는 '丗'로 되어 있다.

25 大唐 : 磧砂本 · 洪武本에는 '大唐'이 빠져 있고, 永樂本 · 乾隆本에는 '大'가 빠져 있다.

대승에서는 삼계가 오직 인식일 뿐(唯識, vijñapti-mātra)이라고 확립한다. 계경(=『십지경』)에 “삼계[에 속한 모든 존재]는 오직 마음일 뿐(唯心, citta-mātra)”이라고 설해져 있기 때문이다. 마음(心, citta)과 사유기능(意, manas)과 의식(識, vijñāna)과 인식(了, vijñapti)은 [같은 의미이지만] 용어를 달리한 것이다. 여기(=『십지경』)에서 말하는 ‘마음(citta)’은 마음작용(心所, caitta)을 겸한다는 의도이며 ‘오직(唯)’은 외계 대상(外境, artha)을 부정하는 것이지 [마음과] 연관되는 것(相應, sasamprayoga, = 마음작용)을 배제한 것은 아니다. 내부의 인식(識, vijñapti)이 생겨날 때 흡사 외계 대상처럼 현현한다. 마치 비문증 환자(有眩瞖, taimirika)가 머리카락이나 파리 등을 보는 것과 같다. 이 가운데 도무지 조금도 진실한 뜻이 없다. 곧 이 뜻에 대하여 어떤 사람이 힐난하였다.

## 반야류지역 1송

(T31, 63c20-64b19)

제목 : 『唯識論』[26] 一卷[27]. 一名『破色心論』.

저자 및 한역자 : 天親菩薩[28]造, 後魏[29] 瞿曇般若流支[30]譯.

**唯識無境界. 以無塵妄見.**

**如人目有瞖, 見毛月等事. (1송 보충)**

問曰 : "此初偈者, 明何等義?"

答曰 : "凡作論者, 皆有三義. 何等爲三? 一者立義, 二者引證, 三者譬喩. 立義者, 如偈言 : '**唯識無境界**'故. 引證者, 如偈言 : '**以無塵妄見**'故. 譬喩者, 如偈言 : '**如人目有瞖, 見毛月等事**'故.

26 唯識論 : 磧砂本에는 '唯識論' 앞에 '楞伽經'이 있다. 永樂本 · 乾隆本에는 '唯識論' 앞에 '大乘楞伽經'이 있다.

27 一卷 : 趙成本 · 磧砂本 · 永樂本 · 乾隆本에는 빠져 있다.

28 菩薩 : 磧砂本에는 빠져 있다.

29 後魏 : 磧砂本 · 永樂本 · 乾隆本에는 '後魏'가 없고 '天竺三藏法師魏國昭玄沙門統'으로 되어 있다.

30 瞿曇般若流支 : 磧砂本 · 永樂本 · 乾隆本에는 '菩提流支'로 되어 있다.

[주장 :] [삼계에 속한 모든 존재는] 오직 인식일 뿐(唯識, vijñapti-mātra)이고 외계 대상은 없다.

[이유 :] [삼계에 속한 모든 존재는] 대상(塵, artha)이 없는데도 [있는 것처럼] 그릇되게 보이기 때문이다.

[예시 :] 마치 비문증 환자(人目有瞖, taimirika)가 머리카락이나 [두 개의] 달 등을 보는 것과 같다. (1송 보충)

[외경실재론자가] 묻는다. "여기 첫 번째 게송은 어떤 뜻을 밝힌 것인가?"

[바수반두가] 답한다. "무릇 이 논변을 지은 데에는 총 세 가지 뜻이 있다. 어떤 것이 세 가지인가? 첫째는 주장을 세우며, 둘째는 이유를 제시하며, 셋째는 예증을 드는 것이다. 주장을 세운다는 것은 게송에서 '**[삼계에 속한 모든 존재는] 오직 인식일 뿐이고 외계 대상은 없다**'라고 말한 것이 그것에 해당한다. 이유를 제시한다는 것은 게송에서 '**[삼계에 속한 모든 존재는] 대상(塵, artha)이 없는데도 [있는 것처럼] 그릇되게 보이기 때문이다**'라고 말한 것이 그것에 해당한다. 예증을 든다는 것은 게송에서 '**마치 비문증 환자**가 **머리카락이나 [두 개의] 달 등을 보는 것과 같다**'라고 말한 것이 그것에 해당한다.

(T31, 64b19-c1)

又復有義, 如大乘經中說 : '三界唯心.' '唯是心'者, 但有內心, 無色香等外諸境界. 此云何知? 如『十地經』說 : '三界虛妄, 但是一心作'故. 心·意與識及了別等, 如是四法義一名異. 此依相應心說. 非依不相應心說.

心有二種. 何等爲二? 一者相應心, 二者不相應心. 相應心者, 所謂一切煩惱結使, 受·想·行等諸[31]心相應. 以是故言: '心·意與識及了別等, 義一名異'故. 不相應心者, 所謂第一義諦, 常住不變自性淸淨心故. 言三界虛妄, 但是一心作. 是故偈言: **'唯識無境界'**故. 已明立義, 次辯引證."

---

31 等諸 : 磧砂本·永樂本·乾隆本에는 '識與'로 되어 있다.

또 다른 뜻도 있으니, 대승 경전에서 '삼계[에 속한 모든 존재]는 오직 마음일 뿐(唯心, citta-mātra)이다'라고 말한 것이 그것이다. '오직 이 마음일 뿐'이라는 것은 다만 내부의 마음만 있을 뿐이지 형색(色, 형태와 색깔)이나 같은 [감각을 촉발하는 물질로서의] 외계 대상의 영역은 없다는 것이다. 이것을 어떻게 알 수 있는가? 『십지경』에서 '삼계[에 속한 모든 존재]는 실제로 존재하는 것이 아니니 다만 이 한마음이 지어낸 것이다'라고 하였기 때문이다. 마음(心, citta)과 사유기능(意, manas)과 의식(識, vijñāna)과 인식(了別, vijñapti) 등 이와 같은 네 가지 존재(法)는 뜻은 하나이지만 명칭을 달리한 것이다. 이것은 상응심에 의지하여 말한 것이며 불상응심에 의지하여 말한 것은 아니다.

마음에는 두 종류가 있다. 무엇을 둘이라고 하는가? 첫째는 연관되는 마음(相應心)이고 둘째는 연관되지 않는 마음(不相應心)이다. 연관되는 마음이란 이른바 일체 번뇌의 속박(結使)과 느낌(vedanā, 受), 표상작용(saṃjñā, 想), 의지작용(saṃskāra, 行) 등이 모든 마음과 연관되는 것을 말한다. 이 뜻 때문에 '마음과 사유기능과 의식과 인식 등은 뜻은 하나이지만 명칭을 달리한 것'이라고 하였던 것이다. 연관되지 않는 마음이란 이른바 최고의 실재(第一義諦)로 영원히 변하지 않고 지속하는 청정한 본성을 지닌 마음(自性淸淨心)이다. [반면에] 삼계[에 속한 모든 존재]는 [모두] 실제로 존재하는 것이 아니니 다만 이 한마음(= 청정한 본성을 지닌 마음)이 지어낸 것임을 말한다. 이 때문에 게송에서 '**[삼계에 속한 모든 존재는] 오직 인식일 뿐이고 외계 대상은 없다**'라고 했던 것이다. 이것으로 주장을 세우는 것에 대해 밝혔고 다음은 이유를 제시하는 것에 대해 분석하겠다."

(T31, 64c1-13)

問曰 : "以何事驗得知色等外境界無, 但有內心能虛妄見前境界也?"

答曰 : "偈言 : '**以無塵妄見**'故. 無塵妄見者, 明畢竟無色等境界, 但有內心妄生分別, 能見色等外諸境界. 已明引證, 次顯譬喩."

問曰 : "若無色等外境界者, 爲但有言說? 爲亦有譬況?"

答曰 : "偈言 : '**如人目有瞖, 見毛月等事**'故. 此明何義? 譬如人目或有膚瞖熱氣病等, 是故妄見種種諸事, 於虛空中覩見毛 · 炎等見第[32]二月, 及以夢幻乾闥婆城. 如是等法實無前事, 但虛妄見而有受用色 · 香 · 味等. 外諸境界皆亦如是. 無始世來內心倒惑妄見有用, 實無色等外諸境界."

32 第 : 磧砂本 · 永樂本 · 乾隆本에는 '常'으로 되어 있다.

[외경실재론자가] 묻는다. "무엇을 근거로 하여, 형색 등의 [감각을 촉발하는 물질로서의] 외계 대상이 없는데 다만 내부의 마음만으로 그릇되게 눈앞의 대상을 볼 수 있다는 것을 알 수 있는가?"

[바수반두가] 답한다. "게송에서 '**[삼계에 속한 모든 존재는] 대상(塵, artha)이 없는데도 [있는 것처럼] 그릇되게 보이기 때문이다**'라고 [근거를 제시]하였기 때문이다. 대상이 없는데도 그릇되게 본다는 것은 반드시 형색 등의 [감각을 촉발하는 물질로서의 외계] 대상이 없는데도 다만 내부의 마음만으로 그릇되게 분별하여 형색 등의 외계 대상을 볼 수 있다는 것을 밝힌 것이다. 이것으로 이유를 제시하는 것에 관하여 밝혔고, 다음은 예증에 관하여 드러내 보이겠다."

[외경실재론자가] 묻는다. "형색 등의 [감각을 촉발하는 물질로서의] 외계 대상이 없다는 것은 다만 [이유만] 말하는 것인가? 아니면 예시도 [제시하고] 있는가?"

[바수반두가] 답한다. "[예시도 제시한다] 게송에서 '**마치 비문증 환자가 머리카락이나 [두 번째] 달 등을 보는 일과 같다**'라고 [예시를 제시] 하였기 때문이다. 이것은 어떤 뜻을 밝힌 것인가? 비유하면 어떤 사람이 눈에 살이 덮이거나 열병 등이 들어서 그릇되게 여러 가지 것들을 보게 되어, 허공에서 머리카락·불꽃·두 번째 달을 보거나 간다르바의 성과 같은 환영을 보는 것과 같다. 이와 같은 일들은 실제로 눈앞에 있는 것이 아니라 단지 그릇되게 보고서 형색·향기·맛 등을 수용하는 것이다. 외계 대상이란 모두 이와 같다. 무시 이래로 내부의 마음이 전도되고 미혹되어 그릇되게 보고서 [형색·향기·맛 등을] 수용하지만, 실제로는 형색 등의 외계 대상이란 없다."

## 1송 해제

『유식이십론(唯識二十論, Viṃśikā Vijñaptimātratāsiddhiḥ)』은 바수반두가 대승으로 전환한 후 쓴 초기의 저작으로서, 특별한 목적이 있다. 그 목적이란, 이 세계 전체가 '오직 인식일 뿐'이라고 하는 유식성(唯識性)을 논리적으로 증명하려는 것이다. 우리 눈앞에 보이는 대상들, 즉 우리의 존재와 무관하게 존재하고 있는 것 같은 외계(외부세계)의 대상은 존재하지 않는다는 것, 그것이 이 세계의 유식성이다.

유식(唯識, vijñapti-mātra)에서 식(vijñapti)이란, 표상, 인식, 인식작용, 현현, 현상, 인지, 인상, 의식, 정신적 이미지 등으로 번역될 수 있는 용어이다. 이 번역어 하나하나는 유식이라는 용어에 대한 각자의 철학적 해석을 반영한다. 그 어원이 되는 동사 vi-√jñā는 '이것은 이것이고 저것은 저것이라고 나눠서 아는 것', '분별하여 아는 것'을 의미한다. 여기서 '식'은 '눈앞에 보이는 모습, 혹은 대상의 모습으로 내 마음에 비추어진 영상' 정도의 뜻을 나타낸다. 이 책에서는 편의상 이 식을 '인식'이라는 번역어를 채택하였다. 더불어 간혹 등장하는 같은 어원의 다른 식(vijñāna)에 대해서는 '의식'이라고 번역하였다.

이 인식이 대상과 무관하다는 것은 무슨 의미일까? 우선 우리는 대상을 있는 그대로 우리 눈에 보이는 것으로 생각하지만, 조금만 생각해보면 그것은 착각이다. 우리는 자외선과 적외선을 보지 못하고 가시광선의 범위 안에 있는 것만을 인식할 수 있다. 또, 새들이 보는 하늘은 우리가 보는 하늘과 전혀 다르다. 최근에 밝혀진 연구에 따르면, 철새들은 전자기장을 시각적으로 인식할 수 있기에 먼 길을 착오 없이 이동할 수 있다. 꿀벌과 인간은 같은 꽃을 보면서도 서로 전혀 다른 계열의 색깔로 인식한다. 우리에게 보이는 세계의 모습은 있는 그대로의 대상을 본 결과가 아니라 그냥 말로 '우리에게 그렇게 보일 뿐인' 모습이다.

더욱이 인간의 인식에는 '마음의 보정'이 들어간다. 시각의 경우만 보더라도, 대표적으로, 인간이 사물을 눈으로 볼 때 실제 사물의 모습은 망막에 거꾸로 뒤집힌 형태로 맺힌다. 하지만 우리가 세상을 볼 때는 사물의 모습을 똑바로 서 있는 것처럼 인식한다. 이는 우리의 뇌가 '있을 법한' 형태로 시야를 보정하기 때문이다. 그와 유사한 사례가 맹점이다. 우리가 두 눈의 시야를 종합하여 세상을 볼 때 각도상 눈이 보지 못하는 사각을 '맹점'이라고 하는데, 본래대로라면 맹점에 해당하는 부분은 시야가 닿지 않으므로 시커멓게 보여야 한다. 그런데 그 맹점은 실제로 우리 눈에 시커멓게 인지되지 않는다. 우리 마음이 이 시야의 공백 부분을 마치 빈자리가 없는 것처럼 주변과 유사한 색상으로 채워 넣기 때문이다.

이처럼 우리 눈은 애초에 사물을 있는 그대로 보지 못하며, 심지어 그런 불완전한 인식조차도 실시간으로 뇌가 포토샵 작업을 하듯이 보정을 한 결과물만을 볼 수 있다. 그런 결과물, 즉 마음의 보정을 거쳐 눈앞에 사물이 보이는 모습을 '인식(vijñapti)'이라고 한다. 인도철학과 인도불교의 인식론에서는 그것을 대상의 형상(ākāra, 行相)이라고도 한다.

그러면 우리가 인식하지 못하는 사물의 본래 모습 – 뇌내 포토샵을 거치기 전의 – 은 무엇일까? 기원후 3세기 이후에 간다라 지역에서 활동했던 혁신적인 불교 아비달마 분파였던 경량부(經量部, Sautrāntika)는 인식의 과정을 체계화하는 것을 통해서 이 문제에 대한 해답을 구하고 인식의 한계를 정하고자 했던 최초의 집단이었다. 그들에 따르면, 우리는 그런 사물의 본래 모습을 인식할 수도 없으므로, 우리가 보는 세계의 모습은 마음속의 이미지일 뿐이다. 그래서 우리는 사물의 본래 모습을 볼 수 없지만, 이 인식 현상을 통해서 – 비록 우리에게 보이는 모습과는 다르지만 어쨌거나 – 대상이 되는 사물이 존재함을 추리할 수는 있다고 경량부는 주장했다.

우리에게 인식이 일어나는 것을 인도 불교의 기존 전통에서는 "감각기관(indriya, 根)이 대상(viṣaya/artha, 境)을 만날 때 의식(vijñāna, 識)이 생긴다"라고 설명한다. 즉, 시각기관(眼根)이 형색(rūpa, 色, 형태와 색깔)과 만날 때 시각적 의식(眼識)이 생긴다. 여기서 주의해야 할 것은 시각적 대상을 '사물'이 아니라 '형색'으로 지칭한다는 것이다.

'형색'으로 번역한 rūpa란 시각적 대상을 말하는 것으로서, 형태(saṃsthāna, 形色)와 색깔(varṇa, 顯色)로 나뉜다. 설일체유부에서는 형태와 색깔이 모두 지각 여부와 상관없이 대상이 실제로 가지고 있는 성질로 여기고, 그런 성질을 그대로 지각한다고 생각한다. 반면 경량부에서는 색깔만이 대상의 고유한 시각적 성질이고, 형태는 마음이 만들어 낸 망상이라고 생각한다. 그리고 유식에서는 두 가지 모두 우리 마음이 만들어 낸 것이라고 생각한다. 앞으로 본문에서 자주 나오는 '형색 등의 대상'이라는 표현에는 이런 배경이 있다.

바수반두는 우리에게 보이는 세계의 모습은 마음속의 이미지일 뿐이라는 점까지는 경량부의 이론에 동의하지만, 사물의 본래 모습이 무엇인지에 대해서는 다른 답변을 제시한다. 그의 대답은 '본래 모습이라고 할 것도 없이 사물은 애초에 없었다'라는 것이다. 그래서 이 세계에는 '오직 인식만 존재할 뿐'이라고 한다.

바수반두는 이 논서에서 불교의 전통적인 두 가지 증명방식으로 유식성을 증명하고자 한다.

경증(經證) : 경전을 통한 증명, 경전에 나타난 증거

이증(理證) : 이치를 통한 증명, 논리적 근거

이것은 인도불교의 전통적 논증 방식이다. 바수반두 당시에 불교에서 바른 인식수단(pramāṇa)으로 인정하고 있었던 세 가지 방법, 지각(現量, pratyakṣa/dṛṣta), 추리(比量, anumāna), 성언량(聖言量, śabda) 중에서 성언량은 경증에 해당하고, 추리는 이증에 해당한다.

논서의 맨 앞부분에 '대승에서'라고 시작하는 부분이 '경증'이다. 경증이란 경전에 나온 붓다의 말을 인용하여 그것이 본래 붓다의 생각과도 일치함을 나타내는 것으로서, 오직 불교도 사이에서만 통용되는 증명방식이다. 비니타데바는 자신들의 학파에 대해서는 경증으로 설하고 다른 경전을 지닌 학파들에 대해서는 이증으로 설하며, 경증을 이증보다 먼저 언급하는 이유는 경전을 존경하기 때문이고 또한 다소 적은 말로 '삼계유식'을 논증하는 데 적절하기 때문이라고 주장한다. 여기서 증거로 인용된 경전은 『십지경』이다. 『십지경』은 『화엄경』의 「십지품」이 하나의 단독 경전으로 유통된 것으로서, 현재 『화엄경』에서 「입법계품」과 더불어 드물게 산스크리트본으로 남아있는 품이다.

『십지경』에서는 "승리자의 아들이여, 삼계에 속한 것은 모두 마음일 뿐이다"이라고 하는 구절이 경증으로 제시된다. 붓다도 경전에서 '모두 마음일 뿐'이라고 설명한다는 것이다. 여기서 '승리자의 아들(jina-putra)'이라는 말은 '붓다의 아들', 즉 불교도, 때로는 보살을 지칭한다. 그래서 진제는 jina-putra를 '불자(佛子)'라고 번역하였다.

경전의 구절에서 '마음일 뿐'이라는 말은 산스크리트로 'citta-mātra', 한역으로 '유심(唯心)'이라고 한다. 그런데 여기에는 추가적인 설명이 필

요하다. '마음일 뿐(唯心)'과 '인식일 뿐(唯識)'은 비슷해 보이지만 다른 표현이지 않은가? 그래서 바수반두는 마음(citta, 心), 사유기능(意/意根, manas), 의식(vijñāna, 識), 인식(vijñapti, 識/了別)은 모두 동의어라고 설명한다. 그렇게 되면 마음과 인식이 동일한 것이 되어 '유심 = 유식'의 등식이 성립하게 되는 것이다. '오직 마음일 뿐(유심)'이 곧 '오직 인식일 뿐(유식)'이 되는 것이다. 이는 바수반두 자신이 주석하기도 했던 『섭대승론(攝大乘論)』이라는 유식 논서에서 citta, manas, vijñāna를 각각 알라야식(제8식), 마나식(제7식), 전육식(1~6식)이라고 하여 하나하나가 마음의 여러 층을 나타내는 것으로 보는 시각과는 다른 것으로서, 이를 '두 명의 바수반두'가 존재했다는 증거로 보기도 한다. 『아비달마구사론』, 『대승성업론』, 『유식이십론』, 『유식삼십송』 등의 저자 바수반두와 『대승장엄경론』, 『섭대승론』, 『변중변론』 등의 주석을 지은 바수반두가 각각 다른 사람이라는 것이다. 반면 『유식이십론』 22송에서는 『대승장엄경론』이나 『변중변론』의 주석과 일치하는 표현이 나오기도 한다.

본래 바수반두는 여기서 불교 전통의 경증 방식에 따라서 "삼계에 속한 것은 모두 인식일 뿐이다"라고 붓다가 직접 언급하는 경전의 구절을 찾아서 제시해야 했다. 하지만 직접 '인식일 뿐'이라고 붓다가 설하는 경전은 없기에, 그에 대한 대체로서 '마음일 뿐'이라고 설하는 구절을 인용한 후 "마음 = 인식"이라고 하여 우회하는 경로로 경증을 제시한 것이다.

이런 경전을 통한 증명에 이어서 1송이 제시되며 이후 이 논서의 마지막까지 논리적 증명이 진행된다. 1송은 전형적인 인도 논증식 구조를 따르고 있는데, 그것을 풀어서 나타내면 다음과 같다.

주장 : 삼계에 속한 것은 모두 단지 인식일 뿐이다.

근거 : 삼계에 속한 것은 모두 실제로 존재하지 않는 대상이 마치 실재하는 것처럼 현현하는 것이기 때문이다.

예시 : (존재하지 않는 대상이 마치 실재하는 것처럼 나타나는 것은 모두 단지 인식일 뿐이다.) 예를 들어, 마치 비문증 환자가 실제로 존재하지 않는 머리카락 뭉치의 환영을 보는 것과 같다.

여기서 삼계는 불교의 세계관에서 욕계 · 색계 · 무색계를 표현하는 말로서, 이 세상 전체를 의미한다. 이 삼계에서 윤회를 반복하는 중생들이 경험하는 모든 것은 단지 인식일 뿐이라는 것이다. 왜냐하면, 비록 우리 눈에 보이는 사물들이 우리 외부에 독립적으로 존재하는 것처럼 보인다 하더라도 그것은 실제로 존재하지 않는 것이 마치 존재하는 것처럼 보일 뿐이라는 것이다.

눈앞에 아지랑이 같은 것이 떠다니는 것처럼 보이는 현상을 현대 의학에서 비문증(飛蚊症, Eye Floaters)이라고 한다. 안구 속의 유리체가 혼탁해지는 것이 그 원인이다. 이 비문증을 인도 전통에서는 timira라고 하고 한역에서는 예안(瞖眼)이라고 한다. 그런 증상이 있는 사람은 taimirika라고 하는데, 심할 경우 마치 항상 눈앞에 파리나 머리카락 뭉치가 보인다. 당연히 이 파리나 머리카락 뭉치는 실제로 존재하는 것이 아니고, 비문증 환자에게만 눈앞 – 즉, 몸 외부 – 에서 공중에 떠다니는 것처럼 보일 뿐이다. 바수반두는 우리가 이 세계 안에 존재한다고 생각하는 모든 사물이 비문증 환자의 눈에 보이는 머리카락 뭉치처럼 착각의 산물이며 실제로 존재하지 않는다고 말하는 것이다.

티베트역과 진제역, 반야류지역에서 나오는 '두 번째 달(二月, dvicandra)', 혹은 '두 개의 달'이라는 표현도 이와 비슷한 예시이다. 진제는 아마도 현존하지 않는 다른 산스크리트 판본을 한역의 저본으로 삼았거나, 어쩌면 본인의 판단으로 대표적인 다른 예시를 번역하면서 추가한 것 같다. 주로 뇌신경 손상으로 물체가 두 개로 보이는 현상을 복시(複視, Diplopia)라고 하는데, 인도 전통에서는 그렇게 달이 두 개로 보이는 현상도 timira의 일종으로 취급한다. 그런데 달은 본래 하나이므로, 이 중 하나만 진짜이고 두 번째로 보이는 달은 실제로 존재하지 않는 가짜일 것이다. 그래서 '두 개의 달'이 예시로 등장하는 것이다. 이 세계의 모든 대상은 '두 번째 달'처럼 허망한 것이라고.

이러한 1송의 논증은 엄밀히는 논리적 증명이라기보다는 하나의 선언이다. 위의 논증식에서 '삼계유식'을 증명하기 위해 제시하고 있는 "삼계에 속한 것은 모두 실제로 존재하지 않는 대상이 마치 실존하는 것처럼 나타나는 것이다"라는 전제가 아직 증명되지 않았기 때문이다. 이 부분이 앞으로 증명해야 할 내용이다. 그러므로 1송은 『유식이십론』 전체에서 증명하고자 하는 주제를 구체적으로 밝히는 역할을 맡는 것에 가깝다고 할 수 있다. 이제 2송 이후로 이에 대한 수많은 반론이 제기되고, 바수반두는 그 반론에 하나하나 답변하면서 세계의 실상에 대한 유식론자의 입장을 구체적으로 제시한다.

# 2송

## 대상 없이 발생하는
## 인식의 네 가지 문제점

## 산스크리트 2송

(L 3,7; S 189,5)

atra codyate |

**na deśakālaniyamaḥ santānāniyamo na ca |**

**na ca kṛtyakriyā yuktā vijñaptir yadi nārthataḥ[1] || 2 ||**

kim uktaṃ bhavati |

yadi vinā rūpādyarthena[2] rūpādivijñaptir utpadyate, na rūpādyarthāt, kasmāt kvacid[3] deśa utpadyate, na sarvatra |

tatraiva ca deśe kadācid utpadyate, na sarvadā |

---

1 msA에 근거한 Lc의 개정. L, T: yadi vijñaptir anarthā niyamo deśakālayoḥ |
santānasyāniyamaś ca yuktā kṛtyakriyā na ca ||

2 RS : yadi asati rūpādyarthe

3 RS : kvacid eva

여기서 [외경실재론자가] 반론한다.

**만약 [우리의] 인식이 [외계] 대상으로부터 발생하는 것이 아니라면, [우리의 인식이 특정한] ① 장소와 ② 시간에 한정되[어 일어나]는 것도 [이치에 맞지 않을 것이고],**
**③ [개인의식의] 흐름(santāna)에 한정됨이 없[이 여러 사람에게 공통적 인식이 일어나]는 것도 [이치에 맞지 않을 것이고],**
**④ [우리가 인식한 것이] 인과적 효력(kṛtya-kriyā)[을 일으키는 것]도 이치에 맞지 않을 것이다. [2]**

무엇을 말하고 있는 것인가?

① 만약 형색(rūpa, 형태와 색깔) 등[으로 나타나는 우리]의 인식(vijñapti)이 형색 등의 대상으로부터 발생하는 것이 아니라 형색 등의 대상 없이 발생하는 것이라면, [어떤 것에 대한 인식은 그 대상의 존재 여부와 상관없이] 아무 장소에서나 [일어나야 하는데 그게] 아니라 어째서 특정한 장소에서[만] 일어나는 것인가?
② 또한, [그렇게 우리의 인식이 대상 없이 발생하는 것이라면, 어떤 것에 대한 인식은] 바로 그 [특정한] 장소에서[도] 항상 [일어나는 것이] 아니라 [어째서] 특정한 시간에[만] 일어나는 것인가?

taddeśakālapratiṣṭhitānāṃ sarveṣāṃ santāna[4] utpadyate, na kevalam ekasya, yathā taimirikāṇāṃ[5] santāne keśādyābhāso,[6] nānyeṣāṃ |

kasmād yat taimirikaiḥ keśabhramarādi dṛśyate tena keśādikṛtyo[7] na kriyate, na ca tadanyair[8] na kriyate[9] | yad annapānavastraviṣāyudhādi svapne dṛśyate tenānnādikṛtyo[10] na kriyate, na ca tadanyair na kriyate | gandharvanagareṇāsattvān[11] nagarakṛtyo[12] na kriyate, na ca tadanyair na kriyate |

tasmād arthābhāve[13] deśakālaniyamaḥ[14] santānāniyamaḥ[15] kṛtyakriyā ca na yujyate ||

---

4 U, B, F : santānāniyama; L, A, BN, TD : santāna; RS : santāne 'niyamam

5 RS : taimirakasyaiva

6 BN : keśādyābhāsāṃ

7 all : keśādikriyā, Lévi는 2송 게송부의 kṛtya-kriyā를 주석에서 풀이하는 문장을 산스크리트로 환원하면서 'na kriyate'와 호응하는 목적어 역할의 주격명사로 kriyā를 채택하였고, 이후 모든 편집본에서 이에 동의하였다. 그러나 티베트역이 게송부의 'bya ba byed pa'(kṛtya-kriyā)를 주석하면서 'bya ba'(kṛtya)를 명사로 취한다는 점, 그리고 진제역이 게송의 '作事(kṛtya-kriyā)' 중에서 '事(kṛtya)'를, 현장역이 '作用(kṛtya-kriyā)' 중에서 '用'(kṛtya)을 명사로 취해 주석한다는 점에서, 이 단락에서의 kriyā를 모두 kṛtya로 변경할 것을 제안한다.

8 F : tad anyair, F는 이하 tadanyair를 모두 이와 동일하게 읽었다.

9 N : kasmād yaḥ taimirikayair dṛśyate keśabhrāmarādiko na keśādikriyāṁ karoti tadanye tu kurvanti | N은 이하의 유사 문장들도 모두 같은 원칙으로 수정한 산스크리트 문장을 제시하였다. RS도 이런 취지에 따라서 교정하였다.

10 all : tenānnādikriyā

11 N : abhūtagandharvanagaraṃ; RS : gandharvanagaram abhūtaṃ; 본문은 L의 산스크리트 환원으로서, 티베트역을 따른 것으로 보이나 한역들의 지지를 받지는 못한다. 다만 진제역은 '乾闥婆城實非有'라고 하여, 이 부분의 본래 어순은 L과 일치할 가능성이 높다. 진제역을 참조하여 이 부분을 최소한으로 수정하면 'gandharvanagareṇāsattvena' 정도로 읽을 수 있다.

12 all : nagarakriyā

13 L, T, BN, TD : arthābhāve; B : asadbhāvāvabhāsane; A : asad yad abhāvanābhāsane; U, F : asadabhāvāvabhāsane; RS : asaty artha eteṣām asatām iva

14 필사본(palm-leaf manuscript) msB의 남아있는 부분은 여기 'niyamaḥ'부터 시작한다.

15 msB : santānānniyamaḥ, 혹은 santānān niyamaḥ

③ [또한, 그처럼 우리의 인식이 대상 없이 발생하는 것이라면,] 비문증 환자들의 [개인의식의] 흐름(santāna, 相續)에는 [대상 없이] 머리카락 등[의 형상]이 나타나지만 다른 [보통] 사람들[의 의식 흐름]에서는 그렇[게 나타나]지 않듯이, [우리가 무언가를 인식할 때] 단 한 사람[의 의식 흐름에]만 [나타나야 하는데 그게] 아니라, [어째서 그 인식은] 그 시간, 그 장소에 있는 모든 사람의 [의식] 흐름에 [함께] 일어나는 것인가?

④ 어찌하여 비문증 환자들이 보는 머리카락 [뭉치], 벌 등[의 환영]은 머리카락 [뭉치] 등[이 지닌 보온 등]의 효용(kṛtya)을 일으킬 수 없는 반면에 그것과 다른 것들(= 현실의 머리카락 뭉치 등)은 [그런 효용을] 일으킬 수 있는 것인가? [또한, 어찌하여] 꿈속에서 보게 되는 음식, 음료, 옷, 독약, 무기 등은 음식 등[이 지닌 영양 보충 등]의 효용을 일으킬 수 없는 반면에, 그것과 다른 것들(= 현실의 음식 등)은 [그 효용을] 일으킬 수 있는 것인가? [어찌하여 공중의 신기루와 같은] 간다르바(Gandharva)들의 도시는 실제로 존재하는 것이 아니라서 [성벽] 도시[가 지녀야 할 안식처로서]의 효용을 일으킬 수 없는 반면에, 그것과 다른 것(= 현실에 존재하는 성벽 도시)들은 [성벽 도시의 효용을] 일으킬 수 있는 것인가?

그러므로 [당신들 유식학파의 주장처럼 우리에게 인식이 일어날 때 외계] 대상이 존재하지 않는다면, [우리의 인식이 특정한] 장소와 시간에 한정되[어 일어나]는 것이나, [한 사람의 의식] 흐름에 한정됨이 없[이 여러 사람이 함께 그 대상을 인식하]는 것이나, 인과적 효력[을 일으키는 것]이 이치에 맞지 않는다.

## 티베트역 2송

(D 136 4a3, P 234 4b4)

’dir ’di skad ces brgal te |

**gal te rnam rig don min[16] na |**
**yul dang dus la nges med cing |**
**sems kyang nges med ma yin la |**
**bya ba byed pa’ang mi rigs ’gyur || 2 ||**

ji skad du bstan par ‘gyur zhe na |

gal te gzugs la sogs pa’i don med par gzugs la sogs pa’i rnam par rig pa ’byung ste gzugs la sogs pa’i don las ma yin na | ci’i phyir yul lar ’byung la thams cad na ma yin |

yul de nyid na yang res ’ga’ ’byung la[17] thams cad du ma yin ||

16 D.V : man

17 P.N : ba

[외경실재론자가] 여기에서 다음과 같이 반론한다.

**만약 [우리의] 인식이 대상을 지니지 않[고 발생한]다면,**
**[우리의 인식은 특정한] ① 장소와 ② 시간에 한정되지 않게 [발생할 것이고], ③ [개인] 마음[의 흐름(santāna)]에도 한정되지 않는 것이 아니게 [되어 여러 사람이 함께 같은 대상을 인식하지 않게] 될 것이고,**
**④ [우리가 인식한 것이] 인과적 효력(bya ba byed pa, kṛtya-kriyā) [을 일으키는 것]도 이치에 맞지 않을 것이다. [2]**

이것은 무엇을 말하고 있는 것인가?

① 만약 형색(gzugs, rūpa, 형태와 색깔) 등의 대상 없이 형색 등[으로 나타나는 우리]의 인식(rnam par rig pa, vijñapti)이 발생하고, 형색 등의 대상으로부터 [그런 인식이 발생하는 것이] 아니라면, [어떤 것에 대한 인식은] 왜 특정한 장소에서[만] 일어나고 아무 장소에서나 [일어나지] 않는 것인가?

② [또한, 그렇게 우리의 인식이 대상 없이 발생하는 것이라면, 어떤 것에 대한 인식은 왜] 바로 그 [특정한] 장소(yul, deśa)에서조차 특정한 때에[만] 일어나고 항상 [일어나지] 않는 것인가?

yul dang dus de na ’khod[18] pa thams cad kyi sems la nges pa med pa ’byung la[19] ’ga’ tsam la ma yin |

ji ltar rab rib can nyid kyi sems la skra la sogs pa snang gi | gzhan dag la ni ma yin ||

---

18 N : ’bod

19 P.N : ba

③ [또한, 어떤 것에 대한 인식은 왜] 그 시간, 그 장소에 있는 모든 사람의 마음(sems, santāna)에 한정 없이 일어나고 특정한 사람[의 마음]에서[만] 일어나지 않는 것인가?

예를 들어, 비문증 환자의 마음에는 머리카락 등이 나타나지만 [비문증이 없는] 다른 사람들[의 마음]에는 [나타나지] 않는 것처럼.

ci'i phyir gang rab rib can gyis mthong ba'i skra dang | sbrang bu la sogs pas skra la sogs pa'i bya ba mi byed la | de ma yin pa gzhan dag gis ni byed |

rmi lam na mthong ba'i bza' ba dang btung ba dang bgo ba dang dug dang mtshon la sogs pas zas dang skom la sogs pa'i bya ba mi byed la | de ma yin pa gzhan dag gis ni byed |

dri za'i grong khyer yod pa ma yin pas grong khyer gyi bya ba mi byed la | de ma yin pa gzhan dag gis ni byed |

'di dag don med par med du 'dra na yul dang dus nges pa dang | sems nges pa med pa dang | bya ba byed pa 'di dag kyang mi rung ngo zhe na ||

④ 어찌하여 비문증 환자가 보는 머리카락 [뭉치], 벌 등[의 환영]은 머리카락 [뭉치] 등[이 지닌 보온 등]의 효용(bya ba, kṛtya)을 일으킬 수 없는 반면에, 그것이 아닌 다른 것들(= 현실의 머리카락, 벌 등)은 [그런 효용을] 일으킬 수 있는 것인가?

[또한, 어찌하여] 꿈속에서 보게 되는 음식, 음료, 옷, 독약, 무기 등은 섭취와 갈증[해소] 등의 효용을 일으킬 수 없는 반면에, 그것이 아닌 다른 것들(= 현실의 음식 등)은 [그런 효용을] 일으킬 수 있는 것인가?

[또한, 어찌하여 공중의 신기루와 같은] 간다르바의 도시는 실제로 존재하는 것이 아니라서 [성벽] 도시[가 지녀야 할 안식처로서]의 효용을 일으킬 수 없는 반면에, 그것이 아닌 다른 것들(= 현실에 존재하는 성벽 도시들)은 [성이 지닌 방어능력 등의 효용을] 일으킬 수 있는 것인가?

[당신들 유식학파의 주장처럼] 이것들(= 형색 등에 대한 인식)은 대상 없이 [발생하여] 존재하지 않는 것과 마찬가지라면, [대상의 인식이 특정한] 장소와 시간에 한정되[어 일어나]는 것이나, [개인]마음[의 흐름]에 한정됨이 없[이 여러 사람이 공통으로 같은 대상을 인식하게 되]는 것이나, 인과적 효력[을 일으키는 것]은 이치에 맞지 않는다.

## 진제역 2송

(T31, 71a7-13)

"處時悉無定, 無相續不定,

作事悉不成. 若唯識無塵. (2송)

此偈欲顯何義?

若離六塵, 色等識生不從塵生, 何因此識有處得生, 非一切處生?

於此處[20]中或生不生而不恒生?

若衆人同在一時一處, 是識不定相續生非隨一人? 如人眼有瞖見毛·二月等, 餘人則不見.

20 處: 磧砂本·洪武本·永樂本·乾隆本에는 빠져 있다.

[외경실재론자가 묻는다.]

**"[인식이 특정한] ① 장소와 ② 시간 모두에 한정되지 않을 것이고, [특정한 개인의식의] ③ 흐름(相續, santāna)에 한정될 것이고, ④ 인과적 효력(作事, kṛtya-kriyā)도 모두 성립하지 않을 것이다. 만약 오직 인식(識, vijñapti)일 뿐이고 외계 대상(塵, artha)이 없다고 한다면. (2송)**

이 게송에서는 어떤 뜻을 드러내고자 하는가?

① 만약 형색(色, rūpa, 형태와 색깔) 등 여섯 종류의 외계 대상 없이 인식이 발생하고 [그 인식이 외계] 대상으로부터 발생한 것이 아니라면, 왜 이 인식은 특정한 장소에서[만] 발생하고 모든 장소에서 발생하지 않는 것인가?

② [또한] 이(= 특정한) 장소에서도 [인식은] 어떤 때는 발생하고 어떤 때는 발생하지 않는데 [왜 그 인식이] 항상 발생하지 않는 것인가?

③ 만약 많은 사람이 함께 같은 시간과 장소에 있다면, [왜] 이 인식이 [한 사람의 의식의] 흐름에 한정되지 않고 [여러 사람에게서 어떤 것에 대한 인식이 함께] 발생하고, 특정한 한 사람(隨一人)에게서[만 그것에 대한 인식이] 발생하지 않는 것인가? 예를 들어 비문증 환자(人眼有瞖)는 머리카락이나 두 번째 달 등을 보지만 그 외의 사람은 보지 못하는 것처럼.

(T31, 71a13-19)

復有何因瞖眼人所見髮 · 蠅等塵, 不能作髮 · 蠅等事[21], 餘塵能作?

又夢中所得飮 · 食 · 衣服 · 毒藥 · 刀 · 杖等, 不能作飮 · 食等事, 餘物能作?

又乾闥婆城實非有, 不能作城事, 餘城能作?

若同無塵, 是四種義云何不同? 是故離塵, 定處 · 定時 · 不定相續及作事, 是四義悉不成."

---

21 事 : 趙成本에는 빠져 있다.

④ 또한, 왜 비문증 환자에게 보이는 머리카락, 파리 등의 대상은 머리카락, 파리 등[이 지닌 보온이나 윙윙거림 등]의 효용(事, kṛtya)을 일으키지 못하는데, 그 외의 대상(= 현실의 머리카락, 파리 등)은 [그런] 효용을 일으킬 수 있는 것인가?

마찬가지로 [왜] 꿈에서 얻은 음료 · 음식 · 옷 · 독약 · 칼 · 몽둥이 등은 음료 · 음식 등[이 지니는 영양 보충 등]의 효용을 일으킬 수 없는데, 그 외의 것(= 현실의 음료 · 음식 등)은 [그런] 효용을 일으킬 수 있는 것인가?

또 [왜 공중의 신기루와 같이] 실제로 존재하지 않는 간다르바의 도시(乾闥婆城)는 [성벽] 도시[가 지녀야 할 안식처로서]의 효용을 일으킬 수 없지만, 그 외의 [실재하는 성벽] 도시는 [그런] 효용을 일으킬 수 있는 것인가?

만약 [감각적 인식이 환영과] 같이 대상이 없다고 한다면, [앞에서 살펴본] 이 네 가지 뜻(= 장소의 한정, 시간의 한정, 의식의 흐름의 비한정, 인과적 효력)에서는 왜 [감각적 인식은 환영과] 같지 않은 것인가? 이런 까닭에 [실재하는] 대상 없이는 [인식에 있어서] 장소의 한정과 시간의 한정, [의식의] 흐름의 비한정, 인과적 효력이라는 이 네 가지 뜻은 모두 다 성립되지 않는다."

## 현장역 1송

(T31, 74c2-9)

頌曰 :

"若識無實境, 則處時決定,

相續不決定, 作用不應成." (1송)

論曰 : "此說何義?

若離實有色等外法,[22] 色等識生不緣色等, 何因此識有處得生非一切處?

何故此處有時識起, 非一切時?

同一處時有多相續, 何不決定隨一識生? 如眩瞖人見髮·蠅等, 非無眩瞖有此識生.

22 이 구절의 원문은 '若離識實有色等外法'인데, 뜻이 통하지 않아 '識'을 삭제하였다.

[외경실재론자가] 게송으로 말한다.

**"만약 인식(識, vijñapti)에 실재하는 외계 대상(境, artha)이 없다고 한다면**
**[인식이 특정한] ① 장소와 ② 시간에 한정되[어 일어나는 것]도,**
**[개인의식의] ③ 흐름(相續, santāna)에 한정됨이 없[이 여러 사람에게 공통적 인식이 일어나]는 것도,**
**④ 인과적 효력(作用, kṛtya-kriyā)[을 일으키는 것]도 성립하지 않을 것이다." (1송)**

[외경실재론자가] 논한다. "이것은 무슨 뜻인가?

① 만약 실재하는 형색(色, rūpa, 형태와 색깔) 등의 외계 사물(法) 없이 형색 등의 인식이 발생하고, [실재하는] 형색 등을 원인으로 하[여 인식이 발생하]는 것이 아니라면, 왜 이 인식은 특정한 장소에서[만] 발생하고 모든 장소에서 발생하지 않는 것인가?

② [또한,] 왜 이 [특정한] 장소에서도 인식[은 대상]이 특정한 시간에만 발생하고 항상 발생하지 않는 것인가?

③ 동일한 장소와 시간에 많은 사람(相續, santāna)이 있는 경우 왜 [여러 사람이 공통으로 동일한 대상을 인식하게 되고] 어떤 한 사람[의 의식의 흐름]에 한정해서 인식이 발생하지 않는 것인가? 예를 들어, 비문증 환자에게는 머리카락, 파리 등이 보이지만 비문증이 없는 사람에게는 이러한 인식이 발생하지 않는 것처럼.

(T31, 74c9-14)

復有何因諸[23]眩瞖者所見髮等無髮等用[24], 夢中所得飮 · 食 · 刀 · 杖 · 毒藥 · 衣等無飮等用, 尋香城等無城等用, 餘髮等物其用非無?

若實同無色等外境, 唯有內識, 似外境生, 定處 · 定時 · 不定相續 · 有作用, 物皆不應成."

23 因諸 : 磧砂本에는 '諸因'으로 되어 있다.

24 等用 : 洪武本 · 永樂本 · 乾隆本에는 '用等'으로 되어 있다.

④ 또한, 왜 비문증 환자들에게 보이는 머리카락 등은 머리카락 등[이 지니는 보온 등]의 효용(用, kṛtya)을 일으키지 않으며, 꿈에서 얻은 음료·음식·칼·몽둥이·독약·옷 등도 음료 등[이 지니는 영양 보충 등]의 효용을 일으키지 않으며, [공중의 신기루와 같은] 간다르바의 도시(尋香城) 등도 [성벽] 도시들[이 지녀야 할 안식처로서]의 효용을 일으키지 않는데, 그 외 [실재하는] 머리카락 등의 사물은 그런 효용을 일으키는 것인가?

만약 실로 [감각적 인식이 환영과] 같이 형색 등의 외계 대상 없이 오직 내부의 인식(內識)만 있어서 [그것이] 마치 외계 대상처럼 발생한다면, 장소의 한정과 시간의 한정, [개인의식의] 흐름에 한정되지 않음과 인과적 효력을 일으키는 것은 사물에 있어서 모두 성립되지 않을 것이다."

## 반야류지역 2송

(T31, 64c13-20)

問曰 : "偈言 :

**若但心無塵, 離外境妄見,**

**處時定不定, 人[25]及所作事. (2송)**

此偈明何義? 若離色等外諸境界虛妄見者, 以何義故, 於有色處眼則見色, 餘無色處則不見色?

又復有難, 若無色等外諸境界虛妄見者, 以何義故, 卽彼見處於有色時眼則見色, 於無色時則不見色?

---

25 人 : 趙成本에는 '身'으로 되어 있다.

[외경실재론자가] 묻는다. "게송으로 말한다.

**만약 대상(塵, artha)이 없는데도 다만 마음이**
**외계 대상 없이 [그것이 있는 것처럼] 그릇되게 보는 것이라면,**
**[인식이 일어날 때] 장소와 시간의 한정도 한정되지 않을 것이고,**
**[특정한] 사람(人, *santāna)[에게 한정됨이 없이 여러 사람이 같은 대상을 보는 공통적 인식이 일어나지도 않을 것이고],**
**인과적 효력(所作事, kṛtya-kriyā)[을 일으키는 것도 이치에 맞지 않을 것이다]. (2송)**

이 게송은 어떤 뜻을 밝힌 것인가? 만약 [인식이 일어날 때] 형색 등의 외계 대상들이 없는데도 [그것들이 있는 것처럼 마음이] 그릇되게 보는 것이라면, 왜 형색이 있는 곳에서는 시각기관이 곧 형색을 보지만 그 외에 형색이 없는 곳에서는 형색을 보지 못하는가?

또 다른 난점이 있으니 만약 [인식이 일어날 때] 형색 등의 외계 대상들이 없는데도 [그것들이 있는 것처럼 마음이] 그릇되게 보는 것이라면, 왜 그것을 보는 곳에서 형색이 있을 때는 시각기관이 곧 형색을 보지만 형색이 없을 때는 형색을 보지 못하는가?

(T31, 64c20-65a2)

又復有難, 若無色等外諸境界虛妄見者, 如是則應一切時見. 若不如是應一切時悉皆不見. 是故偈言 : '**若但心無塵, 離外境妄見, 處時定不定**'故.

又復有難, 若無色等外諸境界虛妄見者, 以何義故, 多人共集同處同時, 於有色處則同見色, 於無色處則同不見?

又復有難, 若無色等外諸境界虛妄見者, 以何義故, 眼瞖之人妄見日 · 月 · 毛輪 · 蠅等, 淨眼之人則不妄見?

又復有難, 若等無有色 · 香 · 味等外諸境界虛妄見者, 以何義故, 眼瞖之人所見日 · 月 · 毛輪 · 蠅等皆悉無用, 淨眼之人有所見者皆悉有用?

또 다른 난점이 있으니 만약 [인식이 일어날 때] 형색 등의 외계 대상들이 없는데도 [그것들이 있는 것처럼 마음이] 그릇되게 보는 것이라면, 그렇다면 [대상의 존재 여부에 상관없이 형색을] 항상 볼 수 있을 것이다. 그렇지 않다면(= 실재하는 외계 대상을 인식하는 것이라면) [인식은 대상의 존재 여부와 관계되어 형색을] 항상 보지는 못할 것이다. 이런 이유로 게송에서 '**만약 대상이 없는데도 다만 마음이 외계 대상 없이 [그것이 있는 것처럼] 그릇되게 보는 것이라면, [인식이 일어날 때] 장소와 시간의 한정도 한정되지 않을 것이고**'라고 한 것이다.

또 다른 난점이 있으니 만약 [인식이 일어날 때] 형색 등의 외계 대상들이 없는데도 [그것들이 있는 것처럼 마음이] 그릇되게 보는 것이라면, 왜 많은 사람이 함께 같은 장소에서 같은 시간에 모여 있을 때 형색이 있는 곳에서는 똑같이 형색을 보지만 형색이 없는 곳에서는 똑같이 보지 못하는가?

또 다른 난점이 있으니 만약 [인식이 일어날 때] 형색 등의 외계 대상들이 없는데도 [그것들이 있는 것처럼 마음이] 그릇되게 보는 것이라면, 왜 비문증 환자는 해 · 달 · 머리카락 뭉치(毛輪, keśoṇḍuka) · 파리 등을 [그것들이 있는 것처럼] 그릇되게 보지만 눈이 깨끗한 사람은 [그와 같은 것들을] 그릇되게 보지 않는 것인가?

또 다른 난점이 있으니 만약 [모든 사람이] 똑같이 형색 · 향기 · 맛 등의 외계 대상들이 없는데도 [그것들이 있는 것처럼 마음이] 그릇되게 보는 것이라면, 왜 비문증 환자에게 보이는 해 · 달 · 머리카락 뭉치 · 파리 등은 모두 효용(用, kṛtya)이 없지만, 눈이 깨끗한 사람에게 보이는 것은 모두 효용이 있는가?

(T31, 65a2-12)

又復有難, 若等無有色 · 香 · 味等外諸境界虛妄見者, 以何義故, 夢中所見飮 · 食 · 飢 · 飽 · 刀 · 杖 · 毒藥, 如是等事皆悉無用, 寤[26]時所見飮 · 食 · 飢 · 飽 · 刀 · 杖 · 毒藥, 如是等事皆悉有用?

又復有難, 若等無有色 · 香 · 味等外諸境界虛妄見者, 以何義故, 乾闥婆城實無有城而無城用, 自餘城者皆實有城而有城用?

以是義故, 色 · 香 · 味等外諸境界皆悉實有, 不同瞖夢乾闥婆城[27]等. 是故處 · 時 · 人[28] · 所作業皆是實有, 不同夢等. 是故偈言 : '**處時定不定, 人[29]及所作事**'故."

---

26 寤 : 高麗本에는 '寤'로 되어 있다.

27 城 : 趙成本에는 빠져 있다.

28 人 : 趙成本에는 '身'으로 되어 있다.

29 人 : 趙成本에는 '身'으로 되어 있다.

또 다른 난점이 있으니 만약 [모든 사람이] 똑같이 형색 · 향기 · 맛 등의 외계 대상들이 없는데도 [그것들이 있는 것처럼 마음이] 그릇되게 보는 것이라면, 왜 꿈에서 보는 음료 · 음식 · 배고픔 · 포만감 · 칼 · 몽둥이 · 독약 같은 이런 여러 가지 것들은 모두 [각자의] 효용이 없지만 깨어있을 때 보는 음료 · 음식 · 배고픔 · 포만감 · 칼 · 몽둥이 · 독약 같은 이와 같은 여러 가지 것들은 모두 효용이 있는가?

또 다른 난점이 있으니 만약 [모든 사람이] 똑같이 형색 · 향기 · 맛 등의 외계 대상들이 없는데도 [그것들이 있는 것처럼 마음이] 그릇되게 보는 것이라면, 왜 실재하는 도시가 아닌 간다르바의 도시(乾闥婆城)는 [성벽] 도시[가 지녀야 할 안식처로서]의 효용이 없지만, 그 외의 성들은 모두 실재하는 성이라서 성의 [그런] 효용이 있는가?

이런 이유로 형색 · 향기 · 맛 등과 같은 외계 대상들은 모두 실재하여서 비문증[이 있는 사람이 보는 환영]이나 꿈[에서 보는 대상]이나 간다르바의 성과는 같지 않다. 이런 이유로 장소와 시간[의 한정과], [특정한] 사람[에 한정되지 않음]과 인과적 효력은 [현실에서] 모두 실재하므로 [외계 대상의 인식은] 꿈[에서 보는 대상의 인식] 등과 같지 않다. 이 때문에 게송에서 '**[인식이 일어날 때] 장소와 시간의 한정도 한정되지 않을 것이고, [특정한] 사람[에게 한정됨이 없이 여러 사람이 같은 대상을 보는 공통적 인식이 일어나지도 않을 것이고], 인과적 효력**(作事, kṛtya-kriyā) **[을 일으키는 것도 이치에 맞지 않을** 것이다]'라고 한 것이다."

## 2송 해제

2송에서 바수반두는 유식에 반대하는 입장에 선 사람들의 주장을 인용하고 있다. 인도 고전 논서에서는 이렇게 상대방의 주장(pūrvapakṣa)을 소개하고 그것에 대한 저자의 답변(uttarapakṣa)을 전개하는 것이 전형적인 편집 형식이고, 『유식이십론』도 그렇게 구성되어 있다. 『유식이십론』 전체로 보면 다양한 정체성을 지닌 대론자들이 등장하는 것으로 보이지만, 그중에서는 주장의 주체를 특정하기 어려운 경우도 있고, 또 일부는 학파 소속과 무관하게 단지 일반적인 주장을 바수반두가 인용하는 것처럼 보이는 경우도 있다. 따라서 번역에서는 논적으로 등장하는 상대방을 일괄적으로 '외부세계의 대상이 실재한다고 주장하는 사람'의 의미로 '외경실재론자'로 지칭하였다.

2송에서 나오는 상대방의 반론에 대하여 유식론자의 입장에서 펼치는 재반론은 3~4송에서 이루어진다. 여기서 반론자는 "대상이 없는 인식이 일어난다"라는 1송에서 바수반두의 주장을 표적으로 삼는다. 그는 인식이 대상 없이 일어난다고 가정할 때 발생할 것으로 보이는 네 가지 문제점에 대해서 지적한다. 아래의 번호는 번역에서 임의로 표기한 번호와 일치한다.

① 인식이 특정한 장소에 한정되어 일어나지 않을 것이다.

우리는 경주에 가서 첨성대를 볼 수 있다. 이러한 "경주에 가서 첨성대를 볼 수 있다"라는 표현은 우리 외부에 세계라는 공간이 존재하고 있음을, 그리고 그 세계는 설사 내가 사라지더라도 내 존재와 무관하게 여전히 같은 모습을 하고 있음을 전제로 한다. 이 세계의 여러 공간에는 각각 특정한 사물이 있으며, 경주에는 첨성대 등이 있다. 내가 있는 장소로부터 그곳까지의 거리를 측정할 수 있으며, 그 거리에 따라 걸리는 시간도 예상할 수 있다. 그래서 다른 지역에 사는 사람이 첨성대를 보고 싶으면, 그 자신이 공간적 이동을 통해서 경주에 가야만 진짜 첨성대를 볼 수 있다.

그런데 유식론자의 주장처럼 "첨성대가 보인다"라는 인식이 대상 없이도 가능하다면, 즉 첨성대라는 사물이 – 혹은 하다못해 눈에 보이는 것과 다른 본래의 모습을 지닐지언정 우리에게 첨성대처럼 인식하게 하는 그 무언가가 – 실제로 존재하지 않더라도 일어날 수 있는 그런 심리적 현상이 인식이라면, 우리는 굳이 '경주에 가서' 그것을 볼 필요가 없을 것이다. 다시 말해서, '첨성대의 인식'에 있어서 "내가 경주에 있다"라는 것이 필수조건이 아니게 된다. 그러면 우리는 공간의 제약 없이 어디에서든 첨성대를 볼 수 있어야 한다. 하지만 실제로 그런 일은 일어나지 않으며, 여전히 우리는 '경주에 가야만' 첨성대를 볼 수 있다. 이처럼 대상 없는 인식이 일어난다면 인식이 특정한 장소에 한정되어 일어나지 않을 것이라고 반론자는 주장한다.

반야류지는 이런 외경실재론자의 주장을 좀 더 알기 쉬운 말로 변환하여 설명한다. "왜 형색이 있는 곳에서는 보이고, 형색이 없는 곳에서는 보이지 않는가?"라는 것이다. 구체적으로 말하면, "왜 첨성대가 있는 곳에서는 첨성대가 보이고, 없는 곳에서는 보이지 않는가?"라는 것인데, 그는 '장소의 한정'에 대한 논의를 이렇게 직설적으로 표현하였다.

② 인식이 특정한 시간에 한정되어 일어나지 않을 것이다.

이런 상황은 시간과 관련해서도 장소와 마찬가지이다. 예를 들어, 해가 뜨는 현상인 '일출'은 특정한 조건을 갖춘 장소에 가야만 볼 수 있지만 – 동해안에서는 볼 수 있지만, 서해안에서는 볼 수 없듯이 –, 그 장소에서도 오직 '새벽'에만 볼 수 있다. 공간적 조건뿐만 아니라 시간적 조건까지 일치해야 볼 수 있는 것이다. 우리가 일출을 볼 수 있는 것은 특정한 '장소'에서 특정한 '시간'에 태양이 뜨기 때문이다. 그 조건이 어느 것 하나 맞지 않으면 우리는 일출을 볼 수 없다. 그런데 만약 '태양을 보는 것'이 나의 외부에 태양이 있어서가 아니라, 유식론자가 주장하는 것처럼 '대상 없이' 일어나는 '단지 인식일 뿐'인 심리적 현상이라고 한다면, 우리는 그런 조건에 구애받지 않고 어느 때든 일출 장면을 볼 수 있을 것이다.

반론자는 이에 대한 예증을 제시하지 않지만, ①·②를 증명하는 사례로 비문증 환자의 경우를 들 수 있을 것이다. 비문증 환자의 눈앞에 나타나는 머리카락 뭉치나 파리 등은 외경실재론자와 유식론자 양쪽 모두 그것이 허상이고 대상 없는 인식이라고 인정한다. 그런데 비문증 환자는 이런 머리카락 뭉치의 환영을 장소에 상관없이 볼 수 있다. 또, 아침저녁을 가리지 않고 항상 환영이 나타난다. 따라서 대상 없이 일어나는 인식은 특정한 장소와 시간에 한정되지 않는다. 하지만 우리의 감각적 인식은 이와 달리 특정한 장소와 시간에 한정된다. 그러므로 감각적 인식이 대상 없이 일어난다고 하는 것은 불합리하다.

③ 여러 사람에게 공통적 인식이 일어나지 않아야 한다.

『유식이십론』 본문에서 '흐름(santāna)'이란 사람 개개인을 말하며, 정확히는 인간 의식의 흐름을 의미한다. 인간이라는 존재가 매 순간 발생하고 소멸하기를 반복하면서 시간이라는 가상의 선 위에 이어지는 일종의 '흐름'과 같은 것이라는 불교적 사고방식에 따른 것이다. 초원에 불을 지르면 불이 이 풀에서 저 풀로 옮겨가면서 이동하는 것처럼 시간 속에서 계속 흘러간다는 것이다. 그래서 '흐름'을 의미하는 산스크리트 어휘 santāna(혹은 santati)를 한역에서는 보통 '상속(相續)'이라고 번역하며, 진제와 현장도 그렇게 번역하였다.

그런데 이 '흐름'은 본래 인간 존재의 신체와 마음, 즉 다섯 무더기(五蘊)가 시간상에서 매 순간 발생하고 소멸하기를 반복하면서 이어지는 흐름을 나타내는 것으로서, 그 문맥이나 저변의 사상에 따라서 사람의 의식을 나타내기도 하고 그런 의식을 지닌 사람 자체를 나타내기도 한다. 그래서 『유식이십론』 티베트역에서는 이 santāna를 '마음(sems)'이라고 번역하였고, 반야류지는 '사람(人)'이라고 번역하였다. '여러 흐름'이라는 말과 '여러 사람'이라는 말이 이 장면에서는 같은 의미를 지니게 된다. 본문에서 "[개인의식의] 흐름에 한정됨이 없다"라는 표현은 여러 사람이 있는 장소에서 어떤 사물을 볼 때, 한 사람에게만 보이는 것이 아니라 그 자리에 있는 여러 사람이 동시에 보게 되는 것을 말한다. 외경실재론자는 여기서 만약 유식론자의 주장대로 우리의 감각적 인식이 '대상 없는 인식'이라면 '흐름에 한정됨이 없는', 즉 '여러 사람이 어떤 것을 동시에 보는' 평범한 일도 불가능하다고 반론하고 있다.

예를 들어, '여러' 사람이 모여서 '동시에' 첨성대를 보고 있다고 생각해 보자. 이 상황에 대한 상식적인 설명은 "이 사람들이 모두 같은 외부적 조건을 공유하고 있다"라고 하는 것이다. 여기서 외부적 조건이란 시간과 공간이다. '동시에' 보고 있다는 것은 같은 시간에 '보는 작용'을 경험하고 있다는 것을 의미하고, 첨성대를 '함께' 보고 있다는 것은 같은 공간에 모여 있다는 것을 의미한다. 사람마다 위치에 따라 다른 각도로 보이겠지만, 어쨌거나 같은 '첨성대'라는 하나의 사물을 '동시에' 보고 있다.

그런데 유식론자가 주장하는 것처럼 '대상 없는 인식'이 우리 감각의 정체라고 한다면, "첨성대가 있다"라는 인식은 앞의 ①·②에서 살펴보았던 것처럼 외부적 조건인 시간·공간적 상황에 따라 일어나는 것이 아니게 된다. 그럴 경우, '대상 없는 인식'은 각 개인의 '내부적 조건', 혹은 '심리적 상황'에 따라서 일어나거나 말거나 하는 것이 된다. 그러면 같은 시간 같은 장소에 모인 사람이 동시에 함께 같은 사물을 인식하게 되는 현상은 – 각자의 내부적 조건이 우연히 일치하지 않는 한 – 일어날 수 없게 된다.

외경실재론자는 여기서 바수반두가 1송에서 '오직 인식일 뿐'의 유사 사례로 거론했던 '비문증 환자'의 예를 증거로 제시한다. 머리카락 뭉치가 보일 때처럼 실물 없이 일어나는 인식은 비문증 환자 본인에게만 보이고 다른 사람에게는 보이지 않는다. 또, 같은 방에서 여러 사람이 함께 자고 있어도 내 꿈속의 영상은 오직 나에게만 보인다. 이처럼 '대상 없는 인식'이란 곧 개인의식의 흐름에서만 나타나는 인식을 의미한다.

하지만 실제로 일어나는 현상을 보면, 우리는 같은 시간 같은 자리에 모인 다수의 사람이 동일한 사물을 함께 인식한다는 – 첨성대를 다 같이 보는 것처럼 – 것을 경험적으로 알 수 있다. 이런 모순을 유식론자는 어떻게 설명할 것인지 반론자는 묻는다.

④ 인식된 것이 인과적 효력을 일으키지 않아야 한다.

여기서 '인과적 효력'으로 번역되는 kṛtya-kriyā(作事, 作用)라는 말은 『유식이십론』에서 중요한 논점이 되는 용어로, kṛtya는 '일어나야 할 일'을 의미하고, kriyā는 그런 일이 '일어남'을 의미한다. 일어나야 할 일이란 어떤 상황에서 당연히 일어날 것으로 기대되는 일을 말한다. 예를 들어, 물을 마시면 분명 갈증이 해소될 것이고, 불을 만지면 반드시 뜨거움을 느낄 것이다. 이렇게 우리는 어떤 사물을 인식할 때, 그 사물이 '조건이 맞으면 반드시 일어날 것으로 예측되는 일', 즉 효용(kṛtya)을 일으킬 수 있는 잠재력을 지니고 있다고 생각한다.

사물이 가지는 물리력 또한 잠재된 '반드시 일어날 것으로 예측되는 일'에 포함된다. 칼은 사물을 자를 수 있다고 기대되고, 송곳은 사물을 뚫을 수 있다고 기대되며, 망치는 사물을 부술 수 있다고 기대되고, 벽은 다른 사물의 진행을 막을 수 있다고 기대된다. 그렇게 기대할 수 있는 일을 실제로 일으키는 힘을 '인과적 효력'이라고 한다. 반드시 일어날 것으로 예측되는 일이 일어날 때 실질적으로 원인과 결과의 관계를 형성하기 때문이다. 물은 갈증 해소의 원인이 되고, 불은 뜨거움의 원인이 된다. 게송에 나오는 이 kṛtya-kriyā라는 용어는 '인과적 효력' 이외에도 '효용의 발생', '예측되는 작용의 발동', '기대효과의 발휘', '목적의 실현' 등으로 번역될 수 있으며, 이 용어를 주석에서는 "효용(kṛtya, bya ba, 事/用)을 일으킨다(√kṛ, byed pa, 作)"라고 풀이한다. 이런 풀이는 『아비달마구사론』에서도 드물지만 완전히 동일한 표현들이 몇 번 나온다.

그러면 본 주제로 돌아가서, 우리가 어떤 인식을 일으켰을 때 – 이를테면 사막에서 오아시스를 보았을 때 – 그것이 '대상에 대한 올바른 인식'인지, 아니면 '대상이 실제로 존재하지 않는데 존재하는 것으로 착각하는 그릇된 인식'인지 알 수 있는 기준은 무엇일까? 반론자는 상식적 입장에서 그 기준이 이 인과적 효력의 유무에 있음을 암시한다.

내가 사막에서 오아시스를 발견했을 때, 그것이 올바른 인식이었다면 그 오아시스에 있는 물로 우리의 목을 축일 수 있을 것이다. 이런 상황을 오아시스의 물이 "인과적 효력을 일으켰다"라고 말할 수 있다. 반대로 눈에 보이는 물이 나의 갈증을 해소할 수 없다면, 내가 보았던 오아시스는 인과적 효력을 일으키지 못하는 것이다. 그러면 나는 내가 보았던 오아시스가 환영과 같은 신기루였다고 – 그래서 결과적으로 그릇된 인식이었다고 – 알 수 있다.

이처럼 우리가 인식한 대상이 눈앞에 진짜로 존재하는 것인지에 대해서는 인과적 효력의 유무에 따라서 판단할 수 있다. 그런 판단은 일상에서 우리의 행동을 결정하는 기준이 되기도 한다. 목이 마르면 물을 보고 그것이 갈증을 해소할 수 있을 것이라 기대하고 마시게 되며, 불이 있으면 그것을 만질 때 뜨거울 것이므로 조심하게 된다.

유식론자의 주장처럼 우리의 인식이 일어날 때 눈앞에 보이는 대상이 환영과도 같은 것이라고 한다면, 우리가 본 어떤 것도 그런 인과적 효력을 발휘할 수 없을 것이다. 반론자는 여기서도 비문증 환자의 환영이나 꿈에서의 상황을 예시로 든다. 정말로 우리가 인식한 대상이 환영과 같다면, 그 대상은 마치 비문증 환자가 보는 머리카락 뭉치나 꿈속에서 보는 사물과 같이 인과적 효력을 일으키지 못할 것이라고.

눈앞에 보이는 파리가 진짜 파리라면 윙윙거리는 소리를 내고 얼굴을 간지럽힐 수도 있다. 하지만 비문증 환자의 눈앞에 나타난 가짜 파리는 소리도 내지 않고 감촉도 없다. 비문증 환자의 눈앞에 나타난 환영은 인과적 효력이 없는 것이다.

또한, 꿈에서는 음식을 아무리 많이 먹어도 깨어나면 배가 부르지도 체중이 증가하지도 않으며, 꿈에서 칼에 베었더라도 깨어나면 상처가 없다. 심지어 꿈속에서 독약을 먹고 죽은 경우에도 깨어나면 우리는 그대로 살아있다. 꿈속에서 인식한 사물들도 이처럼 실질적인 인과적 효력이 없다. 때때로 우리는 본능적으로 인과적 효력을 기준으로 꿈과 현실을 구분해 보려고 하기도 한다. 내가 꿈속에 있는 것인지 아닌지를 확인하기 위해서 – 올바른 검증방식인지 의심스럽지만 – 뺨을 꼬집어 본다거나 하는 식으로. 그런데 유식론자가 주장하는 것처럼 현실이 환영과 같다면, 우리가 보고 듣고 느끼는 모든 것들은 꿈속에서처럼 인과적 효력을 지니지 않을 것이다.

그러나 우리 현실을 보면, 우리가 인식한 것들이 인과적 효력을 잘 일으키고 있지 않은가? 우리는 브레이크의 인과적 효력을 믿고 있기에 안심하고 자동차의 액셀을 밟을 수 있는 것 아닌가? 그런데 유식론자들의 말처럼 우리가 인식하는 것들이 실물이 없는 환영이라고 하면, 우리는 일상에서 무엇 하나 제대로 할 수 있을까? 이것이 외경실재론자가 인과적 효력이라는 개념을 통해서 '오직 인식일 뿐'이 불가능함을 논증하고자 하는 취지이다.

이상과 같이 반론자는 유식론자가 주장하는 것처럼 대상 없는 인식이 가능하고 우리 현실이 꿈과 같은 것이라면, ① 공간적 한정, ② 시간적 한정, ③ 사람의 비한정, ④ 인과적 효력이라는 네 가지가 일어나는 것이 불가능할 것이라고 주장한다. 이런 반론자의 주장은 어떤 의미에서 무척 상식적으로 보인다고 할 수 있다. 애초에 '오직 인식일 뿐'이라는 주장이 비상식적이기 때문이다. 이에 대한 바수반두의 반론이 3송에서부터 이루어진다.

# 3송

## 네 가지 문제점에 대한 답변 (1)
## 꿈(전편), 아귀

## 산스크리트 3송

(L 3,16; S 189,8)

na khalu na yujyate, yasmāt

**deśādiniyamaḥ siddhaḥ svapnavat**

svapna iva svapnavat | kathaṃ tāvat svapne[1] vināpy arthena kvacid eva deśe kiṃcid grāmārāmastrīpurūṣādikaṃ[2] dṛśyate, na sarvatra | tatraiva ca deśe kadācid dṛśyate, na sarvakālam iti siddho vināpy arthena deśakālaniyamaḥ |

**pretavat punaḥ |**

**santānāniyamaḥ**

siddha iti vartate | pretānām iva pretavat |

---

1 L, T, B, BN, TN, A, RS, F : katham tāvat | svapne; S : katham tāvat svapne

2 RS, S : grāma°; L, B, A, msB, BN, TD, F : bhramara° RS와 S의 교정은 사본적 근거가 없으나 티베트역 및 모든 한역과 일치하므로 이를 따른다.

[바수반두 : 그 네 가지, 즉 외계 대상이 존재하지 않더라도 인식이 ① 장소에 한정됨, ② 시간에 한정됨, ③ 개인의식의 흐름에 한정되지 않음, ④ 인과적 효력을 일으킴은] 결코 이치에 어긋나지 않는다. 왜냐하면,

> **[대상 없는 인식이] 장소[와 시간] 등에 한정됨[은 이치에 어긋나지 않는다는 것]이 증명된다. 마치 꿈과 같이. [3ab']**

[여기서] '꿈과 같이(svapnavat)'란 '꿈속에서 [인식이 일어나는 것]처럼(svapne iva)'이라는 의미이다. 그것이 어떻게 [증명되는가]? 우선 ① 꿈속에서는 외계 대상이 없더라도 어떤 마을이나, 정원, 여자, 남자 등을 장소에 상관없이 볼 수 있는 것이 아니라, 특정한 장소에서만 [그것들을] 볼 수 있다. ② 또한, 바로 그 장소에서[도 그것들을] 항상 [볼 수 있는 것]이 아니라 특정한 시간에[만] 볼 수 있다. 그와 같이 외계 대상이 없더라도 [인식은] 장소나 시간에 한정됨[이 가능하다는 것]이 증명되었다.

> **또한, 마치 아귀(preta, 餓鬼)의 경우처럼 [대상 없는 인식이라도 한 개인의 의식] 흐름에 한정되지 않음이 [이치에 어긋나지 않는다고 증명된다.] [3bc']**

[이 게송 뒤에] '증명된다'라는 말이 [이어져] 있다. '아귀의 경우처럼'이란 '[같은 장소에 있는] [모든] 아귀들의 [의식 흐름에 같은 대상의 인식이 일어나는] 경우처럼'이라는 의미이다.

kathaṃ siddhaḥ | samaṃ

**sarvaiḥ pūyanadyādidarśane || 3 ||**

pūyapūrṇā nadī pūyanadī | ghṛtaghaṭavat |

tulyakarmavipākāvasthā hi pretāḥ sarve 'pi pūyapūrṇāṃ nadīṃ paśyanti, naika eva | yathā pūyapūrṇām evaṃ mūtrapurīṣādipūrṇāṃ daṇḍāsidharaiś ca puruṣair adhiṣṭhitām ity ādigrahaṇena | evaṃ santānāniyamo vijñaptinām asaty apy arthe siddhaḥ ||

그것이 어떻게 증명되는가? [앞의 꿈속에서의 경우와] 같은 방식으로

**[같은 장소에 있는 아귀들이] 모두 고름 강 등을 보는 경우처럼 [그것이 증명된다]. [3]**

'고름 강(pūya-nadī)'이란 고름으로 가득 찬 강을 말한다. [기 버터(ghṛta, ghee butter)가 채워진 항아리를] '기 버터 항아리(ghṛta-ghaṭa)'라고 하는 것과 같다.

③ 실로 고름으로 가득 찬 강을 하나[의 아귀]만 보는 것이 아니라, [이전에 각자 서로 유사하게 저질렀던] 행위(karman, 業)로 인해 결과(vipāka, 異熟)를 똑같이 받는 상태에 있는 모든 아귀가 [함께] 본다. [이렇게 아귀들이 모두 함께] 고름으로 가득 찬 [강을 보는] 것과 유사하게 [지옥에서 지옥 중생들이 함께] 소변과 대변 등으로 가득하거나 몽둥이와 칼을 든 사람들이 감시하는 [강을 보는 것도 같은 예시에 해당한다는] 것이 '등(ādi)'이라는 말로써 나타내는 의미이다. 이런 식으로 외계 대상이 없더라도 [일련의] 인식들이 [한 개인의식의] 흐름에 한정되지 않음[이 가능하다는 것]이 증명되었다.

## 티베트역 3송

(D 136 4b3, P 234 5a2)

mi rung ba ma yin te | ’di ltar |

**yul la sogs pa nges ’grub ste[3] |**
**rmi ’dra’o |**

rmi lam du rmis pa dang mtshungs pas na rmi ’dra’o |

ji lta[4] zhe na | rmi lam na yang don med par yul la la na grong dang | kun dga’ ra ba dang | skyes pa dang bud med la sogs pa ji dag snang la thams cad na ma yin yul de nyid na yang res ’ga’ snang la dus thams cad du ma yin pas don med par yang yul la sogs pa nges par ’grub po |

**sems kyang nges pa med |**
**yi dwags[5] bzhin te ||**

grub ces bya bar bsnyegs so | yi dwags rnams kyi dang mtshungs pas na yi dwags bzhin no ||

---

3 P.N : ’gyur te

4 P.N : ltar

5 Silk : dags

[바수반두 : 그 네 가지 즉, 외계 대상이 존재하지 않더라도 인식이 ① 장소에 한정됨, ② 시간에 한정됨, ③ 개인의 마음에 한정되지 않음, ④ 인과적 효력은] 결코 이치에 어긋나지 않는다. 왜냐하면,

**[대상 없는 인식이] 장소[와 시간] 등에 한정됨[은 이치에 어긋나지 않는다는 것]이 증명되기 때문이다. 마치 꿈과 같이. [3ab']**

[여기서] '마치 꿈과 같이'란 '꿈을 꾸는 자와 같이'라는 의미이다.

어떻게 그렇게 [증명되는가]?

① 꿈속에서 외계 대상이 없더라도 마을, 정원, 남자, 여자 등 그것들이 특정한 장소에서만 나타나고, 모든 장소에서 [나타나지] 않는다.

② 바로 그 장소에서도 특정한 시간에 [대상들이] 나타나고 항상 [그것들이] 나타나는 것이 아니기 때문에 대상이 없더라도 장소 등에 한정됨[이 가능하다는 것]이 증명된다.

**또한, [대상 없는 인식이라도 특정한] 마음에 한정되지 않음은 마치 아귀(yi dwags, preta, 餓鬼)의 경우처럼 [이치에 어긋나지 않는다는 것이 증명된다.] [3bc']**

[이 게송 뒤에] '증명된다'라는 말이 이어진다. '아귀의 경우처럼'이란 '[같은 장소에 있는] [모든] 아귀들의 [마음에 같은 대상의 인식이 일어나는] 경우처럼'이라는 의미이다.

ji ltar 'grub[6] |

**thams cad kyis |**

**klung la rnag la sogs mthong bzhin || 3 ||**

rnag gis gang ba'i klung ni rnag gi klung ste | mar gyi bum pa bzhin no |

las kyi rnam par smin pa mtshungs pa la gnas pa'i yi dwags rnams ni kun gyis kyang mtshungs par klung rnag gis[7] gang bar mthong ste | gcig 'gas ni ma yin no | rnag gis[8] gang ba ji lta ba bzhin du gcin dang | ngan skyugs dang | me ma[9] mur dang | mchil ma dang | snabs kyis gang ba dang | dbyig pa dang| ral gri thogs pa'i mi dag gis srung ba[10] yang de bzhin te | sogs pa zhes bya bar bsdu'o | de ltar na don med par yang rnam par rig pa rnams kyi sems nges pa med par 'grub bo ||

---

6 P.N : grub

7 P.N : gi

8 P.N : gi

9 P.N : mal

10 P.N : bsrungs pa

[그것은] 어떻게 증명되는가?

**[같은 장소에 있는 아귀들이] 모두 고름 강 등을 보는 경우처럼 [그것이 증명된다]. [3]**

고름으로 가득 찬 강을 '고름 강(rnag gi klung)'이[라고 하]고 [기 버터(mar, ghṛta, ghee butter)가 채워진 항아리를] '기 버터 항아리(mar gyi bum pa, ghṛta-ghaṭa)'라고 하는 것과 같다.

③ [이전에 각자 서로 유사하게 저질렀던] 행위(las, karman, 業)로 인해 결과(rnam par smin pa, vipāka, 異熟)를 똑같이 받는 상태에 있는 아귀들이 모두가 똑같이 고름으로 가득 찬 [강을] 보고, 어떤 하나[의 아귀만 보는 것]가 아니다. [이렇게 아귀들이 모두 함께] 고름으로 이루어진 [강을 보는] 것과 유사하게 [지옥에서 지옥 중생이] 소변과 오물, 불구덩이, 침, 콧물로 가득 찬 것과 몽둥이와 칼을 든 사람들이 감시하는 [강을 보는 것도 이와 같은 예시에 해당된다는] 그 같은 것이 '등(ādi, 等)'이라는 말이 [나타내는 의미이다] 이런 식으로 외계 대상이 없더라도 [일련의] 인식들이 [한 개인의] 마음에 한정되지 않음[이 가능하다는 것]이 증명되었다.

## 진제역 3송

(T31, 71a19-22)

"非不成.

**定處等義成, 如夢如餓鬼,**

**續不定一切, 同見膿河等.**[11] **(3송 보충)**

**'定處等義成如夢,'** 云何夢中離諸塵有處? 或見國·園·男·女等非一切處. 或是處中有時見有時不見而不恒見. 是故離塵, 定處定時得成立.

---

11 定處等義成如夢如餓鬼續不定一切同見膿河等: 저본과 대교본 모두 빠져 있어서 『大乘唯識論』 말미의 게송만 모아 놓은 부분에서 확인하여 보충해 넣었다.

[바수반두가 말한다. "이 네 가지 즉, 외계 대상이 존재하지 않더라도 인식이 ① 장소에 한정됨, ② 시간에 한정됨, ③ 개인의식의 흐름에 한정되지 않음, ④ 인과적 효력이] 성립하지 않는 것은 아니다. [왜냐하면,]

**[대상 없는 인식이] 장소[와 시간] 등에 한정된다는 뜻이 [이치에 어긋나지 않음이] 증명된다. 마치 꿈과 같이.**
**[또 예를 들면] 마치 아귀(餓鬼, preta)의 경우처럼**
**[대상 없는 인식이 개인의식의] 흐름(續, santāna)에 한정되지 않음이 [이치에 어긋나지 않는다고 증명된다].**
**[아귀가] 모두 똑같이 고름 강(膿河, pūya-nadī) 등을 보는 것에서 [그것이 증명된다]. (3송 보충)**

[게송에서] '**[대상 없는 인식이] 장소[와 시간] 등에 한정된다는 뜻이 [이치에 어긋나지 않음이] 증명된다. 마치 꿈과 같이**' [라고 하였는데], [외경실재론자의 주장처럼 대상 없는 인식은 장소의 한정이 없다면,] 어떻게 꿈속에서는 모든 외계 대상이 없는데도 [인식이 특정한] 장소를 지니는 것인가? [우리의 경험에 의하면 꿈속에서는] 간혹 [어떤] 나라 · 정원 · 남자 · 여자 등을 볼 수 있는데 [그것들을] 모든 장소에서 볼 수 있는 것은 아니다. [또한, 꿈속에서는] 간혹 같은 장소에서도 [남자 · 여자 등을] 어떤 시간에는 볼 수 있지만 어떤 시간에는 볼 수 없어서 항상 볼 수 있는 것은 아니다. 이런 까닭에 외계 대상이 없더라도 장소의 한정과 시간의 한정이 [가능하다는 것이] 증명될 수 있다.

(T31, 71a19-25)

**‘如餓鬼續不定.’** 如餓鬼相續不定得成. 云何得成?

**‘一切同見膿河等.’** 膿遍[12]滿河故名 **‘膿河’**. 猶如酥[13]甕. 餓鬼同業報位故, 一切悉見膿等遍[14]滿河中非一. 如見膿河, 餘糞 · 穢等河亦爾[15]. 或見有人捉持刀[16]杖, 遮護不令得近. 如此唯識相續不定離塵得成.”

---

12 遍 : 乾隆本 · 頻伽本에는 ‘徧’으로 되어 있다.

13 酥 : 磧砂本 · 洪武本에는 ‘蘇’로 되어 있다.

14 遍 : 乾隆本 · 頻伽本에는 ‘徧’으로 되어 있다.

15 爾 : 洪武本 · 高麗本 · 磧砂本 · 洪武本에는 ‘尒’로 되어 있다.

16 刀 : 저본에는 力으로 되어 있으나, 趙成本 · 高麗本 · 磧砂本 · 洪武本 · 永樂本 · 乾隆本에 따라 바로잡는다. 저본에는 일본에 소장된 宋本 · 元本 · 明本 · 宮內省本에 ‘刀’로 되어 있다고 교감해 놓았다.

**‘[또 예를 들면] 마치 아귀의 경우처럼 [대상 없는 인식이 개인의식의] 흐름에 한정되지 않음이 [이치에 어긋나지 않는다고 증명된다].’** [즉,] 마치 아귀[의 경우]처럼 [특정한 의식의] 흐름(相續)에 [인식이] 한정되지 않음이 [이치에 어긋나지 않는다고] 증명될 수 있다. 어떻게 증명될 수 있다는 말인가?

**‘[아귀가] 모두 똑같이 고름 강 등을 보는 것에서 [그것이 증명된다].’** 고름이 강에 가득 차 있기에 **‘고름 강’**이라고 한다. 마치 ‘기 버터(酥, ghṛta)[가 가득 채워진 항아리를 기 버터] 항아리’라고 하는 것과 같다. 아귀는 [이전에 각자 서로 유사하게 저질렀던] 행위(業, karman)로 인해 결과(報, vipāka)를 똑같이 받는 상태에 있으므로 모두가 다 고름 등이 강에 가득 찬 것을 [함께] 보며, 하나[의 아귀]만 보는 것이 아니다. 고름 강을 보는 것과 같이 [게송에서 **‘등(等)’**으로 표현되는] 나머지는 [지옥 중생들이] 대변 · 오물 등의 강을 [함께] 보는 것도 그러하다[는 것을 나타낸다]. 혹은 [지옥 중생들은] 어떤 자가 칼과 몽둥이를 들고 막아서서 가까이 접근하지 못하게 하는 것을 [함께] 본다. 이같이 오직 인식일 뿐이라 하더라도 [개인의식의] 흐름에 [인식이] 한정되지 않음은 대상이 없어도 [가능하다는 것이] 증명될 수 있다.”

## 현장역 2송

(T31, 74c14-20)

"非皆不成. 頌曰:

**處時定如夢. 身不定如鬼,**

**同見膿河等. 如夢損有用." (2송)**

論曰: "'**如夢**'意說 '如夢所見.' 謂如夢中雖無實境, 而或有處見有村·園·男·女等物非一切處. 卽於是處, 或時見有彼村園等非一切時. 由此雖無離識實境, 而處時定非不得成.

[바수반두가 말한다. "이 네 가지 즉, 외부 대상이 존재하지 않더라도 인식이 ① 장소에 한정됨, ② 시간에 한정됨, ③ 개인의식의 흐름에 한정되지 않음, ④ 인과적 효력은] 모두 성립하지 않는 것이 아니다. [그 이유를] 게송으로 말한다.

> **[대상 없는 인식이] 장소와 시간에 한정됨은 [이치에 어긋나지 않는다는 것이 증명된다.] 마치 꿈과 같이.**
> **[대상 없는 인식이라도 특정한] 사람(身, santāna)에 한정되지 않음은 [이치에 어긋나지 않는다고 증명된다]. 마치 아귀(鬼, preta)가 똑같이 고름 강(膿河, pūya-nadī) 등을 보는 것과 같이.**
> **마치 꿈에서 손실이 있는 것처럼 [대상 없는 인식이] 인과적 효력(用, kṛtya-kriyā)을 지님[이 가능하다는 것이 증명된다]." (2송)**

[바수반두가] 논한다. "[게송에서] '**마치 꿈과 같이**'라고 한 것은 '꿈에서 보는 것과 같이'라는 뜻을 말한다. 마치 꿈에서 비록 실재하는 대상이 없어도 어떤 곳에서 마을 · 정원 · 남자 · 여자 등의 사물을 볼 수 있지만, 모든 곳에서 [그것을 볼 수는] 없는 것과 같다. 바로 이 장소에서도 어떤 시간에는 이 마을이나 정원 등을 볼 수 있지만, 항상 볼 수 있는 것은 아니다. 이런 이유로 비록 인식과 별도로 실재하는 대상이 없어도 장소와 시간의 한정이 성립되지 않는 것은 아니다.

(T31, 74c20-26)

說 **'如鬼'**言, 顯 '如餓鬼.' 河中膿滿故名 **'膿河.'** 如說 '酥[17]瓶'其中酥[18]滿. 謂如餓鬼同業異熟, 多身共集皆見膿河, 非於此中定唯一見. **'等'**言顯示或見糞等, 及見有情執持刀杖, 遮捍守護不令得食. 由此雖無離識實境. 而多相續不定義成."

---

17 酥 : 磧砂本 · 洪武本에는 '蘇'로 되어 있다.

18 酥 : 磧砂本 · 洪武本에는 '蘇'로 되어 있다.

[게송에서] '**마치 아귀가(如鬼)**'라고 말한 것은 '마치 아귀가(如餓鬼)'라는 뜻이다. 강에 고름이 가득 차 있어서 '고름 강(膿河)'이라고 부른다. 마치 '기 버터 항아리(酥瓶, ghṛta-ghaṭa)'라고 말하면 그 속에 기 버터가 가득 차 있다는 것과 같다. [이 말은] 마치 [여러] 아귀가 [이전에 각자 서로 유사하게 저질렀던] 행위(業, karman)로 인해 결과(異熟, vipāka)를 똑같이 받아서 여러 [아귀의] 몸으로 [태어나] 함께 모여 모두 고름 강을 보는 것이지, 이 가운데 한정적으로 오직 하나[의 아귀]만 보는 것이 아닌 것과 같음을 말한다. [게송에서] '**등(等, adi)**'이라는 말은 어떤 자(= 지옥 중생들)는 [강에서] 대변 등[이 가득한 것]을 [함께] 보거나 유정이 칼과 몽둥이를 들고 막아서서 먹지 못하게 하는 것을 [함께] 보는 것을 나타내는 것이다. 이런 이유로 비록 인식과 별도로 실재하는 대상이 없어도 여러 [인식이 개인의식의] 흐름에 한정되지 않는다는 뜻이 [가능하다고] 증명된다."

## 반야류지역 3송

(T31, 65a12-22)

答曰 : "偈言 :

**處時等諸事, 無色等外法,**

**人夢及餓鬼, 依業虛妄見. (3송)**

此偈明何義? 汝言 : '以何義故, 於有色處眼則見色, 餘無色處不見色?' 者, 此義不然. 何以故, 以彼夢中於無色處則見有色, 於有色處不見色故.

又汝言 : '以何義故, 卽[19]彼見處於有色時眼則見色, 若無色時不見色?' 者, 汝以何義[20]故[21]? 於彼夢中一處見有聚落 · 城邑及男 · 女等, 或卽彼處聚落 · 城邑及男 · 女等皆悉不見. 或時有[22]見, 或時不見, 非是常見.

---

19 卽 : 磧砂本 · 永樂本 · 乾隆本에는 앞에 '又'가 있다.

20 義 : 洪武本에는 빠져 있다.

21 故 : 磧砂本 · 乾隆本에는 빠져 있다.

22 時有 : 洪武本 · 磧砂本 · 永樂本 · 乾隆本에는 '有時'로 되어 있다.

[바수반두가] 답한다. "게송으로 말한다.

**[대상 없는 인식이] 장소와 시간 등[에 한정되어 일어나는] 모든 것은**
**형색 등의 외부 존재(外法)가 없다 하더라도**
**사람은 꿈에서 [대상을 보는 것처럼] 그리고 아귀는**
**[이전에 각자 서로 유사하게 저질렀던] 행위(業, karman)[가 초래한 결과]에 따라 [똑같이] 그릇되게 볼 수 있다. (3송)**

이 게송은 어떤 뜻을 밝히고 있는가? 그대는 '왜 형색이 있는 곳에서는 시각기관이 곧 형색을 보지만 그 외에 형색이 없는 곳에서는 형색을 보지 못하는가?'라고 하였는데, 이 뜻은 그렇지 않다. 왜냐하면, 저 꿈속에서도 [다른] 형색이 없는 곳에서는 곧 [어떤 하나의] 형색을 볼 수 있고, [어떤 하나의] 형색이 있는 곳에서는 [그 외 다른] 형색을 보지 못하기 때문이다.

또 그대는 '왜 그것을 보는 곳에서 형색이 있을 때는 시각기관이 곧 형색을 보지만 형색이 없을 때는 형색을 보지 못하는가?'라고 하였는데, 그대는 왜라고 생각하는가? 저 꿈속에서는 어떤 장소에서 마을이나 성읍 및 남자, 여자 등을 볼 수 있지만, 때로는 바로 그 장소에서도 취락이나 성읍 및 남자, 여자 등을 모두 다 보지는 못한다. [그와 같이 같은 장소에서도 특정한 대상을] 어떤 시간에는 볼 수 있고 어떤 시간에는 보지 못하므로 [대상이 없더라도] 항상 보는 것은 아니다.

(T31, 65a22-b1)

又汝言 : '若無色等外諸境界虛妄見者, 如是則應一切時見. 若不如是應一切時不見'者, 此義不然. 何以故, 有於處時無色 · 香等外諸境界, 亦有同處同時同見, 亦有同處同時不見. 是故偈言 : **'人夢及餓鬼, 依業虛妄見'**故.

此明何義? 以汝向言 : '若無色等外諸境界, 云何有時處等見不見?'者,[23] 此義不成. 是虛妄說. 何以故, 以應[24]離色等外諸境界, 時處等事皆悉成故.

23 云何有時處等見不見者 : 洪武本에는 빠져 있다.

24 應 : 洪武本 · 永樂本 · 乾隆本에는 빠져 있다.

또 그대는 '만약 [인식이 일어날 때] 형색 등의 외계 대상 없이 [그것이 있는 것처럼] 그릇되게 보는 것이라면, 그렇다면 [대상의 존재 여부에 상관없이 형색을] 항상 볼 수 있을 것이다. 그렇지 않다면(= 실재하는 외계 대상을 인식하는 것이라면) [인식은 대상의 존재 여부와 관계되어 형색을] 항상 보지는 못할 것이다'라고 하였는데, 이 뜻은 그렇지 않다. 왜냐하면, 장소와 시간에 있어서 형색 · 향기 등의 외계 대상이 없는 경우에도 같은 장소와 같은 시간에 [같은 대상을] 함께 보기도 하고, 같은 장소와 같은 시간에[라도 그 대상을 함께] 보지 못하기도 하기 때문이다. 이 때문에 게송에서 '**사람은 꿈에서 [대상을 보는 것처럼] 그리고 아귀는 [이전에 각자 서로 유사하게 저질렀던] 행위(業, karman)[가 초래한 결과]에 따라 [똑같이] 그릇되게 볼 수 있다**'라고 하였던 것이다.

이것은 무슨 뜻인가? 그대는 앞에서 '만약 [인식이 일어날 때] 형색 등의 외계 대상들이 없다면, 어떻게 어떤 시간과 장소에서는 보기도 하고 [다른 시간과 장소에서는] 보지 못하기도 하는가?'라고 하였는데, 이 뜻은 성립하지 않는다. 이것은 그릇된 말이다. 왜냐하면, 형색 등의 외계 대상이 모두 없더라도 시간과 장소 등의 [네 가지] 뜻은 모두 다 [가능하다는 것이] 증명되기 때문이다.

(T31, 65b1-12)

又[25]汝言 : '以何義故, 多人共集同處同時, 於有色處則同見色, 於無色處則同不見?' 又汝言 : '眼瞖之人妄見日 · 月 · 毛輪 · 蠅等, 淨眼之人不妄見?'者, 此義不然. 何以故, 如餓鬼等離色 · 香等外諸境界, 處 · 時 · 人等一切皆成. 此義云何? 如餓鬼等, 或百同業, 或千同業, 同見河中皆悉是膿. 或皆見血, 或見小便, 或見大便, 或見流鐵. 或見流水, 而兩岸邊多有衆人, 執持刀杖守掌防護不令得飮. 此則遠離色 · 聲 · 香等外諸境界而虛妄見. 是故偈言 : **'人夢及餓鬼, 依業虛妄見'**故."

25 又 : 洪武本에는 빠져 있다.

또 그대는 '왜 많은 사람이 함께 같은 장소에서 같은 시간에 모여 있을 때 형색이 있는 곳에서는 똑같이 형색을 보지만 형색이 없는 곳에서는 똑같이 보지 못하는가?' 하고, 또 그대는 '[왜] 비문증 환자는 해·달·머리카락 뭉치(毛輪, keśoṇḍuka)·파리 등을 [그것들이 있는 것처럼] 그릇되게 보지만 눈이 깨끗한 사람은 [그와 같은 것들을] 그릇되게 보지 않는 것인가?'라고 하였는데, 이 뜻은 그렇지 않다. 아귀 등이 형색·향기 등의 외계 대상이 없는데도, [인식에 있어서] 장소[의 한정]·시간[의 한정]·사람[의 비한정] 등의 모두가 증명되기 때문이다. 이 뜻은 무엇을 말하는가? 예를 들어, 아귀 등의 경우 백(百) 마리가 [이전에 각자 서로 유사하게 저질렀던] 똑같은 행위[의 결과를 받는 상태]이든 천(千) 마리가 똑같은 행위[의 결과를 받는 상태]이든 똑같이 강을 다 고름이라고 보는 것과 같다. 혹은 [지옥의 중생들은 그 행위의 결과에 따라서 강물을] 모두 피(血)로 보거나, 혹은 소변으로 보거나, 혹은 대변으로 보거나, 혹은 흘러가는 쇳물로 본다. 혹은 흐르는 물을 보더라도 양쪽 언덕에 많은 사람이 있으면서 칼과 몽둥이를 들고 마시지 못하게 지키고 있는 것을 본다. 이것은 곧 형색·소리·향기 등의 외계 대상들이 없는데도 [그것들이 있는 것처럼] 그릇되게 볼 수 있음을 말한다. 이 때문에 게송에서 '**사람은 꿈에서 [대상을 보는 것처럼] 그리고 아귀는 [이전에 각자 서로 유사하게 저질렀던] 행위[가 초래한 결과]에 따라 [똑같이] 그릇되게 볼 수 있다**'라고 하였던 것이다."

## 3송 해제

바수반두는 2송에 인용되었던 외경실재론자의 비판에 대해 3~4송에서 답변한다. 여기서 바수반두가 반론을 위해서 제시하는 전략은 우리가 평상시에 환영이라고 생각하는 것, 다시 말해 외경실재론자와 유식론자 모두 환영이라고 인정하는 것을 주제로 삼아 예외적인 사례를 제시하는 것이다. 그것을 통해서 ① 공간적 한정, ② 시간적 한정, ③ 사람의 비한정, ④ 인과적 효력이라는 네 가지가 '대상 없는 인식'에서도 가능하다는 것을 보여주고자 한다. '가능하다'라는 정도에서 바수반두가 논의를 마무리하려는 이유에 관해서는 4송 해제에서 다루도록 하겠다. 우선 바수반두는 2송에서 제시한 외경실재론자의 네 가지 주장이 실제로는 다음과 같은 의미를 내포하고 있음에 주목했다.

① ['모든' 대상 없는] 인식은 [어떤 경우에도] 특정한 장소에 한정되어 일어나지 않을 것이다.
② ['모든' 대상 없는] 인식은 [어떤 경우에도] 특정한 시간에 한정되어 일어나지 않을 것이다.
③ ['모든' 대상 없는 인식에 있어서] 여러 사람에게 공통적 인식이 [어떤 경우에도] 일어나지 않아야 한다.
④ [대상 없이] 인식된 것은 ['모두' 어떤 경우에도] 인과적 효력을 일으키지 않아야 한다.

2송에서 외경실재론자가 주장하는 것은 대상 없는 인식에서 이 네 가지가 "어떤 경우에도 절대로 일어날 수 없는 일이다"라고 하는 것이다.

이에 대한 바수반두의 반박은 '①~④번이 일어나는 경우도 있다'라는 사례를 보여주어 이 '절대로'를 허무는 것이다. 그러면 '모두, 어떤 경우에도' ①~④번이 일어날 수 없다고 했던 외경실재론자의 주장은 오류가 된다.

3송에서는 우선 앞의 세 가지에 대해서 답변하는데, 그 내용은 다음과 같다.

① 꿈속에서의 인식을 보면 알 수 있듯이 대상이 없어도 공간의 한정이 있다.

"대상이 없는 인식이 가능하고 이 현실이 꿈과 같은 것이면, 공간의 한정이 없이 어디에서나 인식이 일어날 수 있을 것이다"라는 외경실재론자의 가정에 대해서 바수반두는 오히려 꿈의 사례를 통해서 반론한다.

꿈은 누구나 알고 있듯이 대상 없는 인식이 일어나는 공간이다. 만약 누군가 꿈속에서 황금으로 이루어진 산을 봤다고 해서 그가 봤던 것처럼 "황금의 산이 실제로 존재한다"라고 생각하는 사람은 없다. 이처럼 꿈속에서 보는 정원, 마을, 산, 강 등을 이루는 공간은 우리 마음이 만들어낸 것이라고 모두가 인정한다. 이렇게 외경실재론자와 유식론자가 모두 인정하는 '꿈속 대상의 허구성'을 전제로 하여 바수반두는 논의를 전개한다.

2송에서 외경실재론자는 대상이 없는 인식이 가능하다면, 상식적으로 생각할 수 있는 인식에 필요한 전제 조건 – "대상이 '바로 여기에' 존재할 것"이라는 조건 – 이 성립하지 않아도 인식이 일어날 것이고, 그러면 공간적 제약 없이 – '바로 거기에' 대상이 없더라도 – 어디에서나 인식이 일어날 것이라고 주장하였다. 하지만 그것을 반박하는 사례를 꿈속의 세계에서 찾을 수 있다는 것이 바수반두의 주장이다.

꿈에서도 대상 없는 인식이 일어나지만, 그런 꿈속의 인식이 일어날 때는 – 비록 현실 세계보다는 다소 느슨할 수는 있지만 – 나름의 규칙성이 있다. 꿈속에서도 특정한 공간에서만 특정한 마을을 보고, 그 마을을 벗어나면 더는 마을 풍경이 보이지 않는다. 꿈속에서라 할지라도 화장실에서 나왔는데 여전히 화장실 안에 있고 그것이 반복되어 영원히 화장실에서 벗어나지 못하는 것 같은 경우는 매우 드물다. 그럴 경우조차도 내가 화장실 안과 밖에 동시에 있게 되거나, 좁은 화장실 안에서 화산과 바다와 마을이 같이 있거나 할 정도로 무규칙한 일은 일어나지 않는다.

또, 조건이 맞아야 특정한 사람들을 만날 수 있다. 꿈속이라도 내가 아는 모든 사람을 어디에 가든 모두 함께 만나는 것은 아니다. 꿈속에서도 어떤 사람을 특정한 곳에서 만날 수 있지만, 또 어떤 사람은 거기서 만날 수 없다. 원하는 대로 모든 사람을 만날 수는 없는 것이다. 이처럼 대상 없는 인식이 일어나더라도 '공간적 제약'이 있을 수 있다는 것을 바수반두가 꿈의 사례를 통해서 논증한다. 그것을 통해서 "① ['모든' 대상 없는] 인식은 [어떤 경우에도] 특정한 장소에 한정되어 일어나지 않을 것이다"라는 것이 부정된다.

② 꿈속에서는 대상이 없어도 시간의 한정이 있다.

외경실재론자가 두 번째로 제기했던 시간적 한정의 부재에 관한 문제도 이와 마찬가지이다. 공간의 제한이 있듯이 시간의 제한도 있다. 꿈속에서 어떤 마을에 가서 특정한 사람을 만났다고 하더라도, 그 사람이 다른 곳으로 가버리면 마을에서 더는 보이지 않을 수 있다. 이렇게 꿈속에서 일어나는 대상 없는 인식 역시 때에 따라서 다르게 일어나기 때문에 시간적 한정이 있다고 할 수 있다. 이렇게 바수반두는 공간과 시간의 한정에 관하여 꿈의 사례를 통해서 반박하였다.

바수반두가 이 논의를 통해서 최종적으로 주장하고 싶은 것은 "우리가 현실이라고 믿는 이 세계가 꿈과 같다"라는 것이다. 꿈속에서 우리가 마음으로 만들어 낸 공간이 허상인 것처럼 현실의 공간도 허상이라는 주장이 3송에서의 논의 이면에 깔려 있다. 그것이 유식적 관점에서 보는 현실에 대한 파악이라 할 수 있다. 하지만 여기에서는 그에 대한 증명이 완료되지는 못했다. 여기서는 꿈의 사례와 같이 "대상 없는 인식도 가능하다"라는 정도로 그치며, 아직 우리가 현실에서 외부세계라고 믿고 있는 것이 허위라는 논의에까지는 이르지 않았다. 다음 송에서 이에 관해서 다시 논하겠지만, '외부세계의 허구성'에 관한 증명은 11~15송에서 마무리된다.

③ 아귀의 사례와 같이 대상 없는 인식이 여러 개체에 공통적으로 일어날 수 있다.

2송에서 외경실재론자는 인식이 대상 없이 일어나는 것이라면, 그 인식은 각자의 내면적 조건에 따라 일어날 것이므로 여러 사람이 함께 첨성대를 보는 것과 같은 일은 일어날 수 없다고 주장하였다. 바수반두는 여기서 특이하게도 아귀라는 반례를 통해서 논박한다.

아귀는 불교의 세계관에서 인간도 축생도 아닌 존재이다. 모든 중생은 자신이 과거에 지었던 행위(業, karman)에 따라서 그 결과로 다음 생에는 극락, 인간, 수라, 아귀, 축생, 지옥의 길 중 어딘가에 다시 태어난다. 그중 하나인 이 아귀는 물질적인 것에 대한 과도한 열망에서 비롯된 인색함(mātsarya)이라는 해악을 지어 태어난 존재로서, 늘 배고픈 상태에 있으며, 강물에서 물을 마시려고 해도 그 강이 고름으로 넘쳐흐르는 것처럼 보여서 목마름을 해결하지도 못한다. 이렇게 아귀로 태어나는 것은 자신이 전생에 저질렀던 행위의 결과, 즉 업보라고 당시 불교도들은 생각하였다.

그런 행위의 법칙에서는 비슷한 행위를 지은 중생들이 비슷한 결과를 얻게 된다. 다시 말해 특정한 유사 행위를 지었던 중생들이 다 같이 아귀로 태어나는 것이다. 이는 교도소에서 수감자들을 살인죄, 절도죄 등의 죄의 종류나 경감에 따라 분류하여 비슷한 등급의 죄를 지은 이들끼리 같은 방에 가두는 것과 유사하다. 이렇게 모인 아귀들은 '이전에 유사하게 저질렀던 행위로 인해 결과(vipāka, 異熟)를 똑같이 받는 상태에 있는' 존재들인 것이다. 그들은 비슷한 감각기관을 가지고 태어났고, 그들 모두 '고름으로 이루어진 강'이라는 허상을 다 같이 본다. 여기서 존재를 증명할 수 없는 아귀의 사례를 드는 것에 의문이 들 수도 있겠지만, 논쟁의 당사자 양쪽 – 외경실재론자와 유식론자 – 에서 모두 아귀가 존재함을 전제로서 인정한다면 그 논쟁에 한정해서는 논리적으로 문제가 되지 않는다. 『섭대승론(攝大乘論)』과 같은 유식 논서에서 '일수사견(一水四見)'이라는 이와 비슷한 비유가 나온다. 같은 강을 보고도 천신들은 그것을 보석으로 보고, 인간은 물로 보고, 아귀는 고름으로 보고, 물고기는 보금자리로 본다. 각자가 받은 과보에 따라 다르게 분별한다는 것이다.

바수반두는 이와 더불어 지옥 중생들이 다 같이 오물이 넘쳐흐르는 강에서 도망치지 못하게 칼과 몽둥이를 들고 지키는 허상을 본다는 사례를 제시한다. 여기서도 의문이 있을 수 있다. '고름 강'을 보는 것과 '몽둥이를 들고 지키는 자'의 허상을 보는 것은 종류가 다르지 않은가? 한쪽은 사물이고 한쪽은 같은 중생이기 때문이다. 후자는 '대상'이라기보다는 그 스스로가 하나의 의식 흐름(相續)을 이어가고 행위의 결과를 받기도 하는 중생이 아닌가? 바수반두는 이 잠정적인 문제에 관하여 4~5송에서 답변한다.

# 4송

## 네 가지 문제점에 대한 답변 (2)
## 꿈(후편), 지옥

## 산스크리트 4송

(L 4,7; S 189,25)

**svapnopaghātavat kṛtyakriyā**

siddheti[1] veditavyaṃ | yathā svapne dvayasamāpattim antareṇa śukravisargalakṣaṇaḥ svapnopaghātaḥ | evaṃ tāvad anyānyair[2] dṛṣṭāntair deśakālaniyamādicatuṣṭayaṃ siddhaṃ |

**narakavat punaḥ |**

**sarvaṃ**

siddham iti veditavyaṃ | narakeṣv iva narakavat | kathaṃ siddhaṃ |

**narakapālādidarśane taiś ca bādhane || 4 ||**

yathā hi narakeṣu nārakāṇāṃ[3] narakapālādidarśanaṃ deśakālaniyamena siddhaṃ ||

---

1 A, F : siddha iti

2 msB : anyānair

3 msB : nārakānāṃ

**[바수반두 : 또한, 우리가 대상 없이 인식한 것도] 인과적 효력[을 일으킬 수 있음]은 마치 몽정의 경우와 같이. [4a]**

[이런 실례를 통해서] 증명된다고 알아야 한다. ④ 꿈속에서 [남녀의 교합이 일어나면] 두 사람이 [실제로는] 만나지 않아도 [현실에서] 정액을 방출하는 특징을 지니는 몽정의 경우처럼 [우리가 대상 없이 인식한 것도 인과적 효력을 일으킬 수 있음이 증명된다]. 이처럼 우선 각각의 예시를 통해 [인식이 외계 대상 없이 일어난다고 하더라도] 장소와 시간에 한정됨 등의 네 가지가 [이치에 어긋나지 않는다는 것이] 증명되었다.

**또한, 지옥과 같이 [대상 없는 인식에서 이 네 가지가] 모두. [4bc']**

[가능함이] 증명된다고 알아야 한다. '지옥과 같이(naraka-vat)'란 '지옥에서 [외계 대상 없이 인식이 일어나는 것]처럼(narakeṣu iva)'이라는 의미이다. 그것은 어떻게 증명되는가?

**[지옥에 떨어진 사람들이] 지옥의 파수꾼(naraka-pāla) 등을 [같은 시간과 장소에서 함께] 보는 경우[를 예시로 하여], 또한 그들(= 지옥의 파수꾼 등)이 고통을 주는 경우[를 예시로 하여 증명된다.] [4]**

①·② 실로 지옥 중생(nāraka)들이 지옥에서 지옥의 파수꾼 등을 볼 때 장소와 시간에 한정된다는 것을 통해서 [외계 대상이 존재하지 않더라도 인식이 장소와 시간의 한정이 가능함을] 증명하는 것이 그와 같[은 지옥의 예시]다.

śvavāyasāyasaparvatādyāgamanagamanadarśanaṃ cety ādigrahaṇena |

sarveṣāṃ ca naikasyaiva |

taiś ca tadbādhanaṃ siddham asatsv api narakapālādiṣu[4] samāna-svakarmavipākādhipatyāt |

tathānyatrāpi sarvam etad deśakālaniyamādicatuṣṭayaṃ siddham iti veditavyaṃ ||

4 RS : narakapālādiṣu

또한, [그 외에 지옥에서 불꽃으로 된 이빨을 가진] 개, [죄인의 살을 파먹는] 까마귀, 철산(鐵山) 등이 오가[면서 양쪽에서 압착하]는 것을 보는 것[과 같은 경우도 같은 예시에 해당한다는 것]이 '등(ādi)'이라는 말로써 나타내는 의미이다.

③ 또한, [그런 지옥의 파수꾼 등을 지옥에서] 한 명[의 지옥 중생만]이 [볼 수 있는 것이] 아니라 [지옥 중생] 모두가 [볼 수 있다는 것을 통해서 외계 대상이 없더라도 인식이 특정한 개인의 의식 흐름에 한정되지 않을 수 있음이 증명된다.]

④ 또한, 지옥의 파수꾼 등이 실제로 [외계 대상으로서] 존재하지 않음에도 불구하고, [이전에] 자신이 저지른 행위(sva-karman)로 인해 [다른 지옥 중생들과] 똑같이 받은(samāna) 결과(vipāka, 異熟)와 연관되는 영향력(ādhipatya)으로 그들(=지옥의 파수꾼 등)이 그들(=지옥 중생들)에게 고통을 주는 것[을 통해 외계 대상 없이도 인과적 효력을 일으킬 수 있다는 것]이 증명된다.

이[런 지옥의 예시]처럼 다른 방식으로도 [외계 대상이 존재하지 않더라도 인식이] 장소와 시간에 한정됨 등의 이 네 가지가 모두 [이치에 어긋나지 않는다는 것이] 증명된다고 알아야 한다.

## 티베트역 4송

(D 136 4b7, P 234 5a7)

**bya byed rmi lam gnod pa 'dra |**

grub ces bya bar rig par bya'o |

dper na rmi lam na gnyis kyis gnyis phrad pa med par yang khu ba 'byung ba'i mtshan nyid ni rmi lam gyi gnod pa'o | de ltar re zhig dpe gzhan dang gzhan dag gis yul dang dus nges pa la sogs pa bzhin[5] 'grub bo |

**thams cad sems can dmyal ba bzhin |**

grub[6] ces bya bar rig par bya'o |

sems can dmyal ba dag na yod pa dang mtshungs pas sems can dmyal ba bzhin no | ji ltar 'grub ce na ||

5 P.N : bzhi

6 P.N : 'grub

**[바수반두 : 또한, 우리가 대상 없이 인식한 것도] 인과적 효력[을 일으킬 수 있음]은 마치 몽정의 경우와 같이. [4a]**

[이런 실례를 통해서] 증명된다고 알아야 한다. ④ 예를 들면, 몽정은 꿈속에서 두 사람이 [실제로는] 만나지 않아도 [현실에서] 정액을 방출하는 특징을 지니는 것과 같다. 이같이 각각의 다른 비유를 통해서 [인식이 외계 대상 없이 일어난다고 하더라도] 장소와 시간의 한정 등 네 가지가 [이치에 어긋나지 않는다는 것이] 증명되었다.

**[대상 없는 인식에서 이 네 가지는] 모두 지옥과 같이. [4b]**

[라는 예시를 통해서 모두] 증명된다고 알아야 한다.

'지옥과 같이(sems can dmyal ba bzhin, narakavat)'란 '[여러] 지옥들에 있는 존재와 유사한'이라는 의미이다. [그것은] 어떻게 증명되는가?

**dmyal ba'i srung rna sogs mthong dang |**

**de dag gis ni gnod[7] phyir ro || 4 ||**

dper na sems can dmyal ba dag na sems can dmyal ba'i sems can rnams kyis[8] sems can dmyal ba'i srung ma la sogs pa mthong ste | yul dang dus nges par 'grub po | khyi dang bya rog dang lcags kyi ri la sogs pa 'ong ba dang 'gro bar yang mthong ba ni sogs pa zhes bya bar bsdu ste |

thams cad kyis mthong gi[9] | gcig 'gas ni[10] ma yin no |

de dag gis de dag la gnod pa yang 'grub ste | dngos po la sems can dmyal ba'i srung ma la sogs pa med par yang rang gi las kyi rnam par smin pa mtshungs pa'i dbang gi phyir ro ||

---

7 P.K.125 : bda', -bda'; 上山(1987), 544.

8 P.N : kyi

9 P.N : gis

10 P.N : na

**[지옥 중생들이] 지옥의 파수꾼 등을 보고 또한 그들(= 지옥의 파수꾼 등)이 [지옥 중생들에게] 고통을 주기 때문이다. [4]**

①·② 예를 들면, 지옥들에서 지옥 중생(sems can dmyal ba'i sems can, nāraka)들이 지옥의 파수꾼(sems can dmyal ba'i srung ma, naraka-pāla) 등을 보는 것이 장소와 시간에 한정되는 것을 통해서 [외계 대상이 없이도 장소와 시간에 한정되어 인식이 일어날 수 있다는 것이] 증명되는 것과 같다. [또한, 그 외에 지옥에서 불꽃으로 된 이빨을 가진] 개, [죄인의 살을 파먹는] 까마귀, 철산 등이 오가[면서 양쪽에서 압착하]는 것을 보는 것[과 같은 경우도 이와 같은 예시에 해당한다는 것]이 '등(ādi)'이라는 말로 요약된다.

③ [또한, 그 지옥의 파수꾼 등을 지옥 중생] 모두가 보는 것이지 오직 한 명[의 지옥 중생]만이 [보는 것은] 아니[라는 것을 통해서 특정한 마음에 한정되지 않을 수 있음이 증명된]다.

④ 그들(= 지옥의 파수꾼)이 그들(= 지옥 중생들)에게 고통을 주는 것[을 통해 외계 대상 없이도 인과적 효력을 일으킬 수 있다는 것]이 증명된다. 실제로 지옥의 파수꾼 등이 [외계 대상으로서] 존재하지 않음에도 불구하고, [지옥 중생이 고통받는 것은 이전에] 자신이 저지른 행위(rang gi las, sva-karman)로 인해 [다른 지옥 중생들과] 똑같이 받은(mtshungs pa, samāna) 결과(rnam par smin pa, vipāka)와 연관되는 영향력(dbang, ādhipatya) 때문이다.

de bzhin du gzhan yang yul dang dus nges pa la sogs pa bzhi po 'di dag thams cad grub par rig par bya'o ||

이[런 지옥의 예시]처럼 다른 방식으로도 [외계 대상이 존재하지 않더라도 인식이] 장소와 시간에 한정됨 등의 이 네 가지가 모두 [이치에 어긋나지 않는다는 것이] 증명된다고 알아야 한다.

## 진제역 4송

(T31, 71a25-b3)

**"如夢害作事. 復次如地獄,**

**一切見獄卒, 及共受逼害. (4송 보충)**

**'如夢害作事,'** 如夢離男女交會[11]出不淨爲相, 夢害得成作事亦爾[12]. 如此喩[13]各各[14]譬處時定等四義得成[15].

**'復次如地獄一切,'** 由地獄譬四義得成立. 云何得成?

---

11 會 : 洪武本 · 永樂本 · 乾隆本에는 '會' 뒤에 '時'가 있다.

12 爾 : 趙成本 · 高麗本 · 磧砂本 · 洪武本에는 '尒'로 되어 있다.

13 喩 : 趙成本 · 洪武本 · 永樂本에는 '由'로 되어 있다.

14 各 : 趙成本에는 '名'으로 되어 있으나 잘못 쓴 것으로 보인다.

15 成 : 저본에는 '成' 뒤에 '一'이 있으나 趙成本 · 高麗本 · 磧砂本 · 洪武本 · 永樂本 · 乾隆本 · 頻伽本 모두 '一'이 없으며, 의미도 통하지 않아 '一'을 생략하였다. 저본에는 관련된 교감이 없다.

[바수반두가 말한다.]

**"몽정의 경우와 같이 인과적 효력(作事, kṛtya-kriyā)[을 일으킬 수 있음이 증명된다].**
**또한, 지옥과 같이**
**[대상 없는 인식에서 이 네 가지 뜻] 모두는 지옥의 파수꾼(獄卒, naraka-pāla)을 보는 것과**
**고통을 함께 받는 것[을 통해 가능하다는 것이 증명된다]. (4송 보충)**

[게송에서] '**몽정의 경우와 같이 인과적 효력[을 일으킬 수 있음이 증명된다]**'[라고 한 것은] ④ 마치 꿈속에서 [남녀의 교합이 일어나면] 남녀가 [실제로는] 만나지 않아도 [현실에서] 부정한 것(不淨)을 방출하는 특징을 지니는 몽정이 인과적 효력을 일으킬 수 있다는 것도 또한 그러하다. 이와 같은 각각의 예시를 통해 [인식이 외계 대상 없이 일어난다 하더라도] 장소와 시간이 한정됨 등의 네 가지 뜻이 [이치에 어긋나지 않는다는 것이] 증명될 수 있다.

'**또한, 지옥과 같이 [대상 없는 인식에서 이 네 가지 뜻] 모두는**'[이라는 것은] 지옥의 예시로 네 가지 뜻이 [모두] 증명될 수 있다[는 것을 말한다.]. [그것은] 어떻게 증명될 수 있는가?

(T31, 71b3-6)

**'見獄卒及共受逼害.'** 如地獄中諸受罪人見獄卒等, 定處定時見狗 · 烏 · 山等來平等見非一. 受逼害亦爾[16]. 實無獄卒等, 由同業報增上緣故. 餘處亦如是. 由此通譬四義得成."

16 爾 : 趙成本 · 高麗本 · 磧砂本 · 洪武本에는 '尒'로 되어 있다.

'[**대상 없는 인식에서 이 네 가지 뜻] 모두는 지옥의 파수꾼을 보는 것과 고통을 함께 받는 것[을 통해 가능하다는 것이 증명된다]**'[라고 한 것은] ①·② 지옥에서 [고통을] 받는 모든 죄인은 지옥의 파수꾼 등을 보고, 특정한 장소와 특정한 시간에 [불꽃으로 된 이빨을 가진] 개, [죄인의 살을 파먹는] 까마귀, [양쪽에서 압착하는] 산 등이 다가오는 것을 보는데, ③ [모두에게] 똑같이 보이는 것이지 [특정한] 한 죄인에게만 [보이는 것이] 아닌 것과 같다. ④ [지옥 중생이] 고통을 받는 것도 또한 그러하다. 지옥의 파수꾼 등은 실제로 [외계 대상으로서] 존재하지 않지만, [그들이 고통받는 것은 이전에 자신이 저지른] 행위로 인해 [다른 지옥 중생들과] 똑같이 받은(同, samāna) 결과(報, vipāka)[와 연관되는] 영향력(增上緣, ādhipatya) 때문이다.

[이처럼 꿈] 이외의 곳(= 지옥)에서도 또한 이와 같다. 이같이 통용되는 예시로 [외계 대상이 존재하지 않더라도 인식이 장소와 시간에 한정됨 등의] 네 가지 뜻이 [이치에 어긋나지 않는다는 것이] 증명될 수 있다."

## 현장역 3송

(T31, 74c26-75a2)

[如夢損有用.] (2송 4구 보충)

“又如夢中境雖無實而有損失精血等用. 由此雖無離識實境, 而有虛妄作用義成. 如是且依別別譬喩, 顯處定等四義得成.

復次頌曰 :

一切如地獄. 同見獄卒等,

能爲逼害事. 故四義皆成.” (3송)

**[마치 꿈에서 손실이 있는 것처럼 [대상 없는 인식이] 인과적 효력(用, kṛtya-kriyā)을 지님[이 가능하다는 것이 증명된다]. (2송 4구 보충)**

[바수반두가 논한다.] "④ 또 꿈속[에서 남녀 등]의 대상이 비록 실재하지 않지만, [현실에서] 정혈(精血)을 손실하는 등의 인과적 효력이 있다. 이로 말미암아 비록 인식과 별도로 실재하는 외계 대상이 없더라도 실물이 없이(有虛妄) 인과적 효력이 일어나[는 것이 가능하다]는 뜻이 증명된다. 이와 같은 각각의 예시들을 통해 [인식이 외계 대상 없이 일어난다 하더라도] 장소에 한정됨 등의 네 가지 뜻이 [이치에 어긋나지 않는다는 것이] 증명될 수 있음을 나타낸다.

[바수반두가] 다시 게송으로 말한다.

**[또한, 대상 없는 인식에서 네 가지] 모두가 지옥과 같이 [가능함이 증명된다].**
**[지옥 중생들은 같은 시간과 장소에서] 지옥의 파수꾼(獄卒, naraka-pāla) 등을 함께 보고,**
**[그 지옥의 파수꾼 등이 그들을] 박해할 수 있다[는 것을 예시로 하여 증명된다].**
**그러므로 [외계 대상이 존재하지 않더라도 인식이 장소와 시간에 한정됨 등의] 네 가지는 [이치에 어긋나지 않는다는 것이] 모두 증명된다." (3송)**

(T31, 75a3-9)

論曰 : "應知此中一地獄喩, 顯處定等一切皆成. **'如地獄'**言, 顯在地獄受逼害苦諸有情類. 謂地獄中雖無眞實有情數攝獄卒等事, 而彼有情同業異熟增上力故, 同處同時衆多相續, 皆共見有獄卒 · 狗[17] · 烏 · 鐵山等物[18]來至, 其所爲逼害事.

由此雖無離識實境, 而處定等四義皆成."

---

17 狗 : 洪武本에는 '獄'으로 되어 있다.

18 等物 : 저본에는 '物等'으로 되어 있으나 趙成本 · 高麗本 · 洪武本 · 永樂本 · 乾隆本에 따라 '等物'로 바로잡는다. 저본에는 관련된 교감이 없다.

[바수반두가] 논한다. "여기 이 하나의 지옥 예시만으로 장소에 한정됨 등 [네 가지] 모두가 [이치에 어긋나지 않는다는 것이] 증명된다는 것을 알아야 한다. '**모두가 지옥과 같이**'라는 말은 지옥에서 박해의 고통을 받는 모든 중생(有情)의 종류[에 일어나는 사태]를 나타낸다. 말하자면 비록 지옥에서 [보이는 존재 중에서] 진짜 [지옥] 중생을 헤아릴 때 지옥의 파수꾼 등이 포함되지 않지만, 저 중생의 [자신이 저지른] 행위([sva] karman)로 인해 [다른 지옥 중생들과] 똑같이 받은(同, samāna) 결과(異熟, vipāka)[와 연관되는] 영향력(增上力, ādhipatya) 때문에 같은 장소에서 같은 시간에 있는 많은 [지옥 중생들의 의식] 흐름(相續)이 모두 함께 파수꾼, [불꽃으로 된 이빨을 가진] 개, [죄인의 살을 파먹는] 까마귀, [양쪽에서 압착하는] 철산 등이 다가오는 것을 보고, 그들이 박해받는다.

이로 말미암아 비록 인식과 별도로 실재하는 외계 대상이 없어도 장소에 한정됨 등의 네 가지 뜻이 모두 [이치에 어긋나지 않는다는 것이] 증명된다."

## 반야류지역 4송

(T31, 65b12-20)

又汝言 : '以何義故, 眼瞖之人所見日 · 月 · 毛輪 · 蠅等皆悉無用[19], 淨眼之人皆悉有用[20]? 夢中所見飮 · 食 · 飢 · 飽 · 刀 · 杖 · 毒藥, 如是等事皆悉無用, 寤時所見飮 · 食 · 飢 · 飽 · 刀 · 杖 · 毒藥, 如是等[21]皆悉有用?'

又汝言 : '以何義故, 乾闥婆城實無有城而無城用, 自餘城者皆實有城而有城用'者, 此義不然. 何以故, 又偈言 :

**如夢中無女, 動身失不淨.**
**獄中種種主, 爲彼所逼惱. (4송)**

---

19 用 : 趙成本에는 빠져 있다.

20 眼瞖之人所見日月毛輪蠅等皆悉無用淨眼之人皆悉有用 : 磧砂本 · 永樂本 · 乾隆本에는 24字가 빠져 있다.

21 等 : 磧砂本 · 永樂本에는 '等' 뒤에 '事'가 있다.

또 그대는 '왜 비문증 환자에게 보이는 해 · 달 · 머리카락 뭉치 · 파리 등은 모두 인과적 효력(用, kṛtya-kriyā)이 없지만, 눈이 깨끗한 사람[에게 보이는 것]은 모두 인과적 효력이 있는가? [그리고 왜] 꿈에서 보는 음료 · 음식 · 배고픔 · 포만감 · 칼 · 몽둥이 · 독약 같은 이런 여러 가지 것들은 모두 인과적 효력이 없지만 깨어있을 때 보는 음료 · 음식 · 배고픔 · 포만감 · 칼 · 몽둥이 · 독약 같은 이런 여러 가지 것들은 모두 인과적 효력이 있는가?'라고 한다.

또 그대는 '왜 간다르바의 성(城)은 실재하는 성이 아니라서 성[이 갖추어야 할 방어능력 등]의 인과적 효력이 없지만, 그 외의 성들은 모두 실재하는 성이라서 성의 [그런] 인과적 효력이 있는가?'라고 하는데, 이 뜻은 그렇지 않다. 이유를 또 게송으로 말한다.

**꿈속에서 [실재하는] 여인이 없어도**
**[꿈속에서 본 그 여인으로 인해] 몸을 움직여 [현실에서] 부정한 것(不淨)을 잃는 것과 같이 [대상 없이 인식된 것도 인과적 효력을 일으킬 수 있음이 증명된다].**
**[또] 지옥에서 [파수꾼 등] 갖가지 주인이 [실재하지 않지만,]**
**[지옥 중생들은 그들을 같은 시간과 장소에서 함께 보고,] 그들(= 갖가지 주인)에게 핍박받는 [것을 통해 네 가지 모두를 증명할 수 있]다. (4송)**

(T31, 65b21-25)

此偈明何義? 如人夢中實無女人, 而見女人與身交會漏失不淨, 衆生如是, 無始世[22]來, 虛妄受用色 · 香 · 味等外諸境界, 皆亦如是實無而成. 以如是等種種譬喩, 離色 · 香等外諸境界, 有處 · 時 · 人[23]·所作業等四種事成.

---

22 世 : 磧砂本에는 '丗'로 되어 있다.

23 人 : 趙成本에는 '身'으로 되어 있다.

이 게송은 어떤 뜻을 밝히고 있는가? 마치 사람이 꿈에서는 실제로 여인이 없는데도 여인을 보고 몸을 교합하여 [현실에서] 부정(不淨)한 것을 흘리는 것처럼, 중생도 이같이 무시 이래로 실물이 없는(虛妄) 형색·향기·맛 등의 외부의 여러 대상을 수용하는데, 모든 [대상] 또한 이같이 실제로 없는데도 [인과적 효력이] 성립한다. 이와 같은 여러 가지 예시로 형색·향기 등의 여러 외계 대상이 없더라도 [대상의 인식이 특정한] 장소와 시간[에 한정되어 일어나는 것]이나, [특정한] 사람(人)[에 국한됨이 없이 여러 사람이 공통적으로 동일한 대상을 인식하게 되는 것]이나, 인과적 효력을 일으키는 등의 네 가지는 증명된다.

(T31, 65b25-c9)

又復更有一種譬喩. 離色 · 香等外諸境界四種事成, 皆虛妄不實, 是故偈言 : **'獄中種種主, 爲彼所**[24]**逼惱'**故. 此明何義? 彼四種事離色 · 香等外諸境界, 一切皆成. 云何皆成? 如地獄中無地獄主, 而地獄衆生依自罪業見地獄主, 彼地獄主與種種苦. 而起心見; '此是地獄', '此是地獄處', '此是地獄時', '此是夜時', '此是晝時', '此中前時', '此中後時', '彼是地獄主', '我是作罪人.' 以惡業故見狗見烏. 或見鐵鉤或見兩羊. 或見兩山從兩邊來逼罪人身, 或見劍[25]樹罪人上時劍[26]刃向下, 罪人下時劍刃[27]向上周匝[28]而有, 何以故? 以業同故. 同共聚集皆悉同見同受果報. 若業不同則不同集, 亦不同見不同受苦.

---

24 所 : 趙成本에는 빠져 있다.

25 劍 : 趙成本 · 高麗本 · 磧砂本 · 永樂本 · 乾隆本 · 頻伽本에는 '劒'으로 되어 있다.

26 劍 : 趙成本 · 高麗本 · 磧砂本 · 永樂本 · 乾隆本 · 頻伽本에는 '劒'으로 되어 있다.

27 劍刃 : 저본에는 '刃劍'으로 되어 있으나 趙成本 · 高麗本 · 磧砂本 · 永樂本 · 乾隆本에 따라 '劍刃'으로 바로잡는다. 저본에는 관련된 교감이 없다.

28 匝 : 永樂本 · 乾隆本에는 '帀'로 되어 있다.

또 다른 한 종류의 비유가 있다. [인식이] 형색 · 향기 등의 외계 대상 없이[도] 네 가지는 [가능하다는 것이] 증명되지만, 모두 그릇되어 실재하지 않기 때문에 게송에서 '**[또] 지옥에서 [파수꾼 등] 갖가지 주인이 [실재하지 않지만, 지옥 중생들은 그들을 같은 시간과 장소에서 함께 보고,] 그들(= 갖가지 주인)에게 핍박받는 [것을 통해 네 가지 모두를 증명할 수 있]다**'라고 한 것이다. 이것은 무슨 뜻인가? 저 [장소와 시간에 한정됨 등의] 네 가지는 형색 · 향기 등의 외계 대상 없이 모두 [가능하다는 것이] 증명된다. 어떻게 모두 증명되는가? 마치 지옥에서 지옥의 파수꾼이 [외계 대상으로서] 존재하지 않지만, 지옥 중생들은 자신의 죄업에 의해 지옥의 파수꾼을 보고, 저 지옥의 파수꾼이 여러 가지 고통을 준다고 여기는 것과 같다. 그래서 마음을 일으켜 '여기는 지옥이다', '여기는 지옥이라는 장소이다', '이 [시간]은 지옥[에 머무는] 시간이다', '지금은 밤이다', '지금은 낮이다', '이 [시간] 가운데 앞 시간이다', '이 [시간] 가운데 뒤 시간이다', '저자는 지옥의 파수꾼이다', '나는 죄를 지은 사람이다'라고 생각한다. [그들은] 악업 때문에 [불꽃으로 된 이빨을 가진] 개를 보거나 [죄인의 살을 파먹는] 까마귀를 본다. 혹은 쇠갈고리를 보거나 혹은 양쪽의 양을 보기도 한다. 혹은 둘로 갈라진 산이 양쪽에서 다가와 죄인의 몸을 핍박하는 것을 보기도 하고, 혹은 칼로 된 나무가 죄인이 위로 향할 때는 칼끝이 아래로 향하고, 죄인이 아래로 향할 때는 칼끝이 위로 향해서 [죄인을] 가두고 있는 것을 보는데, 왜 그런가? [같은 곳에 모여 있는 지옥 중생들은 이전에 비슷하게] 행위[를 저질러서 그 결과]가 [모두] 같기 때문이다. [그래서] 모두 모여 똑같이 보고 똑같이 결과(果報)를 받는 것이다. 만약 행위[의 결과]가 같지 않다면 함께 모이지도 않고, 함께 보지도 않고, 함께 고통을 받지도 않을 것이다.

(T31, 65c9-14)

以是義故, 汝言: **'處時定不定, 人[29]及所作事,'** 應有色[30]等外諸境界, 處·時及人[31]·所作業等皆是實者, 彼亦虛妄. 以是[32]義故, 處·時及身[33]·所作業等此四種事, 唯以一種地獄譬喩皆成虛妄. 應如是知."

29 人 : 趙成本에는 '身'으로 되어 있다.

30 色 : 永樂本에는 '色' 뒤에 '香'이 있다.

31 人 : 趙成本에는 '身'으로 되어 있다.

32 是 : 磧砂本 · 永樂本 · 乾隆本에는 '是' 앞에 '如'가 있다.

33 身 : 磧砂本 · 永樂本 · 乾隆本에는 '人'으로 되어 있다.

이 뜻 때문에 그대는 [외계 대상 없이 인식이 일어난다면] '**[인식이] 장소와 시간의 한정도 한정되지 않을 것이고, [특정한] 사람[에게 한정됨이 없이 여러 사람에게 공통적 인식이 일어나지도 않을 것이고], 인과적 효력(所作事, kṛtya-kriyā)[을 일으키는 것도 이치에 맞지 않을 것이다]**'라고 하면서 [이 네 가지가 가능하기 위해서는] 형색 등의 외계 대상이 있어야, [인식이] 장소와 시간[에 한정됨], 그리고 [특정한] 사람[에 한정되지 않음]과 인과적 효력 등이 모두 실재하는 것이라 하는데, 저것(= 네 가지가 가능하기 위해서는 외계 대상이 있어야 한다는 것)은 또한 그릇된 것이다. 이 뜻 때문에 [인식이] 장소와 시간[에 한정됨], [특정한] 사람[에 한정되지 않음]과 인과적 효력 등의 이 네 가지[가 가능하기 위해서는 외계 대상이 존재해야 한다고 그대가 주장하는 바]는 오직 한 종류의 지옥 예시만으로도 모두 그릇됨이 증명된다. 마땅히 이렇게 알아야만 한다."

## 4송 해제

4송의 전반부에서는 3송에 이어서 외경실재론자가 제시했던 네 가지 문제 중에서 네 번째에 대하여 답변한다.

④ 몽정의 경우처럼 대상 없이 '인식된 것'이 인과적 효력을 일으키는 것은 가능하다.

앞의 2송에서 반론자는 꿈의 예시를 들어서 꿈속에서 보게 되는 음식, 음료, 독약 등이 인과적 효력이 없다는 문제를 제기하여, 이 세계에 '대상 없는 인식'만이 있을 뿐이라는 유식론자의 주장이 이치에 맞지 않는다고 하였다. 대상 없이 일어난다고 인정되는 꿈속의 인식은 그야말로 허상일 뿐이고, 그렇게 인식된 것은 현실에 어떤 물리적 영향도 미치지 못한다. 따라서 꿈과 현실은 구분되어야 하고, 현실이 "대상 없는 인식이고 환영과 같다"라는 유식론자의 주장은 그렇게 현실과 환상을 구분하지도 못하는 사람이 말하는 터무니없는 소리라고 한다.

바수반두는 여기서 오히려 꿈속의 다른 사례를 제시하여 이를 극복한다. 그것이 몽정의 사례이다. 어떤 남자가 꿈속에서 여성과 교합을 할 때, 그 교합은 실제 물리적으로 일어난 사건이 아니라 이 남자의 마음속에서 일어난 일이다. 그런데 그런 꿈속의 교합이 현실에서 몽정을 일으킨다. 이는 "꿈속에서 본 무기가 현실의 나에게까지 피해를 주지 못하듯이 대상 없이 인식된 것은 현실에서 인과적 효력이 없다"라고 2송에서 대론자가 펼쳤던 반론에 대해서 오히려 꿈속의 반례를 제시하여 '꿈속 대상이 인과적 효력을 지닐 가능성'을 증명하는 것이다. 몽정이라는 하나의 사례를 통해 "모든 대상 없는 인식은 꿈속에서의 경우처럼 절대로 인과적 효력 없다"라는 주장의 근간에 작은 균열을 일으키는 것이다. ①~③과 마찬가지로 ④와 관련해서도, 바수반두는 상대방의 귀납적 결론에 대해 반례를 제시하는 방식을 사용하고 있다.

이 인과적 효력을 나타내는 kṛtya-kṛiyā라는 용어는 후기유식학파의 불교인식논리학에서는 artha-kriyā(인과적 효력, 목적의 성취)라는 용어로 탈바꿈되어 개념이 한층 강화된다. 바수반두의 후예이자 후기유식학파를 대표하는 논사인 다르마키르티(Dharmakīrti, 600~660)는 존재하는 것이란 바로 인과적 효력(artha-kriyā)을 지닌 것이라고 선언한다.

유식의 입장에서 보았을 때, 눈앞에 보이는 사물은 실제 대상이 아니다. 하지만 우리의 모든 인식이 완전히 허위인 것은 아니다. 특정한 장소와 시간에 다수의 사람에게 공통적으로 나타나는 것이 나에게도 똑같이 일어나는 것, 예를 들어, 특정한 장소와 특정한 계절에 사과가 열린 사과나무를 내가 여러 사람과 함께 동시에 인식하는 것, 그런 현상과 한겨울에 눈이 쌓인 산기슭에서 사과나무에 사과가 열리는 환각을 보는 것은 서로 구분되어야 한다. 일상의 차원에서 하나는 올바른 인식이고, 다른 하나는 그릇된 인식이다. 그러므로 유식의 입장에서 우리에게 보이는 인식은 진정한 의미에서는 모두 허상이지만, 그런 허상이 일어나는 데는 일정한 법칙이 있으므로 다수의 사람에게 공통적으로 인식되는 객관성이 한정적으로나마 요구된다. 즉, 우리가 일상에서 적절한 판단을 내리고, 세계를 분석하고, 논쟁하기 위해서는 바른 인식과 그릇된 인식을 구분하는 기준이 필요한 것이다.

외경실재론자의 입장에서는 그런 구분은 간단하다. 내가 사과나무를 인식했을 때 실제로 사과가 '존재하면' 바른 인식이고, '존재하지 않으면'

그릇된 인식이다. 하지만 유식에서는 그것을 바르게 인식했든 그릇되게 인식했든 실제로 사과나무는 외계 대상으로서 존재하지 않는다. 이렇게 '존재 여부'로 진위 판단을 할 수 없으니, 유식의 입장에서는 바른 인식과 그릇된 인식을 구분할 기준이 모호하게 될 수 있다. 그런 난점을 극복하기 위해서 후기유식학파에서 다르마키르티 이후에는 '존재 여부' 대신에 '인과적 효력 유무'가 그 진위 판단의 기준이 된다.

내가 눈앞에서 인식한 샘물은 '실제로 외부에 존재하는 물질적 대상'은 아니지만 목마름을 해결해 준다. 샘물은 외계 대상으로서 존재하는 것은 아니지만 '목을 축인다'라는 인과적 효력을 일으키기 때문에 "내가 샘물을 인식하고 있다"라는 사건은 바른 인식이 일어난 것으로 인정될 수 있는 것이다. 반대로 내가 눈앞에서 샘물을 인식했다 하더라도 그 물이 목을 축이지 못한다면, 나는 환영을 본 것이고 그릇된 인식을 일으켰던 것이 된다. 이처럼 후기유식학파에서는 바른 인식과 그릇된 인식의 구별에 있어서 인과적 효력이 그 기준이 된다. 『유식이십론』에서 외경실재론자가 유식의 입장을 공격하기 위해서 사용하는 '인과적 효력'이 후대에는 유식철학의 매우 중요한 개념으로 탈바꿈하게 된 것이다. 이전에 설일체유부에서도 어떤 것이 지닌 인과적 효력, 혹은 작용에 의해서 그것의 존재를 확인하는 사유방식은 있었다. 바수반두의 동시대 라이벌이라 할 수 있는 설일체유부의 상가바드라(Saṃghabhadra, 衆賢)는 『순정리론(順正理論)』에서 '실제로 존재하는 것'(實有)을 '내재적 본질(體, svabhāva)만 지니는 것'과 '작용(作用, kāritra)을 지니는 것'으로 분류하였다. 그중 작용을 지니는 것(有作用)은 바로 그 작용을 통해서 실물의 존재를 확인할 수 있다. 예를 들어, '어떤 것이 보임'이라는 작용은 시각기관의 '현재 존재함'을 확인하게 한다. 지금 내가 볼 수 있기 때문에 내 눈이 있다는 것을 알 수 있는 것이다. 설일체유부의 삼세실유설에 따르면, 눈은 과거에도 존재했고 미래에도 존재할 것이지만 '현재 존재함'의 기준은 '작용을 지니는 것'의 여부에 있다는 것이다. 그런데, 이 '보임'과 '시각기관'을 분리하는 방식에 대해 바수반두의 비판이 있기도 했다. 그런 기준이라면, 깜깜한 밤에 앞이 안 보일 때는 '시각기관'이 현재는 없다고 할 수도 있음을 지적한다. 그러면 현재의 '나의 눈'은 작용이 없다는 점에서 과거에 존재했거나 미래에 존재할 '나의 눈'과 다를 것이 하나도 없어지게 된다. 이에 대해서 상가바드라는 이 작용이라는 것을 '현재 능력을 발휘하는 작용(有功能)'과 '현재 능력을 발휘하지 않는 작용(功能闕)'으로 구분하는 것으로 재반박하였다. 전자는 앞이 보이는 상태이고, 후자는 깜깜한 밤의 경우처럼 앞이 보이지 않는 상태를 말한다. 이 두 가지 중에서 '현재에 능력을 발휘하지 않는 작용'은 지금 '봄'이라는 효용은 발생시키고 있지는 않지만, 매 순간 발생하고 소멸하는 흐름 가운데에서 '인과적 효력'을 발생시킬 수 있는 능력은 발휘되어 다음 순간에 '능력을 발휘할 잠재성'을 그 결과로서 넘긴다는 것이다. 예를 들어, 방 안에 불을 껐다고 해서 현재 형광등이 사라지는 것은 아니라 다시 불을 켜면 형광등은 능력을 발휘하게 되는데, 그것은 꺼져 있는 동안에도 매 순간에 그 다음 순간으로 그 작용의 잠재성을 결과로서 넘겼기 때문이라고 하는 것과 같다. 그리고 간단히 말해서, 이런 상가바드라의 사고방식에 작용(kāritra/kṛtya-kriyā)의 두 양상을 통합하고, '눈이 실제로 존재함'이라는 개념을 제거한 것이 다르마키르티의 "존재하는 것이 인과적 효력을 지닌 것"이라는 선언이라고 할 수 있다.

이것은 게임 속이나 가상현실 속의 대상들 진위를 구분할 때도 기준이 될 수 있다. 만약 내가 게임 속에서 칼을 보고 그게 진짜 칼인지, 아니면 칼처럼 보이기만 하는 배경화면 일부인지 그 진위를 알 수 없을 때, 가장 간단하게 검증하는 방법은 화면 속의 그 칼을 집어보고 휘두를 수 있는지, 아니면 게임 속 몬스터에게 데미지를 입힐 수 있는지를 확인해 보는 것이다. 게임이나 가상현실 속의 세계에서 우리는 실제 물질적 대상이 없는 채로 인식을 일으키고 있지만, 그 안에서도 '칼이 있다', '칼을 인식했다'라는 그것의 진위를 '칼의 인과적 효력'이 있는지 확인해 보는 것을 통해서 검증할 수 있는 것이다. 유식 입장에서의 세계가 가상현실과 비교될 수 있는 지점이 이 부분이다.

바수반두가 이 논의를 기반으로 하여 최종적으로 주장하고 싶은 것은 "우리가 현실이라고 믿는 이 세계는 꿈과 같다"라는 것이다. 꿈속에서 우리가 마음으로 만들어 낸 공간이 허상인 것처럼 현실의 공간도 허상이라는 주장이 3~5송에서 바수반두의 논의 이면에 깔려 있다. 그것이 유식적 관점에서 보는 현실에 대한 파악이라 할 수 있다. 하지만 여기에서는 그에 대한 증명이 완료되지는 못했다.

2송에서부터 이어지는 이 논의는 애초에 대론자의 공격에 대한 방어의 성격을 지니고 있었다. 대론자는 감각적 인식이 '대상 없는 인식'일 수 없는 네 가지 이유를 제시하였고, 바수반두는 네 가지 모두 정당한 이유가 될 수 없음을 제시하였다. 사실상 여기서는 꿈의 사례로 알 수 있듯이 "대상 없는 인식이 불가능하지 않다"라는 것을 증명하는 정도로 그치며, 엄밀히 말하면 그것조차도 방어적 성격을 띤 간접적인 증명이다. 물론 단순한 답변을 넘어서 꿈의 예시를 통하여 대상 없는 인식이 어떤 방식으로 가능한지를 합리적으로 설명하고자 하는 적극적 측면이 여기에 있지만, 그렇다고 이 세계가 정말로 "꿈과 같다"라는 것이 이 시점에서 성공적으로 증명된 것은 아니다. 이 세계가 꿈과 같다는 것을 증명하려면 여기에 덧붙여 사람들이 현실에서 외부세계라고 믿고 있는 것이 허위인 것을 증명해야 하는데, 논의가 아직 거기까지 진행되지는 않았다.

정리하자면, 2송에서 제시된 대론자의 공격에 대한 3~4송에서의 바수반두의 방어가 성공적이었다는 가정하에서 이 시점의 논의에서는 '인식'이 일어날 수 있는 경우와 관련하여 다음의 두 가지 선택지가 모두 긍정적일 수 있는 상태가 되었다.

(1) 우리의 일상에서는 물질로 이루어진 외부세계를 대상으로 하여 인식이 일어난다.
(2) 우리의 일상에서는 물질로 이루어진 외부세계의 대상에 의존하지 않는 인식이 일어난다.

여기서 오직 (1)만 가능하고 (2)는 가능하지 않다는 것이 상식적인 생각이며, 그렇게 (2)가 불가능하다는 것의 사례로 증명하려는 것이 2송에서 외경실재론자의 시도였다. 바수반두는 (2)도 불가능하지 않음을 3~4송을 통해서 증명하고자 하였다. 여기까지가 4송에서 일단락되는 내용이다. 여기에서 더 나아가 이 세계의 유식성을 증명하기 위해서는 (1)이 불가능함을 증명해야 한다. 그것은 '외부세계가 대상으로서 존재한다는 것의 허위성'을 논증하는 작업으로서, 11~15송에서 완결된다.

이상으로 네 가지 질문에 대해 답변하였는데, 바수반두는 이어서 조금 더 간편한 사례가 있다고 주장한다. '지옥'이라는 한 가지 사례를 통해 외경실재론자들이 제기했던 네 가지 문제를 모두 반박할 수 있다는 것이다. 이는 새로운 예시를 추가하는 것이다. 지옥은 중생이 윤회하는 여섯 가지

길 중 하나이며, 전생에 큰 죄를 지은 자들이 처벌을 받기 위해서 빠지게 되는 장소이다. 이렇게 지옥에 빠진 자들을 '지옥 중생'이라고 하며, 이들은 지옥에서 그곳의 파수꾼에게 끌려다니면서 고통을 겪는다. 여기서 지옥을 통해서 증명하려는 내용을 정리하면 다음과 같다.

① 지옥에서는 지옥의 파수꾼(naraka-pāla, 獄卒) 등을 특정한 장소에 한정해서 보게 된다.
② 지옥에서는 지옥의 파수꾼 등을 특정한 시간에 한정해서 보게 된다.
③ 지옥에서는 아귀들이 함께 동시에 고름의 강을 보는 것처럼, 실제 외계 대상으로 존재하지 않는 지옥의 파수꾼 등을 지옥에 빠진 중생들이 함께 동시에 본다. 이는 지옥 중생들이 실제로 존재해서가 아니라, 과거에 비슷한 행위(業, karman)를 저지른 중생들이 그 결과를 똑같이 받게 되어 파수꾼 등 지옥의 모든 것들을 만들어 낸 것이다.
④ 그렇게 만들어진 지옥의 파수꾼 등에 의해 지옥에 빠진 중생들이 고통을 받는다. 이처럼 자신이 저지른 행위에 의해 만들어진 존재이지만 물질적 존재는 아닌 지옥의 파수꾼 등이 인과적 효력을 지닌다.

여기에 적용되는 논리는 3송과 4송의 전반부에서 바수반두가 제시했던 것과 크게 다르지 않다. 여기서 지옥의 중생들은 윤회의 과정에서 죄업을 지어 지옥에 빠진 자들이지만, 지옥에서 중생들을 괴롭히는 파수꾼, 개, 까마귀 등은 그렇지 않다. 이들은 지옥 중생들이 저질렀던 악한 행위의 결과로 나타난 존재들이며, 스스로 행위를 짓거나 윤회하는 주체인 중생이 결코 아니다(이에 관해서는 5송에서 다시 다룬다). 그것을 전제로 하여, 지옥에 빠진 중생들은 그들의 행위의 결과를 똑같이 받아 ① 지옥의 특정한 장소와 ② 특정한 시간에 ③ 여러 중생이 지옥의 파수꾼 등에 대한 인식을 함께 일으키며, 그렇게 인식된 지옥의 파수꾼 등은 ④ 지옥 중생들에게 고통을 주는 것과 같은 인과적 효력도 일으키게 된다.

이 논리가 성립하기 위해서는 "지옥의 파수꾼 등은 지옥 중생이 아니다"라는 전제가 인정되어야 한다. 이 전제는 당시에 일반적으로 불교도가 생각하던 지옥에 대한 관념과 다른 것이라서 별도의 설명이 필요하다. 앞서 언급했듯이 그것에 관한 논의는 5송 이후에서 이루어진다.

# 5송

## 지옥의 파수꾼은 지옥 중생이 아니다

## 산스크리트 5송

(L 4,18; S 190,23)

kiṃ punaḥ kāraṇaṃ narakapālās te ca śvāno vāyasāś ca sattvā neṣyante |

ayogāt | na hi te nārakā yujyante | tathaiva tadduḥkhāpratisaṃvedanāt |

parasparaṃ yātayatām ime nārakā ime narakapālā iti vyavasthā na syāt |

tulyākṛtipramāṇabalānāṃ ca parasparaṃ yātayatāṃ[1] na tathā bhayaṃ syāt |

dāhaduḥkhaṃ ca pradīptāyām ayomayyāṃ bhūmāv asahamānāḥ kathaṃ tatra parān yātayeyuḥ |

anārakāṇāṃ vā narake[2] kutaḥ sambhavaḥ ||

---

1 RS : yātayatām [api]; S : yatāyatān

2 msB : nārake

[외경실재론자 :] 그러면 무슨 이유로 [당신은] 그 지옥의 파수꾼들과 개, 까마귀들을 [지옥] 중생이라고 인정하지 않는 것인가?

[바수반두 :] 이치에 어긋나기 때문이다. 실로 그것들(= 지옥의 파수꾼·개·까마귀 등)이 지옥 중생(nāraka)들이라고 하는 것은 이치에 맞지 않는다. 왜냐하면 [지옥의 파수꾼 등은] 결코 그[렇게 지옥 중생들이 겪는 것]처럼 그곳(= 지옥)에서의 고통을 경험하지 않기 때문이다.

만약 [지옥 중생들과 지옥의 파수꾼 등이] 서로 고통을 준다면, "이들은 지옥 중생들이고, 이들은 지옥의 파수꾼들이다"라는 [지옥에서의] 구분(vyavasthā)이 없어질 것이다.

또한, [그러면] 비슷한 모습·크기·힘을 가진 자들이 서로 고통을 준다고 하더라도 [지옥 중생들은 파수꾼들에 대해] 그 정도로 두려워하지는 않을 것이다.

또한, [만약 파수꾼들이 지옥에서 고통받는다면,] 불타오르는 철(鐵)의 대지 위에서 달구어지는 고통을 견딜 수 없는 자들이 어떻게 거기(= 지옥)에서 다른 자들(= 지옥 중생들)에게 고통을 줄 수 있을 것인가?

한편, 어떻게 지옥 중생이 아닌 자들(= 파수꾼·개·까마귀 등)이 [과거에 자신이 저지른 행위의 결과로] 지옥에 태어날 수 있겠는가?

katham tāvat tiraścāṃ svargasambhavaḥ[3] | evaṃ narakeṣu tiryak-pretaviśeṣāṇāṃ narakapālādīnāṃ sambhavaḥ syāt |

**tiraścāṃ sambhavaḥ svarge yathā na narake tathā |**

**na pretānāṃ, yatas tajjaṃ duḥkhaṃ nānubhavanti te || 5 ||**

ye hi tiryañcaḥ svarge sambhavanti te tadbhājanalokasukha-saṃvartanīyena[4] karmaṇā tatra sambhūtās tajjaṃ sukhaṃ pratyanubhavanti | na caivaṃ[5] narakapālādayo nārakaṃ duḥkhaṃ pratyanubhavanti | tasmān na[6] tiraścāṃ sambhavo yuktaḥ, nāpi pretānāṃ ||

---

3 msB : svarge sambhāvaḥ

4 msB : samvarttanīyena

5 F : caiva

6 RS : na tatra

[외경실재론자 :] 우선 [당신의 주장처럼 동물들이 지옥에 태어날 수 없다면,] 어떻게 천상(svarga)에서[는] 동물들이 태어나는 것인가? [만약 동물들이 천상에서 태어날 수 있다는 것이 인정된다면,] 그와 마찬가지로 여러 지옥에서[도] 동물들이나 특수한 아귀들이 파수꾼 등으로 태어날 것이다.

**[바수반두 :] 동물들이 천상에서 태어나는 것[이라 하더라도, 그것]과 같은 방식으로 [동물들이] 지옥에서 [파수꾼 등으로 태어나는 것은] 아니며, [특수한] 아귀들이 [그런 것도] 아니다. 왜냐하면 그들(= 지옥의 파수꾼 등)은 거기(= 지옥)에서 일어나는 고통을 경험하지 않기 때문이다. [5]**

왜냐하면, 천상에서 태어나는 동물들은 그 [천상의] 세계(bhājanaloka, 器世間)에서의 즐거움[이라는 결과]에 기여하는 [과거의 선한] 행위로 인해 그곳(= 천상)에 태어나서 거기(= 천상)에서 생겨나는 즐거움을 누리지만, 지옥의 파수꾼 등은 결코 그런 방식으로 지옥에 속한 고통을 겪지 않기 때문이다. 그러므로, 동물들이 [지옥에서] 태어나는 것은 이치에 맞지 않으며, [특수한] 아귀들[이 지옥에서 태어나는 것]도 [이치에 맞지] 않는다.

## 티베트역 5송

(D 136 4b7, P 234 5b5)

ci'i[7] phyir sems can dmyal ba'i srung ma dang bya rog dang khyi la sogs pa de dag sems can du mi 'dod ce na |

mi rigs pa'i phyir ro | de dag ni sems can dmyal bar mi rigs te | de bzhin du sdug bsngal des mi myong ba'i phyir ro |

gcig la gcig gnod pa byed na ni 'di dag ni sems can dmyal ba pa dag go | 'di dag ni sems can dmyal ba'i srung ma dag go zhes rnam par gzhag pa[8] med par 'gyur ro | byad gzugs dang bong tshod dang stobs mtshungs pa dag ni gcig la gcig gnod pa byed kyang ji lta bur 'jigs[9] par mi 'gyur ro | lcags rab tu 'bar ba'i sa gzhi la tsha ba'i sdug bsngal yang mi bzod na ni ji ltar de na gzhan la gnod pa byed par 'gyur | sems can dmyal ba pa ma yin pa dag sems can dmyal bar 'byung bar gzugs la 'gyur ||

---

7 N : ci

8 P.N : gzhag

9 P.N : 'jig

[외경실재론자 :] 그러면 무슨 이유로 [당신은] 그 지옥의 파수꾼과 까마귀, 개 등을 [지옥] 중생으로 인정하지 않은가?

[바수반두 :] 이치에 어긋나기 때문이다. 그것들(= 지옥의 파수꾼, 까마귀, 개 등)이 지옥 중생(nāraka)이라고 하는 것은 이치에 맞지 않는다. 왜냐하면 [지옥의 파수꾼 등은] 그들(= 지옥 중생들)처럼 [지옥에서 겪는] 그런 고통을 경험하지 않기 때문이다.

[지옥 중생들과 지옥의 파수꾼 등이] 서로 고통을 준다면, "이들은 지옥 중생들이고, 이들은 지옥의 파수꾼들이다"라는 구분(rnam par gzhag pa, vyavasthā)이 없어질 것이다. [그러면] 같은 모양, 크기, 힘을 가진 자들이 서로 고통을 준다고 하더라도, [지옥 중생들은 파수꾼들에 대해] 그 정도로 두려워하지는 않을 것이다. [만약 파수꾼들이 지옥에서] 불타오르는 철(鐵)의 대지에서 뜨거운 [고통을 받는다면 그런] 고통을 견딜 수 없는 자들이 어떻게 거기(= 지옥)에서 다른 자들(= 지옥 중생)에게 고통을 줄 수 있을 것인가? [한편,] 지옥 중생이 아닌 자들[인 지옥의 파수꾼, 까마귀, 개 등]이 어떻게 지옥에 태어날 수 있는가?

’o na dud ’gro[10] dag kyang ji ltar mtho ris su ’byung ste | de bzhin du sems can dmyal bar yang dud ’gro dang yi dwags[11] kyi bye brag sems can dmyal ba’i srung ma la sogs pa ’byung bar ’gyur ro zhe na |

**ji ltar dud ’gro mtho ris su |**

**’byung ba de ltar dmyal ba min |**

**yi dwgas min te de lta bur |**

**de yod sdug bsngal des mi myong || 5 ||**

dud ’gro gang dag mtho ris su ’byung ba de dag ni snod kyi ’jig rten na de’i bde ba myong bar ’gyur ba’i las kyis der ’byung ba dag ste | de na yod pa’i bde ba so sor myong ngo | sems can dmyal ba’i srung ma la sogs pa dag ni de bzhin du sems can dmyal ba’i sdug bsngal mi myong ngo | de’i phyir dud ’gro dag der ’byung bar mi rigs so | yi dwags[12] kyi bye brag dag kyang ma yin no ||

---

10 P.K.125 : byol songs

11 P.K.125 : ’dre

12 dgas을 dwags로 교정함

[외경실재론자 :] 그렇다면 [당신의 주장처럼 지옥의 동물들이 지옥에 태어날 수 없다면,] 어떻게 천상(mtho ris, svarga)에서[는] 동물들이 태어나는 것인가? [만약 동물들이 천상에서 태어날 수 있다는 것이 인정된다면,] 그와 마찬가지로 지옥에서도 동물과 특수한 아귀가 지옥의 파수꾼 등으로 태어날 것이다.

**[바수반두 :] 동물이 천상에서 태어나는 것[이라 하더라도, 그것]과 같은 방식으로 [동물들이] 지옥에서 [파수꾼 등으로 태어나는 것은] 아니며, [특수한] 아귀가 [그런 것도] 아니다. 왜냐하면, 거기(= 지옥)에 있는 고통을 그것[들](= 파수꾼 등)은 경험하지 않기 때문이다. [5]**

천상에서 태어나는 동물은 그 [천상의] 세계(snod kyi 'jig rten, bhājanaloka, 器世間)에서 즐거움을 누리게 할 [과거의 선한] 행위로 인해 그곳(= 천상)에 태어나서 거기(= 천상)에 있는 다양한 즐거움을 누린다. [반면에] 지옥의 파수꾼 등은 그런 방식으로 지옥에 속한 고통을 [결코] 겪지 않는다. 그러므로 동물들이 거기(= 지옥)에 태어나는 것은 이치에 맞지 않는다. 특수한 아귀들[이 지옥에서 태어나는 것]도 [이치에 맞지] 않는다.

## 진제역 5송

(T31, 71b6-13)

"何故獄卒·狗·烏等不許是實衆生?"

"無道理故. 是獄卒不成地獄道受罪人故. 如地獄苦不能受故. 若彼[13]地獄人更互[14]相害, 云何得[15]分別'此是地獄人', '彼是獄卒'? 若同形貌·力·量, 無更互[16]相怖畏義. 於赤鐵地火焰[17]恒起, 彼自不能忍受燒燃[18]苦, 云何於中能逼害他? 彼非地獄人, 云何得生地獄中?"

---

13 彼: 頻伽本에는 '波'로 되어 있다.

14 互: 趙成本·高麗本에는 '㸦'로 되어 있다.

15 得: 趙成本에는 빠져 있다.

16 互: 趙成本·高麗本에는 '㸦'로 되어 있다.

17 焰: 磧砂本·洪武本에는 '燄'으로 되어 있다.

18 燃: 洪武本·永樂本·乾隆本에는 '然'으로 되어 있다.

[외경실재론자가 묻는다.] "무슨 이유로 [당신은] 지옥의 파수꾼 · 개 · 까마귀 등이 실재하는 중생(衆生, sattva)이라고 인정하지 않는 것인가?"

[바수반두가 답한다.] "[지옥의 파수꾼 등이 지옥 중생이라고 하는 것은] 이치에 어긋나기 때문이다. 이 지옥의 파수꾼 [등]은 지옥도에서 [고통을] 겪는 죄인일 수 없기 때문이다. [파수꾼 등은] 지옥[에서 중생들이 겪는 것]처럼 고통을 겪을 수 없기 때문이다. 만약 저들 지옥 중생이 [파수꾼 등과] 재차 서로 해칠 수 있다면 어떻게 '이들은 지옥 중생이다', '저들은 지옥의 파수꾼이다'라는 것을 구분할 수 있겠는가? [또한,] 만약 [지옥 중생과 파수꾼 등이] 모양 · 힘 · 크기가 같다면 서로 두렵게 만들 수가 없을 것이다. [또한, 만약 파수꾼 등이 지옥에서 고통을 받는다면,] 달구어진 쇠로 된 땅에서 불꽃이 항상 일어날 때, 저들(= 파수꾼 등)은 타오르는 고통을 스스로 참을 수가 없을 것인데, 어떻게 그곳(= 지옥)에서 그들(= 지옥 중생들)을 박해할 수 있겠는가? [또한,] 저들(= 파수꾼 등)은 지옥 중생이 아닌데 어떻게 지옥에 태어날 수 있겠는가?"

(T31, 71b13-20)

"云何畜生得生天上? 如是地獄畜生, 及餓鬼別類等, 生地獄中, 名爲'獄卒[19].'"

"是事不然.

**如畜生生天, 地獄無雜道.**
**地獄中苦報, 由彼不能受. (5송)**

若畜生生天, 由雜業能感起世[20]界樂, 生中受天樂報. 獄卒等不爾[21], 不受地獄苦報故. 是故畜生及餓鬼, 無道理得生地獄中."

---

19 卒 : 趙成本에는 '卒' 앞에 '生地獄中名爲獄'의 일곱 글자가 있다. 이것은 앞 구절을 잘못해서 두 번 쓴 것으로 보인다.

20 世 : 磧砂本 · 洪武本에는 '卋'로 되어 있다.

21 爾 : 趙成本 · 高麗本 · 磧砂本 · 洪武本에는 '尒'로 되어 있다.

[외경실재론자가 묻는다. 당신의 주장처럼 지옥의 동물들이 지옥에서 태어날 수 없다면,] "어떻게 동물들이 천상(天上, svarga)에 태어날 수 있는가? 이 [천상에서]와 같이 지옥의 동물들이나 특수한(別類, viśeṣa) 아귀 등도 지옥에 태어나 '지옥의 파수꾼'이라는 이름을 얻는다."

[바수반두가 답한다.] "[그런데] 그것은 그렇지가 않다.

> **동물들이 천상에 태어나는 것[이라 하더라도, 그것]과 같은 방식으로**
> **[동물들이] 지옥도에 뒤섞여 [태어나는 것은] 아니다.**
> **지옥에서 고통받는 결과(報)를**
> **저들(= 파수꾼 등)이 받을 수 없기 때문이다. (5송)**

만약 동물들이 천상에 태어난다면, [육도가 중복되는] 복잡한 [과거의 선한] 행위로 말미암아 [천상] 세계(世界, bhājanaloka)에서의 즐거움을 누릴 수 있어서, [천상에] 태어나 천상의 즐거운 결과를 받는다. [그런데] 지옥의 파수꾼 등은 그렇지 않아서, [과거의 악한 행위에 의한] 지옥의 괴로운 결과를 받지 않기 때문이다. 이 때문에 동물들과 아귀는 지옥에 태어날 수 있다는 것이 이치에 맞지 않는다."

## 현장역 4송

(T31, 75a9-14)

“何緣不許獄卒等類是實有情?”

“不應理故. 且此不應那落迦攝, 不受如彼所受苦故. 互[22]相逼害, 應不可立‘彼那落迦’, ‘此獄卒等.’ 形 · 量 · 力旣等, 應不極相怖. 應自不能忍受鐵地炎熱猛焰恒燒然苦, 云何於彼能逼害他? 非那落迦不應生彼.”

22 互: 高麗本에는‘㸦’로 되어 있다.

[외경실재론자가 묻는다.] "무슨 이유로 [당신은] 지옥의 파수꾼 등의 무리가 실재하는 중생(有情, sattva)이라고 인정하지 않는 것인가?"

[바수반두가 답한다.] "이치에 맞지 않기 때문이다. 그리고 이들(= 지옥의 파수꾼 · 개 · 까마귀 등)은 지옥 중생(那落迦, nāraka)에 포함되지 않는데, 저들(= 지옥 중생들)이 고통을 겪는 것처럼 [고통을] 겪지 않기 때문이다. [만약 지옥 중생들과 파수꾼 등이] 서로를 박해할 수 있다면 '저들은 지옥 중생이다', '이들은 지옥의 파수꾼 등이다'라고 구분할 수 없을 것이다. [또한, 지옥 중생과 파수꾼 등이 서로] 모양과 크기와 힘이 이미 똑같으면, 서로 지극히 두려워하지 않을 것이다. [또한, 만약 파수꾼 등이 지옥에서 고통을 받는다면,] 쇠로 된 땅의 불꽃이 맹렬하게 타오르는 곳에서 항상 타는 고통을 견딜 수 없을 것인데, 어떻게 저들(= 지옥의 파수꾼 등)이 그들(= 지옥 중생들)을 박해할 수 있겠는가? [그러므로 파수꾼 등은] 지옥 중생이 아니므로 저곳(= 지옥)에 태어날 수 없다."

(T31, 75a14-21)

"如何天上現有傍生? 地獄亦然, 有傍生鬼爲獄卒等."

"此救不然. 頌曰:

**如天上傍生, 地獄中不爾[23].**

**所執傍生鬼, 不受彼苦故." (4송)**

論曰: "諸有傍生生天上者, 必有能感彼器樂業生. 彼定受器所生樂. 非獄卒等受地獄中器所生苦. 故不應許傍生鬼趣生那[24]落迦."

---

23 爾: 高麗本·磧砂本·洪武本에는 '尒'로 되어 있다.

24 那: 磧砂本·洪武本·永樂本·乾隆本에는 '捺'로 되어 있다.

[외경실재론자가 묻는다.] "[당신의 주장처럼 동물들이 지옥에서 태어날 수 없다면,] 어떻게 동물들이 천상(天上, svarga)에 나타날 수 있는가? 지옥 또한 그(= 천상)와 같아서 동물들과 [특수한] 아귀가 있어 지옥의 파수꾼 등이 되는 것이다."

[바수반두가 답한다.] "[그런데] 이 반론은 옳지 않다. 게송으로 말한다.

> **천상에 동물(傍生, tiryañc)[들이 태어난다 하더라도, 그것]과 같은 방식으로 [동물들이] 지옥에 그렇게 [파수꾼 등으로 태어나는 것은] 아니다.**
> **[그대들이 지옥에서 파수꾼 등으로 태어난다고] 고집하는 동물들과 [특수한] 아귀는**
> **저 [지옥 중생들이 받는 것과 같은] 고통을 받지 않기 때문이다."** (4송)

[바수반두가] 논한다. "모든 동물 가운데 천상에 태어나는 존재는 반드시 저 [천상] 세계(器, bhājanaloka)에서의 즐거움을 누릴 수 있는 [과거의 선한] 행위가 있어서 태어난다. 저들(= 천상에 태어나는 동물)은 [천상의] 세계에 태어나는 즐거움을 누리도록 결정되어 있다. [그런데] 지옥의 파수꾼 등은 지옥 세계에 태어나서 받는 고통을 경험하지 않는다. 그러므로 동물들과 [특수한] 아귀의 무리가 [지옥에서 파수꾼 등의] 지옥 중생으로 태어나는 것이라고 인정할 수 없다."

## 반야류지역 5송

(T31, 65c14-24)

問曰 : "地獄中主 · 烏 · 狗 · 羊等, 爲是衆生, 爲非衆生?"

答曰 : "非是衆生."

問曰 : "以何義故, 非是衆生?"

答曰 : "以不相應故. 此以何義? 有五種義, 彼地獄主及烏 · 狗等非是衆生. 何等爲五?

一者, 如地獄中罪衆生等受種種苦, 地獄主等若是衆生, 亦應如是受種種苦. 而彼一向不受如是種種苦惱. 以是義故, 彼非衆生.

二者, 地獄主等若是衆生, 應迭相殺[25]害, 不可分別 '此是罪人', '此是主[26]等.' 而實不共遞[27]相殺[28]害, 可得分別 '此是罪人', '此是獄主.' 以是義故, 彼非衆生.

---

25 殺 : 高麗本에는 '煞'로 되어 있다.

26 主 : 磧砂本 · 永樂本 · 乾隆本에는 '主' 앞에 '獄'이 있다.

27 遞 : 磧砂本 · 永樂本 · 乾隆本에는 '迭'로 되어 있다.

28 殺 : 高麗本에는 '煞'로 되어 있다.

[외경실재론자가] 묻는다. "지옥에 있는 파수꾼 · 까마귀 · 개 · 양 등은 중생인가 중생이 아닌가?"

[바수반두가] 답한다. "이들은 중생이 아니다."

[외경실재론자가] 묻는다. "어떤 이유로 이들은 중생이 아니라고 하는가?"

[바수반두가] 답한다. "[이치에] 맞지 않기 때문이다. 이것은 어떤 이유인가? 다섯 가지 이유가 있어서 저들 지옥의 파수꾼 · 까마귀 · 개 등은 중생이 아니라고 한다. 어떤 것이 다섯 가지인가?

첫째, 지옥에 있는 죄를 지은 중생 등은 여러 가지 고통을 받는데, 지옥의 파수꾼 등이 만약 [지옥] 중생이라면 [저들] 또한 이와 같은 여러 가지 고통을 받아야만 한다. 그런데 저들은 한결같이 이런 여러 가지 고뇌를 경험하지 않는다. 이 때문에 저들(= 파수꾼 등)은 [지옥] 중생이 아니다.

둘째, 지옥의 파수꾼 등이 만약 [지옥] 중생이라면 번갈아 서로 해를 입혀서 '이들은 죄인이다', '이들은 [지옥의] 주인들이다'라고 구분할 수 없다. 그런데 실제로는 함께 서로 번갈아 해를 입히지 않아서 '이들은 죄인이다', '이들은 지옥의 주인이다'라고 분별할 수 있다. 이 때문에 저들(= 파수꾼 등)은 [지옥] 중생이 아니다.

(T31, 65c24-66a5)

三者, 地獄主等若是衆生, 形體力等應遞[29]相殺[30]害, 不應偏爲受罪人畏. 而實偏爲罪人所畏. 以是義故, 彼非衆生.

四者, 彼地獄地常是熱鐵. 地獄主等是衆生者, 不能忍苦, 云何能害彼受罪人? 而實能害彼受罪人. 以是義故, 彼非衆生.

五者, 地獄主等若是衆生, 非受罪人不應於彼地獄中生. 而實生於彼地獄中. 以是義故, 彼非衆生. 此以何義? 彼地獄中受苦衆生, 造五逆等諸惡罪業於彼中生, 地獄主等不造惡業云何生彼? 以如是等五種義故, 名不相應."

---

29 遞: 磧砂本 · 永樂本 · 乾隆本에는 '迭'로 되어 있다.

30 殺: 趙成本 · 高麗本에는 '煞'로 되어 있다.

셋째, 지옥의 파수꾼 등이 만약 [지옥] 중생이라면, 형체와 힘이 같은 [지옥 중생과 지옥의 파수꾼이] 서로 번갈아 해를 입혀 한쪽만 죄인의 두려움을 느끼지는 않을 것이다. 그런데 실제로는 [지옥 중생] 한쪽만 죄인이 되어 두려워한다. 이 때문에 저들(= 파수꾼 등)은 [지옥] 중생이 아니다.

넷째, 저 지옥의 땅은 항상 뜨거운 쇠로 되어 있다. [만약] 지옥의 파수꾼 등이 [지옥] 중생이라면 [저 뜨거운] 고통을 참을 수 없는데 어떻게 저 [고통을] 받는 죄인들을 해칠 수 있겠는가? 그런데 실제로는 저 [고통을] 받는 죄인들을 해칠 수 있다. 이 때문에 저들(= 지옥의 파수꾼 등)은 [지옥] 중생이 아니다.

다섯째, 지옥의 파수꾼 등이 만약 중생이라면, [고통을] 받는 죄인이 아니라서 저 지옥에 태어나지 않아야 한다. 그런데 [파수꾼 등은] 실제로 저 지옥에 태어난다. 이 때문에 저들(= 파수꾼 등)은 중생이 아니다. 이것은 무슨 이유인가? 저 지옥에서 고통받는 중생들은 오역죄 등 모든 악한 죄업을 지어서 저곳(= 지옥)에 태어나지만, 지옥의 파수꾼 등은 악업을 짓지 않았는데 어떻게 저곳(= 지옥)에 태어난다고 하겠는가? 이와 같은 다섯 가지 이유로 [이치에] 맞지 않는다고 말한다."

(T31, 66a6-16)

問曰 : “若彼主等非是衆生, 不作罪業不生彼者, 云何天中得有畜生? 此以何義? 如彼天中有種種鳥諸畜生等生在彼處, 於地獄中何故不爾[31]? 畜生 · 餓鬼種種雜生令彼爲主.”

答曰 : “偈言 :

**畜生生天中, 地獄不如是.**
**以在於天上, 不受畜生苦. (5송)**

此偈明何義? 彼畜生等生天上者, 彼於[32]天上器世[33]間中有少分業. 是故於彼器世間中受樂果報. 彼地獄主及烏 · 狗等不受諸苦. 以是義故, 彼地獄中無有實主及烏 · 狗等, 除罪衆生.”

---

31 爾 : 趙成本 · 高麗本 · 磧砂本에는 ‘尒’로 되어 있다.

32 彼於 : 乾隆本에는 ‘於彼’로 되어 있다.

33 世 : 磧砂本에는 ‘丗’로 되어 있다.

[외경실재론자가] 묻는다. "만약 저 지옥의 파수꾼 등이 중생이 아니어서 죄업을 짓지 않고 [죄업의 과보로] 저곳(= 지옥)에 태어난 것이 아니라면, 어떻게 천상에 동물들이 있을 수 있는가? 이것은 무슨 의미인가? 저 천상에 여러 가지 새와 모든 동물 등이 저곳(= 천상)에 태어나는 것과 같이, 지옥에서는 왜 그렇지 않은가? 동물들·[특수한] 아귀들과 같은 여러 가지 잡된 생명체들이 [지옥에] 태어나고 [바로 그렇게 지옥에 태어난] 저들(= 동물들과 특수한 아귀들)이 [지옥의] 파수꾼이 되는 것이다."

[바수반두가] 답한다. "게송으로 말한다.

**동물들이 천상에 태어나는 것이라 해도**
**지옥에서는 그것(= 천상에 태어나는 것)과 같지 않다.**
**[천상의 동물들은] 천상에 있으면서 [즐거움을 누리지만]**
**[지옥에 태어난] 동물들은 [지옥에서 생겨나는] 고통을 경험하지 않는다. (5송)**

이 게송은 어떤 뜻을 밝히고 있는가? 저 동물들이 천상에 태어나는 것은 저 천상의 세계(器世間, bhājanaloka)에서 [즐거움을 누려야 할] 약간의 [선한] 행위가 있어서이다. 이 때문에 저(= 천상) 세계에서 즐거운 결과(果報)를 받는 것이다. [그런데] 저 지옥의 파수꾼 · 까마귀 · 개 등은 [지옥 중생이 받는 것과 같은] 모든 고통을 받지 않는다. 이 뜻 때문에 저 지옥에는 죄를 지은 중생을 제외하고는 실제로 존재하는 지옥의 파수꾼 · 개 · 까마귀 등이 없다."

## 5송 해제

4송의 마지막에서 유식을 증명하는 데 있어서 중요한 예시가 되었던 지옥과 관련하여 "지옥의 파수꾼 등은 대체 어떤 존재들인가?"라는 질문과 관련된 논의가 5송부터 7송까지 이어진다.

이 지옥은 산스크리트로 나라카(naraka)라고 하고, 그곳에 떨어진 지옥 중생은 장음으로 시작하여 나-라카(nāraka)라고 한다. 우리가 보통 "나락으로 떨어졌다"라고 할 때 나락(奈落)이 나라카의 음역어이다. 옛날 인도인들은 힌두교도, 불교도, 자이나교도 가릴 것 없이 고통의 공간인 지옥의 존재를 믿었다. 지옥에 떨어진 중생은 불구덩이에 빠지기도 하고, 까마귀가 살점을 뜯어먹기도 하고, 심벌즈처럼 붙었다 떨어졌다가 하는 두 산 사이에 끼어서 몸이 으스러지기도 하며, 그런 것들을 피해 나무에 오르면 줄기에 난 철바늘에 찔리기도 한다. 이런 지옥에서 고통받는 중생들을 통솔하는 것이 '지옥의 파수꾼(naraka-pāla)'이다. 마치 목장에서 양들을 몰고 다니면서 그들의 출입을 관리하는 양몰이 보더콜리 개처럼 이 지옥의 파수꾼들은 지옥 중생들을 위협하면서 그들이 예정된 고통을 받도록 통솔하는 존재이다. 4~7송에서 바수반두는 당시 사람들의 세계관에서 실존하는 것으로 인정되었던 지옥을 합리적인 방법으로 설명하면서도, 이를 통해서 '대상 없는 인식'이 일어날 수 있다는 것도 증명하고자 한 것이다.

'지옥(地獄)'이라는 한자 문화권의 번역어에서 알 수 있듯이, 이곳은 땅 밑에 존재하는 공간처럼 인식되었다. 하지만 정말로 우리가 사는 땅 아래에 지옥이 있다는 것인지, 아니면 다른 차원에 있는 별도의 공간을 말하는 것인지는 고민할 여지가 있다. 그런데 실은 그런 고민 자체가 "지옥이라는 곳은 물리적 공간이다"라는 것을 전제로 하는 것이다. 그리고 이는 유식의 입장에서는 받아들일 수 없는 개념이다. 대상이 존재하지 않는다는 유식의 입장에서는 지옥이든 어디든 물리적 공간이란 존재할 수 없기 때문이다. 다시 말해서 '지옥의 공간'이라는 표현 자체가 '오직 인식일 뿐'이라는 주장과 모순되는 것이다. 바수반두는 이렇게 당시 불교 전통에서 당연하게 인정되면서도 유식의 입장과는 모순을 일으키는 '지옥의 존재'에 대해서 새롭게 설명할 필요가 있었다.

3~4송에서 '네 가지 문제'에 대해 답변했으면서도, 굳이 추가로 지옥의 예시를 든 것은 그런 지옥의 생성구조를 해명하고자 하는 이유도 겸했을 것이다. 불교에서 전통적으로 이어져 오던 세계관을 유식의 이론에 맞게 재해석할 지면을 스스로 마련한 셈이다. 5송은 논리적 형식의 측면에서만 보면 4송에서의 "지옥의 예시만으로도 장소·시간의 한정 등의 네 가지 문제를 설명할 수 있다"라는 논증을 보완하기 위해서 그 전제가 되는 "지옥의 파수꾼 등은 지옥 중생이 아니다"라는 명제를 증명하려는 것이지만, 내용상으로는 이를 통해서 "유식의 입장에서 지옥을 어떻게 설명할 수 있는가?"라는 문제에 대해서 답변하려는 의도가 포함된 것이다.

바수반두는 5송에서 이 전제에 대해서 "왜 지옥의 파수꾼 등은 지옥 중생이 아닌가?"라고 하는 외경실재론자의 질문에 대해서 "지옥의 파수꾼 등은 고통을 경험하지 않기 때문이다"라고 답변한다.

본래 지옥 중생이라고 하는 것은 자신이 이전에 지었던 악한 행위들의 결과로 지옥에 떨어진 존재들이다. 그리고 인과응보의 법칙에 따라 그들이 저질렀던 악한 행위들에 준하는 고통을 지옥에서 받아야 한다. 말하자면, 지옥의 파수꾼 등은 지옥 중생들에게 악한 행위라는 채무를 고통이라는 화폐로 강제 상환하게끔 그 절차를 진행하는 존재들이다.

그런데 만약 지옥의 파수꾼이 지옥에서 고통을 받으면 여러 가지 문제가 생긴다. 만약 지옥 중생뿐만 아니라 악행의 채무가 없는 파수꾼까지도 함께 고통을 받는다면, 이들 사이에 구분이 없어지게 된다. 간수와 죄수의 구분이 없는 감옥이 되어 '지옥'이라는 공간의 존재 이유가 무너지는 것이다.

더욱이 그렇게 되면 지옥 중생과 파수꾼은 서로 간에 고통을 줄 수 있는 존재가 되어, 지옥 중생 중에서 파수꾼과 덩치가 비슷하고 힘도 대등한 자들은 파수꾼을 두려워하지 않고 반항하게 될 것이다. 이런 상황에서는 지옥이라는 악업 변제 시스템의 운영이 불가능하게 된다. 이런 논의가 '지옥'의 존재가 전제로 된 상태에서 이루어지고 있다.

또, 불교 경전에서 전하는 지옥의 이야기를 보면, 지옥의 파수꾼들은 지옥 중생들을 달구어진 철판 위로 끌고 가기도 한다. 그런데 이 파수꾼들도 지옥 중생처럼 철판 위에서 고통을 느낀다면 이들을 이끌고 다닐 수가 없게 된다. 마치 군대의 화생방 훈련에서 조교들은 방독면을 써야 훈련을 진행할 수 있는 것처럼, 지옥의 파수꾼들은 그곳의 고통으로부터 '면역상태'가 되어야 파수꾼으로서의 업무를 진행할 수 있다. 이처럼 지옥의 파수꾼, 개, 까마귀 등은 지옥에서 고통받지 않는 존재이고, 애초에 고통받기 위해서 지옥에 태어난 존재가 아니며, 그래서 이들은 지옥 중생이 아니라는 것이 바수반두의 논리이다.

지옥의 파수꾼 등은 지옥 중생이 아니라는 주장을 하는 불교도는 바수반두 이전에도 있었다. 하지만 그 논의를 유식의 이론과 연관 맺은 것은 『유식이십론』이 처음이다. 여기서 지옥의 파수꾼은 설정상 지옥에서 고통을 받을 수 없는 존재로서, 마치 영화 <매트릭스>에 나오는 스미스 요원 같은 존재이다. 이 영화에서 인류는 본래 육체가 수조 속에 갇힌 채 정신만

이 사이버 가상공간인 매트릭스에서 생로병사를 겪으면서 지내고, 그것이 진짜 자기 모습이라고 착각하면서 산다. 이와 달리 스미스 요원은 본래부터 가상공간의 시스템에 속한 인물이며, 인류와는 달리 액체 속에 잠겨 있는 '본래 모습'이라는 것을 따로 가지고 있지 않은 존재이다. 이를테면 RPG 게임에서 진행을 도와주는 마을 주민(NPC, 비플레이어 캐릭터) 같은 존재이다.

이 스미스 요원과 그 부하들은 시스템상에서 등장인물들이 극복하기 위해 노력했던 '이 세계에서의 물리적 한계'라는 관념적 틀에 처음부터 갇혀 있지 않았으며, 훨씬 자유롭게 움직이는 강한 존재로서 시스템이 버그 없이 원활하게 돌아가게 인류를 뒤에서 관리하는 일종의 백신 프로그램 같은 캐릭터들이다. 지옥의 파수꾼도 스미스 요원처럼 인류와 별개의 존재로서, 윤회하는 중생이 아니다. 다시 말해 이들은 인격을 지닌 중생처럼 보이지만 스미스 요원처럼 '가짜 인격'이라는 것이다.

여기서 외경실재론자가 지옥의 동물들이 지옥 중생이 아니라는 것을 반대하는 예로서 '천상의 동물들'을 거론한다. 이 맥락에서 '천상의 동물들'이란 불교 대승경전에서 천국, 하늘, 극락 혹은 천상 등으로 번역되는 'Svarga'라고 불리는 곳을 묘사할 때 나오는 동물들을 말한다. 이 천상은 육회의 여섯 가지 길 중에서 가장 위에 있다.

여기서 '천상의 동물들'이라고 할 때 맥락상으로 보면, 본래 살고 있던 세계에서 주인인 인간과 더불어 선한 행위를 많이 했던 동물이 죽은 후에 인간과 함께 천상에 동물로 다시 태어나는 이야기를 하는 것으로 보인다. 인도에서 찬술된 『찬집백연경(撰集百緣經, Avadhānaśataka)』과 같은 이야기 모음집에서는 아귀도 참회하고 공덕을 지어 천상에서 다시 천신으로 태어나는 것으로 묘사된다. 이와 마찬가지로 지옥의 파수꾼이나 까마귀들은 본래 세계에서 동물이나 아귀였던 존재가 모종의 의무를 지고 지옥에 다시 태어난 것이고, 그래서 이 파수꾼이나 까마귀들은 <매트릭스>의 스미스 요원 같은 '가짜 인격'이 아니라 엄연한 중생이라는 것이다.

천상의 동물 중에서 대표적인 것은 가릉빈가(迦陵頻迦, kalaviṅka) 같은 것들이 있다. 가릉빈가는 천상에서 아름다운 노래를 불러 그곳 사람들에게 즐거움을 주는 반인반수의 새이다. 가릉빈가는 축생이면서 천상에 살며, 이들이 알에서 태어나는 과정도 불교 경전에서 제법 자세하게 묘사되고 있어서 '천상에서 태어나는 중생'으로 인지되었음에는 분명하다. 다시 말해서 "천상에 동물들이 태어난다"라는 것은 당시에 대승 경전을 신봉하는 불교도로서는 부정할 수 없는 명제이다. 이렇게 천상에서 동물들이 중생으로서 태어날 수 있다면, 지옥에서도 파수꾼이나 까마귀들도 존재가 중생으로 태어날 수 있다는 것이다. 이것이 외경실재론자가 '천상의 동물들'이라는 반례를 통해서 제기하는 내용이다.

바수반두는 여기서 천상과 지옥에서 만나는 인격체 – 혹은, 유사 인격체 – 들의 성격을 구분하는 것을 통해 그것을 타파한다. 중생이 천상에 태어나는 것은 자신의 선한 행위에 따라 즐거움을 누리는 결과를 얻기 위해서이며, 지옥에 태어나는 것은 악한 행위의 결과로 괴로움을 겪기 위해서이다. 그런 점에서 보자면, 경전에 등장하는 천상의 동물들은 그곳에서 즐거움을 누리는 것으로 묘사되기 때문에, 자신이 지었던 행위의 결과로써 그런 천상의 생을 얻은 것이라고 볼 수 있다. 반대로, 지옥의 파수꾼이나 동물들은 앞에서 그곳에서 고통을 겪지 않는 존재이기에, 과거에 자신이 저질렀던 악한 행위의 결과로 지옥에 태어난 것이라고 할 수 없다. 지옥에서 고통도 겪지 않을 존재가 지옥에 태어날 이유가 없는 것이다. 그런데 파수꾼 등은 지옥에 태어날 이유가 없는데도 그곳에 있다. 그렇다면 파수꾼 등은 중생이 아니라고 할 수 있다. 그러므로 중생이 아닌 파수꾼과 중생인 천상 동물을 비교해서는 안 된다. 이런 식으로 바수반두는 "천상의 동물들이 그곳에 태어났듯이, 지옥의 동물들도 그곳에 태어난 것이다"라고 하는 외경실재론자의 반론은 적절하지 않은 예를 제시한 것이라고 주장한다.

이상이 4송에서 지옥 논의의 전제가 되었던 "지옥의 파수꾼, 지옥 동물 등은 지옥 중생이 아니다"라는 것에 대해서 바수반두가 5송에서 논증한 내용이다. 6송에서는 지옥의 파수꾼이 지옥 중생이 아니라는 것은 인정하면서도 지옥이라는 공간이 물리적으로 실재하며 파수꾼 등이 거기에 있는 물질적 존재라고 주장하는 사람들이 제시하는 반론과 그에 대한 바수반두의 답변이 이어진다.

# 6·7송

지옥의 파수꾼은 의식이 변화한 것

## 산스크리트 6·7송

(L 4,29; S 191,1)

teṣāṃ tarhi nārakāṇāṃ karmabhis tatra bhūtaviśeṣāḥ sambhavanti varṇākṛtipramāṇabalaviśiṣṭā ye[1] narakapālādisaṃjñāṃ pratilabhante |

tathā ca pariṇamanti[2] yad vividhāṃ[3] hastavikṣepādikriyāṃ kurvanto dṛśyante bhayotpādanārthaṃ |

yathā meṣākṛtayaḥ parvatā āgacchanto gacchanto 'yaḥśālmalīvane[4] ca kaṇṭakā adhomukhībhavanta ūrddhvamukhībhavantaś ceti[5] na te na sambhavanty eva ||

---

1 msB : yena; BN: ye na

2 U, F : pariṇamanti |

3 F : yad dvidhām

4 RS : āgacchantogacchantaḥ, ayaḥśālmalīvane

5 L, T, B, BN, TN, A, RS, S, F : ceti |

[외경실재론자 :] 그 경우 그 지옥 중생들이 [과거에] 일으킨 행위들로 인해 거기(= 지옥)에 특정한 색깔 · 모양 · 크기 · 힘을 이룬 특수한 물질적 원소(bhūta-viśeṣa)들이 발생하여 '지옥의 파수꾼' 등의 칭호를 획득한 것이다.

또한, [지옥 중생들에게] 두려움을 일으키기 위하여 손을 휘젓는 등의 여러 가지 동작을 일으키는 것을 보이는 것과 같은 방식으로 그것들(= 특수한 물질적 원소들)은 변형한다.

마찬가지로, [특수한 물질적 원소들은 지옥 중생들에게 두려움을 일으키기 위하여] 양(羊)의 모습을 한 산들이 오가[면서 양쪽에서 압착하]거나, 철(鐵)로 된 샬말리(śālmalī) [가시]나무 숲에서 [줄기에 달린 철]가시들은 [지옥 중생이 타고 올라갈 때는] 아래로 향하도록 방향을 바꾸고 [내려오고자 하면] 위로 향하도록 방향을 바꾸는 것과 같은 방식으로 [변형한다]. 그러므로 그들(= 지옥의 파수꾼 등)은 [지옥에서] 태어나지 않는 것이 결코 아니다.

**yadi tatkarmabhis tatra bhūtānāṃ sambhavas tathā |**

**iṣyate pariṇāmaś ca, kiṃ vijñānasya neṣyate || 6 ||**

vijñānasyaiva tatkarmabhis tathā pariṇāmaḥ[6] kasmān neṣyate, kiṃ punar bhūtāni kalpyante ||

6 S : tathāpariṇāmaḥ

**[바수반두 :] 만약 그들(= 지옥 중생들)의 [과거에 저지른] 행위들로 인해 거기(= 지옥)에서 [지옥의 파수꾼 등의 칭호를 획득하는] 물질적 원소들이 발생하고 [지옥 중생들에게 두려움을 일으키기 위하여] 그런 방식으로 변화(pariṇāma)한다고 인정한다면, 왜 [그대는 행위들로 인해] 의식(vijñāna) [에서 파수꾼 등으로 변화하는 것]은 인정하지 않는 것인가? [6]**

그들(= 지옥 중생)의 행위들로 인해 ['지옥의 파수꾼' 등의 칭호를 획득한 물질적 원소가 발생하고 변형한다고 그대가 생각하는] 그런 방식으로 의식 자체가 변화(pariṇāma)한다고 [그대는] 왜 인정하지 않는 것인가? 또한, [애초에 그대는] 왜 물질적 원소들이 [있어야 한다고] 상상하는 것인가?

api ca |

**karmaṇo[7] vāsanānyatra, phalam anyatra kalpyate |**
**tatraiva neṣyate yatra vāsanā kiṃ nu kāraṇaṃ**
**|| 7 ||**

yena hi karmaṇā nārakāṇāṃ tatra tādṛśo bhūtānāṃ sambhavaḥ kalpyate pariṇāmaś ca tasya karmaṇo vāsanā teṣāṃ vijñānasantānasanniviṣṭā,[8] nānyatra |

yatraiva ca vāsanā tatraiva tasyāḥ phalaṃ tādṛśo vijñānapariṇāmaḥ kiṃ neṣyate |

yatra vāsanā nāsti tatra tasyāḥ phalaṃ kalpyata iti kim atra kāraṇaṃ ||

---

7 S : karmmaṇo

8 RS : vijñānasantāne sanniviṣṭā

또한

**[만약 그대가] 어떤 곳에 행위의 [결과를 일으킬] 잠재력(vāsanā, 熏習)이 있고, 다른 곳에 [행위의] 결과가 있다고 상정한다면, 도대체 왜 [행위의 결과를 일으킬] 잠재력이 [머물러] 있는 바로 그곳에 [결과의 발생이] 있다고 인정하지 않는 것인가? [7]**

[그대는] 지옥 중생[자신]의 행위에 의해서 그곳(= 지옥)에 그렇게 물질원소들이 발생하고 [지옥의 파수꾼 등으로] 변형한다고 상상한다. 그런데 그 행위의 [결과를 일으킬] 잠재력은 그들(= 지옥 중생)의 [개인] 의식의 흐름에 머물고, 다른 장소에 머물지 않는다.

그런데 [행위의 결과를 일으킬] 잠재력이 있는 바로 그 장소에 그것(= 잠재력)의 결과가 일어나는 그런 의식의 변화(vijñāna-pariṇāma, 識轉變)를 [그대는] 왜 인정하지 않는 것인가?

[행위의 결과를 일으킬] 잠재력이 존재하지[도] 않는 [별도의] 장소에 그것(= 잠재력)의 결과[로 발생하는 물질원소]가 있다고 [그대가] 여기서 상상하는 이유는 무엇인가?

## 티베트역 6 · 7송

(D 136 5b3, P 234 6a3)

sems can dmyal ba de dag gi las rnams kyis der 'byung ba'i bye brag dag 'di lta bur 'byung ste | mdog dang byad gzugs dang bong tshod dang stobs kyi bye brag gang gis sems can dmyal ba'i srung ma la sogs pa'i ming thob pa'o |

gang lag pa brkyang pa la sogs pa bya ba sna tshogs byed par snang ba de lta bur yang 'grub ste | de dag 'jigs pa bskyed pa'i phyir ro | dper na lug lta bu'i ri dwags 'ong ba dang | 'gro ba dang | lcags kyi shal ma li'i nags tshal tsher ma kha thur du lta ba dang gyen du lta bar 'gyur ba lta bu ste | de dag ni med pa yang ma yin no zhe na ||

[외경실재론자 :] 그 지옥 중생들의 행위들로 인해 거기(= 지옥)에 그런 특수한 물질적 원소('byung ba'i bye brag, bhūta-viśeṣa)들이 생기고, [그중에] 색깔 · 모양 · 크기 · 힘이 특별한 자가 지옥의 파수꾼 등의 칭호를 획득한 것이다.

그들(= 지옥의 파수꾼)에 대한 두려움을 일으키기 위하여 [지옥의 파수꾼 등의] 손을 뻗는 등의 여러 가지 동작을 하는 것이 보이는 것과 같은 방식으로 성립한다. 예를 들면, 양과 같은 [모습을 한] 산들이 오가[면서 양쪽에서 압착하]거나, 철[로 된] 샬말리(śālmalī) [가시]나무 숲에서 [줄기에 달린 철] 가시가 [지옥 중생이 타고 올라갈 때는] 아래로 향하도록 [방향을 바꾸고, 내려오고자 하면] 위로 향하도록 방향을 바꾸는 것과 같다. [그러므로] 그들(= 지옥의 파수꾼 등)이 [지옥에] 존재하지 않는 것은 전혀 아니다.

**gal te de'i las kyis der**

**'byung ba dag ni byung ba dang |**

**de bzhin 'gyur bar 'dug na go |**

**rnam par shes par cis mi 'dod || 6 ||**

de'i las rnams kyis der rnam par shes pa nyid der de lta bur 'gyur ba ci'i phyir mi 'dod la | ci'i phyir 'byung ba rnams su rtog ||

[바수반두 :] 만약 그(= 지옥 중생)가 [과거에 저지른] 행위로 인해 거기(= 지옥)에서 [지옥의 파수꾼 등의 칭호를 획득하는] 물질적 원소('byung ba, bhūta)들이 발생하고, [지옥 중생들에게 두려움을 일으키기 위하여] 그런 방식으로 변화하는 것을 인정한다면, 왜 [그대는 행위들로 인해] 의식(rnam par shes pa, vijñāna)[이 파수꾼 등으로 변화하는 것]은 인정하지 않는 것인가? [6]

그들(= 지옥 중생)의 행위로 인해 거기(= 지옥)에서 의식 자체가 ['지옥의 파수꾼' 등의 칭호를 획득한 물질적 원소가 발생하고 변형한다고 그대가 생각하는] 그런 방식으로 변화하는 것을 왜 인정하지 않는 것인가? [애초에 그대는] 왜 물질적 원소들이 [있어야 한다고] 상정하는 것인가?

(D 136 5b6, P 234 6a7)

**gzhan na las kyi bag chags la |**
**’bras bu dag ni gzhan du rtog[9] |**
**gang na bag chags yod pa der |**
**ci’i phyir na ’dod mi bya || 7 ||**

sems can dmyal ba pa rnams kyi[10] las gang gis der ’byung ba dag de lta bur ’byung ba dang | ’gyur bar yang rtog pa’i las de’i bag chags de dag nyid kyi rnam par shes pa’i rgyud la gnas te | gzhan ma yin na bag chags de gang na yod pa de dag nyid la de’i ’bras bu rnam par shes par gyur ba[11] de ’dra bar ci’i phyir mi ’dod la | gang na bag chags med pa der de’i ’bras bu rtog pa ’di la gtan tshigs ci yod ||

---

9 P : rtogs
10 N : kyis
11 P.N : ’gyur pa

**[그대는] 어떤 곳에 행위의 [결과를 일으킬] 잠재력(bag chags, vāsanā, 熏習)이 있고 [행위의] 결과('bras bu, phala)들은 다른 곳에 있다고 상상하는데, 왜 [행위의 결과를 일으킬] 잠재력이 [머물러] 있는 곳과 같은 장소[인 의식 안]에 [결과가 있다고] 인정하지 않는 것인가? [7]**

[그대가] 지옥 중생들의 [과거에 저지른] 어떤 행위로 인해 그곳(= 지옥)에 [파수꾼 등의 칭호를 얻게 되는] 물질적 원소들이 그런 방식으로 [의식 외부의 공간인 지옥에서] 발생하고, 또 변형하였다고 상상하는 그런 행위의 [결과를 일으킬] 잠재력은 그들(= 지옥 중생)의 [개인] 의식의 흐름에 머물고 다른 [장소에는 머물지] 않는다. [그런데 행위의 결과를 일으킬] 그 잠재력이 있는 곳과 같은 장소[인 의식 안]에 그것(= 행위의 잠재력)의 결과[가 일어나는] 그런 의식의 변화(rnam par shes par gyur ba, vijñāna-pariṇāma, 識轉變)를 [그대는] 왜 인정하지 않는 것인가? [행위의 결과를 일으킬] 잠재력이 존재하지[도] 않는 [별도의] 장소에 그것(= 잠재력)의 결과가 있다고 [그대가] 여기서 상정하는 이유는 무엇인가?

## 진제역 6 · 7송

(T31, 71b21-27)

"由罪人業故, 似獄卒等生.
若許彼變異, 於識何不許?" (6송)

"由地獄人業報故, 四大別類[12]生獄卒等種種差別, 顯現色 · 形 · 量異, 說名'獄卒'等. 變異亦爾[13], 或顯現動搖手 · 足等, 生彼怖畏作殺[14]害事. 或有兩山相似羺羊乍合乍離, 鐵樹林中鐵樹利刺或低或竪."

---

12 類 : 磧砂本 · 洪武本 · 永樂本 · 乾隆本에는 '顯'으로 되어 있다.

13 爾 : 趙成本 · 高麗本 · 磧砂本 · 洪武本에는 '尒'로 되어 있다.

14 殺 : 趙成本 · 高麗本에는 '煞'로 되어 있다.

[바수반두가 말한다.]

**“[그대는] 죄인의 [과거에 저지른] 행위로 인해**
**[물질적 원소가] 지옥의 파수꾼 등과 같은 모습으로 [변형하여] 발생한다[고 한다].**
**[그런데] 만약 그것(= 물질적 원소)의 변형(變異, pariṇāma)을 인정한다면,**
**왜 의식(識, vijñāna)에서 [파수꾼 등으로 변화한다고] 인정하지 않는가?” (6송)**

[외경실재론자가 묻는다.] “지옥 중생들[이 과거에 일으킨] 행위의 결과(報)로 인해 네 가지 특수한 물질적 원소(大別類, bhūta-viśeṣā)가 지옥의 파수꾼 등으로 여러 가지 차별[된 모습]을 생기게 하고, 색깔 · 모양 · 크기의 특성을 나타내어서 ‘지옥의 파수꾼’ 등이라고 이름 붙인다. 변형하는 것 또한 그와 같아서 혹 [지옥의 파수꾼이] 손 · 발 등을 휘둘러서 저 [지옥 중생들]에게 공포심을 생기게 하고 해치는 일을 한다. 혹은 양쪽의 산이 오랑캐 양처럼 순식간에 서로 합쳐졌다 떨어졌다 하고, 혹은 철(鐵)로 된 나무숲에서 철로 된 나무[가지]가 날카롭게 찌르거나 혹은 [지옥 중생이 타고 올라갈 때는] 아래로 향하거나 혹은 [내려오고자 하면] 곧게 세워지거나 한다.”

(T31, 71b27-c7)

"彼言 : '不無此事.' 何故不許由識起業識有變異, 而說是四大有此變異?

復次,

**業熏習識內, 執果生於外.**
**何因熏習處, 於中不說果? (7송)**

是罪人業於地獄中, 能見如此等事[15]四大聚及其變異, 此業熏習在地獄人識相續中, 不在餘處. 此熏習處是識變異似獄卒等. 是業果報而不許在本處. 非熏習處而許業果生, 何因作如此執?"

---

15 事 : 洪武本 · 永樂本에는 빠져 있다.

[바수반두가 묻는다.] "저들(= 외경실재론자들)은 [이처럼] '[파수꾼 등이 지옥에서 태어나는] 이러한 것들이 일어나지 않는 것이 아니다'라고 한다. [그렇다면] 무슨 이유로 의식이 행위[의 결과]를 일으키는 것으로 인해 의식에 변화가 일어난다는 것을 인정하지 않고, 이 네 가지 물질 원소에 이러한 변형이 일어난다고 말하는가?

또

**행위의 [결과를 일으킬] 잠재력(熏習, vāsanā)이 의식 안에 있는데**
**[그대는 그런 행위의] 결과가 [의식] 외부[의 다른 곳]에서 생겨난다고 고집한다.**
**어떤 이유로 [결과를 일으킬] 잠재력이 있는 곳**
**[그] 안에 [행위의] 결과[가 있다고] 말하지 않는가? (7송)**

[그대의 주장에 따르면,] 이 죄인의 행위[의 결과]는 지옥에서 이처럼 네 가지 물질적 원소의 집적과 그 변형으로 볼 수 있는데, [그러나] 이 행위의 [결과를 일으킬] 잠재력은 지옥 중생의 의식의 흐름(識相續, vijñāna-santāna) 안에 있는 것이지 다른 곳에 있는 것이 아니다. 이 행위의 잠재력이 있는 곳에서 이 의식은 마치 지옥의 파수꾼 등과 같은 모습으로 변화한다. 이것이 행위의 결과(果報)인데 [그대는 이 행위의 잠재력이 있던] 본래의 장소[인 의식 안]에 [행위의 결과가] 있다는 것을 인정하지 않는다. [그러면 행위의] 잠재력이 없는 곳에서 행위의 결과가 발생하는 것이 되는데, 어떤 이유로 이같이 고집하는가?"

## 현장역 5 · 6송

(T31, 75a21-b1)

"若爾[16]應許彼那落迦業增上力生異大種, 起勝形·顯·量·力差別, 於彼施設'獄卒'等名. 爲生彼怖, 變現種種動手足等差別作用, 如羝羊山乍離乍合, 剛鐵林刺或低或昂. 非事全無."

"然不應理. 頌曰:

**若許由業力, 有異大種生,**
**起如是轉變, 於識何不許?" (5송)**

論曰: "何緣不許識由業力, 如是轉變而執大種[17]?"

---

16 爾: 高麗本·磧砂本·洪武本에는 '尒'로 되어 있다.

17 種: 磧砂本·洪武本에는 '復次種'으로 되어 있다. '種'이 다음 게송에 잘못 들어간 것으로 보인다.

[외경실재론자가 말한다.] "만약 그렇다면, 저 지옥 중생들의 [과거에 저지른] 행위의 영향력(增上力, ādhipatya)이 특수한 물질 원소(異大種, bhūta-viśeṣā)를 생기게 하여, 뛰어난 모양 · 색깔 · 크기 · 힘의 차이를 일으켜서, 저들에게 '지옥의 파수꾼' 등의 이름을 부여한 것이라고 인정해야 한다. [그러면] 저들(= 지옥 중생들)에게 두려움을 일으키기 위해, 여러 가지 모습으로 변형하여 손발을 움직이는 등의 갖가지 작용을 하거나, 숫양처럼 생긴 산이 순식간에 [양쪽에서] 떨어졌다 합쳤다 하거나, 강철로 된 숲의 [나무줄기에서] 칼날이 [지옥 중생이 타고 올라갈 때는] 아래로 향하거나 [내려오고자 하면] 위를 향하거나 하는 것이다. [그러므로 지옥의 파수꾼 등이 태어나는] 일이 일어나지 않는 것이 결코 아니라고 인정해야 한다."

[바수반두가 말한다.] "그러나 [그것은] 이치에 맞지 않는다. 게송으로 말한다.

**만약 [그대가] 행위의 힘으로 인해**
**[지옥의 파수꾼 등의 이름을 받는] 특수한 물질적 원소가 생기고**
**[지옥 중생들에게 두려움을 일으키기 위하여] 이런 방식으로 변형(轉變, pariṇāma)을 일으킨다고 인정한다면**
**왜 [행위의 힘으로 인해] 의식(識, vijñāna)에서 [파수꾼 등으로 변화하는 것]은 인정하지 않는 것인가?" (5송)**

[바수반두가] 논한다. "어떤 이유로 의식이 행위의 힘 때문에 이런 방식으로 [파수꾼 등으로] 변화한다고 인정하지 않고, 물질적 원소[가 변형한다고] 고집하는가?"

(T31, 75b1-7)

復次頌曰 :

**"業熏習餘處, 執餘處有果.**

**所熏識有果, 不許有何因?" (6송)**

論曰 : "執那落迦由自業力, 生差別大種起形等轉變, 彼業熏習理應許在識相續中, 不在餘處. 有熏習識汝便不許有果轉變, 無熏習處翻執有果. 此有何因?"

[바수반두가] 다시 게송으로 말한다.

**"[그대는] 행위의 [결과를 일으킬] 잠재력(熏習, vāsanā)이 어떤 곳에 있고**
**[행위의] 결과는 다른 곳에서 일어난다고 고집한다.**
**[행위가] 저장되[어 잠재력을 남기]는 의식(識, vijñāna)에 [행위의] 결과가 있다고**
**[그대가] 인정하지 않는 것은 어떤 이유인가?" (6송)**

[바수반두가] 논한다. "[그대는] 지옥 중생이 자기 행위의 [결과를 일으키는] 힘 때문에 특수한 물질적 원소들이 발생하고 모양 등의 변형을 일으킨다고 고집하지만, 저 행위의 잠재력은 논리적으로 의식의 흐름(識相續, vijñāna-santāna)에 있지 다른 곳에 있지 않는다는 것을 인정해야만 한다. [그런데] 그대는 [행위의 결과를 일으킬] 잠재력이 있는 의식에서 곧 결과로의 변화가 있다는 것을 인정하지 않고, 잠재력이 없는 곳에 도리어 결과가 있다고 고집한다. 여기에는 어떤 이유가 있는가?"

## 반야류지역 6 · 7송

(T31, 66a17-24)

問曰 : "若如是者, 地獄衆生依罪業故, 外四大等種種轉變, 形 · 色 · 力等勝者名主及烏 · 狗等. 云何名爲四大轉變? 彼處四大種種轉變, 動手脚等及口言說, 令受罪人生於驚怖. 如有兩羊從兩邊來, 共殺[18]害彼地獄衆生, 見有諸山或來或去殺[19]害衆生, 見鐵樹林見棘林[20]等, 罪人上時樹刺向下, 罪人下時樹刺向上. 以是義故, 不得說言 : '唯有內心無外境界.'"

---

18 殺 : 趙成本 · 高麗本에는 '煞'로 되어 있다.

19 殺 : 趙成本 · 高麗本에는 '煞'로 되어 있다.

20 林 : 磧砂本 · 永樂本 · 乾隆本에는 '樹'로 되어 있다.

[외경실재론자가] 묻는다. "만약 이와 같다면, 지옥 중생의 죄업으로 인해 외부의 네 가지 물질적 원소(大, bhūta) 등이 여러 가지로 변형하고, [그 가운데] 모양 · 색깔 · 힘 등이 뛰어난 자를 지옥의 파수꾼 · 까마귀 · 개 등이라고 이름 붙인 것이다. 왜 네 가지 물질적 원소가 변형한 것에 [파수꾼 등의] 이름을 붙인 것이라고 하는가? [예를 들어] 저곳의 네 가지 물질적 원소가 여러 가지로 변형하여 손과 다리 등을 움직이고 입으로 말하면서 죄를 지은 사람들에게 두려움을 일으키기 [때문이다]. 마치 두 마리의 양이 양쪽에서 와서 함께 저 지옥 중생을 해치고, 많은 산이 왔다 갔다 하면서 중생을 해치거나, 철(鐵)로 된 나무숲이나 가시나무 숲 등이 나타나서 죄인이 위로 올라갈 때는 나무 칼날 끝이 아래로 향하고, 죄인이 내려갈 때는 나무 칼날 끝이 위로 향하는 것과 같이 [네 가지 물질적 원소가 변형하여 지옥 중생에게 두려움을 일으킨다]. 이런 이유로 '오직 내부의 마음(內心)만 있고 외부 경계는 없다'라고 말할 수 없다."

(T31, 66a24-b2)

答曰 : "偈言 :

**若依衆生業, 四大如是變,**

**何故不依業, 心如是轉變? (6송)**

此偈明何義? 汝向言 : '依罪人業, 外四大等如是轉變,' 何故不言 : '依彼衆生罪業力故, 內自心識如是轉變,' 而心虛妄分別說言 : '外四大等如是轉變?'

[바수반두가] 답한다. "게송으로 말한다.

**만약 중생의 행위로 인해**

**[지옥의 파수꾼 등의 칭호가 붙는] 네 가지 물질 원소가 이런 방식으로**

**[중생에게 두려움을 주기 위하여] 변형한다면**

**무슨 이유에서 [그대는] 행위로 인해**

**마음(心, vijñāna)이 이런 방식으로 변화(轉變, pariṇāma)한 것이라고**

**말하지 않는가? (6송)**

이 게송은 어떤 뜻을 밝히고 있는가? 그대가 좀 전에 '죄인의 행위로 인해 외부의 네 가지 물질적 원소 등이 이같이 변형했다'라고 하는데, 무슨 이유로 [그대는] '저 중생[이 과거에 저지른] 죄업의 힘 때문에 자기 내부의 마음(心識)이 이같이 변화했다'라고 하지 않고, 오히려 '외부의 네 가지 물질적 원소 등이 이같이 변형했다'라고 마음을 그릇되게 분별해서 말하는가?

(T31, 66b2-9)

又偈言 :

**業熏於異法, 果云何異處?**

**善惡熏於心, 何故離心說? (7송)**

此偈明何義? 以汝虛妄分別說言 : '依彼[21]衆生罪業力故, 外四大等如是轉變, 生彼罪人種種怖等,' 以何義故, 不如是說: '依彼衆生罪業力故, 內自心識如是轉變?' 是故偈言 : **'業熏於異法, 果云何異處'**故.

---

21 彼 : 趙成本에는 빠져 있다.

[바수반두가] 또 게송으로 말한다.

**행위가 어떤 곳에 저장(熏, vāsanā) 되는데**
**왜 [그 행위의] 결과는 다른 곳에서 [발생한다고] 하는가?**
**선하거나 악한 [행위는] 마음에 저장(熏) 되는데**
**어떤 이유로 [그 결과는] 마음(心)과 떨어져서 [발생한다고] 하는가? (7송)**

이 게송은 어떤 뜻을 밝히고 있는가? 그대가 그릇되게 분별하여, '저 중생의 [과거에 저지른] 죄업의 힘 때문에 외부의 네 가지 물질적 원소 등이 이같이 변형하고, 저 죄인들에게 여러 가지 두려움 등을 생기게 한다'라고 하는데, 왜 '저 중생의 [과거에 저지른] 죄업의 힘 때문에 자기 내부의 마음(心識)이 이같이 변화하였다'라고 말하지 않는가? 이 때문에 게송에서 '**행위가 어떤 곳에 저장(熏) 되는데 왜 [그 행위의] 결과는 다른 곳에서 [발생한다고] 하는가?**'라고 하였던 것이다.

(T31, 66b9-19)

此以何義? 彼地獄中, 受苦衆生所有罪業, 依本心作還在心中, 不離於心. 以是義故, 惡業熏心還應心中受苦果報. 何以故, 以善惡業熏於心識, 而不熏彼外四大等. 以四大中無所熏事, 云何虛妄分別說言 : '四大轉變, 於四大中受苦果報?' 是故偈言 : **'善惡熏於心, 何故離心說.'**"

問曰 : "如汝向說 : '何故不言 : 「依彼衆生罪業力故, 內自心識如是轉變」, 而心虛妄分別說言 : 「外四大等如是轉變」?'者, 此以何義?"

이것은 어떤 이유 때문인가? 저 지옥에서 고통받는 중생이 지닌 죄업은 본래 마음에 의해서 짓고 다시 마음에 [남아] 있어서 마음과 별개가 아니다. 이 때문에 악한 행위가 마음에 저장되어 [잠재력을 남기면] 다시 마음에서 고통의 결과(果報)를 받아야 한다. 왜냐하면, 선하거나 악한 행위는 [결과를 일으킬] 마음(心識)에 저장되고, 저 외부의 네 가지 물질적 원소 등에 저장되지 않기 때문이다. 이 네 가지 물질적 원소 가운데 [행위가] 저장되는 일이 없는데 무슨 이유로 그릇되게 분별하여 '네 가지 물질적 원소가 변형하여 네 가지 물질적 원소에서 괴로운 결과를 받는다'라고 하는가? 이 때문에 게송에서 **'선하거나 악한 [행위는] 마음에 저장(熏)되는데, 어떤 이유로 [그 결과는] 마음(心)과 떨어져서 [발생한다고] 하는가?'** 라고 하였다."

[외경실재론자가] 묻는다. "그대(= 바수반두)가 앞(= 7송 주석)에서 말한 것처럼, '어떤 이유로 「저 중생의 [과거에 저지른] 죄업의 힘 때문에 자기 내부의 마음(心識)이 이같이 변화했다」 라고 하지 않고, 마음이 그릇되게 분별해서 「외부의 네 가지 물질적 원소 등이 이같이 변화했다」 라고 말하는가?'라고 했는데, 이것은 무슨 이유에서 [내(= 외경실재론자)가 '외부의 네 가지 물질적 원소 등이 이같이 변형했다'라고] 그런 것이겠는가?"

## 6 · 7송 해제

6송에서는 지옥에 관해 새로운 유형의 주장을 하는 대론자가 등장한다. 유식론자들이 주장하는 "지옥의 파수꾼 등은 지옥 중생이 아니다"라는 것을 인정하면서도, 지옥이라는 공간과 거기에 있는 파수꾼이 모두 물질로 이루어져 있다고 하는 주장이다. 요컨대 지옥이라는 곳이 행위의 과보로 나타난 곳이라는 전제하에서, 그런 지옥의 공간이나 거기에 있는 파수꾼 등이 물질인가 관념인가 하는 논쟁이 여기서 벌어진다.

대론자의 주장에 따르면, 지옥 중생들은 기본적으로 죄를 지어서 지옥에 떨어진 자들이지만 지옥의 파수꾼, 개, 철산 등은 지옥 중생들이 지었던 행위의 과보로서 나타난 것이다. 지옥중생들이 지었던 악한 행위들은 지옥에 있던 특수한 물질이 변형을 일으켜서 그들에게 벌을 주는 존재를 만들어 내는 형태의 과보로 나타나게 된다. 애초에 지옥이라는 공간 자체가 악한 행위를 지은 사람들의 과보들이 모여 구축된 공간이다. 한 사람이 번 돈으로 거대한 건물을 지을 수 없지만 수천 명의 사람이 돈을 모으면 거대한 건물을 지을 자금을 마련할 수 있듯이, 행위의 결과도 그러하다는 것이다. 한 사람이 지은 악업으로 지옥이라는 거대한 공간을 만들어 낼 수는 없지만, 수많은 악인이 지은 행위의 과보가 모여서 십시일반으로 지옥이라는 공간과 그곳에서 벌을 주는 존재인 파수꾼 등을 만들어 내는 것이다. 이것을 '특수한 물질(bhūta-viśeṣa)의 변형(pariṇāma)'이라고 한다. 이는 이 세계의 생명체들과 물질들이 모두 '행위로부터 생긴 것(karma-ja)'이라고 하는 불교 학파들의 전통적 이론과 부합하는 것이다.

이런 외경실재론자의 주장에 따르면, 이 특수한 물질들은 지능을 갖추고 정신적 활동을 하는 존재처럼 보이지만 실제로는 그런 것이 아니다.

예를 들어, 본문에 나왔던 샬말리(śālmalī) 나무는 생명이 있는 나무처럼 보이지만, 실제로는 중생이 아니다. 지옥의 파수꾼에 쫓겨 나무에 올라간 지옥 중생들이 나무를 타고 위로 오르려 할 때 이 나무의 철가시로 된 가지들이 아래로 향하여 이들을 찌른다. 이들이 고통스러워서 다시 내려오려고 하면 철가시는 반대로 위를 향한다. 이렇게 보면 나뭇가지가 의지를 지니고 지옥 중생의 행동에 맞춰서 반응하는 것 같지만, 실제로 의식이 있는 것은 아니다. 이 나무는 단지 지옥의 중생들에게 과거 행위에 대한 인과응보를 받게 할 뿐으로서, 지옥 중생을 괴롭히고자 하는 감정이나 의지, 혹은 심리적 동기가 있는 것은 아니기 때문이다. 의지와 감정을 지니고 행동하는 것처럼 보이는 지옥의 파수꾼이나 개, 까마귀들조차도 중생이 아니다. 교도소에서 수감자의 이동을 통솔하거나 이탈하면 경고하는 자동 안내방송이나, 건물 밖으로 나가지 못하게 하는 자동 잠금장치, 접촉에 반응하는 전기 철조망 등이 의지를 지닌 중생이 아닌 것처럼 이런 파수꾼이나 샬말리 나무 등도 중생이 아니다. 이상이 지옥의 파수꾼 등이 '특수한 물질'이라고 여기는 사람들의 주장이다. 그렇다면 이런 주장이 유식론자에게 어떤 문제가 될까?

앞에서 "지옥의 파수꾼 등은 중생이 아니다"라는 주장은 4송에서 바수반두가 제시했던 '지옥의 비유'가 성립되기 위한 전제로 사용되었다고 하였다. '지옥'이라는 공간이 마치 '꿈'처럼 중생들의 의식 안에서 만들어진 허상의 공간으로 가정되어야만 4송에서의 논리가 성립하게 되고, 그 가정을 위해서는 "(1) 지옥은 하나의 물리적 공간이 아니고, (2) 지옥의 파수꾼 등은 지옥 중생이 아니다"라는 것이 근거로 작용하게 된다.

그래서 5송에서는 이 중에서 "(2) 지옥의 파수꾼 등은 지옥 중생이 아니다"라는 것을 통해서 간접적으로 "(1) 지옥은 하나의 물리적 공간이 아니다"라는 것을 드러내었다. 그런데 이 중에서 (2)를 인정하면서도 (1)을 부정하는 주장, 즉 "파수꾼 등은 지옥 중생이 아니지만, 지옥이라는 물리적 공간은 존재한다"라고 주장하는 사람이 나타나면 5송에서 애써 "파수꾼 등은 중생이 아니다"라고 증명하려 했던 것이 무의미하게 될 수 있다. 그리고 바수반두는 실제로 그런 주장을 인용하고 있다. 유식론자들은 여기서 파수꾼 등이 비물리적 존재들이라는 것을 증명해야 할 필요가 생기게 된다.

여기에서 제시하는 바수반두의 답변은 파수꾼 등이 '물질의 변형'이 아니라 '의식의 변화(vijñāna-pariṇāma, 識轉變)'라는 것이다. 그것이 6송의 내용이다. 행위의 과보로서 물질적 변형이 일어나는 것보다는 의식의 변화가 일어난다고 보는 것이 더 합리적이다.

이상으로 5~6송에서 나왔던 주장들을 정리하면 세 가지로 나눌 수 있다.

(A)의 주장 : 지옥의 파수꾼 등도 여느 지옥의 죄수들처럼 지옥에 태어난 중생이다.

(B)의 주장 : 지옥의 파수꾼 등은 지옥 중생이 아니라, 지옥 중생들이 지은 행위의 과보로 나타난 '특수한 물질의 변형'이다.

(C)의 주장 : 지옥의 파수꾼 등은 지옥 중생도 아니고 물질의 변형도 아니라, 행위의 과보로 나타난 의식의 변화(識轉變)이다.

(A)는 일반적인 외경실재론자이고, (B)는 설일체유부 혹은 경량부로 보이는 사람의 주장이다. 이에 따르면 파수꾼 등은 지옥 중생이 아니지만 물질적 존재라고 주장한다. (C)는 유식론자로서 바수반두 본인의 입장이다. (A) · (B) · (C)를 주장하는 사람들 모두 불교도로 설정된 것으로 보

이기에 여기서 "지옥이 존재하지 않는다"라는 선택지는 존재하지 않는다. 육도윤회가 논의의 전제가 되고 있기 때문이다. 세부적 주장들에 대한 이들 각자의 동의 여부를 표로 나타내면 다음과 같다.

| | (A) | (B) | (C) |
|---|---|---|---|
| 외경실재론 | ○ | ○ | × |
| 지옥 파수꾼의 중생 여부 | ○ | × | × |
| 공간으로서 지옥의 실재성 | ○ | ○ | × |
| 지옥 파수꾼의 물질성 | ○ | ○ | × |
| 지옥 파수꾼의 식전변성 | × | × | ○ |

여기서 바수반두는 최초로 '의식의 변화', 즉 식전변이라는 용어를 사용한다. 실제로 바수반두가 나타내고자 하는 것은 지옥뿐만 아니라, 이 세상에 보이는 풍경, 생명체 등이 모두 식전변의 결과이다. 그것이 6송의 마지막에 바수반두가 제시하는 주장이다. 7송에서는 위 표에서 (C)에 해당하는 유식론자의 입장에서 6송의 주장에 대한 증명을 시도하는데, 그 논제는 "지옥의 파수꾼 등은 물질이 변형한 것인가, 의식이 변화한 것인가?"라는 것이다.

행위(업)의 이론에 따르면 모든 행위는 반드시 그 결과를 남기는데, 행위가 그 결과(과보)를 일으키기 위해서는 크게 세 가지 단계를 거친다.

(1) 행위(業, karman)를 지음

(2) 지은 행위가 잠재력(vāsanā, 熏習)으로 전환

(3) 잠재력이 결과(phala, 과보)로 전환

여기서 (1)에서 (2)로 넘어가는 과정은 순간적이다. 마치 은행 계좌에 돈을 입금하는 순간 바로 계좌의 잔액이 변경되는 것처럼 행위는 바로 잠재력으로 전환된다. 그리고 저축한 돈을 항상 바로 꺼내쓰지 않는 것처럼 잠재력도 바로 발휘되지 않는다. 그래서 (2)에서 (3)으로 전환되는 것은 다소 – 경우에 따라서는 오래 – 시간이 걸린다.

'잠재력'으로 번역한 vāsanā라는 말은 본래 옷이나 천에 향기가 배는 것을 나타내며, 한역으로는 훈습(熏習) 혹은 습기(習氣)라고 한다. 연기를 피우는 곳 근처에 오래 있으면 옷에 냄새가 배고, 주변을 돌아다니면서 그 냄새를 풍기게 된다.

그래서 이 vāsanā는 마음에 새겨진 행위나 지각에 대한 인상, 과거의 인식에서 형성된 현재의 의식, 과거의 행위가 현재에 영향을 미친 행동 경향 등을 말한다. 그래서 '습관', '경향성' 등으로 번역되기도 한다. 6 · 7송의 맥락에서는 과거의 행위가 각인되어 그것이 향후 결과를 일으킬 잠재력이라는 형태로 보존된 상태를 나타낸다.

이렇게 사람이 지은 행위는 그 결과를 즉시 일으키는 것이 아니라 '잠재력'이 머물러 있는 상태로 일정 기간을 거쳤다가 미래에 조건이 갖추어졌을 때 드러낸다. "결과가 나타난다"라고 하는 것은 위의 (2)처럼 잠재력으로 머물러 있던 상태에서 (3)처럼 결과가 나타나는 상태로 전환하는 것이다.

이렇게 결과를 일으키기 전까지 잠재력은 의식의 흐름(vijñāna-santāna) 안에 머물러 찰나생멸하면서 흘러간다. 그런 점에서 내가 지은 행위의 결과는 잠재력이 머물러 있던 곳, 즉 나의 의식이 있는 바로 그 자리에서 일어나야 한다. 다시 말해서, 내가 이 자리에 있는데 그 결과는 나와 멀리 떨어진 곳에서 일어날 수는 없다는 것이다.

하지만 위 (B)의 주장대로라면, 인간 세계에서 축적된 나의 잠재력이 있던 곳과 동떨어진 지옥이라는 장소에서 결과가 나타난다는 것이 되며 그것은 불합리하다. 비니타데바는 이 부분을 주석하면서 다음과 같이 풍자한다. "씨앗을 심은 곳은 마을에 있는 땅인데, 열매는 저 산꼭대기에서 나면 안 되지 않는가?"

이처럼 바수반두는 (B)와 같은 주장을 하게 되면 "의식의 흐름 외부로 잠재력을 원격 전송해야 한다"라는 말도 안 되는 일이 일어난다고 반론한다. 외경실재론자인 (B)론자는 당연히 물질이 존재하는 세계와 그것의 배경이 되는 공간 – 그것의 실재성 여부에는 또 논란이 있지만 – 의 개념을 설정하고 있기에 어떻게든 위에 제기했던 원격 전송의 원리를 설명해야 하지만 그럴 수 없는 반면에, 유식론자로서 공간을 허구적 개념으로 여기는 (C)론자 – 즉, 바수반두 – 는 모든 것이 의식 안에서 일어나므로 공간적 원격 전송을 설명해야 할 의무로부터 면제가 된다. 바수반두는 이처럼 (B)의 주장이 자체적으로 지닌 모순을 지적함으로써 최종적으로 (C)가 유일한 선택지임을 드러낸다.

이상으로 지옥에 대한 논변이 끝났다. 바수반두가 이 일련의 논쟁에서 보이는 태도에는 흥미로운 부분이 있다. 그가 '지옥'이라고 하는 불교의 세계관 속의 설정을 무너뜨리지 않으면서 '인식일 뿐'을 논증하려 한다는 점이다. 바수반두는 지옥을 부정하는 것이 아니라 유식의 입장에서 지옥의 존재를 재정립하고 있다. 여기에는 이중의 의도가 있는 것으로 보인다. 하나는 '인식일 뿐'의 이론이 불교의 세계관을 더욱 합리적으로 설명할 수 있다는 것을 드러내고자 하는 것이고, 다른 하나는 이렇게 지옥이라는 공간이 어떻게 형성되는지를 설명함으로써 우리가 사는 이 세계 역시 동일한 원리로 형성된다는 것을 간접적으로 드러내는 것이다. 우리에게 보이는 이 세계의 모든 것은 행위로 인해 만들어진 것(karma-ja)이라는 불교의 근본 교리를 논리적으로 설명하고 모순을 제거해 나가다 보면 결국에는 이 모든 것이 '인식일 뿐'이라는 결론에 도달한다는 것을 나타내려 한 것이다.

그런데 앞의 3송에서 아귀나 5송에서 지옥을 설명할 때, 바수반두는 흔히 불교에서 말하듯 '공통적으로 받는(sādhāraṇa) 행위[의 결과](共業)'라고 하지 않고, 왜 '[여럿이] 똑같이 받는(tulya/samāna) [자기] 행위의 결과(同業異熟)'라는 새로운 표현을 사용했던 것일까? 이는 '공통적으로 받는 행위[의 결과]'라는 전통적인 용어가 위의 (A)론자나 (B)론자인 불교도들에게만 적합하기 때문이다. 이 전통적 용어는 수많은 중생이 지은 행위의 결과로 이 세계가 생기고 그런 결과인 이 세계를 중생들이 함께 누린다는 생각에 기반한다. (B)론자의 '십시일반으로 만든 지옥'이라는 것도 그 논리적 확장이다. 하지만 '공통적인 하나의 공간'이라는 개념이 엄밀히는 유식에 위배된다. 화상회의를 할 때 우리는 한 공간을 공유하는 것처럼 느끼지만, 실은 '똑같이' 나타나는 각자의 컴퓨터 화면을 보고 있을 뿐이다. 결국 우리는 각자의 의식으로 자신의 세계를 짓는 것이며, 우리가 무언가를 공통적으로 보는 것은 실은 '각자의' 마음속에 따로 비치는 모습이 그저 똑같을 뿐 – 과거의 행위 이력이 비슷해서 – 이라는 취지가 이 표현에 함의되어 있다. 그렇다면 중생들은 어떤 방식으로 서로의 의식을 인지하고, 침범하고, 교류하는가? 이에 관해서는 18~21송에서 다루고 있다.

# 8송

## 열두 인식영역의 이론에는 붓다의 숨은 의도가 있다

## 산스크리트 8송

(L 5,15; S 191,21)

āgamaḥ kāraṇaṃ | yadi vijñānam eva rūpādipratibhāsaṃ syān na rūpādiko 'rthas tadā rūpādyāyatanāstitvaṃ bhagavatā noktaṃ syāt |

akāraṇam etat | yasmāt

**rūpādyāyatanāstitvaṃ tadvineyajanam prati |**
**abhiprāyavaśād uktam upapādukasattvavat || 8 ||**

[외경실재론자 :] 경전(āgama)이 [물질적 원소의 존재를 상상하는] 근거이다. 만약 형색 등의 속성을 지닌 외계 대상이 존재하지 않고 단지 의식(vijñāna) 자체가 형색 등[의 대상이 존재하는 것]처럼 [마음에] 나타나는 것(pratibhāsa, 顯現)[일 뿐]이라면, 세존(bhagavat, 붓다)은 [사유기능(意) · 마음현상(法)의 두 가지 정신적 인식영역에 더해서] 형색 등의 [열 가지 물질적] 인식영역(āyatana, 處, = 시 · 청 · 후 · 미 · 촉각기관과 형색 · 소리 · 냄새 · 맛 · 촉감)이 존재함을 설명하지 않으셨을 것이다.

[바수반두 :] 그것(= 경전)은 근거가 되지 않는다. 왜냐하면,

**홀연히 태어나는 중생(upapāduka, 化生)[이 존재한다고 교육용 목적으로 설명하셨던 것]처럼 그것(= 열두 인식영역의 가르침)에 의해서 인도되어야 할 사람을 위하여 [붓다가] 숨은 의도(abhiprāya, 密意趣)를 가지고 [존재하지 않는] 형색 등의 [열 가지] 인식영역이 존재한다고 설명하신 것이기 때문이다. [8]**

yathāsti sattva upapāduka ity uktaṃ bhagavatā abhiprāyavaśāc cittasantatyanucchedam āyatyām abhipretya | nāstīha sattva ātmā vā dharmās tv ete sahetukāḥ iti vacanāt |

evaṃ rūpādyāyatanāstitvam apy uktaṃ bhagavatā taddeśanāvineyajanam adhikṛtyety ābhiprāyikaṃ tad vacanaṃ ||

예를 들어, 세존이 "홀연히 태어나는 중생이 존재한다"라고 설명하신 것이 그러하다. [그것은 세존이 진정한 뜻을 전한 것이 아니라] '숨은 의도를 가지고' [설명하신 것으로서], '[죽으면 모든 것이 끝난다고 믿는 자들에게 죽은 후에도] 내생까지 마음의 흐름(citta-santati, 心相續)이 끊어지지 않음을 의도하여' [그렇게 설명하신 것이다.] [다른 경전에서 세존은] "이 세계에는 중생도 존재하지 않고 자아(ātman)도 존재하지 않는다. 그러나 원인으로부터 발생하는 이 현상(dharma)들[만]이 있[을 뿐이]다"라고 [이와 정반대로] 설명하셨기 때문이다.

이와 마찬가지로 그 가르침에 의해 인도되어야 할 사람을 염두에 두고, 세존은 [숨은 의도를 가지고] 형색 등의 [열 가지] 인식영역이 [실제로는 존재하지 않지만] 존재한다고도 설명하신 것이다. 따라서 그 설명(= 열두 인식영역의 가르침)은 숨은 의도를 지닌 것이다.

## 티베트역 8송

(D 136 6a1, P 234 6b2)

smras pa |

lung gi gtan tshigs yod de | gal te rnam par shes pa nyid gzugs la sogs par snang gi | gzugs la sogs pa'i don ni med na gzugs la sogs pa'i skye mched[1] yod par ni bcom ldan 'das kyis gsung bar[2] mi 'gyur ro zhe na | 'di ni gtan tshigs ma yin te | 'di ltar |

**gzugs sogs skye mched yod par ni |**
**des 'dul ba yi skye bo la |**
**dgongs pa'i dbang gis gsungs pa ste |**
**brdzus[3] te byung ba'i sems can bzhin || 8 ||**

dper na bcom ldan 'das kyis brdzus[4] te byung ba'i sems can bzhin yod do | zhes gsungs pa yang phyi ma la sems kyi rgyud rgyun mi 'chad pa la dgongs nas dgongs pa'i dbang gis gsungs pa ste ||

---

1 P.K.125 : 'du mched
2 P : gsungs par
3 P.N : rdzus
4 P.N : rdzus

[외경실재론자 :] 경전(āgama)이 그것(= 물질적 원소의 존재를 상상하는 것)의 근거이다.

만약 인식 자체가 형색 등[의 대상]처럼 [마음에] 나타나는 것이고 형색 등의 대상이 존재하지 않는다면, [사유기능(意) · 마음현상(法)의 두 가지 정신적 인식영역에 더해서] 형색 등의 [열 가지 물질적] 인식영역(skye mched, āyatana)들이 존재한다고 세존은 설명하지 않으셨을 것이다.

[바수반두 :] 이것(= 경전)은 근거가 되지 않는다. 왜냐하면,

> **형색 등의 [열 가지] 인식영역이 존재한다는 것은 그것(= 열두 영역의 가르침)에 의해서 인도되어야 할 사람을 위하여 숨은 의도(dgongs pa, abhiprāya, 密意趣)를 가지고 설명하셨다.**
>
> **마치 홀연히 태어나는 중생(brdzus te byung ba, upapāduka, 化生) [이 존재한다고 교육용 목적으로 설명하셨던 것] 처럼. [8]**

예를 들면, 세존이 "홀연히 태어나는 중생이 존재한다"라고 설명하신 것도 [죽으면 모든 것이 끝난다고 믿는 자들에게 죽은 후에도] 내생까지 마음의 흐름(sem kyi rgyud, citta-santati)이 끊어지지 않음을 의도하여 숨은 의도를 가지고 설명하신 것이다.

’di na bdag gam sems can med | chos ’di rgyu dang bcas las byung | zhes gsungs pa’i phyir ro | de bzhin du bcom ldan ’das kyis gsugs la sogs pa’i skye mched yod par gsungs pa yang de bstan pas ’dul ba’i skye bo’i ched du ste | bka’ de ni dgongs pa can no ||

[다른 경전에서 세존은] "여기(= 세계)에는 자아(bdag, ātman)도 중생(sems can, sattva)도 존재하지 않으며, 원인으로부터 발생하는(rgyu dang bcas, sahetuka) 이 현상(chos, dharma)[들만] 일어난다"라고 [이와 정반대로] 설명하셨기 때문이다. 이와 마찬가지로 세존이 형색 등의 [열 가지] 인식영역이 존재한다고 말씀하신 것 또한 그 가르침에 의해 인도되어야 할 사람을 위하여 [설하신 것이다] 그 설명(= 열두 인식영역의 가르침)은 숨은 의도를 지닌 것이다.

## 진제역 8송

(T31, 71c7-16)

"阿含是因. 若但識似色等塵生, 無色等外塵, 佛世尊不應說實有色等諸入."

"此阿含非因. 以非阿含意故.

> **色等入有教, 爲化執我人.**
> **由隨別意說, 如說化生生. (8송)**

如佛世尊說 : '有化生衆生,' 由別意故說 : 約[5]'相續不斷乃至來生.' 復次佛說: '無衆生及我, 但法有因果.'

---

5 約 : 저본에는'幻'으로 되어 있으나 洪武本 · 永樂本 · 乾隆本에는'約'으로 되어 있고, 일본에 소장되어 있는 宋本 · 元本 · 明本 · 宮內省本에 '約'으로 되어 있어서 '幻'을 '約'으로 수정하였다. 宇井(1953, 26)도 '約'으로 해석하였다.

[외경실재론자가 말한다.] "경전(阿含, āgama)이 [물질적 원소의 존재를 상상하는] 근거이다. 만약 의식(識, vijñāna)이 형색 등의 대상[이 존재하는 것]처럼 [마음에] 나타난 것(似色等塵生, rūpādi-pratibhāsa)일 뿐 형색 등의 외계 대상은 존재하지 않는다고 한다면, 세존(佛世尊, 붓다)은 [사유기능(意)·마음 현상(法)의 두 가지 정신적 인식영역에 더해서] 형색 등의 [열 가지] 인식영역(入, āyatana)들이 실제로 존재한다고 설명하지 않으셨을 것이다."

[바수반두가 말한다.] "이 경전은 근거가 되지 못한다. 왜냐하면, 경전의 [본래] 의도가 아니기 때문이다.

> **[존재하지 않는] 형색 등의 [열 가지] 인식영역이 존재한다는 가르침은 자아와 인간에 집착하는 사람들을 교화시키기 위해서이다.**
> **숨은 의도(別意, abhiprāya)를 가지고 말씀하셨으니**
> **마치 홀연히 태어나는 중생(化生, upapāduka)을 [교육용 목적으로 그것이 존재한다고] 설명하셨던 것과 같다. (8송)**

예를 들어, 세존이 '홀연히 태어나는 중생이 있다'라고 설명하신 것은 숨은 의도를 가지고 설명하신 것으로서, [그것은] '[죽으면 모든 것이 끝난다고 믿는 자들에게 죽은 후에도 마음의] 흐름이 끊어지지 않다가 이에 내생에까지 이른다'라는 말을 줄인 것이 된다. 또 붓다는 [다음과 같이 반대로도] 말씀하셨다. '중생도 자아(我, ātman)도 존재하지 않는다. 원인과 결과를 지닌 현상(法)만이 있을 뿐이다.'

由此別說知是別教. 佛世尊說, 色等諸入亦如是, 爲度宜[6]聞說入衆生."

6 宜: 趙成本에는 '所'로 되어 있다.

이 별도의 말씀으로부터 이것이 별도의 [숨은 의도를 지닌] 가르침이라고 알아야 한다. 세존이 형색 등의 인식영역들을 말씀하신 것 또한 이와 같아서 인식영역에 관한 가르침을 듣는 중생을 제도하기 위한 것이다."

## 현장역 7송

(T31, 75b7-11)

"有教爲因. 謂若唯識似色等現無別色等, 佛不應說有色等處."

"此教非因. 有別意故. 頌曰:

**依彼所化生, 世尊密意趣,**

**說有色等處. 如化生有情."** (7송)

[외경실재론자가 말한다.] "[경전에] 있는 가르침이 [물질적 원소의 존재를 상상하는] 근거가 된다. 만약 오직 의식(識, vijñāna)이 형색 등[의 대상]처럼 [마음에] 나타나는 것(似色等現, rūpādi-pratibhāsa)일 뿐이고 별도로 형색 등[의 외계 대상]이 존재하지 않는다고 한다면, 붓다는 형색 등의 [열 가지] 인식영역(處, āyatana)이 존재한다고 설명하지 않으셨을 것이다."

[바수반두가 말한다.] "[경전의] 이 가르침은 [물질적 원소의 존재를 상상하는] 근거가 되지 못한다. [이 가르침에는] 별도의 의도가 있기 때문이다. 게송으로 말한다.

**그 교화 받는 사람에 따라**
**세존(世尊, 붓다)은 숨은 의도(密意趣, abhiprāya)를 가지고**
**형색 등의 [열 가지] 인식영역이 존재한다고 설명하셨다.**
**마치 홀연히 태어나는 중생(化生, upapāduka)[이 존재한다고 교육용 목적으로 설명하셨던 것]처럼." (7송)**

(T31, 75b12-16)

論曰 : "如佛說: '有化生有情,' 彼但依心相續不斷, 能往後世密意趣說, 不說實有化生有情. 說 : '無有情我, 但有法因'故. 說色等處契經亦爾[7]. 依所化生宜受彼教, 密意趣說, 非別實[8]有."

---

7 爾 : 高麗本 · 洪武本에는 '尒'로 되어 있다.

8 實 : 저본에는 '害'로 되어 있으나 高麗本 · 磧砂本 · 永樂本 · 乾隆本에 따라 '實'로 바로잡는다. 저본에서도 일본에 소장된 宋本 · 元本 · 明本 · 宮內省本에 '實'로 되어 있다고 교감하였다.

[바수반두가] 논한다. “예를 들어, 붓다가 ‘홀연히 태어나는 중생이 존재한다’라고 설명하신 저것은 다만 [죽으면 모든 것이 끝난다고 믿는 자들에게 죽은 이후에도] 마음의 흐름이 끊이지 않고 내생에 갈 수 있음을 숨은 의도를 가지고 설명하신 것이지, 실제로 홀연히 태어나는 중생이 존재한다고 설명하신 것은 아니다. 왜냐하면 [다른 경전에서는] ‘중생도 자아도 존재하지 않고, 원인[으로부터 발생하는] 현상(法)만이 있을 뿐이다’라고 설명하셨기 때문이다. 형색 등의 인식영역을 말씀하신 경전(契經) 또한 그와 같[이 숨은 의도를 가지고 설명하신 것이]다. 교화될 중생들이 그 가르침을 받아들일 수 있게 숨은 의도를 가지고 설명하신 것이지, 별도로 [형색 등의 인식영역이] 실제로 존재하는 것이 아니다.”

## 반야류지역 8송

(T31, 66b19-26)

"以有阿含證驗知故. 言'阿含'者, 謂佛如來所說言教. 此以何義? 若但心識虛妄分別見外[9]境界, 不從色等外境界生眼識等者, 以何義故, 如來經中說眼色等十二種入? 以如來說十二入故, 明知應有色·香·味等外境界也[10]."

答曰:"偈言:

**說色等諸入, 爲可化衆生.**
**依前人受法, 說言有化生. (8송)**

9 外:趙成本에는 빠져 있다.
10 也:趙成本에는 빠져 있다.

[외경실재론자가 계속해서 말한다.] "[물질적 원소의 존재를 상상하는 것은] 경전의 근거(阿含證, āgama)를 통해서 알 수 있기 때문이다. '경전'이란 여래(如來, 붓다)가 말씀하신 가르침이다. 이것은 어떤 뜻인가? 만약 다만 내부의 마음(心識)이 그릇되게 분별하여 외부 경계를 보는 것일 뿐이고, 형색 등의 외부 경계로부터 시각적 의식 등이 생겨나는 것은 아니라고 한다면, 무슨 이유로 여래는 경전에서 시각기관과 형색 등의 열두 가지 인식영역(入, āyatana)을 설명하셨겠는가? 여래가 열두 인식영역을 설명하셨기 때문에 형색 · 향기 · 맛 등의 외부 경계가 있다는 것을 명백하게 알 수 있다."

[바수반두가] 답한다. "게송으로 말한다.

**형색 등의 [열두] 인식영역들을 설명하신 것은**
**교화될 수 있는 중생을 위해서이다.**
**눈앞에 있는 사람들이 가르침을 받아들이는 것에 따라**
**홀연히 태어나는 중생(化衆生, upapāduka-sattva)이 존재한다고 [교육용 목적으로] 설명하셨[던 것과 같]다. (8송)**

(T31, 66b27-c8)

此偈有何義? 以汝向言 : '以有阿含證驗知故[11], 色·香·味等十二入外諸境界, 皆悉是有.' 若如是者, 彼所引[12]經義則不然. 何以故, 以復有餘修多羅中, 如來依彼心業相續不斷不絶, 是故說 : '有化生衆生.' 又復有餘修多羅中說言 : '無我無衆生無壽者, 唯因緣和合有諸法生.' 是故偈言 : **'依前人受法, 說言有化生'**故. 如來如是說色等入, 爲令前人得受法故. 以彼前人未解因緣諸法體空, 非謂實有色·香·味等外諸境界. 是故偈言 : **'說色等諸入, 爲可化衆生'**故."

---

11 故 : 磧砂本·永樂本·乾隆本에는 빠져 있다.

12 引 : 磧砂本에는 '別'로 되어 있다.

이 게송에는 어떤 뜻이 있는가? 그대는 앞에서 '경전의 근거(阿含證, āgama)를 통해서 알 수 있기에 형색·향기·맛 등의 열두 인식영역의 외부 경계는 모두 존재한다'라고 하였다. 만약 이와 같다면 저곳에서 인용한 경전의 뜻은 곧 옳지 않다. 왜냐하면, 다른 경전(修多羅, sūtra)에서는 여래가 [죽으면 모든 것이 끝난다고 믿는 자들에게] 저 마음의 흐름(心業相續)이 [죽은 후에도] 단절되거나 끊어지지 않음을 [알게 하기] 위해서 '홀연히 태어나는 중생이 존재한다'라고 설명하셨기 때문이다. 또 다른 경전에서는 '자아(我, ātman)도 없고 중생도 없고 수자(壽者)도 없다. 오직 인연 화합으로 모든 현상(法)이 생겨날 뿐이다'라고 하였다. 이 때문에 게송에서 **'눈앞에 있는 사람들이 가르침을 받아들이는 것에 따라 홀연히 태어나는 중생이 존재한다고 [교육용 목적으로] 설명하셨[던 것과 같]다'**라고 하였다. 여래가 이같이 형색 등의 인식영역을 설명하신 것은 눈앞의 사람들이 가르침(法)을 받아들일 수 있도록 하기 위해서이다. 저 눈앞의 사람들이 인연으로 [지어진] 모든 존재의 본질이 공하다는 것을 아직 이해하지 못했기 때문에 [열두 인식영역이 있다고 설명하셨던 것이지] 형색·향기·맛 등의 외부 경계들이 실제로 존재한다고 하신 것은 아니다. 이 때문에 게송에서 **'형색 등의 [열두] 인식영역들을 설명하신 것은 교화될 수 있는 중생을 위해서이다'**라고 하였다."

## 8송 해제

8송 주석 부분의 서두에서 외경실재론자는 새로운 논제를 끌어들이는데, 경증을 통해서 유식의 입장을 반박하고자 한다. 이는 형식적으로는 1송에서 바수반두가 썼던 것과 같은 방법으로서, 경전에 나타난 붓다의 언급을 근거로 하는 논증 방식이다. 여기서 외경실재론자는 경전에서 붓다가 열두 인식영역의 교의를 가르치는 것을 증거로 제시한다.

열두 인식영역(āyatana, 處)이란 소위 안이비설신의(眼耳鼻舌身意)라고 하는 시각기관, 청각기관, 후각기관, 미각기관, 촉각기관, 사유기능(manas, 意)의 여섯 내부영역과 색성향미촉법(色聲香味觸法)이라고 하는 형색, 소리, 냄새, 맛, 촉감, 마음현상(dharma, 法)의 여섯 외부영역을 말한다. 이런 열두 인식영역 중에서 사유기능과 마음현상을 제외한 열 가지는 초기불교 이래로 대부분의 불교 분파에서 물질적 존재로 인정한다. 감각의 대상들도 물질이고 그것들과 접촉하는 감각기관도 물질이다. 고대 인도에서 감각기관은 보통의 물질과는 다른 미세한 물질, 혹은 맑은 물질로 생각되었다. 이렇게 열두 인식영역이 경전에서 붓다가 직접 가르친 내용인데, 그렇다면 물질의 존재를 부정하는 유식의 교리는 붓다의 가르침과 모순되는 것이 아닌가? 이것이 외경실재론자가 여기서 제기하는 반박의 내용이다.

바수반두는 그런 붓다의 가르침에는 '숨은 의도(abhiprāya, 密意趣)'가 있었다고 답변한다. '열두 인식영역의 이론(십이처설)'은 어떤 특수한 목적에 의해서 임시적이고 방편적으로 제시된 교리이다. 이처럼 열두 영역의 이론은 붓다의 진정한 뜻을 담은 교리가 아니라고 주장한다. 그런데 그렇게 초기 경전부터 전해져 오는 교리를 자기 마음대로 재단해도 되는 것인가? 바수반두는 자신이 마음대로 재단하는 것이 아니라, 경전들을 잘 보면 그와 같은 '감춰진 의도'의 사례들이 그 외에도 있음을 보여주고자 한다.

바수반두는 그 예시로서 붓다가 경전에서 "홀연히 태어나는 중생이 존재한다"라고 가르쳤던 사례를 제시한다. 일부 경전에서 붓다는 중생의 종류를 태어나는 방식에 따라 네 가지로 분류한다. 모태로부터 태어나는 중생(胎生, jarāyu-ja), 알에서 태어나는 중생(卵生, aṇḍa-ja), 열기와 한기가 화합하여 습기 가운데 태어나는 중생(濕生, saṃsveda-ja), 그리고 공중에서 자발적으로 홀연히 태어나는 중생(化生, upapāduka)이다. 그 외에 몇몇 경전에서 붓다가 "홀연히 태어나는 중생이 존재한다"라고 언급하는 장면이 있다.

홀연히 태어나는 것이란 눈에 보이는 모태나 알, 습기 등에 의존하여 성장하면서 태어나는 것이 아니라 자기 행위(業)의 힘으로 공중에서 처음부터 성체(成體)의 형태로 탄생하는 것으로서, 불교의 세계관에서는 보통 천신(deva)이나 아귀 등을 이렇게 홀연히 태어나는 존재로 생각한다. 그런데 유식의 입장에서 보면, 모태나 알, 습기 등은 모두 물질이라서 전부 허망한 것이기 때문에, 태어나는 방식으로 중생들을 분류하는 것은 원론적으로는 무의미하다.

더욱이 어떤 경전에서 붓다가 "이 세계에는 중생도 자아도 존재하지 않는다"라고 말했다고 바수반두는 전한다. 『금강경』 등에서 붓다가 언급하는 아상(我相, ātma-saṃjñā), 인상(人相, pudgala-saṃjñā), 중생상(衆生相, sattva-sañjñā), 수자상(壽者相, jīva-saṃjñā)이라는 네 가지 그릇된 고정관념(四相)은 이 구절의 확장된 형태로 보인다. 반야류지역에서 이 부분의 설명에 '수자(壽者)'를 추가한 것도 그것을 감안한 첨가일 것이다. 이것들은 '나'의 동일성을 유지한다고 여기는 네 가지 유형의 주장들을 나타낸다. 아상이란 아트만(ātman)이라는 관념을 말하고, 인상이란 독자부가 윤회의 주체로 상정하는 개별적 자아(pudgala)라는 관념을 말한다. 중생상이란 중생(sattva)이라는 보편적 존재들이 있고 열반(nirvaṇa)이 따로 있다고 생각하는 관념을 의미하며, 수자상은 자이나교에서 주장하던 개별적 영혼(jīva)을 이야기한다.

여기서 논점이 되는 것은 경전들 사이의 모순에 관한 부분이다. 경전에서 붓다가 "중생이 없다"라고 언급했으니, 당연히 '자발적으로 홀연히 태어나는 중생'이라는 것도 존재하지 않는 셈이 된다. 그런데 이는 붓다가 다른 경전에서 "홀연히 태어나는 중생이 존재한다"라고 언급했던 것과 모순된다.

바수반두가 여기서 주장하고 싶은 것은 이런 경전들 사이의 불일치와 모순 속에서 붓다의 '숨은 의도'를 찾아야 한다는 것이다. 수많은 경전의 내용을 살펴보면, 모든 경전의 내용이 일치하는 것이 아니라 경전에 따라 – 심지어는 한 경전 안에서도 – 붓다가 서로 일치하지 않는 이야기를 하는 경우가 있다. 그럴 때는 어느 한쪽은 붓다의 진정한 뜻일 수 있지만, 다른 한쪽은 진정한 뜻에서 벗어남에도 불구하고 붓다가 방편으로서 '숨은 의도'를 따로 두고 설했다고 보아야 한다. 이 숨은 의도는 붓다의 '참뜻'이라고 봐도 좋다. 그래서 불교도라면 모든 경전의 내용을 있는 그대로 받아들이지 말고 거기에 붓다가 어떤 숨은 의도를 지니고 있었는지를 탐색해 보아야 한다는 것이다. 우선은 일치하지 않는 진술 중에서 어느 쪽이 붓다의 진정한 뜻인지부터 결정하는 것으로 시작해야 한다. 여기서 바수반두는 "중생도 자아도 존재하지 않는다"라는 것이 붓다의 진정한 뜻이며, "홀연히 태어나는 중생이 존재한다"라는 쪽이 숨은 의도를 따로 두고 교육적 목적을 가지고 설명한 것이라고 판정한다.

그렇다면 바수반두는 홀연히 태어나는 화생의 중생에 대한 붓다의 언급에 과연 어떤 숨은 의도가 있다고 생각한 것일까? 이는 바수반두가 그의 전작 중 하나인 『아비달마구사론(Abhidharmakośabhāṣya)』에서 사람이 죽고 나서부터 다음 생에 다시 태어나기 전까지의 존재를 '중간존재(中有, antarābhāva)'라고 설명하면서(3.10ab 이하), 이 중간존재가 자발적 발생으로 홀연히 태어나는 존재라고 하는 구절(3.12b)에서 추측해 볼 수 있다. 이 중간존재는 흔히들 귀신, 영가(靈駕) 등으로 부르는 존재를 말하며, 사람이 죽은 뒤 생전 행위의 결과에 맞춰 다시 태어나기 전까지 − 가장 흔하게는 49일 동안 − 의식으로만 이루어진 채 허공을 떠돌아다니는 존재로서, 그야말로 죽음과 다음 생 사이의 중간에 있는 존재이다. 그렇다고 중간존재가 힌두교에서 주장하는 아트만(ātman)과 같은 영원불멸한 존재는 아니다. 불교에서는 매 순간 발생하고 소멸하는 의식의 흐름(vijñāna-santāna)이 죽어서 육신을 떠난 후에도 계속 이어지는 것을 중간존재라고 설명하는 것이다. 이것이 불교에서 소위 무아(無我, anātman)의 윤회를 설명하는 한 방식이다.

그런데 이 중간존재라는 것은 생이 계속 이어지는 것이라고 할 수는 없으므로, 이들은 죽기 전의 사람과는 다른 존재이다. 그렇다고 엄연히 행위의 결과를 짊어지고 있는 중간존재를 중생이 아니라고 할 수도 없다. 그러므로 중간존재는 사람이 죽고 나서 새로 발생한 중생이라고 정의해야 하고, 이는 당시 불교의 세계관에 따라 태생, 난생, 습생, 화생 중에서 어느 한 가지 방법으로 발생했다는 것을 의미한다. 그러면 중간존재들이 어떤 방법으로 태어난다고 보았을까? 알이나 태, 혹은 습기에서 태어난 존재가 아니므로, 중간존재는 홀연히 발생한 것(화생)이라고 설명된다.

앞서 말했듯이 유식의 입장에서 보면 태생·난생과 같은 탄생의 구분이 근본적으로는 허망분별이지만, 이 세계를 살아가는 사람들의 입장에서 설명하자면 중간존재는 화생의 중생으로 정의되는 것이다.

그래서 바수반두는 "홀연히 태어나는 중생이 존재한다"라는 붓다의 교설은 사람이 죽은 뒤에 모든 것이 끝난다고 생각하는 사람들을 교화하기 위한 목적이 있었다고 주장한다. 죽은 후에도 의식은 끊어지지 않고 이어져서 다음 생에 이르는데, 죽자마자 바로 다음 순간에 다시 태어나는 것이 아니라 유예 기간에 해당하는 중간 단계가 있다. 그래서 붓다는 화생의 중생이 존재하는 것을 마음속으로는 인정하지 않으면서도 이렇게 죽고 나서도 의식의 흐름이 단절되지 않고 중간존재의 단계를 거쳐 다음 생으로 태어나는 과정을 어리석은 이들에게 이해시키기 위해서 "홀연히 태어나는 중생이 존재한다"라고 숨은 의도를 따로 두고 언급했다는 것이 바수반두의 주장이다. 티베트어로 남아있는 『유식이십론』에 대한 비니타데바의 주석서나 현장의 제자인 규기(窺基, 632~682)가 쓴 주석서에서도 모두 이 부분에 대해 '화생의 중생이란 붓다가 윤회의 사실성을 거부하는 사람들을 위하여 언급한 것'이라는 취지로 설명하고 있는 것을 보면, 여기서 '홀연히 태어나는 중생'이 중간존재를 염두에 두고 있다는 것은 분명해 보인다.

이렇게 '홀연히 태어나는 중생'을 설명할 때처럼, 붓다가 '열두 인식영역'을 가르치는 것에 숨은 의도가 따로 있다는 것이 바수반두의 주장이다. 그렇다면 붓다가 열두 영역을 가르칠 때의 숨은 의도는 무엇일까? 어떤 것이 붓다가 생각했던 '인식'이라는 현상의 본래 모습일까? 이에 대해서 바수반두는 9송에서 답변한다.

# 9송

## 감각기관은 마음 씨앗이다

## 산스크리트 9송

(L 5,24; S 192,4)

ko 'tra abhiprāyaḥ |

**yataḥ svabījād vijñaptir yadābhāsā pravartate |**
**dvividhāyatanatvena te tasyā munir abravīt || 9 ||**

kim uktaṃ bhavati |

rūpapratibhāsā vijñaptir yataḥ svabījāt pariṇāmaviśeṣaprāptād utpadyate tac ca bījaṃ yatpratibhāsā ca sā te tasyā vijñapteś cakṣūrūpāyatanatvena yathākramaṃ bhagavān abravīt |

[외경실재론자 :] 여기서 [열두 인식영역에 대한 붓다의] 숨은 의도(abhiprāya)란 무엇인가?

> **[바수반두 :] 어떤 것(= 대상)처럼 [마음에] 나타난 인식은 자신의 마음 씨앗(bīja, 種子)으로부터 발생하는데, 성자(muni, = 붓다)는 그 둘(= '마음 씨앗'과 '마음에 나타난 것')이 [각각] 그것(= 인식)에 있어서 두 가지 인식영역[인 감각기관과 외계 대상]이라고 [숨은 의도를 가지고] 설명하셨다. [9]**

[외경실재론자 :] 무엇을 말하고 있는 것인가?

[바수반두 : 예를 들어,] 형색(rūpa, 色)처럼 [마음에] 나타난 [시각적] 인식은 자신(= 그 인식)의 마음 씨앗이 [의식 흐름에서] 특수한 변화(pariṇāma-viśeṣa)[를 맞이하는 순간]에 도달하면 발생하는데, 세존(bhagavat, = 붓다)은 그 [특수한 변화를 맞이하기 바로 전 순간의] 마음 씨앗과 [그것이 변화를 이루어 발생한] 어떤 것(= 형색)처럼 [마음에] 나타난 그것(= 시각적 인식), 그 둘(= 마음 씨앗과 마음에 나타난 것)에 대해서 각각(yathākramam) [마음 씨앗은] 그 인식에 있어서 시각기관[의 인식영역(眼處)이고], [마음에 나타난 것은] 형색의 인식영역(色處)이라고 [숨은 의도를 가지고] 설명하셨다.

evaṃ yāvat spraṣṭavyapratibhāsā vijñaptir yataḥ svabījāt pariṇāmaviśeṣaprāptād utpadyate tac ca bījaṃ yatpratibhāsā ca sā te tasyā kāyaspraṣṭavyāyatanatvena yathākranaṃ bhagavān abravīd ity ayam abhiprāyaḥ ||

이와 마찬가지로 [청각 · 후각 · 미각적 인식과 더불어] 촉감(spraṣṭavya, 觸)처럼 나타난 [촉각적] 인식에 이르기까지 자신의 마음 씨앗이 [의식 흐름에서] 특수한 변화[를 맞는 순간]에 도달하여 발생하는데, 세존은 그 [특수한 변화에 도달하기 직전 순간의] 마음 씨앗과 [그로부터 변화를 이루어 발생한] 어떤 것(= 촉감)처럼 [마음에] 나타난 그것(= 촉각적 인식), 그 둘(= 마음 씨앗과 마음에 나타난 것)에 대해서 각각 [마음 씨앗은] 그것(= 인식)에 있어서 촉각기관[이라는 외부 인식영역(身處)이고], [마음에 나타난 것은] 촉감의 인식영역(觸處)이라고 [숨은 의도를 가지고] 설명하셨다. 이상이 '숨은 의도'[의 의미]이다.

## 티베트역 9송

(D 136 6a4, P 234 6b6)

’dir ci las dgongs she na |

**rang gi sa bon gang las su |**
**rnam rig snang ba gang byung ba |**
**de dag de yi skye mched[1] ni |**
**rnam pa gnyis su thub pas gsungs || 9 ||**

’di skad du bstan par ’gyur zhe na |

gzugs su snang ba’i rnam par rig pa rang gi sa bon ’gyur ba’i bye brag tu gyur pa gang las byung ba’i sa bon de dang snang ba gang yin pa de dang de dag ni de’i mig dang | gzugs kyi skye mched du bcom ldan ’das kyis[2] go rims bzhin du gsungs so ||

---

1 P.K.125 : ’du mched
2 P.N : kyid

[외경실재론자 :] 여기서 [열두 인식영역에 대한 붓다의] 숨은 의도란 무엇인가?

**[바수반두 :] 어떤 것(= 대상)처럼 [마음에] 나타난 인식은 자신의 마음 씨앗(sa bon, bīja, 種子)으로부터 발생하는데, 성자(thub pa, muni, = 붓다)는 그것들(= 마음 씨앗과 마음에 나타난 것)이 그것(= 인식)에 있어서 두 가지 인식영역[인 감각기관과 외계 대상]이라고 [숨은 의도를 가지고] 설명하셨다. [9]**

[외경실재론자 :] 이것은 무엇을 말하는가?

[바수반두 : 예를 들어,] 형색처럼 [마음에] 나타난 [시각적] 인식은 자신(= 그 인식)의 마음 씨앗이 [의식 흐름에서] 특수한 변화('gyur ba'i bye brag, pariṇāma-viśeṣa)[를 맞이하는 순간이] 되면 발생하는데, 그 마음 씨앗과 [그것이 변화를 이루어 발생한] 어떤 것(= 형색)처럼 [마음에] 나타난 것, 그것들을 각각(rims bzhin du, yathākramam) [마음 씨앗은] 그 인식에 있어서 시각기관[의 인식영역(眼處)이고], [마음에 나타난 것은] 형색의 인식영역(色處)이라고 세존은 [숨은 의도를 가지고] 설명하셨다.

de bzhin du reg byar snang ba'i rnam par rig pa'i bar du rang rang gi sa bon 'gyur ba'i bye brag tu gyur pa'i[3] sa bon gang las byung ba'i sa bon de dang | snang ba gang yin pa de dang de dag ni bcom ldan 'das kyis de'i lus dang reg bya'i skye mched du go rims bzhin du gsungs te | 'di ni 'dir dgongs pa'o ||

---

3 티베트어 본래 문장은 gyur pa'i sa bon gang las byung ba'i sa bon de dang | 이지만 산스크리트 원문에 따라 본문과 같이 수정하였다.

이와 마찬가지로 [청각 · 후각 · 미각적 인식과 더불어] 촉감처럼 [마음에] 나타난 [촉각적] 인식에 이르기까지 자신의 마음 씨앗이 [의식 흐름에서] 특수한 변화[를 맞이하는 순간이] 되면 발생하는데, 그 [특수한 변화에 도달하기 직전 순간의] 마음 씨앗[에서 변화하여] 어떤 것(= 촉감)처럼 [마음에] 나타난 것(= 촉각적 인식), 그 둘(= 마음 씨앗과 마음에 나타난 것)에 대해서 각각 [마음 씨앗은] 그것(= 인식)에 있어서 촉각기관[의 인식영역(身處)이고], [마음에 나타난 것은] 촉감의 인식영역(觸處)이라고 세존은 [숨은 의도를 가지고] 설명하셨다. 이것이 여기에서 [말하는] '숨은 의도'[의 의미]이다.

## 진제역 9송

(T31, 71c16-25)

"此說依教意, 別教意云何?"

**"識自種子生, 顯現起似塵.**

**爲成內外入, 故佛說此二. (9송)**

此偈欲顯何義? 似塵識從自種子勝類變異生. 是種子及似塵顯現爲似色識生方便門故, 佛世尊次第說, 眼入色入乃至似觸識.

從自[4]種子至變異差別生.

是種子及似觸顯現爲似[5]觸識生方便門故, 佛世尊說爲身入及觸入."

---

4 自: 磧砂本에는 '目'으로 되어 있다.

5 似: 저본에는 '似'가 빠져 있으나 磧砂本 · 洪武本 · 永樂本 · 乾隆本에는 '爲' 뒤에 '似'가 있고, 일본에 소장된 宋本 · 元本 · 明本 · 宮內省本에도 '爲' 뒤에 '似'가 있다고 교감하였으므로, 본 역에서 '似'를 덧붙였다. 또 앞 문장의 '爲似色識'과 대구를 이루는 문장이므로 '爲似觸識'으로 하는 것이 타당하다고 본다.

[외경실재론자가 묻는다.] "이 말씀이 가르침의 [숨은] 의도에 따른 것이라면 [여기서] 가르침의 숨은 의도는 무엇을 말하는가?"

**[바수반두가 답한다.]**

**"인식은 자신의 마음 씨앗(種子, bīja)으로부터 발생하는데,**
**대상처럼 [마음에] 나타나서 일어난다.**
**[마음 씨앗과 나타난 것이 각각] 내부와 외부의 인식영역이 되기**
**때문에, 붓다가 [숨은 의도를 가지고] 이 두 가지로 말씀하신 것이다. (9송)**

이 게송은 어떤 의미를 나타내려고 하는가? 대상처럼 [마음에] 나타난 인식은 [의식 흐름에서] 특수한 변화(勝類變異, pariṇāma-viśeṣa)에 도달한 자신의 마음 씨앗으로부터 발생한다. 이 [특수한 변화에 도달하기 바로 전 순간의] 마음 씨앗과 대상처럼 [마음에] 나타나서 형색과 같은 인식이 되는 것에 대하여 방편으로 세존이 [그 둘에 대해서] 각각(次第, yathākramam) [마음 씨앗은] 시각기관의 인식영역(眼入)[이고], [나타난 것은] 형색의 인식영역(色入)이라고 말씀하셨고, [이런 식으로] 촉감처럼 나타나는 인식에까지 이른다.

[예를 들어, 촉감처럼 나타나는 인식 또한] 자신의 마음 씨앗으로부터 [의식 흐름의] 특수한 변화에 도달하여 발생한다.

이 마음 씨앗과 촉각적 대상처럼 [마음에] 나타나서 촉감과 같은 인식이 되는 것에 대하여 방편으로 세존이 [그 둘에 대해서 각각 마음 씨앗은] 촉각기관의 인식영역(身入)[이고], [나타난 것은] 촉감의 인식영역(觸入)으로 말씀하셨다."

## 현장역 8송

(T31, 75b16-23)

"依何密意說色等十?"

"頌曰:

**識從自種生, 似境相而轉.**
**爲成內外處, 佛說彼爲十." (8송)**

論曰: "此說何義? 似色現識從自種子緣合轉變差別而生. 佛依彼種及所現色, 如次說爲眼處色處. 如是乃至似觸.

現識從自種子緣合轉變差別而生. 佛依彼種及所現觸, 如次說爲身處觸處. 依斯密意說色等十."

[외경실재론자가 묻는다.] "[붓다는] 어떤 숨은 의도를 가지고 형색 등의 열 가지 영역을 설명하셨는가?"

[바수반두가] "게송으로 말한다.

**인식은 자신의 마음 씨앗(種, bīja)으로부터 발생하는데,**
**[마음에서] 대상과 유사한 모습으로 변화하[여 나타난]다.**
**[마음 씨앗과 나타난 것이 각각] 내부와 외부의 인식영역이 되기 때문에**
**붓다가 [숨은 의도를 가지고] 저 열 가지 인식영역을 설명하셨다." (8송)**

[바수반두가] 논한다. "이것은 어떤 의미를 말하는가? 형색처럼 [마음에] 나타나는 인식은 자신의 마음 씨앗이 [의식 흐름의] 특수한 변화(轉變差別, parināma-viśeṣa)와 인연화합하여 발생한다. 붓다는 저 마음 씨앗과 [마음에] 나타난 형색이 각각(如次, yathākramam) 시각기관의 인식영역(眼處)과 형색의 인식영역(色處)이 된다고 설명하셨다. 이같이 하여 촉감으로 나타난 인식까지 이른다.

[촉감처럼 마음에] 나타난 인식은 자신의 마음 씨앗이 특수한 변화와 인연화합하여 발생한다. 붓다는 저 마음 씨앗과 나타난 촉감이 각각 촉각기관의 인식영역(身處)과 촉감의 인식영역(觸處)이 된다고 설명하셨다. 이 숨은 의도를 가지고 형색 등의 열 가지 영역을 말씀하셨다."

## 반야류지역 9송

(T31, 66c8-17)

問曰 : "若實無有色等入者, 以何義故, 如來經中作如是說?"

答曰 : "偈言 :

**依彼本心智, 識妄取外境.**
**是故如來說, 有內外諸入. (9송)**

此偈明何義? 唯是內心虛妄分別, 見有色等外諸境界. 此依無始心·意·識等種子轉變, 虛妄見彼色·香·味等外諸境界. 是故如來依此虛妄二種法故, 作如是說. 何者爲二? 一者本識種子, 二者虛妄外境界等. 依此二法, 如來說有眼色等入, 如是次第乃至身觸.

[외경실재론자가] 묻는다. "만약 형색 등의 인식영역이 실제로 존재하지 않는다면, 어떤 이유로 여래는 경전에서 이처럼 [열두 인식영역을] 말씀하셨는가?"

[바수반두가] 답한다. "게송으로 말한다.

**저 본심(本心, *ālayavijñāna)의 지(智)에 의해서**
**인식이 그릇되게 외부의 대상을 파악한다.**
**이 때문에 여래는**
**내부와 외부의 인식영역들이 있다고 설명하셨다. (9송)**

이 게송은 어떤 뜻을 밝히고 있는가? 오직 내부의 마음이 그릇되게 분별하여 형색 등의 외부의 모든 경계가 있다고 본다. 이것은 시작도 없이 마음·사유기능·의식(心意識) 등의 마음 씨앗이 변화하는 것에 의해서 저 형색·향기·맛 등의 외부의 모든 경계를 그릇되게 보는 것이다. 이 때문에 여래는 이 그릇된 두 종류의 존재(法)에 의지하여 이같이 설명하셨다. 어떤 것이 두 가지 존재인가? 첫째는 본식에 있는 마음 씨앗(本識種子, *mūlavijñāna-bīja/ālayavijñāna-bīja)이고, 둘째는 그릇된 외부 경계 등이다. 이 두 가지 존재를 여래는 시각기관(眼)[등의 인식영역]과 형색(色) 등의 인식영역이 있다고 말씀하셨고, 이같이 순서대로 촉각기관(身)[의 인식영역]과 촉감(觸)[의 인식영역]까지 이른다.

(T31, 66c17-23)

以虛妄心依無始來心·意·識等種子轉變, 虛妄見彼色·香·味等外諸境界. 是故如來依此虛妄二種法故, 作如是說. 何者爲二? 一者本識種子, 二者虛妄外境界等. 依此二法, 如來說有身觸等入, 如是次第. 是故偈言 : **'依彼本心智, 識妄取外境[6], 是故如來說, 有內外諸入'**故."

---

6 外境 : 趙成本에는 '境界'로 되어 있다.

그릇된 마음이 시작도 없이 마음 · 사유기능 · 의식 등의 마음 씨앗이 변화하는 것에 의해서 저 형색 · 향기 · 맛 등의 외부의 모든 경계를 그릇되게 보는 것이다. 이 때문에 여래는 이 그릇된 두 종류의 존재에 의지하여 이같이 설명하셨다. 어떤 것이 두 가지 존재인가? 첫째는 본식종자에 있는 마음 씨앗이고, 둘째는 그릇된 외부 경계 등이다. 이 두 가지 존재를 여래는 촉각기관[등의 인식영역]과 촉감의 인식영역 등이 있다고 말씀하셨고, 이같이 순서대로 나아간다. 이 때문에 게송에서 '**저 본심의 지(智)에 의해서 인식이 그릇되게 외부의 대상을 파악한다. 이 때문에 여래는 내부와 외부의 인식영역들이 있다고 설명하셨다**'라고 하였다."

## 9송 해제

앞선 논의에서 열두 인식영역(12처)은 붓다의 진정한 뜻을 담은 교리가 아니라고 하는 바수반두의 설명에 대해서 외경실재론자는 의문을 제기한다. 그러면 붓다가 인식의 구조에 대해서 어떤 진의를 가지고 열두영역을 설명하였는지.

이에 대해서 바수반두는 다소 난해한 답변을 한다. 우리가 대상에 대한 인식작용이라고 알고 있는 현상이 실제로는 우리 마음에 보이지 않는 '마음 씨앗'이 바로전 순간에 발현하여 현재 무언가가 우리의 마음에 나타나는 것(ābhāsa, 현현)에 불과한 것이라고. 다시 말해, 우리가 감각기관이라고 알고 있던 것은 본래 마음 씨앗이고, 대상이란 마음에 나타난 것일 뿐이라고 설명한다. 외부의 물질적 대상이라고 여기는 것이 본래 마음에 나타난 것(현현)에 불과하다는 것은 앞에서부터 바수반두가 줄곧 이야기해 왔다. 그러면 우리가 육체의 일부로 여기고 감각의 주체로 실감하는 감각기관이 본래 마음 씨앗이라는 말은 무엇을 의미할까?

'마음 씨앗'의 원어인 bīja는 식물의 씨앗을 의미한다. 그래서 한역에서는 '종자(種子)'라고 번역한다. 경량부나 유식에서 종자라는 말이 특수한 용어로 사용되는데, 잠재인상을 씨앗 상태로 비유한 것이다. 아직 싹을 틔우지 않았지만, 특정한 싹을 틔울 잠재력 – 콩이면 콩의 싹을, 팥이면 팥의 싹을 틔울 – 을 지닌 것이 씨앗이다. 그와 마찬가지로 '마음 씨앗'은 현재 마음에서 드러나고 있지는 않지만, 어떤 특정한 결과를 드러낼 잠재력을 지니고 있는 심리 상태를 표현한 것이다. 경험을 통해 내 마음속에 일어났던 – 어떤 경우 선천적인 – 인상이 마음 씨앗이 되고, 그 마음 씨앗은 언젠가 결과를 드러내기 전까지는 숨어 있다. 그래서 실질적으로는 6 · 7송에서 나왔던 잠재력(vāsanā)과 같은 의미이다. 사이먼 & 가펑클의 <The Sound of Silence> 첫 구절이 우연히 그런 마음 씨앗의 이미지를 잘 보여준다.

안녕, 내 오랜 친구인 내면의 어둠이여
다시 이야기 좀 나누려고 왔다오
왜냐하면
어떤 환상이 슬며시 다가와
내가 의식하지 못하는 사이 씨앗을 남겼고
내 머릿속에 심어진 그 환상은
여전히 머물러 있거든
들리지 않는 소리 사이에서

그런데 『유식이십론』의 '감각기관이 마음 씨앗'이라는 표현에 대해서는 바수반두의 후예들조차 다소 곤혹스러워했다. 바수반두의 가장 충실하고 체계적이면서도 독창적인 주석가인 스티라마티(Sthiramati, 安慧, 6세기)조차도 이 '감각기관 = 마음 씨앗'의 이론이 바수반두의 진의가 아니라고 해석한다. 그의 해석이 맞다면, 바수반두는 열두 인식영역에 붓다의 가르침에 '숨은 의도'가 있다는 것에 대해 자신의 '숨은 의도'가 있는 이론으로 설명하고 있는 셈이 된다. 정말로 스티라마티의 해설처럼 바수반두가 이런 이중의 숨은 의도를 기획한 것인지는 여러 가지 – 역사적으로도 철학적으로도 – 논의의 여지가 있지만, 우선은 이 맥락 안에서 '감각기관 = 마음 씨앗'이 무엇을 의미하는지 고려해 볼 필요가 있다. 만약 '바수반두의 숨은 의도'를 굳이 고려하지 않고도 이 부분을 설명할 수 있다면, '이중의 숨은 의도'라는 스티라마티의 해석은 포기해도 될 것이다.

우선 우리가 꿈속에서 보는 풍경을 상상해 보자. 눈앞에 나무가 보인다. 그걸 현실로 착각하고 있는 나는 눈앞에 나무가 진짜로 존재하고, 그것을 내 눈 – 나는 내 눈을 직접 볼 수 없지만 – 이 보고 있다고 생각한다. 그런데 꿈속에서 내 앞에 보이는 나무는 내가 만들어 낸 마음속의 이미지이고, 내 육체적 안구(眼球) 역시 꿈속에서 실제로 존재하지 않는다. 사고로 시력을 잃게 된 사람도 꿈속에서는 시각적 영상을 볼 수 있다는 보고를 통해서도 알 수 있듯이, 꿈속에서 무언가를 보기 위해서 진짜 눈이 필요한 것은 아니다. 하지만 그 꿈속에서 나는 '눈으로' 대상을 보고 있다고 착각한다. 이는 평소 현실에서 무언가를 볼 때 눈으로 보아 왔던 – 혹은 바수반두에 의하면 '봤다고 잘못 믿는' – 반복적이고 습관적인 자기 인지가 꿈속에서도 '눈으로' 보고 있다는 착각으로 이어지는 것이다. 그래서 꿈속에서는 실제로 육체적인 눈이 존재하지 않지만, 우리는 눈으로 보는 것처럼 여기고 심지어는 눈을 감고 시야를 거부하는 것도 가능하다.

그처럼 꿈속에서 보이는 풍경이 눈으로 본 것이 아니라면, 그 풍경은 어떻게 생겨난 것일까? 마음의 시간적 흐름 속에서 바로 전의 마음이 그것을 밀어내듯이 풍경을 만든 것이다. 내가 꿈속에서 보는 풍경은 낮에 깨어있을 때 인상 깊었던 장면, 아쉬웠던 부분, 오래된 과거의 기억 등이 뒤섞여서 나타나고, 가끔은 잠이 드는 동안 현실 사건의 영향 – 침실의 문을 누군가 험하게 두드리는 순간 꿈속에서 천둥이 치는 것처럼 – 을 받기도 한다. 하지만 이 꿈속의 풍경이 나타나는 직접적인 원인은 바로 직전의 마음이 그 영상을 만들어 냈기 때문이다. 마치 컴퓨터 모니터에 프로그램 창이 뜨기 위한 조건을 모두 나열하면 컴퓨터 생산, 배달, 전원 연결, 프로그램 개발 및 설치 등 여러 가지가 있지만, 이 창을 띄우는 직접적인 원인은 바로 직전의 '클릭'에 있는 것과 마찬가지이다.

이렇게 우리가 꿈속에서 '눈'으로 봤다고 착각하는 풍경은 실제로는 '바로 전의 마음', 즉 전 찰나의 마음이 만들어 낸 것이다. 그런데 만약 내가 꿈속에서 흉악한 늑대를 '지금' 보았다고 한다면, 이는 바로 전까지 그것을 보지 못했다는 것을 의미한다. 내가 평생 쌓아온 늑대에 대한 인상과 최근의 심리 상태가 연관을 일으켜 '지금' 꿈속에서 늑대를 보고 있지만, 이 늑대의 모습은 그 꿈속에서도 바로 전까지는 잠재된 상태로, 즉 마음 씨앗의 상태로 있던 것이다. 다시 말해 '바로 전'까지 잠재 상태로 있던 마음 씨앗이 일으킨 변화가 '지금' 꿈속에서 늑대의 모습으로 보이는 것이다. 이것을 우리 꿈속에서는 "늑대의 모습을 내 눈으로 보고 있다"라고 착각하는 것이다.

바수반두는 꿈속에서뿐만 아니라 현실에서도 이와 마찬가지라고 설명한다. 현실에서 "내가 눈으로 대상을 본다"라고 여기는 것도 꿈과 같이 허위이며, 구체적으로는 지금 마음에 나타난 것을 외부의 대상이라고 착각하고, 또 그것의 원인인 바로 전의 마음을 눈이라고 착각한다는 것이다. 이 '바로 전의 마음'이란 본문의 표현대로, '마음 씨앗'의 상태로 계속 의식 속에 있다가 어떤 조건이 맞는 상황이 되어 '마음에 나타나는' 형태의 특수한 변화를 일으킬 준비를 마친 순간을 말한다. 그것이 다음 순간에 변화하여 마치 대상의 모습처럼 마음에 나타난다. 그것을 붓다는 "감각기관이 대상을 지각한다"라고 했지만, 여기에는 "마음 씨앗이 대상의 모습으로 나타난 변화한 것이다"라는 붓다의 숨은 의도가 있다고 바수반두는 주장한다. 그리고 이것을 조금 더 확장하면, 우리에게 마치 대상이 눈앞에서 존재를 지속하는 것처럼 마음에 계속 그 모습이 나타나는 이유는 마음 씨앗이 매 순간 반복하여 작용하기 때문이다. 이는 매 순간 깜빡

이는 모니터 화면 속에서의 사물이 존재를 지속하는 것처럼 보이는 것과 같다. 매 순간 새로 마음에 나타난 인상이 다시 마음 씨앗이 되고, 그렇게 잠복된 마음 씨앗은 다음에 다시 마음에 나타나는 것이다.

이런 '마음 씨앗 – 마음에 나타난 것' 구조와 '감각기관 – 대상' 구조 사이의 관계는 컴퓨터에서 '프로그램 코드'와 '실행화면' 사이의 관계와 유사하다. 영화 <매트릭스>에서는 진짜 세계를 경험하게 될 때 그동안 현실이라고 믿고 있었던 세계가 단지 프로그램 코드로 이루어진 가상현실인 것을 알게 된다. 그래서 진짜 현실인 함선 느브갓네살호 안에서 모니터 화면에 초록색 글씨로 나열되는 코드를 보면서 그것이 가상현실인 매트릭스 프로그램 안에서 어떤 모습으로 나타나고 있을지 실시간으로 읽어낼 수 있다. 그와 마찬가지로 '감각기관 – 대상'의 구조로 나타나는 모습이 가짜 현실이고, 의식의 흐름 속에서 특수한 변화를 통해서 일어나는 '마음 씨앗 – 마음에 나타난 것'의 구조가 실제 모습을 나타내는 코드 같은 것이다.

이와 같은 바수반두의 '감각기관 = 마음 씨앗'의 아이디어는 그의 철학 체계에서 이질적인 것은 아니다. 그것은 소위 '정신적 감각기관'이라고 할 수 있는 사유기능(manas, 意根), 즉 안이비설신의 중 '의'에 대해서 『아비달마구사론』에서 설명하는 구절에서 그 기원을 찾을 수 있다.

우리가 마음속에서 무언가를 상상으로 만들어 내는 장면을 생각해 보자. 이를테면, 말과 소를 합성하여 소처럼 머리 양쪽에 뿔이 달린 말을 마음속에 떠올려 보자. 그럴 때 떠오르는 '뿔이 달린 말'의 이미지도 마음이고, 그런 이미지를 상상해 내는 주체도 마음이다. 즉, "마음속에서 만들어 낸다"라고 할 때, 만들어 내는 자도 마음이고, 만들어진 것도 마음이다. 이렇게 하나의 상상 속에서 마음이 주체도 되고 대상도 될 수 있다. 이때 마음에서 주체에 해당하는 측면을 편의상 '사유기능(의근)'이라고 한다는 것이 바수반두도 동의하는 주장이다.

"마음이 뿔 달린 말의 이미지를 만들어 낸다"라고 할 때, 그 '만들어 낸 자'가 마음속에서 모습을 드러내는 것은 아니고 따로 존재하는 것도 아니다. 단지 우리의 정신적 습관에 의해서 "내가 마음으로 그 이미지를 만들었다"라고 생각할 뿐이다. 이는 꿈속에서 "내 눈으로 본다"라고 착각하는 것과 마찬가지이다. 바수반두는 『구사론』(1.17ab)에서 그런 '만들어 낸 자'라고 여겨지는 사유기능(意)이란 매 순간 발생 · 소멸하는 의식의 흐름 속에서 '바로 전 순간(kṣaṇa, 刹那)의 의식'을 나타내는 것일 뿐이라고 설명한다. 다시 말해 사유기능이 따로 있는 것이 아니라, 지금의 의식을 일으키고 사라진 바로 전의 의식을 편의상 사유기능이라고 부른다는 것이다. 초기불교 이래 전통적인 교리였던 안이비설신의라는 범주 중 '의'에 해당하는 사유기능의 존재가 사실상 해체되어 의식(vijnana, 識)에 편입되었다고 할 수 있다. 여기서 이미 '감각기관 = 마음 씨앗' 이론의 뼈대가 되는 아이디어가 형성되어 있다. '사유기능(의근) = 바로 전 의식'의 이론을 통해 '꿈속의 풍경'을 만들어낸 바로 전의 의식도 사유기능이라고 설명할 수 있고, 그 원리를 현실의 감각 현상에 동일하게 적용하면 '감각기관 = 마음 씨앗'이 된다. 이런 '사유기능 = 바로 전 의식'의 이론은 이후 유식학파와 유가행 중관학파로 계속 이어져, 사유기능에 관한 불교의 주류 학설 중 하나가 된다. 여기서 주목해둘 만한 것은 바수반두가 '마음 씨앗'이라는 경량부-유식의 용어를 사용하면서도 유식사상의 근간이 되는 알라야식(Ālaya-vijñāna)에 대해서는 끝까지 언급하지 않는다는 점이다. 실제로 바수반두는 『유식이십론』 전체에서 '알라야식'이라는 용어를 한 번도 사용하지 않는다. 반야류지는 이 주제에 대해서 당연한

듯이 알라야식과 관련된 것으로 해석하여 내용을 덧붙이고 있지만, 본래 바수반두는 알라야식을 가정하지 않고도 '마음 씨앗'만으로 이 내용을 설명할 수 있도록 고안했던 것 같다. 다시 말해서, 외경실재론자인 경량부도 인정하는 전제 안에서 이 논의를 해결하려는 것이 바수반두의 의도로 보인다.

이상이 바수반두가 열두 인식영역의 교설이 붓다의 숨은 의도가 따로 있는 가짜 이론이라고 하는 이유이다. 그렇다면 붓다는 대체 왜 진의를 숨기고 이런 가짜 이론을 제자들에게 가르친 것인가? 바수반두는 이에 대해서 10송에서 설명한다.

# 10송

## 두 단계의 무아

## 산스크리트 10송

(L 6,4; S 192,15)

evaṃ punar abhiprāyavaśena deśayitvā ko guṇāḥ |

**tathā pudgalanairātmyapraveśo hi**

tathā hi deśyamāne pudgalanairātmyaṃ praviśanti | dvayaṣaṭkād[1] vijñānaṣaṭkaṃ pravartate,[2] na tu kaścid eko draṣṭāsti na yāvan mantety evaṃ viditvā ye pudgalanairātmyadeśanāvineyās te pudgalanairātmyaṃ praviśanti |

**anyathā punaḥ |**

**deśanā dharmanairātmyapraveśaḥ**

anyatheti vijñaptimātradeśanā |

---

1 RS : dvayaṣatkād; S : dvayaṣaṭkābhyāṃ; all : dvayād

2 S : vijñānaṣaṭkaṃpravarttate

[외경실재론자 :] 그런데 이런 방식으로 숨은 의도를 가지고 [열 두 인식영역을] 가르치면 무슨 이점이 있는 것인가?

> **[바수반두 :] 왜냐하면, 이런 방식으로 [열두 인식영역을 가르침으로써] '인격적 주체가 없는 상태(pudgala-nairātmya, 人無我)'[를 깨닫는 경지]에 들어가기 때문이다. [10ab']**

왜냐하면, [제자들이] 이런 방식으로 가르침을 받으면, 인격적 주체가 없는 상태[를 깨닫는 경지]에 들어가기 때문이다. "여섯 가지 의식(vijñāna, 識)은 [단지] 여섯 쌍[의 인식영역]으로부터 발생하는 것으로서, [예를 들어, 시각적 의식(眼識)이 일어날 때 시각기관의 인식영역(眼處) 및 형색의 인식영역(色處)과는 별도로] 어떤 하나의 [불변하는 주체인] 보는 자(draṣṭṛ)도 [따로] 존재하지 않으며, 이어서 [듣는 자(śrotṛ)부터] 생각하는 자(mantṛ)에 이르기까지 [내 · 외 인식영역과 별도의 주체는] 존재하지 않는다"라고 알고 나면, '인격적 주체가 없는 상태'의 가르침으로 인도되어야 할 사람들이 '인격적 주체가 없는 상태'[를 깨닫는 경지]에 들어간다.

> **더욱이 다른 방식으로 [전하는 다음 단계의] 가르침은 '존재의 요소가 없는 상태(dharma-nairātmya, 法無我)'[를 깨닫는 경지]에 들어가게 한다. [10bcd']**

'다른 방식으로'라는 것은 '유식(唯識)의 가르침'[을 통해서라는 것]을 의미한다.

kathaṃ dharmanairātmyapraveśaḥ |

vijñaptimātram idaṃ rūpādidharmapratibhāsam utpadyate na tu rūpādilakṣaṇo dharmaḥ ko 'py astīti viditvā |

yadi tarhi sarvathā dharmo nāsti tad api vijñaptimātraṃ nāstīti kathaṃ tarhi vyavasthāpyate |

na khalu sarvathā dharmo nāstīty evaṃ dharmanairātmyapraveśo bhavati | api tu |

**kalpitātmanā || 10 ||**

[외경실재론자 :] 어떻게 [유식의 가르침을 통해서] 존재의 요소가 없는 상태[를 깨닫는 경지]에 들어가게 하는 것인가?

[바수반두 :] "마치 형색 등과 같은 존재의 요소(dharma)인 것처럼 [마음에] 나타나는 이 인식만 발생할 뿐이고, 형색 등의 특징적 본질(lakṣaṇa)을 지닌 어떤 존재의 요소도 실제로 존재하지 않는다"라고 알고 나면 [존재의 요소가 없는 상태를 깨닫는 경지에 들어가는 것이다.]

[외경실재론자 :] 그렇다면 만약 어떤 측면으로도 존재의 요소는 실재하지 않는다고 한다면, 그런 '오직 인식일 뿐인 것' 또한 존재하지 않을 것이다. 그렇다면 어떻게 ['오직 인식일 뿐'이라는 당신의 주장이] 확립될 수 있겠는가?

[바수반두 :] 결코 [그처럼] "어떤 측면으로도 존재의 요소는 실재하지 않는다"라는 식으로 [앎으로써] 존재의 요소가 없는 상태[를 이해하는 경지]에 들어가게 되는 것이[라고 한 것이] 아니다. 그런 것이 아니라,

> **[그것은] 망상된 본질(ātman)의 관점에서 [존재의 요소가 실재하지 않는다는 것을 깨닫는 경지에 들어간다고 한 것이다.] [10]**

yo bālair dharmāṇāṃ svabhāvo grāhyagrāhakādiḥ parikalpitas tena kalpitenātmanā teṣāṃ nairātmyaṃ, na tv anabhilāpyenātmanā yo buddhānāṃ viṣaya iti | evaṃ vijñaptimātrasyāpi vijñaptyantaraparikalpitenātmanā nairātmyapraveśād[3] vijñaptimātravyavasthāpanayā sarvadharmāṇāṃ nairātmyapraveśo bhavati na tu sarvathā tadastitvāpavādāt |

itarathā hi vijñapter api vijñaptyantaram arthaḥ syād iti vijñaptimātratvaṃ na sidhyetārthavatītvād vijñaptīnāṃ ||

---

3 L, F : nairātmyapraveśāt

어리석은 자들은 존재의 요소들이 인식대상(grāhya)과 인식주체(grāhaka) 등의 본성(svabhāva)을 지닌다고 망상분별(parikalpita, 遍計所執)하는데, 그런 [주 · 객 등의 본성으로] 망상된 본질(ātman)의 관점에서 [그 상태에서는] 그것(= 존재의 요소)들이 실재하지 않는다[고 한 것이다]. 반면에 붓다들은 [인식대상과 인식주체 등의 본성이 없는] 인식영역을 지니는데, [그런 인식영역의] 언어로 표현할 수 없는 본질과 관련해서[도 존재의 요소들이] 없다고 한 것이 아니다.

이처럼 '오직 인식일 뿐'[이라는 가르침] 또한 다른 인식에 의해 망상분별된 본질의 관점에서 [존재의 요소가] 없는 상태[를 깨닫는 경지]에 들어가게 한다. 그러므로 '오직 인식일 뿐'[이라는 가르침]을 확립함으로써 모든 존재의 요소들이 없는 상태[를 깨닫는 경지]에 들어가게 되는 것이지, 그것(= 존재의 요소)들이 존재함을 모든 면에서 [존재하지 않는 것으로] 은폐(apavāda, 減)함으로써 [존재의 요소가 없는 상태를 이해하는 경지에 들어가는 것은] 아니다.

왜냐하면, 그렇지 않으면(= 존재의 요소들이 존재함을 모든 면에서 부정하는 입장에서 보면) 인식도 [찰나생멸하는 자기 존재의 흐름 속에서 그것을 스스로 일으키는 것이 아니라] 또 다른 인식을 대상으로 삼[아야만 발생할 수 있]게 되어, 인식들이 대상을 가지게 되므로 [삼계에 속한 것은 모두] '오직 인식일 뿐'이라고 증명할 수 없을 것이기 때문이다.

## 티베트역 10송

(D 136 6a7, P 235 7a1)

de ltar dgongs pa'i dbang gis bstan pa la yon tan ci yod ce na |

**de ltar gang zag la bdag med par |**
**'jug par 'gyur ro |**

de ltar bshad na gang zag la bdag med par 'jug par 'gyur te | drug po gnyis las rnam par shes pa drug 'byung gi | lta ba po bcig pu[4] nas reg pa po'i bar du gang yang med par rig nas gang dag gang zag la bdag med par bstan pas 'dul ba de dag gang zag la bdag med par 'jug go |

**gzhan du yang |**
**bstan pa[5] chos la bdag med par |**
**'jug 'gyur |**

gzhan du yang zhes bya ba ni rnam par rig pa tsam[6] du bstan pa'o ||

4 P.N : po
5 P.N : pa'i; P.K.125 : bshad pa
6 P.N : tsam nyid

[외경실재론자 : 그런데] 이런 방식으로 숨은 의도를 가지고 [열두 인식영역을] 가르치면 어떤 이점이 있는가?

**[바수반두 :] 이런 방법으로 [열두 인식영역을 가르침으로써] '인격적 주체가 없는 상태(gang zag la bdag med pa, pudgala-nairātmya, 人無我)'[를 깨닫는 경지]에 들어가게 된다. [10ab']**

이런 방식으로 설명하면, [제자들은] '인격적 주체가 없는 상태'[를 깨닫는 경지]에 들어가게 된다. 여섯 가지 의식은 [단지] 여섯 쌍[의 인식영역]으로부터 발생하는 것으로서, [예를 들어, 시각적 의식(眼識)이 일어날 때 시각기관의 인식영역(眼處) 및 형색의 인식영역(色處)과는 별도로] 하나의 [불변하는 주체인] 보는 자(lta ba po, draṣṭṛ)로부터 촉감을 느끼는 자(reg pa po, spraṣṭṛ)에 이르기까지 어떤 것도 존재하지 않는다는 것을 알고 나면, '인격적 주체가 없는 상태'의 가르침으로 인도되어야 할 사람들은 '인격적 주체가 없는 상태'[를 깨닫는 경지]에 들어가게 된다.

**더욱이 다른 방식으로 [전하는 다음 단계의] 가르침은 '존재의 요소가 없는 상태(chos la bdag med pa, dharma-nairātmya, 法無我)'[를 깨닫는 경지]에 들어가게 된다. [10bcd']**

'더욱이 다른 방식으로 [전하는 다음 단계의 가르침]'이라는 것은 '유식(唯識)의 가르침'을 의미한다.

ji ltar chos la bdag med par 'jug ce na |

rnam par rig pa tsam 'di nyid gzugs la sogs pa'i chos su snang bar 'byung ste |

gzugs la sogs pa'i mtshan nyid kyi chos gang yang med par rig nas 'jug go |

gal te chos rnam pa thams cad du med na rnam par rig pa tsam zhes bya ba de yang med pas de ji ltar rnam par gzhag ce na |

chos ni rnam pa thams cad du med pa ma yin pas de ltar chos la bdag med par 'jug par 'gyur te |

**brtags pa'i bdag nyid kyis || 10 ||**

[외경실재론자 :] 어떻게 존재의 요소가 없는 상태[를 깨닫는 경지]에 들어가게 하는 것인가?

[바수반두 :] "이 '오직 인식일 뿐'은 형색 등 존재의 요소처럼 [마음에] 나타나는 이 인식만이 발생하고 형색 등의 특징적 본질(mtshan nyid, lakṣaṇa)을 지닌 어떤 존재의 요소도 실제로 존재하지 않는다"라는 것을 알고 나면, [존재의 요소가 없는 상태를 깨닫는 경지에] 들어가게 된다.

[외경실재론자 : 그렇다면] 만약 어떤 측면으로도 존재의 요소가 실재하지 않는다고 한다면, 그런 '오직 인식일 뿐'이라는 것도 존재하지 않을 것이다. 그와 같이 [존재의 요소가] 실재하지 않는데 어떻게 ['오직 인식일 뿐'이라는 당신의 주장이] 확립될 수 있겠는가?

[바수반두 : 결코 그처럼] 존재의 요소는 어떤 측면으로도 실재하지 않는 것이 아니기에, 그런 방식으로(= 유식의 가르침을 통해서) 존재의 요소가 없는 상태[를 깨닫는 경지]에 들어가게 된다.

> **[그것은] 망상된 본질(bdag nyid, ātman)과 관련하여 [존재의 요소가 실재하지 않는다는 것을 깨닫는 경지에 들어간다고 한 것이다.] [10]**

gang byis pa rnams kyis chos rnams kyi rang bzhin kun brtags pa'i bdag nyid des de dag bdag med kyi sangs rgyas kyi yul[7] gang yin pa brjod du med pa'i bdag nyid kyis ni med pa[8] ma yin no |

de ltar rnam par rig pa tsam yang rnam par rig[9] pa gzhan gyis kun brtags pa'i bdag nyid kyis bdag med par rtogs[10] pa'i phyir rnam par rig pa tsam du rnam par gzhag[11] pas chos thams cad la chos la bdag med par 'jug pa yin gyi | yod pa de la yang rnam pa thams cad du skur pas ni ma yin no | gzhan du na ni rnam par rig pa gzhan yang rnam par rig pa gzhan gyi don du 'gyur bas rnam par rig pa tsam nyid du mi 'grub ste | rnam par rig pa rnams don dang ldan pa'i phyir ro ||

---

7 P.N : kyi spyod yul

8 C : par

9 rigs를 rig로 교정함

10 P.N : rtog

11 P.N : bzhag

어리석은 자들은 존재의 요소들이 지니는 [인식대상과 인식주체 등의] 본성(rang bzhin, svabhāva)을 망상분별하는데, 그 [인식대상과 인식주체 등으로 망상된] 본질과 관련하여 그것(= 존재의 요소)들이 실재하지 않는다[고 한 것이다]. [반면에] 붓다의 [인식대상과 인식주체 등의 본성이 없는] 인식영역(yul, viṣaya, 境界)은 언어로 표현할 수 없는 본질[을 지니는데 그것]과 관련해서[도 존재의 요소가] 없다고 한 것은 아니다.

이처럼 '오직 인식일 뿐'[이라는 가르침] 또한 다른 인식에 의해 망상분별된 본질과 관련하여 내재적 본질이 없다고 이해하기 때문에, '오직 인식일 뿐'[이라는 가르침]을 확립함으로써 모든 존재의 요소가 없는 상태[를 깨닫는 경지]에 들어가게 된다. 하지만 그것(= 존재의 요소)이 존재함을 모든 면에서 부정함으로써 [존재의 요소가 없는 상태를 깨닫는 경지에 들어가는 것은] 아니다. 그렇지 않으면(= 존재의 요소들이 존재함을 모든 면에서 부정하는 입장에서 보면) 인식도 다른 인식을 대상으로 삼[아야만 발생할 수 있]게 되어, 인식들이 대상을 가지게 되기 때문에 [삼계에 속한 것은 모두] '오직 인식일 뿐'[이라는 주장]은 증명될 수 없을 것이다.

## 진제역 10송

(T31, 71c25-72a2)

"若約此義說入, 有何利益?"

**"若他依此教, 得入人無我,**

**由別教能除, 分別入法空. (10송)**

若佛世尊由此義說諸入, 受化弟子得入人空. 從唯六雙但六識生, 無一法爲見者乃至爲觸者. 若知此義說[12]人空, 所化弟子得入人我空.

---

12 說 : 磧砂本 · 洪武本 · 永樂本 · 乾隆本에는 '說' 뒤에 '入'이 들어 있다.

[외경실재론자가 묻는다.] "만약 이 의미에 따라 [열두 가지] 인식영역을 설명하면 어떤 이익이 있는가?"

[바수반두가 답한다.]

> **"만약 다른 사람들이 이 [열두 가지 인식영역의] 가르침에 의지하면**
> **인격적 주체가 없는 상태(人無我, pudgala-nairātmya)[를 깨닫는 경지]에 들어갈 수 있고,**
> **다른 [방식으로 전하는 다음 단계의] 가르침으로는 망상분별[된 본질](分別, kalpita)을 제거하여**
> **존재의 요소가 없는 상태(法空, dharma-nairātmya)[를 깨닫는 경지]에 들어갈 수 있다. (10송)**

만약 세존이 이 의미로 [열두 가지] 인식영역을 설명하셨다면, [이 가르침으로] 교화를 받은 제자는 인격적 주체가 없는 상태(人空)[를 깨닫는 경지]에 들어갈 수 있다. 오직 여섯 쌍[의 인식영역]으로부터 다만 여섯 가지 의식이 발생하므로, 한 존재라도 보는 자(爲見者, draṣṭṛ)나 이어서 [듣는 자, 냄새 맡는 자, 맛보는 자도 없으며,] 촉감을 느끼게 되는 자(爲觸者)까지도 없다. 만약 인격적 주체가 없는 상태(人空)를 설명하는 이 의미를 알게 되면 교화될 제자들이 인격적 주체가 없는 상태(人我空)[를 깨닫는 경지]에 들어갈 수 있다.

(T31, 72a2-7)

**'由別說'**者, 由說'唯識'教, 得入法我空. 云何得入法空? 一切法唯識生似色塵等, 無有一法色等爲相. 若知如此得入法空."

"若一切法一向無, 是'唯識'亦應無, 云何得成立?"

"非一切法一向無, 說爲'法空.' 非知此義名'入法空.'"

**'다른 [방식으로 전하는 다음 단계의] 가르침으로는'**이란 이 '오직 인식일 뿐'이라는 가르침에 의해서 존재의 요소가 없는 상태(法我空)[를 깨닫는 경지]에 들어갈 수 있다는 것이다. 어떻게 존재의 요소가 없는 상태[를 이해하는 경지]에 들어갈 수 있다고 하는가? 모든 존재는 오직 인식이 생겨날 때만 형색 등의 대상처럼 [마음에] 나타나는 것이지 어떤 존재의 요소라도 형색 등을 특징적 본성(相, lakṣaṇa)으로 삼는 것이 아니다. 만약 이같이 안다면 [모든] 존재의 요소가 없는 상태[를 깨닫는 경지]로 들어갈 수 있다."

[외경실재론자가 묻는다.] "만약 모든 존재가 어떤 측면으로도 실재하지 않는다면 이 '오직 인식일 뿐'이라는 것 또한 존재하지 않아야 하는데 어떻게 ['오직 인식일 뿐'이라는 당신의 주장이] 성립할 수 있겠는가?"

[바수반두가 답한다.] "모든 존재가 어떤 측면으로도 실재하지 않는 것을 '존재의 요소가 없는 상태(法空)'라고 하는 것이 아니다. [그리고 모든 존재가 어떤 방식으로도 실재하지 않는다는] 이 의미를 아는 것을 '존재의 요소가 없는 상태[를 깨닫는 경지]에 들어간다'라고 하는 것이 아니다."

(T31, 72a7-13)

"若爾[13]云何得入法空?"

"由除分別性相故, 得入法空. 如凡夫分別所有法相, 由此法相一切法空無所有, 是名法空. 不由不可言體諸佛境界, 說諸法空.

如此'唯識'由別識, 所分別體無所有故空. 若入此理得成立'唯識,' 入法我空. 不由撥一切法無. 若不如此, 別識應成別識境, '唯識'義則不成. 識塵實有故[14]."

---

13 爾 : 趙成本 · 高麗本 · 磧砂本 · 洪武本에는 '尒'로 되어 있다.

14 故 : 趙成本에는 빠져 있다.

[외경실재론자가 묻는다.] "만약 그렇다면 어떻게 존재의 요소가 없는 상태[를 깨닫는 경지]에 들어갈 수 있는 것인가?"

[바수반두가 답한다.] "망상분별된 본질(分別性相, kalpitātman)을 제거하는 것에 의해 존재의 요소가 없는 상태[를 깨닫는 경지]에 들어갈 수 있다. 예컨대 어리석은 자들은 존재 요소의 [인식대상과 인식주체라는] 본질(法相, dharm-ātman)이 있는 것으로 망상분별하지만, 이 [망상분별된] 존재 요소의 본질과 관련하여 모든 존재의 요소가 없는 상태를 존재의 요소가 없는 상태라고 한다. [반면에] 언어로 표현할 수 없는 본질(體)과 관련하여 모든 붓다의 인식영역(境界)을 존재의 요소가 없는 상태라고 하는 것은 아니다.

이같이 '오직 인식일 뿐'[이라는 가르침 또한] 다른 인식에 의해서 망상분별된 본질과 관련하여 존재하는 것이 없으므로 공(空)하다는 것이다. 만약 이 이치에 들어가서 '오직 인식일 뿐'[이라는 가르침]을 증명할 수 있으면 존재의 요소가 없는 상태[를 깨닫는 경지]에 들어간다. [이 의미를 벗어나] 모든 존재를 제거해 버리고 [존재의 요소가] 없다고 하는 것은 아니다. 만약 이와 같지 않다면(= 모든 존재를 제거해 버리면) 어떤 인식이 다른 인식의 대상이 되어, '오직 인식일 뿐'이라는 의미는 증명될 수 없을 것이다. 왜냐하면, [그렇게 되면] 인식이 대상을 실제로 가지게 되기 때문이다."

## 현장역 9송

(T31, 75b23-c1)

"此密意說有何勝利?"

"頌曰 :

**依此教能入, 數取趣無我.**
**所執法無我, 復依餘教入." (9송)**

論曰 : "依此所說十二處教, 受化者能入數取趣無我. 謂若了知從六二法有六識轉, 都無見者乃至知者, 應受有情無我教者, 便能悟入有情無我.

[외경실재론자가 묻는다.] "이 숨은 의도의 말씀에는 어떤 뛰어난 이익이 있는가?"

[바수반두가 답한다.] "게송으로 말한다.

**이 가르침에 의해서**
**인격적 주체가 없는 상태(數取趣無我, pudgala-nairātmya)[를 깨닫는 경지]에 들어갈 수 있다.**
**[더욱이] 집착되는 존재의 요소가 없는 상태[를 깨닫는 경지]는**
**다시 [다음 단계의] 다른 가르침에 의해서 들어간다." (9송)**

[바수반두가] 논한다. "여기서 말하는 열두 가지 인식의 영역의 가르침에 의해서 교화를 받는 자들은 인격적 주체가 없는 상태[를 깨닫는 경지]에 들어갈 수 있다. 말하자면 만약 여섯 쌍의 인식영역으로부터 여섯 가지 의식이 발생할 뿐 [여기에] 보는 자(見者, draṣṭṛ)로부터 생각하는 자(知者, mantṛ)에 이르기까지 모두 [별도로] 존재하지 않는다는 것을 확실히 안다면, 인격적 주체가 없는 상태(有情無我)의 가르침을 받은 자는 곧 인격적 주체가 없는 상태[를 아는 경지]에 깨달아 들어갈 수 있다.

(T31, 75c1-5)

復依此餘說'唯識'教. 受化者能入所執法無我. 謂若了知唯識現似色等法起, 此中都無色等相法, 應受諸法無我教者, 便能悟入諸法無我."

"若知諸法一切種無, 入法無我, 是則'唯識'亦畢竟無, 何所安立?"

다시 이 '오직 인식일 뿐'을 설명하는 다른 가르침에 의하여 교화를 받은 자는 [망상분별하여] 집착하는 존재의 요소가 없는 상태[를 깨닫는 경지]에 들어갈 수 있다. 말하자면 만약 오직 인식이 형색 등의 대상처럼 [마음에] 나타나서 발생하지만, 이 가운데 형색 등의 특징적 본질(相, lakṣaṇa)을 가진 존재의 요소(法)가 전혀 없다는 것을 확실히 안다면, 존재의 요소가 없는 상태의 가르침을 받은 자는 곧 존재의 요소가 없는 상태의[를 아는 경지]에 깨달아 들어갈 수 있음을 말한다."

[외경실재론자가 묻는다.] "만약 모든 존재의 요소가 어떤 측면으로도 존재하지 않는다는 것을 알아서 [모든] 존재의 요소가 없는 상태[를 깨닫는 경지]에 들어간다면, 이것은 곧 '오직 인식일 뿐'인 것 또한 결국에는 존재하지 않는다는 것인데 어떻게 ['오직 인식일 뿐'이라는 당신의 주장이] 증명되겠는가?"

(T31, 75c5-13)

“非知諸法一切種無, 乃得名爲入法無我. 然達愚夫遍計所執, 自性差別諸法無我, 如是乃名入法無我. 非諸佛境離言法性, 亦都無故名法無我.

餘識所執此‘唯識性’, 其體亦無名法無我. 不爾[15]餘識所執境有, 則唯識理應不得成. 許諸餘識有實境故. 由此道理, 說立‘唯識’教, 普令悟入一切法無我, 非一切種撥有性故.”

---

15 爾 : 高麗本 · 磧砂本 · 洪武本에는 ‘尒’로 되어 있다.

[바수반두가 답한다.] "모든 존재의 요소가 어떤 측면으로도 존재하지 않는다고 알아서 이에 존재의 요소가 없는 상태[를 깨닫는 경지]에 들어가게 된다고 말하는 것이 아니다. 그보다는 어리석은 사람들이 [인식대상과 인식주체 등의] 본질을 지니는 것으로 망상분별(遍計所執, parikalpita)하는 모든 존재의 요소가 없음을 통달하면, 이같이 하여 이에 존재의 요소가 없는 상태[를 깨닫는 경지]에 들어간다고 말한다. [반면에] 모든 붓다의 인식영역인 언어로 표현할 수 없는 존재 요소의 본질 또한 모두 없기에 존재의 요소가 없는 상태라고 말하는 것이 아니다.

이 '오직 인식일 뿐이라는 것(唯識性)'이 다른 인식에 의해서 집착된다면, 그것(= 유식성)의 본질 또한 없는 것을 존재의 요소가 없는 상태라고 한다. 그렇지 않고 다른 인식에 의해서 집착되는 대상이 있다고 하면 유식의 이치는 증명될 수 없을 것이다. 왜냐하면, 모든 나머지 인식은 실제로 대상이 있다고 인정하기 때문이다. 이 도리에 의해 '오직 인식일 뿐'의 가르침을 세워 널리 존재의 요소가 없는 상태[를 아는 경지]에 깨달아 들어가게 하려는 것이지, [모든 존재의 요소가] 존재하는 것을 모든 면에서 제거함으로써 [존재의 요소가 없는 상태를 이해하는 경지에 깨달아 들어가게 하려는 것이] 아니다."

## 반야류지역 10송

(T31, 66c24-67a3)

問曰 : "若依如是[16]義, 說有何功德利益?"

答曰 : "偈言 :

**觀虛妄無實, 如是入我空.**
**觀於諸異法, 入諸法無我. (10송)**

此偈明何義? 爲令聲聞解知, 因彼六根六塵生六種識, 眼識見色, 乃至身識覺觸, 無有一法是實見[17]者, 乃至無有一法是實覺[18]者.

爲令可化諸衆生等, 作是觀察入人無我空. 是故偈言 : **'觀虛妄無實, 如是入我[19]空'**故.

---

16 是 : 磧砂本 · 永樂本 · 乾隆本에는 '是' 뒤에 '偈'가 있다.
17 見 : 磧砂本 · 永樂本 · 乾隆本에는 '覺'으로 되어 있다.
18 覺 : 磧砂本 · 永樂本 · 乾隆本에는 '見'으로 되어 있다.
19 我 : 趙成本에는 '我' 앞에 '無'가 있다.

[외경실재론자가] 묻는다. "만약 이와 같은 의미를 따른다면 어떤 이익이 있다고 말하는가?"

[바수반두가] 답한다. "게송으로 말한다.

**[열두 인식영역을 통해서 인식의 주체는] 허망하여 실제로 존재하지 않는다고 알아차림으로써**
**이렇게 하여 인격적 주체가 없는 상태(我空, pudgala-nairātmya)[를 깨닫는 경지]에 들어간다.**
**[더욱이] 다른 [방식을 통한 다음 단계의] 가르침을 알아차림으로써 모든 존재의 요소가 없는 상태(諸法無我, dharma-nairātmya)[를 깨닫는 경지]에 들어간다. (10송)**

이 게송은 어떤 의미를 밝히고 있는가? 저 여섯 감각기관과 여섯 대상으로부터 여섯 가지의 의식이 발생하여, 시각기관은 형색을 보는 것으로 시작하여, 촉각기관은 촉감을 느끼는 것까지 이르지만, 한 존재도 실제로는 보는 자(見者, draṣṭṛ)가 없는 것으로 시작하여, 한 존재도 실제로는 촉감을 느끼는 자(覺者, spraṣṭṛ)가 없다는 것에 이르기까지 성문(聲聞)에게 이해하도록 하기 위해서이다.

[이 가르침으로] 교화될 수 있는 모든 중생이 이렇게 관찰하여 인격적 주체가 없는 상태(人無我空)[를 깨닫는 경지]로 들어가게 하기 위해서이다. 이 때문에 게송에서 '**[열두 인식영역을 통해서 인식의 주체는] 허망하여 실제로 존재하지 않는다고 알아차림으로써 이렇게 하여** 인격적 주체가 없는 상태[를 **깨닫는 경지]에 들어간다**'라고 하였다.

(T31, 67a3-12)

**'觀於諸異法, 入諸法無我'**者, 此下半偈復明何義? **'觀於諸異法'**者, 菩薩觀察唯有內[20]識.

云何觀察? 謂菩薩觀無外六塵唯有內識, 虛妄見有內外根塵, 而實無有色等外塵一法可見, 乃至實無一觸可覺. 如是觀察, 得入因緣諸法體空."

問曰: "若一切法畢竟無者, 何故向言: '唯有識'等? 若爾[21]彼識等[22]亦應是無, 何故說言: '唯有內識?'"

答曰: "我不說言: '一切諸法皆畢竟無, 如是則入諸法無我.'"

---

20 內: 永樂本 · 乾隆本에는 '內' 뒤에 '心'이 있다.
21 爾: 趙成本 · 高麗本 · 磧砂本에는 '尒'로 되어 있다.
22 等: 磧砂本 · 永樂本 · 乾隆本에는 빠져 있다.

'[더욱이] 다른 [방식을 통한 다음 단계의] 가르침을 알아차림으로써 모든 존재의 요소가 없는 상태[를(諸法無我, dharma-nairātmya)[를 깨닫는 경지]에 들어간다'라고 하는 이 아래 반 게송은 다시 어떤 의미를 밝히고 있는가? '[더욱이] 다른 [방식을 통한 다음 단계의] 가르침을 알아차림으로써'라는 것은 보살이 오직 내부의 인식(內識)만이 있을 뿐이라고 관찰하는 것이다.

어떻게 관찰한다는 말인가? 말하자면 보살이 외부의 여섯 감각 대상은 없고 오직 내부의 인식(內識)만이 있을 뿐이어서, [어리석은 자들은] 그릇되게 내부와 외부의 감각기관과 감각대상이 있다고 보지만, 실제로는 한 존재도 볼 수 있는 형색 등의 외부 대상이 없는 것으로 시작하여 실제로 느낄 수 있는 하나의 촉감도 없다는 것에 이르기까지 알아차리는 것이다. 이같이 관찰하여 인연 제법의 본질이 공하다는 것으로 들어갈 수 있다."

[외경실재론자가] 묻는다. "만약 모든 존재의 요소가 결국 없는 것이라면 어떤 이유로 앞에서 '오직 인식만 있을 뿐'이라는 등으로 말하였는가? 만약 그렇다면 저 인식 등도 없어야만 할 것인데 어떤 이유로 '오직 내부의 인식만이 있을 뿐'이라고 말하는가?"

[바수반두가] 답한다. "나는 '모든 존재의 요소들이 결국 모두 없는 것이어서, [그것을 알면] 이처럼 모든 존재의 요소가 없는 상태[를 깨닫는 경지]에 들어간다'라고 말한 것이 아니다."

(T31, 67a12-20)

問曰 : "若爾[23]云何入法無我?"

答曰 : "爲遮虛妄法故. 遮虛妄法者, 以諸外道一切凡夫虛妄分別, 實有色等一切法體, 爲欲遮彼虛妄分別故, 說[24]色等一切諸法畢竟空無, 非無言處皆悉空無.

'無言處'者, 所謂諸佛如來行處. 如是唯有眞識更無餘識. 不能如是分別觀察入於識空, 如是依識說入一切諸法無我. 非謂一向謗眞識我, 說言無有佛性實識."

23 爾 : 趙成本·高麗本·磧砂本에는 '尒'로 되어 있다.

24 說 : 趙成本에는 빠져 있다.

[외경실재론자가] 묻는다. "만약 그렇다면 어떻게 존재의 요소가 없는 상태[를 깨닫는 경지]에 들어간다고 하는가?"

[바수반두가] 답한다. "그릇된 법을 부정하기 위해서이다. 그릇된 법을 부정한다는 것은 모든 외도와 일체 어리석은 자들이 그릇되게 분별하여 실제로 형색 등의 모든 존재의 요소에 내재적 본질이 있다고 여기므로, 저 그릇되게 분별하는 것을 부정하여 형색 등의 모든 존재의 요소는 결국 공(空)하여 없다고 한 것일 뿐, [붓다들의 인식영역인] 언어로 표현할 수 없는 경지도 모두 공하여 없다는 것이 아니다.

'언어로 표현할 수 없는 영역'이란 이른바 모든 여래가 행하시는 인식영역이다. 이같이 오직 참된 인식(眞識)만이 있고 다시 다른 인식은 없다. 이같이 [망상]분별에 의한 관찰로는 인식이 공하다는 상태(識空)[를 깨닫는 경지]에 들어갈 수 없어서, 이같이 [오직] 인식[일뿐이라는 가르침]에 의하여 모든 존재의 요소가 없는 상태[를 깨닫는 경지]에 들어간다고 말하였다. 참된 인식의 본성을 어떤 방식으로도 비방하여 불성(佛性)의 진실한 인식이 없다고 말하는 것이 아니다."

(T31, 67a20-27)

問曰 : "如汝向言 : '唯有內識無外境界.' 若爾[25]內識爲可取? 爲不可取? 若可取者, 同色·香等外諸[26]境界, 若不可[27]取者, 則是無法, 云何說言 : '唯有內識無外境界?'"

答曰 : "如來方便漸令衆生, 得入我空及法空故說有內識, 而實無有內識可取. 若不如是, 則不得說我空法空. 以是義故虛妄分別, 此心知彼心, 彼心知此心."

---

25 爾 : 趙成本·高麗本·磧砂本에는 '尒'로 되어 있다.

26 諸 : 磧砂本·永樂本·乾隆本에는 '識'으로 되어 있다.

27 可 : 趙成本에는 빠져 있다.

[외경실재론자가] 묻는다. "그대가 조금 전에 말한 것처럼 '오직 내부의 인식만 있고 외부 대상이 없다'라고 하자. 만약 그렇다면 내부의 인식은 파악될 수 있는가, 파악될 수 없는가? 만약 [내부의 인식이] 파악될 수 있다면 형색·향기 등의 외부의 모든 대상과 [내부의 인식은] 다르지 않을 것이고, 만약 [내부의 인식이] 파악될 수 없다면 존재의 요소는 없을 것인데 어떻게 '오직 내부의 인식만 있고 외부 대상은 없다'라고 말하는가?"

[바수반두가] 답한다. "여래가 방편을 사용하여 중생이 점진적으로 인격적 주체가 없는 상태[를 깨닫는 경지]와 존재의 요소가 없는 상태[를 깨닫는 경지]로 들어갈 수 있도록 하였기 때문에, [나는] 내부의 인식[만]이 있다고 했지만 실제로는 파악할 수 있는 내부의 인식은 없다. 만약 이와 같지 않다면(= 만약 파악할 수 있는 내부의 인식이 있다면) 인격적 주체가 없는 상태와 존재의 요소가 없는 상태를 말할 수 없다. 이런 이유로 그릇되게 분별하여 이 마음이 저 마음을 알고 저 마음이 이 마음을 안다[라고 한 것이다]."

## 10송 해제

외경실재론자는 9송의 논의에 대해서, 대체 무슨 이점이 있길래 그렇게 붓다가 '열두 인식영역(12처설)'을 실제로는 가짜 이론이라고 생각하면서도 숨은 의도를 가지고 설명한 것인지 묻는다. 이에 대해 바수반두는 모종의 교육용 목적이 있어서라고 대답한다. 그런 교육용 목적이란 열두 인식영역에 대해서 배우게 되면 제자들이 '인격적 주체가 없는 상태(pudgala-nairātmya, 人無我)', 즉 나라는 존재는 실체가 없음을 알게 된다는 것이다. 인격적 주체(pudgala)란 본래 사람이라는 의미를 지니고 있어 '인무아'라고 번역된다. 여기서는 윤회의 주체가 되는 개별적 자아를 의미한다. 현장은 이를 삭취취(数取趣)라고 번역하는데, 이는 여섯 윤회의 길(六趣)을 수없이 왕래한다는 의미의 의역이다. 현장이 무아(無我)로 번역하고 진제가 공(空)으로 번역하는 nairātmya는 '실체가 없음', '본질이 없음', '존재하지 않음' 등을 나타낸다.

초기 경전에서 붓다가 열두 인식영역을 가르칠 때는 항상 무아와 연관이 된다. 이 세계는 열두 인식영역 이외에는 어떤 것도 존재하지 않는다. 안이비설신의와 색성향미촉법 이외에 다른 존재는 없는 것이다. 그리고 열두 인식영역을 하나하나 살펴보면 어떤 것도 변하지 않는 '나'라고 할 만한 것이 없다. 나에게 시각적 이미지가 떠오를 때, 지속적으로 변하지 않고 존재하는 '보는 자'가 따로 있는 것이 아니라, 시시각각 변화하는 시각기관과 시각적 대상만이 존재할 뿐이다. 우리가 보고 듣는 것들 안에는 '나'라는 존재가 따로 없다. 보고 듣는 현상과 그것을 일으키는 감각기관만이 있을 뿐인데, 보통 사람들은 이에 대해서 '나'라는 허위의 존재를 만들어 내며, 그것이 나의 생존, 외모, 지위 등에 대한 집착과 욕망을 일으킨다.

이렇게 배운 제자들은 '인격적 주체가 없는 상태'를 깨닫는 경지에 들어가서 '나'라는 존재에 대한 집착과 그로 인해서 생기는 번뇌가 사라지게 되는 것이다. 이것이 초기불교에서 설명하는 '무아'이다. 다시 말해서, "감각기관이 대상을 인식한다"라는 프레임에서 벗어나지 못하는 보통 사람들을 타깃으로 하여 붓다가 "그래, 그런 감각기관과 대상이 있다고 치자. 그리고 이에 대해서 한번 생각해 보자. 이 세계에 감각기관과 대상 이외에 다른 어떤 것도 없는데, 그들 중에서 나라는 것이 있는가? 그들 중에 없으면, 이 세계에는 나라고 할 것이 없다고 알아야 한다"라는 방식으로 설명하기 위해 다분히 교육용 목적을 가지고 만든 가짜 이론이 열두 인식영역의 이론이라는 것이다.

바수반두는 이런 교육용 목적을 완수하고 나면, 열두 인식영역의 이론을 버리고 다음 단계의 가르침으로 나가야 한다고 설명한다. 그것은 '유식의 가르침'을 통해서 '존재의 요소가 없는 상태(dharma-nairātmya, 法無我)'를 깨닫는 것이다.

존재의 요소(dharma, 法)는 불교철학에서 '내재적 본질을 가진 것'을 말한다. 우리가 어떤 것을 봤을 때, 그것이 환상이고 허깨비 같은 것이라면 그것은 존재가 아니다. 즉, 그것은 존재하지 않는 것을 존재하는 것으로 본 것이다. 어떤 것이 존재이기 위해서는 무언가 지속적으로 유지되는 – 그것이 영원하지 않더라도 – 본질을 지니고 있어야 한다. 이렇게 내재적 본질을 지닌 존재의 요소는 존재들의 기초가 된다. 이런 존재의 요소들이 없다는 것이 법무아이다.

초기불교에서 열두 인식영역과 더불어 무아를 설명할 때 대표적으로 등장하는 것이 다섯 무더기(pañca-skandha, 五蘊)의 이론이다. 인간은 물질(rūpa, 色), 느낌(vedanā, 受), 표상작용(saṃjñā, 想), 의지작용

(saṃskāra, 行), 의식(vijñāna, 識)의 다섯 무더기로 이루어져 있을 뿐, 이 세계에 그 이외의 어떤 것도 존재하지 않는다는 것이다. 그리고 이 다섯 가지 각각에는 '나'라는 것이 존재하지 않으며, 다섯 가지 이외에 따로 '나'라는 것이 존재하는 것도 아니다. 이렇게 자아가 어떤 방식으로도 존재하지 않는 것을 알면 '인격적 주체가 없는 상태', 즉 인무아에 도달하게 된다.

이 이론에 따르면 '나'라는 것은 존재하지 않지만, 이 다섯 무더기는 여전히 존재한다. 그런데 유식의 이론에 따르면, 다섯 무더기 중에서 '물질' 만큼은 분명 존재하지 않는다. 따라서 유식의 입장에서는 이 다섯 무더기도 가짜 이론이다. 이런 다섯 무더기라는 존재의 요소도 실은 내재적 본질이 없으며, 바꿔 말하면 존재하지 않는 것이다. 이것을 깨닫게 하는 것이 인무아에 이어지는 다음 단계의 가르침이다. 바수반두가 열두 인식영역을 붓다의 진의가 아니라고 자신 있게 이야기했던 배경에는 애초에 불교의 근본 교설인 다섯 무더기의 이론부터가 유식의 입장에서는 붓다의 진의가 아니라고 보았던 전례가 있던 것이다. 그 외에 경량부에서 다섯 무더기와 열두 인식영역을 실제로 존재하는 것으로 인정하지 않고, 열여덟 가지 지각의 구성 요소(dhātu, 界)만이 실재한다고 했던 전례도 있다.

그런데 어떻게 유식의 가르침을 통해서 법무아를 알게 되는 것일까? 예를 들어, 눈앞에 보석이 있다고 하자. 이 보석을 팔면, 부자가 될 수 있고 안락하게 살 수 있다고 하자. '인격적 주체가 없는 상태'를 깨달은 사람, 즉 인무아에 도달한 사람은 '나'라는 것이 없고 '나의 것'이라는 것이 없다는 것을 실감하기에 이 보석에 집착하거나 보석을 가질 수 있는 방법을 고심하면서 번뇌하지 않을 것이고, 자신이 보석을 가지지 못하는 사실에 괴로워하지 않을 것이다. 그러나 그 사람은 "보석이 존재한다"라는 사실에서 벗어나지는 못했다. 아직 법무아를 깨닫지는 못했기 때문이다. 그렇기에 이 세계의 진실을 아직 알지 못하고, 자신의 번뇌는 해결했으나 타인을 번뇌로부터 구원하고자 하는 마음을 제대로 세우지 못한다. 법무아를 깨달아야만 이 세계의 진짜 모습을 알게 되고, 중생들에게 자비심을 가지고 그들을 구원하고자 하는 보살이 되는 길에 들어서게 되는 것이다. 법무아에는 그런 실천적인 의미가 담겨 있다. 반야류지역에서 인무아와 법무아를 각각 성문과 보살로 분류하여 설명하는 이유도 거기에 있다.

그러면 어떻게 '유식의 가르침'을 통해서 법무아에 들어가게 되는 것일까? 삼계가 모두 '인식일 뿐'이라는 것을 이해하고 나면, 이 세계에서 내 눈에 보이는 모든 것은 마음이 지어낸 것일 뿐이라고 이해하게 된다. 이렇게 철저하게 이해하고 나면, 그동안 존재한다고 생각했던 것들이 내재적 본질을 지니지 않은 허깨비 같은 것이라고 알게 된다. 이처럼 바수반두는 유식의 가르침을 통해서 모든 존재의 요소에 내재적 본질이 없는 상태를 이해하는 경지에 들어가는 원리를 나타내고자 하였다.

여기서 반론자는 존재의 요소가 실재하지 않는다고 한다면, 유식의 이론에서 존재하는 것으로 설명하는 '인식일 뿐'인 것도 존재하지 않는 것이 아닌가 하고 묻는다. 바수반두는 여기서 존재의 차원을 구분하는 것으로 대답한다.

보통 사람들은 이 세계에 인식주체가 존재하고 인식대상이 존재한다고 망상분별한다. 이것을 다르게 표현하면, 인식주체라는 본성을 지닌 존재의 요소가 있고 인식대상이라는 본성을 지닌 존재의 요소가 있다고 착각한다는 것이다. 그렇게 망상분별된 본질의 관점에서 본 세계는 존재의 요소에 본질이 없는 헛된 세계라고 할 수 있다. 하지만 존재를 바라보는 모든 관점에서 존재의 요소가 실재하지 않는다는 것을 의미하는 것은 아니다.

바수반두는 깨달음을 얻은 붓다들의 인식영역이 있다고 설명한다. 그 인식영역은 인식대상과 인식주체라는 본성이 없고, 언어로 표현할 수 없는 영역이다. 그런 붓다들의 인식영역에 대해서까지 은폐하여 존재의 요소에 내재적 본질이 없다고 말한 것은 아니라는 것이다.

이 '은폐'라는 용어는 '확장'과 짝을 이루는 표현이다. 유식에서는 전통적으로 존재하지 않는 것을 존재한다고 보는 것을 확장(增, adhyāropa 혹은 오래된 형태로 samāropa)이라고 하며, 존재하는 것을 존재하지 않는다고 보는 것을 은폐(減, apavāda)라고 한다. 바수반두가 말하고자 하는 것은 존재를 인식주체와 인식대상으로 나누어 그 범주를 확장하는 것을 유식사상에 입각하여 부정하는 것이지, 존재의 요소가 모든 측면에서 아예 존재하지 않는 것으로 은폐하는 것은 아니라는 것이다.

유식의 이론에서 의식은 계속해서 매 순간(찰나)마다 발생 · 소멸하면서 존재의 흐름을 이어간다. 의식에서 어떤 내재적 본질을 지니고 지속하는 것은 아니지만, 매 순간 변화하면서 한 순간씩이나마 그 존재를 이어나가는 것이다. 그런데 모든 측면에서 존재를 부정하면, 의식도 스스로 찰나생멸을 지속하는 존재가 아니게 되어 새로운 인식을 일으키기 위해서 다른 인식을 대상으로서 필요로 하는 존재가 된다. 그러면 '오직 인식일 뿐'이라는 것도 증명할 수 없게 된다. 그러므로 존재를 모든 측면에서 부정하는 것은 유식의 입장과도 맞지 않다는 것이 바수반두의 설명이다. 유식의 입장에서 법무아라는 것은 인식대상과 인식주체로 나누는 망상분별을 기반으로 하여 상상하는 이 세계와 그 안의 존재들이 헛된 것이라고 하는 것이다.

# 11송

## 인식대상으로서의 원자는
## 존재하지 않는다

## 산스크리트 11송

(L 6,22; S 193,12)

kathaṃ punar idaṃ pratyetavyam anenābhiprāyeṇa bhagavatā rūpādyāyatanāstitvam uktaṃ, na punaḥ santy eva tāni yāni rūpādi-vijñaptīnāṃ pratyekaṃ viṣayībhavanti iti |

yasmāt

**na tad ekaṃ na cānekaṃ viṣayaḥ paramāṇuśaḥ |**
**na ca te saṃhatā, yasmāt paramāṇur na sidhyati || 11 ||**

[외경실재론자 :] 그러면 세존이 이런 숨은 의도를 가지고 형색 등의 인식영역들이 존재한다고 설명하셨지만, 또 한편으로 형색 등에 대한 인식들에 각각 하나씩 대상이 되는 그것들(= 형색 등)이 실제로 전혀 존재하지 않는다는 것은 어떻게 이해해야 하는가?

[바수반두 :] 왜냐하면,

**[만약 인식이 외부의 물질을 대상으로 한다면,] 그 대상은**
**① 하나[인 대상 전체]도 아니고,**
**② [가까이 모인] 여러 개의 원자인 것도 아니고,**
**③ [원자들이] 구성물을 이룬 것(saṃhata, 聚)도 아니다.**
**왜냐하면, 원자(paramāṇu, 極微)[의 존재]가 증명되지 않았기 때문이다. [11]**

yat tad rūpādikam āyatanaṃ rūpādivijñaptīnāṃ pratyekaṃ viṣayaḥ syāt tad ekaṃ vā syād yathā 'vayavirūpaṃ[1] kalpyate vaiśeṣikaiḥ | anekaṃ vā paramāṇuśaḥ | saṃhatā vā ta eva paramāṇavaḥ |

na tāvad ekaṃ viṣayo bhavaty avayavebhyo 'nyasyāvayavirūpasya kvacid apy agrahaṇāt |

nāpy anekaṃ paramāṇūnāṃ pratyekam agrahaṇāt |

nāpi te saṃhatā viṣayībhavanti | yasmāt paramāṇur ekaṃ dravyaṃ na sidhyati ||

---

1 S. all : yathāvayavirūpaṃ

[외경실재론자 :] 무엇을 말하고 있는 것인가?

[바수반두 :] 형색 등에 대한 인식이 각각 대상으로 하는 [외부의 물질인] 그 형색 등의 인식영역은

① 바이쉐시카(Vaiśeṣika) 무리들이 생각하는 '[부분을 지니면서도 부분과 독립적으로 존재하는] 전체로서의 물체(avayavi-rūpa)'처럼 하나이거나,

② [가까이 모인] 여러 개의 원자이거나,

③ 구성물을 이룬 그 원자들이 될 것이다.

[그중에서] 우선 ① [인식의] 대상은 하나[의 개체 전체]가 아니다. 왜냐하면, 부분(avayava)들과 별개의 [독립적인 존재로서] '전체로서의 물체'가 어디에서도 파악되지 않기 때문이다.

[또한,] ② 여러 개[의 원자가 가까이 모인 것]도 [인식의 대상이] 아니다. 왜냐하면, [모여 있는] 원자들 사이에서 하나하나가 [따로] 파악되지 않기 때문이다.

[또한,] ③ [원자들이] 구성물을 이룬 것도 [인식의] 대상이 될 수 없다. 왜냐하면, [그 구성물의 구성요소로 가정된] 하나의 원자가 실체라는 것이 증명되지 않았기 때문이다.

## 티베트역 11송

(D 136 6b6, P 235 7b1)

bcom ldan 'das kyis dgongs pa 'dis gzugs la sogs pa'i skye mched yod par gsungs kyi | gzugs la sogs pa[2] gang dag yod bzhin du de dag rnam par rig pa[3] so so'i yul du mi 'gyur ro zhes bya ba de ji ltar rtogs[4] par bya zhe na | 'di ltar

**de ni gcig na'ang yul min la |**
**phra rab rdul du du ma'ang min |**
**de dag 'dus pa'i ngam[5] ma yin te |**
**'di ltar rdul phran mi 'grub phyir || 11 ||**

---

2 P.N : pa'i

3 N : par

4 P.N : rtog

5 N : pa'i ngam. pa'ang을 pa'i ngam으로 교정함

[외경실재론자 : 그러면] 세존은 이런 '숨은 의도'를 가지고 형색 등의 인식영역이 존재한다고 설명하셨지만, [또 한편으로] 형색 등이 실로 존재하는데 그것들(= 형색 등)이 인식에 있어서 각각 [하나씩] 대상이 되지 않는다고 하는 것을 어떻게 받아들여야 하는가?

**[만약 인식이 외부의 물질을 대상으로 한다면,] 그것(= 대상)은**
**① 하나인 대상[전체]도 아니고,**
**② [가까이 모인] 여러 개의 원자(phra rab rdul, paramāṇu)도 아니고,**
**③ 그것들(= 원자들)이 구성물을 이룬 것('dus pa, saṃhata, 聚)도 아니다. 왜냐하면, 원자[의 존재]가 증명되지 않았기 때문이다. [11]**

ji skad du bstan par 'gyur zhe na | gang gzugs la sogs pa'i skye mched gzugs la sogs pa rnam par rig pa so so'i yul yin du zin na de ni gcig pu zhig yin te | ji ltar bye brag pa rnams kyis cha shas can gyi ngo bor brtag[6] pa'i lta bu'am | rdul phra rab du ma'am rdul phra rab de dag nyid 'dus pa zhig tu 'gyur grang na | gcig pu de ni yul ma yin te | cha shas rnams las gzhan pa cha shas can gyi ngo bo gang la'ang mi 'dzin pa'i phyir ro | du ma'ang yul ma yin te | rdul phra rab so so la mi 'dzin pa'i phyir ro | de dag 'dus pa yang yul ma yin te | 'di ltar rdul phra rab rdzas gcig tu mi 'grub pa'i phyir ro ||

---

6 P.N : brtags

[외경실재론자 :] 무엇을 말하고 있는 것인가?

[바수반두 :] 형색 등에 대한 인식이 각각 [하나씩] 그 [외부의 물질인] 형색 등의 인식영역(skye mched, āyatana)을 대상으로 하는 것이라면, 그것(= 형색 등 인식의 대상)은

① 바이쉐시카(Bye brag pa, Vaiśeṣika)의 무리가 생각하는 [부분을 지니면서도 부분과 독립적으로 존재하는] 전체로서의 물체(cha shas can gyi nbo bo, avayavi-rūpa)처럼 하나이거나,

② [가까이 모인] 여러 개의 원자(rdul phra rab, paramāṇu)이거나,

③ 구성물을 이룬 그 원자들이 될 것이다.

[그중에서 우선] ① 그 하나는 [인식의] 대상이 되는 것이 아니다. 왜냐하면, 부분(cha shas, avayava)들과 다른 [존재인] '전체로서의 모습'은 어디에서도 파악되지 않기 때문이다.

[또한,] ② 여러 개[의 원자가 가까이 모인 것]도 [인식의] 대상이 아니다. 왜냐하면, [모여 있는 원자들 사이에서] 원자 하나하나가 [따로] 파악되지 않기 때문이다.

[또한,] ③ 그것들(= 원자들)이 구성물을 이룬 것도 [인식의] 대상이 아니다. 왜냐하면, [구성물의 구성요소로 가정된] 하나의 원자가 실체로 증명되지 않았기 때문이다.

## 진제역 11송

(T31, 72a13-18)

“此云何可信由此‘義,’ 佛世尊說, 色等入是有不由實有, 色等入爲眼識等境界?”

“由如此理是義可信.

**外塵與隣虛, 不一亦不異,**

**彼聚亦非塵. 隣虛不成故.” (11송)**

[외경실재론자가 묻는다.] "이런 '숨은 의도'를 가지고 세존이 형색 등의 영역이 존재한다고 말씀하셨지만, 형색 등의 영역이 실제로 존재하기 때문에 시각적 의식 등의 대상이 된다고 한 것이 아니라는 것을 어떻게 믿을 수 있는가?"

[바수반두가 답한다.] "다음과 같은 이치에 의해 이 의미를 믿을 수 있다.

**[만약 인식이 외부의 물질을 대상으로 한다면] 외계 대상은 원자(隣虛, paramāṇu)와 더불어**
**① 하나[인 대상 전체]도 아니고, ② [가까이 모인] 여러 개[의 원자]인 것도 아니고,**
**③ 저 [원자들이] 구성물을 이룬 것(聚, saṃhata) 또한 외계 대상이 아니다.**
**원자[의 존재]가 증명되지 않았기 때문이다." (11송)**

(T31, 72a19-25)

“此偈欲顯何義?”

“是色等入各各是眼識等境, 爲當與隣虛一, 如‘有分色’鞞世師所執, 爲當不一, 由隣虛各別故, 爲當是隣虛聚色入, 與隣虛成一作眼識境.

是義不然. 是‘有分色’於分中不可見異體故. 亦非多隣虛. 各各不可見故. 亦非多隣虛聚集成塵. 由隣虛不成一物故.”

[외경실재론자가 묻는다.] "이 게송은 어떤 의미를 밝히고자 하는가?"

[바수반두가 답한다.] "이 형색 등의 인식영역이 각각 이 시각적 인식 등의 대상이 되는 것이라면, [형색 등 인식의 대상은]

① 바이쉐시카(鞞世師, Vaiśeṣika)가 주장하는 [부분을 지니면서도 부분과 다른] '전체로서의 모습(有分色, avayavi-rūpa)'처럼 원자로 이루어진 하나이거나,

② 원자가 각각 별개이기 때문에 하나가 아닌 [가까이 모인 여러 개의 원자로 이루어진] 것이거나,

③ 원자들이 모여 하나를 이루어 시각적 인식의 대상(眼識境)이 되는 이 원자[들]의 구성물을 이룬 것(聚, saṃhata)인 형색의 인식영역일 것이다.

[그런데] 이 의미는 그렇지 않다.

① 이 '전체로서의 모습'은 [인식의 대상이 아니다. 왜냐하면,] 부분(分, avayava)들 사이에서 [부분들과 구분되는] 다른 ['전체'라는] 실체를 파악할 수 없기 때문이다.

② 또 여러 개의 원자[로 이루어진 것]도 [인식의 대상이] 아니다. 왜냐하면, 각각[의 원자들]을 파악할 수 없기 때문이다.

③ 또 여러 개의 원자가 구성물을 이룬 것(聚集, saṃhata)도 인식의 대상이 되는 것이 아니다. 원자는 하나의 실체(物, dravya)로서 증명되지 않았기 때문이다."

## 현장역 10송

(T31, 75c13-17)

"復云何知佛依如是'密意趣,' 說有色等處, 非別實有色等外法, 爲色等識各別境耶?"

"頌曰.

**以彼境非一, 亦非多極微,**

**又非和合等. 極微不成故." (10송)**

[외경실재론자가 묻는다.] "또한 붓다가 이와 같은 '숨은 의도'에 의해서 형색 등의 인식영역이 있다고 말씀하셨지만, 별도로 실재하는 형색 등의 외계 대상이 있어서 형색 등의 인식에 각각 [상응하여] 구별되는 대상이 되는 것이 아니라는 것을 어떻게 알 수 있는가?"

[바수반두가 답한다.] "게송으로 말한다.

> **[만약 인식이 외부의 물질을 대상으로 한다면] 저 외계 대상은 ① 하나 [인 대상 전체]도 아니며**
> **또 ② [가까이 모인] 여러 개의 원자(極微, paramāṇu)도 아니고,**
> **또 ③ [원자들의] 구조적 결합을 이룬 것(和合, *saṃcita) 등도 아니다.**
> **원자는 [그 존재가] 증명되지 않았기 때문이다." (10송)**

(T31, 75c18-25)

論曰 : “此何所說? 謂若實有外色等處, 與色等識各別爲境. 如是外境或應是一, 如勝論者執‘有分色,’ 或應是多, 如執實有衆多極微, 各別爲境, 或應多極微和合及和集, 如執實有衆多極微, 皆共和合和集爲境.

且彼外境理應非一. 有分色體異諸分色不可取故. 理亦非多. 極微各別不可取故. 又理非和合或和集爲境. 一實極微理不成故.”

[바수반두가] 논한다. "여기에서 말하는 것은 무엇인가? 만약 실제로 외부에 형색 등의 인식영역이 존재한다면 형색 등의 인식과 상응하여 각각 별도의 대상이 된다는 말이다. 이와 같다면, 외계 대상은

① 바이쉐시카(勝論, Vaiśeṣika)에서 주장하는 '전체로서의 모습(有分色, avayavi-rūpa)'처럼 하나이거나,

② 실제로 존재하는 여러 개의 원자가 각각 별도의 인식대상이 된다고 고집하는 것처럼 여러 개[의 원자]이거나,

③ 실제로 존재하는 여러 개의 원자가 모두 함께 구조적 결합(和合, *saṃcita)을 이루거나 집합체(和集/聚, saṃghāta/samudita)를 이루어 대상이 된다고 하는 것처럼 원자의 구조적 결합체이거나 집합체이어야만 한다.

[그러나 이 세 가지는 모두 인식의 대상이 될 수 없다.]

① 그런데 저 외계 대상은 논리적으로 [대상 전체로 이루어진] 하나가 아니어야 한다. 왜냐하면, 전체로서의 모습 자체를 부분들로부터 분리해서 [따로] 파악할 수 없기 때문이다.

② 논리적으로 여러 개[의 원자]인 것도 아니다. 왜냐하면, 원자를 각각 별개로 파악할 수 없기 때문이다.

③ 또 논리적으로 [원자가] 구조적 결합을 이루거나 집합체를 이루어 대상을 이루는 것도 아니다. 왜냐하면, 하나의 실재하는 원자는 논리적으로 증명되지 않았기 때문이다."

## 반야류지역 11송

(T31, 67a27-b4)

問曰: "又復有難. 云何得知, 諸佛如來依此'義'故, 說有色等一切諸入, 而非實有色等諸入? 又以識等能取境界. 以是義故, 不得說言無色等入."

答曰: "偈言.

**彼一非可見, 多亦不可見,**
**和合不可見. 是故無塵法." (11송)**

[외경실재론자가] 묻는다. "또, 다시 난점이 있다. 모든 여래는 이런 '숨은 의도'를 가지고 형색 등의 모든 인식영역이 존재한다고 말씀하셨지만 실제로는 형색 등의 모든 인식영역이 존재하지 않는다는 것을 어떻게 알 수 있는가? 그리고 인식 등은 대상을 취할 수 있다. 이런 이유로 형색 등의 인식영역이 존재하지 않는다고 말할 수 없다."

[바수반두가] 답한다. "게송으로 말한다.

**① 저 하나[의 원자]도 파악할 수 없고,**
**② [가까이 모인] 여러 개[의 원자]도 파악할 수 없고,**
**③ [원자들이] 구성물을 이룬 것(和合, *saṃhata)도 파악할 수 없다.**
**이런 이유로 원자([微]塵, paramāṇu)라는 존재는 없다." (11송)**

(T31, 67b5-11)

“此偈明何義?”

“汝向說言 : ‘色等諸入皆是實有. 何以故? 以識能取外境界’者, 此義不然. 何以故? 有三義故無色等入. 何等爲三? 一者爲實有一微塵. 如彼外道衛世師等虛妄分別, 離於頭·目·身分等外, 實有神我, 微塵亦爾[7], 離色·香等實有不耶? 二者爲實有多微塵差別, 可見不耶? 三者爲多微塵和合, 可見不耶?”

---

7 爾 : 趙成本·高麗本·磧砂本에는 ‘尒’로 되어 있다.

[외경실재론자가 묻는다.] "이 게송은 어떤 의미를 밝히고 있는가?"

[바두반두가 답한다.] "그대는 좀 전에 '형색 등의 모든 인식영역은 모두 실제로 존재한다. 왜냐하면, 인식이 외부 대상을 취할 수 있기에'라고 하였는데, 이 의미는 그렇지 않다. 어째서인가? [원자가 대상으로서 인식되는] 세 가지 의미가 있기에 [나는] 형색 등의 영역이 없다[고 주장한다]. 어떤 것이 세 가지인가?

첫째는 실제로 하나의 원자가 [인식대상이] 된다고 여기는 것이다. 저 외도 바이쉐시카(衛世師, Vaiśeṣika) 등이 그릇되게 분별하여, 머리 · 눈 · 몸 부분 등을 떠난 바깥에 실제로 신아(神我, *ātman)가 존재하는 것처럼 원자도 그렇[게 존재한]다고 하는데, 형색 · 향기 등을 떠나 실제로 [원자가] 존재하겠는가?

둘째는 실제로 존재하는 각각의 여러 개 원자가 [인식대상이] 된다고 여기는데, [각각의 원자들이 실제로 존재하는 것을 눈으로] 파악할 수 있는가?

셋째는 [외계 대상은] 여러 개의 원자가 구성물을 이룬 것(和合, saṃhata)이라고 여기는데, [원자들이 구성물을 이루는 것을 눈으로] 파악할 수 있는가?"

(T31, 67b11-21)

"此明何義?"

"若實有彼一微塵者, 則不可見. 如彼外道衛世師等虛妄分別, 離於頭·目·身分等外, 有一神我不可得見, 微塵亦爾[8], 離色·香等不可得見. 是故無一實塵可見. 是故偈言: '**彼一非可見**'故.

若實有多微塵差別者, 應一一微塵歷然可見, 而不可見. 以是義故, 多塵差別亦不可見. 是故偈言: '**多亦不可見**'故.

若多微塵和合可見者, 此亦不然. 何以故, 以一微塵實無有物故[9]. 云何和合? 是故不成. 是故偈言: '**和合不可見, 是故無塵法**'故."

---

8 爾: 趙成本·高麗本·磧砂本에는 '尒'로 되어 있다.

9 故: 趙成本·磧砂本·永樂本·乾隆本에는 빠져 있다.

[외경실재론자가 묻는다.] "이것은 어떤 의미를 밝힌 것인가?"

[바수반두가 답한다.] "만약 저 하나의 원자가 실제로 존재한다면 [그 원자를 파악할 수 있어야 하지만 실제로는] 파악할 수 없다. 저 외도 바이쉐시카가 그릇되게 분별하여 머리·눈·몸 부분 등을 떠나 하나의 신아(神我)가 존재하지만, 파악할 수 없는 것처럼 원자 또한 그렇[게 존재하지만, 파악할 수 없]다고 하는데, 형색·향기 등을 떠나 [원자 자체를] 파악할 수는 없다. 이런 까닭에 하나의 실재하는 원자를 파악할 수 없다. 이 때문에 게송에서 '**저 하나[의 원자]도 파악할 수 없고**'라고 하였던 것이다.

만약 실제로 많은 각각의 원자들이 존재한다면 하나하나의 원자를 분명하게 파악할 수 있어야 하지만, [실제로는] 파악할 수 없다. 이런 이유로 많은 각각의 원자들 또한 파악할 수 없다. 이 때문에 게송에서 '**[가까이 모인] 여러 개[의 원자]도 파악할 수 없고**'라고 하였던 것이다.

만약 여러 개의 원자가 구성물을 이룬 것(和合, *saṃhata)을 파악할 수 있다고 한다면, 이 또한 그렇지 않다. 왜냐하면, 하나의 원자는 실제로 존재하는 실체(物, dravya)가 아니기 때문이다. [그렇다면 존재하지 않는 원자가] 어떻게 구성물을 이루겠는가? 이 때문에 [원자의 존재는] 증명되지 않는다. 이 때문에 게송에서 '**[원자들이] 구성물을 이룬 것도 파악할 수 없다. 이런 이유로 원자라는 존재는 없다**'라고 하였던 것이다."

## 11송 해제

11송부터 15송까지는 물질의 최소단위인 원자(parmāṇu, 極微)가 인식대상으로 존재할 수 없음을 논증한다. 이 논의는 만약 외계 대상으로서 물질이 존재한다면, 그 물질은 원자로서 존재해야 한다는 것을 전제로 하고 있다. 실제로 바수반두의 시대에 외경실재론자들은 힌두교·불교를 불문하고 원자의 존재를 인정하고 있다. 그렇게 물질의 최소단위로서 원자가 존재하는 것을 가정하여 그것들이 어떤 방식으로 인식의 대상이 되는지 설명하는 이론들에 대해 바수반두는 반박한다.

11송에서는 그에 대한 기초적인 논의로서 물질이 인식대상이 되는 방식으로 고려되었던 세 가지 이론에 대해서 다룬다.

(1) 물질을 인식할 때 그 대상은 하나인 대상 전체로서 인식된다.

(2) 물질을 인식할 때 가까이 모인 여러 개의 원자를 인식한다.

(3) 물질을 인식할 때 원자들이 모여 구성물을 이룬 것을 인식한다.

이들은 11송에서 대략 다루지만, 12~15송에서 더욱 상세하게 다시 논의된다. 이 중에서 (1)은 힌두 육파 중 하나인 바이쉐시카(Vaiśeṣika) 학파의 주장이다. 예를 들어, 우리가 주전자를 인식할 때 이 주전자는 원자로 이루어져 있고, 주전자의 옆면, 바닥, 손잡이 등의 부분을 지니고 있다. 그리고 이런 부분들과는 별개로 '주전자'라는 하나의 모습을 이룬다. 이렇게 하나의 모습을 이룬 주전자는 부분들 – 옆면, 바닥, 손잡이 – 이 지니지 못했던 '물을 담을 수 있음'이라거나 하는 새로운 특성을 지니게 된다.

이처럼 부분들이 모여 이룬 '전체로서의 물체' – 주전자와 같은 – 는 바이쉐시카에 의하면 부분들과 별개의 독립적인 실체로 간주한다. 예를 들어, 이 학파는 실과 옷이라는 사례를 자주 거론한다. '실'이라는 부분들이 모여서 이루어진 '옷'이라는 존재는 이 실과 동일한 존재인가, 아니면 별개의 존재인가? 이들에 따르면 실과 옷은 완전히 별개의 존재이다. 실과 옷은 만든 사람, 작용, 제작시기 등이 다르다. 실은 실 짜는 사람이 만들었고, 옷은 재봉사가 만들었다. 실은 우리 몸을 추위로부터 보호하는 방한기능이 없지만, 옷은 그런 기능이 있다. 실이 먼저 만들어지고, 옷은 그 후에 만들어졌다. 이렇게 실과 옷은 여러 방면에서 특성들을 달리하므로 이 둘은 완전히 별개의 존재이다.

이렇게 옷이나 주전자처럼 '부분을 지닌 전체로서 하나인 물체'는 그것 자체로 독립적인 존재이며 그것이 바로 인식의 대상이 된다. 부분을 계속 더 작은 부분으로 나누다 보면 궁극적으로는 원자에 도달하게 된다. 결국 "눈에 보이지 않는 원자가 어떻게 우리에게 인식되는가?"에 대한 바이쉐시카의 대답은 이 원자들을 가장 작은 부분으로 지니는 전체의 모습을 지닌 독립적 존재인 주전자 자체가 인식의 대상이 된다는 것이다.

바수반두는 이에 대해 주전자는 '전체로서의 물체' 자체가 독립적인 존재로서 인식대상이 되기 위해서는 그것이 부분들을 제외하고도 존재해야 한다고 반박한다. 하지만 실제로 주전자에서 부분들을 모두 제거하고 나면 남는 것이 하나도 없다. 옷을 모두 뜯어 다시 실들로 나누면 '옷'이라는 물체는 사라지게 되는 것과 같다. 그러므로 '전체로서의 모습'이라는 주전자는 그 자신의 본질을 지닌 존재라고 할 수 없고, 인식대상도 될 수 없다고 설명한다.

(2)는 하나의 원자는 인식될 수 없지만, 여러 개의 원자가 모이면 인식

될 수 있다고 하는 이론이다. 예를 들어, 아주 작게 빻은 밀가루 한 톨은 인식되지 않더라도 밀가루를 그릇에 모아두면 인식될 수 있는 것처럼, 원자들도 여러 개가 모이면 인식될 수 있다는 것이다. 바수반두는 이것이 증명할 수 없는 이론이라고 반박한다. 밀가루의 경우는 가루 하나가 잘 보이지 않더라도 자세히 보면 한 톨의 작은 밀가루가 있는 것을 시력이 좋은 사람들은 확인할 수 있지만, 원자는 그 존재를 눈으로 파악할 수 없다. 그러므로 인식된 사물이 정말로 원자들이 모인 것인지 확인할 수 없다. 그리고 어째서 파악되지 않는 것들이 모이면 파악되는 것으로 속성의 변화가 일어나는지에 대해서도 설명하지 못한다.

(3)은 하나의 원자는 인식될 수 없지만, 원자들이 모여서 특정한 규칙을 가지고 구성물을 이룬 것(saṃhata, 聚)이 되고, 그것들이 계속 모이면 인식될 수 있다고 하는 이론이다. 원자들이 모이는 규칙에 관해서는 12~14송에서 상세히 다룬다. 바수반두는 여기서 단순히 원자가 실체로서 증명되지 않았기 때문에, 그 구성물의 존재도 증명될 수 없다는 것으로 간단히 반박하는 것으로 그친다.

이어지는 12송에서는 원자가 모여 이룬 구성물에 관한 논의가 이어진다.

# 12송

## 원자는 결합할 수 없다

## 산스크리트 12송

(L 7,2; S 193,26)

kathaṃ na sidhyati |

yasmāt

**ṣaṭkena yugapad yogāt paramāṇoḥ ṣaḍaṃśatā |**

ṣaḍbhyo digbhyaḥ ṣaḍbhiḥ paramāṇubhir yugapad yoge[1] sati paramāṇoḥ ṣaḍaṃśatā[2] prāpnoti | ekasya yo deśas tatrānyasyāsambhavāt |

**ṣaṇṇāṃ samānadeśatvāt piṇḍaḥ syād aṇumātrakaḥ || 12 ||**

atha ya evaikasya paramāṇor deśaḥ sa eva ṣaṇṇāṃ | tena sarveṣāṃ samānadeśatvāt sarvaḥ piṇḍaḥ paramāṇumātraḥ syāt parasparāvyatirekād[3] iti na kaścit piṇḍo dṛśyaḥ syāt ||

---

1 S : yugapadyoge; F, RS : yugapad yoge

2 msB : aṅgatā

3 L, BN, A, msB : parasparavyatrekād

[외경실재론자 :] 어째서 [원자의 존재가] 증명되지 않는 것인가?

[바수반두 :] 왜냐하면,

**[원자들이 구성물을 이룰 경우] 하나의 원자가 여섯 개의 [다른 원자들의] 무리와 동시에 결합(yoga)하므로, [원자는] 여섯 부분(aṃśa)을 지니게 되기 때문이다. [12ab]**

만약 [하나의 원자가 전 · 후 · 상 · 하 · 좌 · 우의] 여섯 방향으로부터 여섯 개의 원자와 동시에 결합한다면, 원자는 여섯 부분을 지니게 된다[는 잘못된 결론에 빠진다]. 하나[의 원자]가 [차지하고] 있는 그 장소에 다른 것(= 원자)이 [동시에] 있을 수 없기 때문이다.

**[혹은, 중심에 있는 하나의 원자와 결합한] 여섯 개[의 원자]는 [그 중심 원자와] 같은 장소를 차지하게 되므로, [원자들이 결합한] 덩어리(piṇḍa)는 원자 [하나] 크기가 되어버릴 것[이기 때문]이다. [12]**

혹은 [원자가 여섯 부분을 지니는 것이 아니라면,] 단 하나의 원자가 [차지하고] 있는 바로 그 장소는 여섯 개의 [원자가 차지한 장소와 같은 곳이 된다]. 그러면 [결합된 일곱 개의 원자는] 모두 [동시에] 같은 장소를 차지하게 되므로, [원자들이 결합한] 덩어리 전체는 원자 [하나] 크기가 될 것이다. 왜냐하면 [원자들이 한 공간을 동시에 차지하더라도] 서로 밀어내지 않을 것이기 때문이다. 따라서 [결합된 것은 모두 원자 하나 크기가 되어] 어떤 덩어리도 보이지 않을 것이다.

## 티베트역 12송

(D 136 7a3, P 235 7b6)

ji ltar mi 'grub ce na

'di ltar |

**drug gis cig car sbyar bas na |**

**phra rab rdul cha drug tu 'gyur |**

phyogs drug nas rdul phra rab drug gis cig car du sbyar na ni rdul phra rab cha drug tu 'gyur te | gcig gi[4] go gang yin pa der gzhan mi 'byung ba'i phyir ro |

**drug po dag kyang go gcig na |**

**gong bu rdul phran tsam du 'gyur || 12 ||**

---

4 P.N : gis

[외경실재론자 :] 어째서 [원자의 존재가] 증명되지 않는 것인가?

[바수반두 :] 왜냐하면,

**[원자들이 구성물을 이룰 경우 하나의 원자가] 여섯 개[의 다른 원자]와 동시에 결합(sbyar ba, yoga)하므로, 원자는 여섯 부분(cha, aṃśa)을 지니게 되기 때문이다. [12ab]**

만약 [하나의 원자가 전 · 후 · 상 · 하 · 좌 · 우의] 여섯 방향으로부터 여섯 개의 원자와 동시에 결합한다면, 원자는 여섯 부분을 지니게 된다[는 잘못된 결론에 빠질 것이다.] 왜냐하면 하나[의 원자]가 [차지하고] 있는 그 장소에 다른 것(= 원자)이 [동시에] 생길 수 없기 때문이다.

**[혹은 중심에 있는 하나의 원자와 결합한] 여섯 개[의 원자] 또한 [그 중심에 있는 원자와] 같은 장소[에 있는 것이]라면, [원자들이 결합한] 덩어리(gong bu, piṇḍa)는 원자 [하나] 크기가 되어버릴 것[이기 때문]이다. [12]**

ji ste[5] rdul phra rab gcig gi go gang yin pa de nyid du drug po rnams kyi go yang yin ni des[6] na thams cad go gcig pa'i phyir gong bu thams cad rdul phra rab tsam du 'gyur te | phan tshun tha dad pa med pa'i phyir gong bu gang yang snang bar mi 'gyur ro ||

---

5 N : snyed

6 N : de ni

[혹은 원자가 여섯 부분을 지니는 것이 아니라고 할 경우] 만약 하나의 원자가 [차지하고 있는] 바로 그 장소는 여섯 개[의 원자]가 차지한 장소[와 같은 곳이]라면, 그러면 [결합한 일곱 개의 원자들은] 모두 [동시에] 같은 장소를 차지하게 되므로 [원자가 결합한] 덩어리 전체는 원자 [하나] 크기가 될 것이다. 왜냐하면, [원자들이 한 공간을 동시에 차지하더라도] 서로 구분되지 않을 것이기 때문이다.

## 진제역 12송

(T31, 72a25-b3)

"云何不成?"

**"一時六共聚, 隣虛成六方.**

**若六同一處, 聚量如隣虛. (12송)**

有六隣虛從六方來, 與一隣虛共聚, 是一隣虛不成一物. 有六方分故. 是一隣虛處他方隣虛不得住故.

若一隣虛處卽是六處, 一切同一處故, 則一切聚物量同隣虛. 更互不相過故. 如隣虛量聚亦不應可見."

[외경실재론자가 묻는다.] "어째서 [원자의 존재가] 증명되지 않는다고 하는가?"

[바수반두가 계송으로 답한다.]

**"[원자들이 구성물을 이룰 때 하나의 원자가] 동시에 여섯 개[의 다른 원자]와 함께 결합(聚, yoga)하므로**
**원자는 여섯 부분으로 이루어지게 된다.**
**만약 [중심에 있는 하나의 원자와 결합한] 여섯 개[의 원자]가 [그 중심 원자와] 같은 장소에 있으면**
**[원자들이] 결합[한 덩어리]의 크기(量)는 [하나의] 원자와 같을 것이다. (12송)**

[만약] 여섯 개의 원자가 [전·후·상·하·좌·우의] 여섯 방향으로부터 와서 하나의 원자와 함께 결합한다면, 이 하나의 원자는 하나의 실체라는 것이 증명되지 못할 것이다. 왜냐하면, [그 원자는] 여섯 부분(方分, aṃśa)을 지니[게 되]기 때문이다. 이 하나의 원자가 [차지하고] 있는 곳에 다른 방향의 원자는 [동시에] 머물 수 없기 때문이다.

만약 하나의 원자가 [차지하고] 있는 장소가 곧 이 여섯 개의 [원자가 차지하고 있는] 장소라면, [원자들이 결합한 덩어리는] 모두 같은 장소를 차지하기 때문에 곧 결합한 덩어리(物, piṇḍa) 전체의 크기는 [하나의] 원자와 같아질 것이다. 왜냐하면, [원자들끼리] 서로 배제(過, vyatireka)하지 않기 때문이다. [따라서] 결합한 것이라 하더라도 원자와 같은 크기라서 볼 수 없을 것이다."

## 현장역 11송

(T31, 75c25-76a3)

"云何不成?"

"頌曰:

**極微與六合, 一應成六分.**

**若與六同處, 聚應如極微." (11송)**

論曰: "若一極微六方各與一極微合, 應成六分. 一處無容有餘處故. 一極微處若有六微, 應諸聚色如極微量. 展轉相望不過量故. 則應聚色亦不可見."

[외경실재론자가 묻는다.] "어째서 [원자의 존재가] 증명되지 않는다고 하는가?"

[바수반두가 답한다.] "게송으로 말한다.

> **[원자들이 구성물을 이룰 경우, 하나의] 원자는 여섯 개[의 원자]와 [동시에] 결합(合, yoga)하므로**
> **하나[의 원자]는 여섯 부분으로 이루어져야 한다.**
> **[혹은,] 만약 [중심에 있는 하나의 원자와 결합한] 여섯 개[의 원자]가 [그 중심 원자와] 같은 장소[를 차지하고 있는 것이]라면**
> **[원자들이 결합한] 덩어리(聚, piṇḍa)는 [하나의] 원자와 [크기가] 같아져 버릴 것이다." (11송)**

[바수반두가] 논한다. "만약 하나의 원자가 [전·후·상·하·좌·우의] 여섯 방향으로부터 각각 [가운데] 하나의 원자와 결합한다면, [하나의 원자는] 여섯 부분으로 이루어져야 한다[는 잘못된 결론에 빠질 것이다]. 하나[의 원자]가 [차지하고] 있는 장소에 나머지 [여섯 개의 원자]가 [동시에 차지하고] 있는 것을 허용하지 않기 때문이다.

[혹은] 하나의 원자가 [차지하고] 있는 장소에 만약 여섯 개의 원자가 [동시에] 존재한다면 [결합한] 덩어리(聚色) 전체는 [하나의] 원자와 크기가 같아져야 할 것이다. [여러 가지 모습으로] 전개하여 서로 마주하더라도 [하나의 원자] 크기에 지나지 않게 되기 때문이다. 그러므로 [결합한] 덩어리 또한 볼 수 없어야 할 것이다."

## 반야류지역 12송

(T31, 67b21-28)

問曰 : "云何不成?"

答曰 : "偈言.

**六塵同時合, 塵則有六廂.**[7]

**若六唯一處, 諸大是一塵. (12송)**

此偈明何義? 若諸微塵從六方來六塵和合, 若如是者塵有六方. 若有六方[8]則有六廂[9]. 又若微塵有六處所者不容餘塵. 是故偈言 : **'六塵同時合, 塵則有六廂**[10]'故.

---

7 廂 : 磧砂本 · 永樂本 · 乾隆本에는 '相'으로 되어 있다.

8 若有六方 : 趙成本에는 이 네 글자가 빠져 있다.

9 廂 : 磧砂本 · 永樂本 · 乾隆本에는 '相'으로 되어 있다.

10 廂 : 磧砂本 · 永樂本 · 乾隆本에는 '相'으로 되어 있다.

[외경실재론자가] 묻는다. "어째서 [원자의 존재가] 증명되지 않는다고 하는가?"

[바수반두가] 답한다. "게송으로 말한다.

> **[원자들이 구성물을 이룰 때 하나의 원자는] 여섯 개의 원자와 동시에 결합(合, yoga)하므로**
> **원자는 곧 여섯 부분을 지니게 된다.**
> **만약 여섯 개[의 원자]가 오직 하나의 장소에 있는 것이라면**
> **[결합한] 큰 덩어리 전체는 하나의 원자[와 같은 크기가 되어버릴 것]이다. (12송)**

이 게송은 어떤 뜻을 밝히고 있는가? 만약 모든 원자가 여섯 방향에서 여섯 개의 원자와 결합한다면, 만약 이와 같다면 [하나의] 원자에는 여섯 방향이 있게 된다. 만약 여섯 방향이 있다면 여섯 개의 부분이 있게 된다. 또 만약 [여섯 방향으로부터 결합한] 원자가 [각각 다른] 여섯 장소에 있는 것이라면 [그 장소에] 나머지 원자를 허용하지 않게 된다. 이런 까닭에 게송에서 '**[원자들이 구성물을 이룰 때 하나의 원자는] 여섯 개의 원자와 동시에 결합하므로 원자는 곧 여섯 부분을 지니게 된다**'라고 하였다.

(T31, 67b28-c5)

若六微塵唯一處者, 一微塵處有六微塵. 若如是者, 六塵一處, 若一處者則六微[11]塵不可得見. 何以故, 彼此微塵無差別故. 若如是者, 一切麁物山河等事亦不可見. 是故偈言, **'若六唯一處, 諸大是一塵'**故. 一塵者無物如向前答. 一多和合不可得見故."

---

11 微 : 趙成本에는 빠져 있다.

만약 [하나의 원자와 결합한] 여섯 개의 원자가 오직 하나의 장소에 있는 것이라면, 하나의 원자가 [차지하고] 있는 장소에는 여섯 개의 원자가 [함께] 있게 된다. 만약 이와 같다면 여섯 개의 원자가 한 장소에 있을 것이고, 만약 한 장소라면 곧 여섯 개의 원자는 [중첩되어서] 파악할 수 없을 것이다. 왜냐하면, 저 [여섯 개의 원자]와 이 [하나의] 원자[는 크기]의 차별이 없기 때문이다. 만약 이와 같다면 일체의 거친 사물인 산이나 강 등의 현상도 파악할 수 없을 것이다. 이 때문에 게송에서 '**만약 여섯 개[의 원자]가 오직 하나의 장소에 있는 것이라면 [결합한] 큰 덩어리 전체는 하나의 원자[와 같은 크기가 되어버릴 것]이다**'라고 하였던 것이다. 하나의 원자가 실체로서의 사물이 아니라는 것은 앞에서 대답한 것과 같다. 왜냐하면, 하나[의 원자]이든 여러 개의 [원자이든] 구성물을 이룬 것(和合, *saṃhata)이든 볼 수 없기 때문이다."

## 12송 해제

12송에서는 원자들이 특정한 규칙을 가지고 구성물을 이루는 방식에 관한 논의가 이어진다. 설일체유부와 같이 외경실재론을 주장하는 불교 분파들의 전통에서는 물질의 가장 작은 단위인 원자 일곱 개가 모여서 하나의 구성물을 이룬다고 논의됐다. 원자 하나를 기준으로 위, 아래, 앞, 뒤, 왼쪽, 오른쪽의 여섯 방향으로부터 원자가 결합하는 것이다. 이것을 원자(paramāṇu, 極微)가 일곱 개 모여서 미세한 덩어리(aṇu, 微塵)를 이룬다고 표현한다. 이런 규칙으로 점점 더 커져서 우리가 볼 수 있는 크기에 이른다는 것이다.

그런데 이런 규칙으로 원자 일곱 개가 동시에 결합(yoga)을 이룬다면, 중심에 있는 원자는 최소한 위, 아래, 앞, 뒤, 왼쪽, 오른쪽의 여섯 부분을 지닌다는 것을 의미한다. 원자가 결합을 하기 위해서는 다른 원자와 접촉해야 하고, 어떤 두 물체의 접촉이란 그 물체들의 부분과 부분이 붙는 것이기 때문이다. 이처럼 원자가 결합을 이루기 위해서는 반드시 원자가 부분을 지녀야 한다. 하지만 원자가 부분을 지니고 있다면, 그 부분들을 분리하여 더 작게 나눌 수 있게 된다. 그러면 '더 이상 나눌 수 없는 물질의 최소단위'라는 원자의 정의를 위배하게 된다. 그러므로 원자끼리의 결합이란 모순적인 표현이다.

바수반두는 여기서 다른 반론을 가정한다. 부분이 없는 원자끼리의 결합은 한 원자의 부분과 다른 원자의 부분이 접촉하는 것이 아니라, 한 원자의 전체와 다른 원자의 전체와의 접촉이라는 반론이다. 이는 "원자가 부분을 지닌다"라는 것은 부정하면서도 원자 사이의 결합을 옹호하려는 입장을 대표한다. 그런데 이 반론처럼 부분 없는 두 원자 각각의 전체끼리 서로 결합한다고 하면, 이 둘은 동시에 같은 공간을 차지하게 된다. 부분이 없는 두 원자가 전체 대 전체로 결합한다는 것은 한 원자가 차지하는 공간으로 다른 원자가 융합해 들어가는 것이 되기 때문이다. 따라서 원자가 일곱 개 결합하여 미세한 덩어리를 이루더라도 그것은 한 원자 크기가 되고, 이런 식으로 아무리 많은 수의 덩어리가 결합하더라도 결국은 여전히 한 원자 크기가 된다. 그러면 이 세계의 크고 작은 사물들이 어떻게 존재할 수 있는지 설명할 수 없게 된다.

이상의 논의를 통해서 바수반두는 원자가 접촉을 통해 결합하여 구성물을 이루는 것은 원자의 부분끼리 결합하는 것도, 원자 전체끼리 결합하는 것도 이치에 맞지 않는다고 논증한다.

# 13송

## 원자의 집합체도 결합할 수 없다

## 산스크리트 13송

(L 7,9; S 194,7)

naiva hi paramāṇavaḥ saṃyujyante niravayavatvāt, mā bhūd eṣa doṣaprasaṅgaḥ, saṃghatās tu parasparaṃ saṃyujyanta iti kāśmīra-vaibhāṣikās, ta[1] idaṃ praṣṭavyāḥ | yaḥ paramāṇūnāṃ saṃghāto na sa tebhyo 'rthāntaram iti |

**paramāṇor asaṃyogāt tatsaṃghāte 'sti kasya saḥ |**

saṃyoga iti vartate ||

---

1 msB, RS, S : te; all : ta

[바수반두 :] 카슈미라(Kāśmira)에서 『대비바사론』을 따르는 무리(Vaibhāśika, 毘婆沙師, = 설일체유부)는 "[원자들은] 부분이 없으므로, 원자들은 절대로 [서로] 결합하지 않는다. [따라서] 그런 오류에 빠진다는 것은 터무니없다. 그렇지 않고, [원자들이 서로 붙지 않고 인접하여] 집합체를 이룬 것(saṃghāta)들끼리 서로 결합하는 것이다"라고 주장한다. 그들에게 다음과 같은 질문이 제기되어야 한다. "원자들이 [서로 접촉하지 않고 인접하여] 집합체를 이룬 것은 그것(= 원자)들과 [본질적으로] 다른 새로운 것이 아니다."

**원자가 결합하지 않[지만 원자들이 인접하여 집합체를 이룬 것끼리는 서로 접촉하여 결합하]는 경우에, 그것(= 원자)들이 집합체를 이룬 것 안에서 그것(=결합)을 행하는 것은 [대체] 누구인가? [13ab]**

'결합'이라고 하는 [말이 게송 뒤에] 이어진다.

**na cānavayavatvena tatsaṃyogo na sidhyati || 13 ||**

atha saṃghātā apy anyonyaṃ na saṃyujyante na tarhi paramāṇūnāṃ niravayavatvāt saṃyogo na sidhyatīti vaktavyaṃ | sāvayavasyāpi hi saṃghātasya saṃyogānabhyupagamāt | tasmāt[2] paramāṇur ekaṃ dravyaṃ na sidhyati ||

---

2 S : ataḥ

**또한, [반대로 집합체들끼리 결합하는 것이 아니라고 하면, 원자들이] 부분이 없다는 것을 이유로 그것(= 원자)들의 결합이 성립되지 않는 것이 아니[게 된]다. [13]**

여기서 만약 [카슈미라의 논사들이] 집합체를 이룬 것들끼리도 [원자와 마찬가지로] 서로 [접촉하여] 결합하지 않[고 인접하여 더 큰 덩어리를 이룬]다고 말[을 바꾸어 다시 주장]하면, [앞에서처럼 그들이] "원자들은 부분이 없으므로 [원자들의] 결합이 성립되지 않는 것이다"라고 말해서는 안 된다. 왜냐하면, [당신들이 말은 바꾼 대로라면] 집합체를 이룬 것이 [원자와 달리] 부분을 지니더라도 [집합체들 사이의] 결합이 인정되지 않[아서 세상의 어떤 사물도 결합할 수 없게 되]기 때문이다. 그러므로 하나의 실체로서 원자[의 존재]는 증명될 수 없다.

## 티베트역 13송

(D 136 7a5, P 235 8a1)

kha che'i bye brag tu smra ba rnams nyes pa 'di 'byung du 'ong ngo zhes te | rdul phra rab rnams ni cha shas med pa'i phyir sbyor ba ma yin gyi[3] | 'dus pa dag ni phan tshun sbyor ro zhes zer ba de dag la 'di skad du | rdul phra rab rnams 'dus pa gang yin pa de[4] dag las don gzhan rnams[5] ma yin no zhes brjod par bya'o |

**rdul phran sbyor ba med na ni |**
**de 'dus yod pa de gang gis |**

sbyor ba zhes bya bar bsnyegs so ||

---

3 P.N : gyis

4 P.N : de (하나 생략 -de), D : de de. 하나를 삭제하였다.

5 P.N : rnam gzhan

[바수반두 :] 카슈미라(kha che, Kāśmira)의 『대비바사론』을 따르는 무리(Bye brag tu smra ba rnams, Vaibhāśika, 毘婆沙師, = 설일체유부)는 "이런 오류가 생긴다"라고 [다음과 같이 주장한다.] "원자들은 부분이 없으므로 [절대로 서로] 결합하지 않는다. [따라서 원자들이 서로 붙지 않고 인접하여] 집합체를 이룬 것('dus pa, saṃghāta)들끼리 서로 결합하는 것이다"라고 주장한다.

그들에게 [다음과 같은 질문이] 제기되어야 한다. "원자들이 [접촉하지 않고 인접하여] 집합체를 이룬 것은 그것(= 원자)들과 [본질적으로] 다른 어떤 것이 아니다."

**원자가 결합하지 않[지만 원자들이 인접하여 집합체를 이룬 것끼리는 서로 접촉하여 결합하]는 경우에, 그것(= 원자)이 집합체를 이룬 것 안에서 [접촉하여 결합하는 것은 대체] 누구인가? [13ab]**

'결합'이라고 하는 [말이 게송 뒤에] 이어진다.

**cha shas yod pa ma yin pas |**

**de[6] sbyor mi 'grub ma zer cig || 13 ||**

ji ste 'dus pa dag kyang phan tshun mi sbyor ro zhe na | rdul phra rab rnams[7] ni cha shas med pa'i phyir sbyor ba mi 'grub bo zhes ma zer cig | 'dus pa cha shas dang bcas pa yang sbyor bar[8] khas mi len pa'i phyir ro | de bas[9] rdul phra rab rdzas gcig pu mi 'grub bo ||

---

6 P.N : de'i

7 P : gyi rnams, N : gyi rnam

8 P.N : bas

9 N : de bas na

**[또한, 반대로 집합체들끼리 결합하는 것이 아니라고 하면, 원자들이] 부분이 없다는 것을 이유로 그것(= 원자들)의 결합이 성립되지 않는다고 말해서는 안 된다. [13]**

또한, 만약 [카슈미라의 논사들이] 집합체를 이룬 것들끼리도 [원자와 마찬가지로] 서로 [접촉하여] 결합하지 않[고 인접하여 더 큰 덩어리를 이룬]다고 말[을 바꾸어 다시 주장]하면, [앞에서처럼 그들이] "원자들은 부분이 없으므로 [원자들의] 결합이 성립되지 않는다"라고 말해서는 안 된다. 왜냐하면, 집합체를 이룬 것은 부분을 지니더라도 [집합체들 사이의] 결합이 인정되지 않[아서 세상의 어떤 사물도 결합할 수 없게 되]기 때문이다. 그러므로 하나의 실체로서 원자[의 존재]는 증명될 수 없다.

## 진제역 13송

(T31, 72b3-9)

"若汝言 : '隣虛不得聚集無方分故, 此過失不得起[10]. 是[11]隣虛聚[12]更互相應.' 罽賓國毘[13]婆沙師, 作如此說, 則應問之: '如汝所說隣虛聚物, 此聚不異隣虛.'

**若隣虛不合, 聚中誰和合?**
**復次無方分, 隣虛聚不成. (13송)**

---

10 起 : 趙成本 · 磧砂本 · 洪武本 · 永樂本 · 乾隆本에는 뒤에 '故'가 있다.
11 是 : 趙成本에는 빠져 있다.
12 聚 : 趙成本에는 '是'로 되어 있다.
13 毘 : 磧砂本 · 洪武本 · 永樂本 · 乾隆本 · 頻伽本에는 '毗'로 되어 있다.

[바수반두가 말한다.] "만약 그대(= 외경실재론자)가 '원자는 부분(方分, avayava)이 없기에 [절대로 서로] 결합(聚集, saṃyoga)할 수 없다. [따라서 그대가 우려하는] 이 오류는 일어날 수 없다. 이 원자가 [서로 붙지 않고 인접하여] 집합체를 이룬 것(聚, saṃghāta)은 다시 서로 상호작용[하여 결합]한다'라고 말한다면, 카슈미라(罽賓國, Kāśmīra)의 『대비바사론』을 따르는 무리(毘婆沙師, Vaibhāśika)가 이같이 말하므로, [그들에게] 곧 [이같이] 질문이 제기되어야 한다. '그대가 말한 것처럼 원자가 [서로 붙지 않고 인접하여] 집합체를 이룬 것이 있다면, 이 집합체를 이룬 것은 원자와 [본질적으로] 다르지 않을 것이다.'

**만약 원자가 결합(合, saṃyoga)하지 않[지만 원자들이 인접하여 집합체를 이룬 것끼리는 서로 접촉하여 결합한]다면,**
**[원자들이] 집합체를 이룬 것 안에서 [대체] 누가 [접촉하여] 결합(和合, saṃyoga)하는 것인가?**
**또한, 이 [원자에] 부분이 없다고 해서**
**원자의 결합(聚, yoga)은 성립되지 않는 [것은 아니]다. (13송)**

(T31, 72b9-14)

若隣虛無和合, 於聚中此和合屬何法? 若汝言隣虛更互得和合, 此義不然. 何以故, 隣虛無方分故. 若和合不成, 何況有假名'聚'? 應如此說. 聚有方分. 若和合義不可立, 無方分隣虛云何和合得成? 是故隣虛不成一物."

만약 원자가 결합하지 않는다면, 집합체를 이룬 것 안에서 이 결합은 어떤 방식에 속하는가? 만약 그대가 원자는 다시 서로 결합할 수 있다고 한다면, 이 뜻은 옳지 않다. 왜냐하면, 원자는 부분이 없기 때문이다. [반대로] 만약 [원자의] 결합이 성립하지 않는다면 어떻게 '집합체를 이룬 것'이라는 가명(*prajñapti, 假名)을 둘 수 있겠는가? 마땅히 집합체를 이룬 것에는 부분이 있다고 말해야만 한다. 만약 [이같이] 결합의 의미가 성립될 수 없다면, 부분이 없는 원자가 어떻게 [부분을 지닌 집합체를 이루어] 결합하는지를 증명할 수 있겠는가? 이 때문에 원자는 단일한 실체라는 것이 증명되지 않는다."

## 현장역 12송

(T31, 76a3-7)

“迦濕彌羅國毘[14]婆沙師言 : ‘非諸極微有相合義, 無方分故. 離如前失. 但諸聚色有相合理, 有方分故,’ 此亦不然.

頌曰 :

**極微既無合, 聚有合者誰?**
**或相合不成, 不由無方分.” (12송)**

---

14 毘 : 高麗本 · 磧砂本 · 洪武本 · 永樂本 · 乾隆本에는 ‘毗’로 되어 있다.

[바수반두가 말한다.] "카슈미라(迦濕彌羅國, Kāśmīra)의 『대비바사론』을 따르는 무리(毘婆沙師, Vaibhāśika)가 말하기를 '모든 원자는 부분(方分, avayava)이 없기에 [절대로] 서로 결합(合, saṃyoga)하는 의미가 없다. [그러므로] 앞에서 말한 것과 같은 오류와는 거리가 멀다. 다만 [원자가 서로 붙지 않고 인접하여] 집합체를 이룬(聚, saṃghāta) 모든 물질은 부분이 있기에 서로 결합하는 이치가 있다'라고 하는데, 이 또한 옳지 않다.

게송으로 말한다.

**원자가 이미 결합하지(合, saṃyoga) 않[지만 원자들이 인접하여 집합체를 이룬 것끼리는 서로 접촉하여 결합한]다면,**
**[원자들이] 집합체를 이룬 것 안에서 [접촉하여] 결합하는 자는 [대체] 누구인가?**
**혹은 [그렇게 집합체들끼리 결합한다고 하면, 원자들이] 서로 결합이 이루어지지 않는 것은**
**부분이 없다는 이유는 아니다." (12송)**

(T31, 76a8-12)

論曰 : “今應詰彼所說理趣. 旣異極微無別聚色, 極微無合聚合者誰?

若轉救言 : ‘聚色展轉亦無合義,’ 則不應言‘極微無合無方分故’. 聚有方分亦不許合故. 極微無合不由無方分. 是故一實極微不成.”

[바수반두가] 논한다. "지금 저들이 주장하는 논리에 대해 따져 물어야만 한다. 이미 원자와 다른 별도의 집합체를 이룬 것이 없는데, 원자가 결합하지 않는다고 하면, 집합체를 이룬 것[의 부분 원자 중]에서 [접촉하여] 결합하는 자는 누구인가?

만약 [카슈미라의 논사가] 말을 바꾸어 옹호하기를, '집합체를 이룬 것이 [여러 가지 모습으로] 전개하더라도 [집합체들끼리] 결합한다는 뜻은 없다'라고 한다면, 곧 [앞에서 그들이 말했던 것과 같이] '원자는 부분이 없기에 결합하지 않는다'라고 말해서는 안 된다. [왜냐하면,] 집합체를 이룬 것에 부분이 있더라도 [집합체들 사이의] 결합이 인정되지 않[아서 세상의 어떤 사물도 결합할 수 없게 되]기 때문이다. [그러므로] 원자가 결합하지 않는 것은 부분이 없다는 이유는 아니[게 된]다. 이 때문에 하나의 실체로서의 원자는 성립되지 않는다."

## 반야류지역 13송

(T31, 67c5-10)

罽賓國毘[15]婆沙問曰: "我無如是過失. 何以故, 以我微塵無六方廂[16]. 以離色·香·味·觸, 而與麁物和合成四大等一切麁物."

答曰 : "偈言 :

**若微塵不合, 彼合何所成?**

**言微塵無廂[17], 能成則有廂[18]. (13송)**

---

15 毘 : 趙成本·高麗本·磧砂本·永樂本·乾隆本·頻伽本에는 '毗'로 되어 있다.

16 廂 : 趙成本·磧砂本·永樂本·乾隆本에는 '相'으로 되어 있다.

17 廂 : 磧砂本·永樂本·乾隆本에는 '相'으로 되어 있다.

18 廂 : 趙成本·磧砂本·永樂本·乾隆本에는 '相'으로 되어 있다.

카슈미라(罽賓國, Kāśmīra)의 『대비바사론』을 따르는 무리(毘婆沙, Vaibhāśika)가 묻는다. "우리에게 이와 같은 오류는 없다. 왜냐하면 우리[가 말하는] 원자에는 여섯 방향의 부분이 없기 때문이다. 형색 · 향기 · 맛 · 촉감과 관계없이 [원자들이 집합체를 이룬 거친 사물이 다른] 거친 사물과 [서로] 결합하여 네 가지 물질적 원소 등의 모든 거친 사물을 이루기 때문이다."

[바수반두가] 답한다. "게송으로 말한다.

**만약 원자가 결합하지 않는다면**

**저 결합한 것은 어떻게 이루어진 것인가?**

**원자에 [여섯 방향의] 부분이 없다고 말하지만**

**[결합을] 이룰 수 있는 것은 부분을 가진 것이다. (13송)**

(T31, 67c11-21)

此偈明何義? 爲[19]微塵和合成四大等, 爲離微塵別成四大. 此明何義? 若以微塵成四大者, 不得說言微塵無廂[20]不相和合. 若離微塵成四大者, 彼四大是誰家四大? 若如是者, 不得說言微[21]塵無六廂[22]. 是故偈言 : **'若微塵不合, 彼合何所成'**故.

此明何義? 若彼微塵不相和合成四大者, 不得說言塵無六廂[23]與麁物合成四大等. 汝言與麁物合成四大者, 但有言說都無實事. 是故微塵不成一物. 若彼微塵不成一物, 說言成彼四大等物, 悉皆虛妄. 是故偈言 : **'微[24]**塵無六[25]**廂[26], 能成則有廂[27]'**故."

---

19　爲 : 趙成本에는 '爲' 뒤에 '彼'가 있다.

20　廂 : 磧砂本 · 永樂本 · 乾隆本에는 '相'으로 되어 있다.

21　微 : 趙成本 · 磧砂本 · 永樂本 · 乾隆本에는 빠져 있다.

22　廂 : 磧砂本 · 永樂本 · 乾隆本에는 '相'으로 되어 있다.

23　廂 : 磧砂本 · 永樂本 · 乾隆本에는 '相'으로 되어 있다.

24　微 : 磧砂本 · 永樂本 · 乾隆本에는 '微' 앞에 '言'이 있다. 저본에서는 일본에서 소장하고 있는 宋本 · 元本 · 明本 · 宮內省本에 '微' 앞의 '言' 뒤에 '言'이 있다고 교감하였다.

25　六 : 磧砂本 · 永樂本 · 乾隆本에는 빠져 있다. 저본에서도 일본에서 소장하고 있는 宋本 · 元本 · 明本 · 宮內省本에 '六'이 빠져 있다고 교감하였다.

26　廂: 磧砂本 · 永樂本 · 乾隆本에는 '相'으로 되어 있다.

27　廂 : 저본에는 '相'으로 되어 있으나 게송에 '廂'으로 되어 있고, 趙成本 · 高麗本에도 '廂'으로 되어 있으므로 바로잡는다. 永樂本 · 乾隆本 · 頻伽本에는 '相'으로 되어 있다. 이에 대해 저본에서는 아무런 교감이 없다.

이 게송은 어떤 의미를 밝히고 있는가? 원자가 결합해서 네 가지 물질적 원소 등을 이룬다고 생각하거나, 원자와 관계없이 별도로 네 가지 물질 원소를 이룬다고 생각하는 것이다. 이것은 어떤 의미를 밝힌 것인가? 만약 원자가 네 가지 물질적 원소를 이룬다고 한다면, 원자에 [여섯 방향의] 부분이 없다는 이유로 서로 결합하지 않는다고 말할 수 없다. 만약 원자와 관계없이 네 가지 물질적 원소를 이룬다면 저 네 가지 물질적 원소는 누가 모여서 이룬(誰家) 네 가지 물질 원소인가? 만약 이와 같다면 원자에는 여섯 부분이 없다고 말할 수 없다. 이 때문에 게송에서 '**만약 원자가 결합하지 않는다면, 저 결합한 것은 어떻게 이루어진 것인가?**'라고 하였던 것이다.

이것은 어떤 의미를 밝힌 것인가? 만약 저 원자가 서로 결합하여 네 가지 물질적 원소를 이룬 것이 아니라면, 원자는 여섯 부분이 없으므로 거친 사물과 더불어 결합하여 네 가지 물질적 원소를 이룬 것이라고 말할 수 없다. 그대는 [거친 사물이] 거친 사물과 결합하여 네 가지 물질적 원소를 이룬다고 말하지만, [그] 말에는 도무지 참된 사실이 없다. 이 때문에 원자는 하나의 실체로 성립하지 않는다. 만약 저 원자가 하나의 실체로 성립하지 않는다면, 저 네 가지 물질적 원소 등의 사물을 말하는 것은 모두 다 그릇된 것이다. 이 때문에 게송에서 '**[결합을] 이룰 수 있는 것은 부분을 가진 것이다**'라고 하였던 것이다."

## 13송 해제

13송에서는 원자가 구성물을 이루는 또 다른 규칙을 제시하는 카슈미라 논사들의 이론을 실명으로 거론하고 반박한다. 카슈미라(Kāśmira)는 현재 인도 서북부의 카슈미르 지역으로서, 바수반두 당시에는 오랜 기간 인도의 불교 교학의 중심지 역할을 하던 곳이다. 설일체유부가 이곳에 거점을 두고 있었는데, 500명의 아라한이 모여서 지었다는 『대비바사론(Mahāvibhāṣaśāstra)』이라는 방대한 논서를 통해서 그 교학을 확고히 하였다. 카슈미라 지역에 있는 설일체유부를 '『대비바사론』을 따르는 무리', 혹은 '『대비바사론』을 소의로 하는 무리'라는 의미에서 바이바쉬카(Vaibhāśika, 毘婆沙師)라고 불렀다.

이들은 12송에서 언급되었던 원자가 접촉·결합하여 구성물을 이룬다는 이론이 문제가 있음을 인지하고 있었다. 그래서 결합하여 구성물을 이루는 것이 아니라, 결합하지 않고 집합체를 이루는 것이 원자가 인식대상이 되는 크기로 응집되는 출발점이라고 주장했다.

이런 카슈미라 바이바쉬카의 이론에 따르면, 원자들은 접촉하여 결합하지는 않지만, 이들이 모이면서 접촉 직전까지 빈틈없이 인접한다. 이것을 '집합체를 이룬 것(saṃghāta)'이라고 한다. 접촉하지도 결합하지도 않는데 어떻게 이들이 하나의 집합체를 이룰 수 있을까? 설령 집합체를 이뤘다 하더라도, 왜 그렇게 만들어진 바퀴가 아무리 세게 굴러가도 원자의 모임은 흩어지지 않는 것일까? 『대비바사론』에서는 이 원자들이 접촉하지 않더라도 집합체를 이룰 수 있는 것은 지수화풍(地水火風) 중에서 풍대(風大, vāyu)의 끌어당기는 힘으로 집합체가 이루어지고 유지된다고 한다.

이렇게 원자론을 토대로 하는 설일체유부의 이론에는 "원자들끼리의 결합은 – 12송에서 다루었던 것처럼 – 논리적으로 불가능한데, 원자들이 모여서 이루어진 것으로 여기는 사물들끼리는 접촉하여 결합하는 것을 현실세계에서 볼 수 있다"라는 딜레마를 해결하기 위한 고심이 있었다. 원자들은 대체 어떤 방식으로 모여서 점점 커지다가 어느 지점부터 결합이 가능한 사물이 된 것일까? 이에 대해서 설일체유부는 비록 원자들끼리는 결합이 불가능하더라도 원자들이 빈틈없이 인접하여 형성된 집합체들끼리는 결합이 가능하다고 설명한다. 왜냐하면 원자는 부분이 없으므로 결합할 수 없지만, 원자들이 집합체를 이룬 것은 부분을 지니기 때문에 이론상 결합이 가능하기 때문이다.

이에 대해서 바수반두는 집합체끼리의 결합에서도 원자끼리의 결합을 피할 수 없다고 반론한다. 집합체가 부분을 가지고 있어서 이론상 결합이 가능하게 되었다고 하더라도, 그런 방식으로 한 집합체의 부분과 다른 집합체의 부분이 접촉하여 결합할 때 접촉면이 되는 부분은 원자로 이루어져 있다. 그렇다면 집합체가 접촉한다고 주장하더라도 여전히 원자끼리 어떻게 접촉하는지에 대해서 설명해야 하는 의무를 벗어나지 못했다고 할 수 있다. 이 부분에서 진제나 현장 모두 이 집합체의 부분을 이루는 원자 중에서 결합하는 것은 '대체 누가?(誰, kasya)'라고 번역하고 있다. 결국 집합체끼리의 결합도 세부적으로는 원자끼리의 결합이다. 이렇게 원자끼리의 접촉이 있어야 집합체의 결합이 가능한 것이라면, 바이바쉬카의 주장은 "원자는 결합이 불가능하다"라는 문제를 극복하지 못한 것이 된다.

논의의 후반부에 카슈미라 논사 중 어떤 이는 이를 극복하기 위해 조금 변형하여 다시 답변을 제출한다. 이 부분은 전통적인 번역자들끼리도 해석이 다른데, 여기서는 현장·규기의 해석을 기준으로 설명하고자 한다.

여기서 카슈미라 논사는 "원자는 부분이 없으므로 접촉·결합할 수 없고 단지 인접하여 집합체를 이룰 수 있을 뿐이다. 하지만 그렇게 이루어진 집합체는 부분을 지니므로, 집합체들끼리는 접촉·결합할 수 있다"라고 제시했던 주장이 논박당하자 한 발짝 더 후퇴한다. 집합체들끼리도 접촉하여 결합하는 것이 아니라, 원자들이 집합체를 이룰 때와 마찬가지로 빈틈없이 인접하여 더 큰 집합체를 이루고 그런 식으로 점점 크게 모여서 사물을 이룬다는 것이다. 이 이론을 확장하게 되면 결국 이 세상에 어떤 사물도 진짜로 접촉하지는 않는다는 것이 된다. 실제로 현대과학의 이론에 따르면 그렇기는 하다. 현대과학에서는 일상에서의 물리적 접촉이란 원자핵끼리의 충돌이 아니라 전자기력의 반발로 가로막히는 것에 불과하다. 하지만 여기에서의 카슈미라 논사가 어떤 사물도 서로 접촉하지 않는다는 결론을 고려한 것으로 보이지는 않는다.

바수반두는 여기서 카슈미라 논사의 두 번째 주장을 옳다고 가정했을 때 생길 수 있는 모순을 지적한다. 만약 부분을 지닌 집합체끼리도 접촉·결합하지 않는다고 주장한다면, 애초에 그들 스스로 인지하고 옹호했던 문제의식을 이탈하게 된다는 것이다. 카슈미라 논사가 "원자는 부분을 지니므로 결합하지 않는다"라고 말할 필요조차 없었다는 것이다. 부분을 가진 집합체도 결합하지 못한다면 결국 어떤 큰 사물도 결합할 수 없다는 것이 되므로, 원자가 결합하지 못한 이유가 '부분을 지니지 않는 것'이 아니게 되고, 결합하지 못하는 것도 원자만의 현상이 아니기 되기 때문이다.

이렇게 다양한 방식으로 "원자가 어떻게 인식 대상이 될 수 있는가?"라는 문제에 대한 여러 이론을 검토한 후에 바수반두는 이처럼 어떤 방식으로도 하나의 실체로서 원자의 존재는 증명되지 못한다고 선언한다.

# 14송

## 원자로 이루어진 사물은
## 그늘이나 물리력이 있을 수 없다

## 산스크리트 14송

(L 7,17; S 194,21)

yadi ca paramāṇoḥ saṃyoga iṣyate yadi vā neṣyate |

**digbhāgabhedo[1] yasyāsti tasyaikatvaṃ na yujyate |**

anyo hi paramāṇoḥ pūrvadigbhāgo yāvad adhodigbhāga iti digbhāgabhede sati kathaṃ tadātmakasya paramāṇor ekatvaṃ yokṣyate |

**chāyāvṛtī kathaṃ vā**

yady ekaikasya paramāṇor digbhāgabhedo na syād ādityodaye katham anyatra pārśve chāyā bhavaty anyatrātapaḥ | na hi tasyānyaḥ pradeśo 'sti yatrātapo na syāt |

āvaraṇaṃ ca kathaṃ bhavati paramāṇoḥ paramāṇvantareṇa yadi digbhāgabhedo neṣyate | na hi kaścid api paramāṇoḥ parabhāgo 'sti yatrāgamanād anyenānyasya pratighātaḥ syāt |

---

1 A, TD, RS, S : digbhāgabhedo; L, F : digbhāgabhedī.

[바수반두 :] 또한, 설사 원자의 결합을 인정하든 인정하지 않든,

**방향에 따른 구별(digbhāga-bheda)이 있는 것이 하나[의 실체]라는 것은 이치에 맞지 않는다. [14ab]**

만약 "실로 원자의 앞부분이 [다른 부분과] 다르고, [뒤 · 왼쪽 · 오른쪽 · 윗부분과] 아랫부분에 이르기까지 [각각 다르다]"라는 식으로 [원자에] 방향에 따른 구별이 있다면, 어떻게 그것(= 여섯 부분의 구별)을 본질로 하는 원자가 하나[의 실체]라는 것이 이치에 맞겠는가?

**혹은, [원자가 방향에 따른 구별이 없다면,] 어떻게 [사물에] 그늘진 부분(chāya)이나 물리적 방해(āvṛti)가 있을 수 있는가? [14c]**

만약 하나하나의 원자가 방향에 따른 구별이 없다면, 어떻게 해가 [막] 떠오를 때 [사물의] 한쪽에는 그늘진 부분이 있고 반대쪽에는 햇빛이 있는 것인가? 왜냐하면 [원자에 방향에 따른 구별이 없다면,] 그것(= 원자)은 햇빛이 비치지 않는 또 다른 부분을 지니지 않을 것이기 때문이다.

또한, 만약 [원자에] 방향의 구별이 인정되지 않는다면, 어떻게 한 원자가 다른 원자를 물리적으로 방해할 수 있는 것인가? 왜냐하면, [원자에 방향에 따른 구별이 없다면,] 결코 [서로] 접근하여 어떤 하나[의 원자]가 다른 하나[의 원자]를 가로막을 만한 어떤 특정한 부위도 원자에게는 [있을 수] 없을 것이기 때문이다.

asati ca pratighāte sarveṣāṃ samānadeśatvāt sarvaḥ saṃghātaḥ paramāṇumātraḥ syād ity uktaṃ ||

kim evaṃ neṣyate piṇḍasya te chāyāvṛtī na paramāṇor iti |
kiṃ khalu paramāṇubhyo 'nyaḥ piṇḍa iṣyate yasya te syātāṃ |

nety āha |

**anyo na piṇḍaś cen na tasya te || 14 ||**

yadi nānyaḥ paramāṇubhyaḥ piṇḍa iṣyate na te tasyeti siddhaṃ bhavati ||

또한, 만약 [원자들이 서로] 가로막지 않는다면, [원자들이] 모두 같은 장소에 공유하게 되기 때문에 [원자들이] 집합체를 이룬 것 전체가 원자 [하나] 크기가 된다는 것을 앞[의 12송]에서 언급하였다.

[외경실재론자 :] 그런 그늘진 부분이나 물리적 방해는 [하나하나의] 원자에서가 아니라 [원자들이 모인] 덩어리(piṇḍa)에서 일어나는 것이라고 [왜] 그와 같이 인정하지 않는가?

[바수반두 :] 대체 무슨 이유로 그 두 가지(= 그늘진 부분과 물리적 방해)를 지니면서[도] 원자들과는 다른 [존재인] 덩어리를 인정하는가?

[외경실재론자 :] [원자와 덩어리는 서로 다른 것이] 아니라고 말한다.

> **[바수반두 :] 만약 [원자들이 모인] 덩어리가 [원자와 본질적으로] 다른 것이 아니라면, 그것(= 덩어리)에[도] 그 두 가지(= 그늘진 부분과 물리적 방해)가 없을 것이다. [14]**

만약 [원자들의] 덩어리가 원자들과 다른 것이 아니라고 인정한다면, 그 두 가지(= 그늘진 부분과 물리적 방해)는 그것(= 덩어리)에[도] 속하지 않는다는 것이 성립된다.

## 티베트역 14송

(D 136 7b1, P 235 8a4)

rdul phra rab sbyor bar 'dod kyang rung mi 'dod kyang rung ste |

**gang la phyogs cha tha dad yod |**
**de[2] ni gcig tu mi rung ngo |**

rdul phra rab kyi shar phyogs kyi cha yang gzhan pa nas 'og gi cha'i bar du yang gzhan te | phyogs kyi cha tha dad na de'i bdag nyid kyi rdul phra rab gcig pur ji ltar rung |

**sgrib[3] dang sgrib par ji ltar 'gyur |**

---

2 N : da

3 P.N : grib

[바수반두 :] 또한 원자의 결합을 인정하든 인정하지 않든,

**방향에 따른 구별(phyogs cha tha dad [pa], digbhāga-bheda)이 있는 것이 하나[의 실체]라는 것은 이치에 맞지 않는다. [14ab]**

원자의 앞부분이 [다른 부분과] 다르고, [뒤 · 왼쪽 · 오른쪽 · 윗부분과] 아랫부분에 이르기까지도 [각각] 다르다. [이런 식으로 원자에] 방향에 따른 구별이 있다면, 어떻게 그것(= 여섯 부분의 구별)을 본질로 하는 원자가 하나[의 실체]라는 것이 이치에 맞겠는가?

**[혹은, 원자가 방향에 따른 구별이 없다면,] 어떻게 [사물에] 그늘진 부분(grib [ma], chāya)이나 물리적 방해(sgrib pa, āvṛti)가 있을 수 있는가? [14c]**

gal te rdul phra rab re re la[4] phyogs kyi cha tha dad pa med na ni nyi ma shar ba'i tshe ngos gzhan ni grib ma[5] 'bab par ji ltar 'gyur te | de la[6] ni gang du nyi ma mi 'bab pa'i phyogs gzhan med do |

gal te phyogs cha[7] tha dad par mi 'dod na rdul phra rab la rdul phra rab gzhan gyis sgrib par yang ji ltar 'gyur |

rdul phra rab gang la yang cha shas gzhan med na gang du 'ong ba'i phyogs la gcig la gcig mi[8] thogs[9] par 'gyur | thogs pa med na ni thams cad go gcig tu gyur pas 'dus pa thams cad rdul phra rab tsam du 'gyur te | de ni bshad zin to ||

---

4 P.N : la yang

5 P.N : mi

6 P : del ni

7 D : phyogs kyi phyogs. P.N: phyogs cha. 내용 맥락상 phyogs cha로 읽는다.

8 D.P에 모두 mi가 없으나 내용상 첨가하였다.

9 P.N : thog

만약 하나하나의 원자가 방향에 따른 구별이 없다면, 어떻게 해가 [막] 떠오를 때 [사물의 햇빛이 있는] 반대쪽에는 그늘(grib ma, chāya)이 지는 것인가? [왜냐하면, 원자에 방향에 따른 구별이 없다면,] 그것(= 원자)은 햇빛이 비치지 않는 또 다른 부분을 지니지 않을 것이[기 때문이]다.

만약 [원자에] 방향의 구별이 인정되지 않는다면, 어떻게 [한] 원자가 다른 원자를 물리적으로 방해할 수 있는 것인가?

어떤 원자에도 [다른 방향과 구별되는] 다른 부분이 없다면, 어떤 방향에서 접근하더라도 서로서로 가로막지 않게 될 것이다.

만약 [원자들이 서로] 가로막지 않는다면, [원자들이] 모두 같은 장소를 공유하게 되기 때문에 [원자들이] 집합체를 이룬 것 전체가 원자 하나의 크기가 된다는 것은 앞[의 12송]에서 언급하였다.

grib ma dang sgrib pa rdul phra rab kyi ma yin yang | ci gong bu'i yin pa de ltar yang mi 'dod dam |

rdul phra rab rnams la gong bu gzhan zhig yin par 'dod dam ci na de dag de'i yin |

smras pa | yin no[10] |

**gong bu[11] gzhan min de de'i min || 14 ||**

gal te rdul phra[12] rab rnams las gong bu gzhan ma yin na de dag de'i ma yin par grub pa yin no ||

---

10 내용상 부정어 ma 첨가하였다.

11 P.K.125 : phyung

12 C : phra 생략

[외경실재론자 :] [그런] 그늘진 부분이나 물리적 방해가 일어나는 것이 원자에서가 아니라 [원자들이 모인] 덩어리(gong bu, piṇḍa)에서라고 [왜] 그와 같이 인정하지 않는가?

[바수반두 :] 어째서 원자들과 다른 [원자들의] 덩어리가 그 둘(= 그늘진 부분과 물리적 방해)을 지닌다고 인정하는가?

[외경실재론자 : 원자와 덩어리는 서로 다른 것이] 아니라고 말한다.

> **[바수반두 :] 만약 [원자들이 모인] 덩어리가 [원자와 본질적으로] 다른 것이 아니라면, 그것(= 덩어리)에는 그것(= 그늘진 부분과 물리적 방해)이 없을 것이다. [14]**

만약 원자들과 [원자들의] 덩어리가 다른 것이 아니라면, 그것들(= 그늘진 부분과 물리적 방해)이 그것(= 덩어리)에[도] 속하지 않는다는 것이 성립된다.

## 진제역 14송

(T31, 72b14-25)

"隣虛和合, 若可然若不可然, 今所不論.

**若物有方分 不應成一物(14송 1,2구)**

隣虛東方分異餘五方, 乃至下方分亦如是. 若分有異隣虛取[13]分爲體, 云何得成一物?

**影[14]障復[15]云何(14송 3구)**

若一隣虛無有方分, 日正出時云何一邊有影? 何故作如此問? 是隣虛無有別分正爲日所照.

---

13 取: 磧砂本·洪武本·永樂本·乾隆本에는 '聚'로 되어 있다.

14 影: 磧砂本·洪武本·永樂本·乾隆本에는 앞에 '一'이 있다.

15 復: 頻伽本에는 '得'으로 되어 있다.

[바수반두가 말한다.] "원자의 결합을 인정하는가, 혹은 인정하지 않는가 하는 것을 지금 논하려는 것은 아니다.

**만약 [어떤] 물체가 방향에 따른 구별(方分, digbhāga-bheda)이 있다면 [그것이] 하나의 실체라는 것은 성립하지 않아야 한다. (14송 1,2구)**

원자의 동쪽 부분은 나머지 다섯 부분과 다르며, [서 · 남 · 북 · 윗부분과] 아랫부분에 이르기까지도 이와 같[이 각각 다른 다섯 부분과 다르]다. 만약 [원자에] 부분이라는 차이가 있어서, 원자가 [여러] 부분을 모아 [하나의] 형체를 이룬 것이라면, 어떻게 [원자가] 하나의 실체로서 성립하겠는가?

**한편 [원자가 방향에 따른 구별이 없다면,] 그늘진 부분(影, chāya)이나 물리적 방해(障, āvṛti)는 어떻게 있을 수 있겠는가? (14송 3구)**

만약 하나[하나]의 원자가 방향에 따른 구별이 없다고 한다면, 해가 막 떠오를 때 어떻게 [사물의] 한편에 그늘진 부분이 있겠는가? 왜 이와 같은 질문을 하겠는가? 이것은 원자에 구별되는 부분이 없다면, [하나의 원자 전체가] 바로 해가 비추는 곳이 되어야 한다는 것이다.

復次此隣虛與彼隣虛若並無方分, 云何相障? 何以故, 此隣虛無有餘分, 是處相合他來則障. 若無有障, 一切六方隣虛同一處故, 則一切聚同隣虛量. 此義已如前說."

다시 이 원자와 저 원자가 둘 다 부분이 없다면, 어떻게 서로 물리적 방해가 있다고 하겠는가? 왜냐하면, 이 원자에 다른 부분이 없는데도, 이 [원자가 있는] 장소에 다른 [원자가] 와서 서로 접촉(合)하여 물리적 방해가 된다고 하[는 것은 이치에 맞지 않]기 때문이다. [그리고] 만약 물리적 방해가 없다면, 여섯 방향[에서 온] 모든 원자는 같은 지점에 있게 되므로 [원자들의] 덩어리(聚, piṇḍa) 전체는 [하나의] 원자와 크기가 같아지기 때문이다. 이 의미는 이미 앞[의 12송]에서 말하였다."

(T31, 72b25-29)

"是影及障, 屬聚不屬隣虛. 云何不許此義?"

"汝今許聚是有異隣虛不? 故說影障屬聚耶?"

"不也."

**"若同則無二 (14송 4구)**

若聚不異隣虛, 此影及障則不屬聚. 何以故, 但形相分別謂之爲聚."

[외경실재론자가 말한다.] "이 그늘진 부분과 물리적 방해는 [원자들이 모인] 덩어리에만 속하고, [하나하나의] 원자에는 속하지 않는다. 왜 이 의미를 인정하지 않는가?"

[바수반두가 말한다.] "그대는 지금 [원자들의] 덩어리는 원자와 다르다고 인정하는가? 그런 이유로 그늘진 부분과 물리적 방해는 [원자들의] 덩어리에만 속한다고 말하는 것인가?"

[외경실재론자가 말한다.] "[원자와 원자들의 덩어리가 서로 다르다고 말하는 것은] 아니다."

[바수반두가 말한다.]

> **"만약 [원자와 원자들의 덩어리가] 같다면 [그늘진 부분과 물리적 방해라는] 두 가지는 없어야 한다. (14송 4구)**

만약 [원자들의] 덩어리가 원자와 다른 것이 아니라면, 이 그늘진 부분과 물리적 방해는 곧 [원자와 마찬가지로] 덩어리에[도] 속하지 않을 것이다. 왜냐하면, 다만 형상을 망상 분별하여 [원자들의] 덩어리라고 말하는 것에 지나지 않기 때문이다."

## 현장 역 13송

(T31, 76a12-16)

"又許極微合與不合, 其過且爾[16]. 若許極微有分無分, 俱爲大失."

"所以者何?"

"頌曰:

**極微有方分, 理不應成一.**
**無應影障無. 聚不異無二." (13송)**

16 爾 : 高麗本 · 磧砂本 · 洪武本에는 '尒'로 되어 있다.

[바수반두가 말한다.] "또 원자가 결합한다거나 결합하지 않는다거나 [어느 쪽을] 인정하더라도 그 오류는 또 그와 같다. 만약 원자에 부분이 있다거나 부분이 없다거나 하는 [어느 쪽을] 인정하더라도 둘 다 큰 오류가 된다."

[외경실재론자가 묻는다.] "이유가 무엇인가?"

[바수반두가] "게송으로 말한다.

**원자가 방향에 따른 구별(方分, digbhāga-bheda)이 있다면**
**논리적으로 하나[의 실체]라는 것이 성립되지 않아야 한다.**
**[만약 원자가 방향에 따른 구별이] 없다면, 그늘진 부분(影, chāya)이나**
**물리적 방해(障, āvṛti)가 없어야 한다.**
**[원자들이 모인] 덩어리(聚, piṇḍa)도 [하나의 원자와] 다르지 않아서**
**두 가지(= 그늘진 부분과 물리적 방해)가 없어야 한다." (13송)**

(T31, 76a17-23)

論曰: "以一極微六方分異, 多分爲體, 云何成一? 若一極微無異方分, 日輪纔擧光照觸時, 云何餘邊得有影現? 以無餘分光所不及.

又執極微無方分者, 云何此彼展轉[17]相障. 以無餘分他所不行, 可說此彼展轉相礙. 旣不相礙[18], 應諸極微展轉處同, 則諸色聚同一極微量, 過如前說."

---

17 轉: 저본에는 '輪'으로 되어 있으나 高麗本·磧砂本·洪武本·永樂本·乾隆本에 '轉'으로 되어 있어 바로잡는다. 頻伽本에는 '輪'으로 되어 있으며, 저본에는 이와 관련된 교감이 없다.

18 礙: 高麗本에는 '导'로 되어 있다.

[바수반두가] 논한다. "하나의 원자에 여섯 부분의 구별이 있어서, [원자는] 많은 부분이 [모여 하나의] 형체를 이루는 것이라면, 어떻게 [원자가] 하나[의 실체]라는 것이 성립하겠는가? [반대로] 만약 하나의 원자에 구별되는 부분이 없다면, 해가 막 올라와 햇살이 비쳐 닿을 때, 어떻게 반대편에 그늘진 부분이 나타날 수 있겠는가? [왜냐하면, 원자가 부분이 없다면] 햇빛이 닿지 않는 다른 부분은 없을 것이기 때문이다.

또 원자에 방향의 구별이 없다고 고집한다면, 어떻게 이것과 저것으로 전개하면서 [원자들이] 서로 물리적으로 방해가 된다고 하겠는가? [방향의 구별이 없는데도 전개하여 서로 물리적 방해가 된다고 한다면, 그것은 마치 원자의] 부분 중에서 다른 [원자가] 지나갈 수 없는 곳이 없는데도, 이것과 저것으로 전개하여 서로 물리적 방해가 된다고 말할 수 있다[고 하는 것과 같다]. [그리고] 이미 서로 물리적 방해가 되지 않는다면, 모든 원자가 [여러 개가 모여 형상이 있는 것으로] 전개하더라도 [원자들이 위치한] 장소가 같을 것이며, 곧 모든 물질의 덩어리(聚, piṇḍa)도 하나의 원자 크기와 같을 것이라는 오류는 앞[의 11송]에서 말한 것과 같다."

(T31, 76a23-27)

"云何不許影障屬聚不屬極微?"

"豈異極微許有聚色發影爲障?"

"不爾[19]."

"若爾[20]聚應無二. 謂若聚色不異極微, 影障應成不屬聚色. 安布差別立爲極微, 或立爲[21]聚俱非一實."

---

19 爾 : 高麗本 · 磧砂本 · 洪武本에는 '尒'로 되어 있다.

20 爾 : 高麗本 · 磧砂本 · 洪武本에는 '尒'로 되어 있다.

21 爲 : 磧砂本 · 洪武本 · 永樂本에 · 乾隆本는 '色'으로 되어 있다.

[외경실재론자가 묻는다.] "왜 그늘진 부분과 물리적 방해가 [원자들이 모인] 덩어리에만 속하고 [하나의] 원자에는 속하지 않는다는 것을 인정하지 않는가?"

[바수반두가 답한다.] "어떻게 원자와 다른 [원자들의] 덩어리가 있어서, [그 덩어리에] 그늘진 부분이 생기고 물리적 방해를 일으킨다고 인정하는 것인가?"

[외경실재론자가 답한다.] "[원자와 원자들의 덩어리가 다르다는 것은] 그렇지 않다."

[바수반두가 말한다.] "만약 그렇다면(= 원자와 원자들의 덩어리가 다르지 않다면), [원자들의] 덩어리에는 [그늘진 부분과 물리적 방해라는] 두 가지가 없어야만 한다. [즉,] 만약 [원자들의] 덩어리가 원자와 다르지 않다고 한다면, 그늘진 부분과 물리적 방해는 [원자들의] 덩어리에 속하지 않는다는 것이 성립된다. 배열(安布, sanniveśa)에 대한 망상분별(差別, parikalpa)로 원자가 [대상이] 된다고 확립하거나, 또는 [원자가] 집합체를 이룬 것이 [대상이] 된다고 확립하지만, 둘 다 하나의 실체가 아니다."

## 반야류지역 14송

(T31, 67c21-68a2)

"又偈言 :

**有法方所別, 彼不得言一.**
**影障若非大, 則彼二非彼. (14송)**

此偈明何義? 汝向說言 : '微塵和合,'[22] 此義不然. 何以故, 偈言 : **'有法方所別, 彼不得言一'**故. **'有法方所別'**者, 東方所有微塵方處, 異於西方微塵方處, 西方所有微塵方處, 異於東方微塵方處. 如是乃至上方下方微塵方處皆亦如是. 若微塵體如是差別, 云何言一? 是故偈言 : **'有法方所別, 彼不得言一'**故.

---

22 合 : 趙成本 · 磧砂本 · 永樂本 · 乾隆本에는 '合' 뒤에 '及不和合' 네 글자가 덧붙여 있다.

[바수반두가 말한다.] "또 게송으로 말한다.

> **어떤 존재에 방향이 구별될 수 있다면,**
> **저 [존재]는 하나[의 실체]라고 말할 수 없다.**
> **그늘진 부분(影, chāya)이나 물리적 방해(障, āvṛti)가 만약 [네 가지] 물질적 원소에 없다면,**
> **저 둘(= 그늘진 부분과 물리적 방해)은 저 [덩어리]에도 없어야 한다. (14송)**

이 게송은 어떤 의미를 밝히고 있는가? 그대는 앞에서 '원자의 결합'을 말하였는데, 이 의미는 옳지 않다. 왜냐하면, 게송에서 '**어떤 존재에 방향이 구별될 수 있다면, 저 [존재]는 하나[의 실체]라고 말할 수 없다**'라고 말했기 때문이다. '**어떤 존재에 방향이 구별될 수 있다면,**'이란, 동쪽에 있는 원자의 부분은 서쪽[에 있는] 원자의 부분과 다르고, 서쪽에 있는 원자의 부분은 동쪽[에 있는] 원자의 부분과 다르다는 것을 말한다. 이같이 하여 위쪽과 아래쪽[에 있는] 원자의 부분에 이르기까지 모두 또한 이와 같다. 만약 원자의 형체에 이와 같은 [방향의] 구별이 있다면, 어떻게 하나[의 실체]라고 말하겠는가? 이 때문에 게송에서 '**어떤 존재에 방향이 구별될 수 있다면, 저 [존재]는 하나[의 실체]라고 말할 수 없다**'라고 했던 것이다.

(T31, 68a2-7)

**'影障若非大'**者, 此明何義? 若一一微塵無[23]方處者, 以何義故, 東方日出西方有影, 日在西方東方有影? 若微塵無東西方相, 以何義故, 日照一廂[24]不照餘廂[25]? 是故微塵不成諸大. 是故偈言 : **'影障若非大'**故.

23 無 : 永樂本 · 乾隆本에는 뒤에 '有'가 있다.
24 廂 : 永樂本 · 乾隆本에는 '相'으로 되어 있다.
25 廂 : 永樂本 · 乾隆本에는 '相'으로 되어 있다.

**'그늘진 부분이나 물리적 방해가 만약** [네 가지] **물질적 원소에 없다면,'** 이라고 한, 이것은 어떤 의미를 밝힌 것인가? 만약 하나하나의 원자에 방향을 지닌 부분이 없다면, 어떤 이유로 동쪽에 해가 뜰 때 서쪽에 그늘진 부분이 생기고, 해가 서쪽에 있을 때 동쪽에 그늘진 부분이 생기겠는가? 만약 원자에 동쪽이나 서쪽이라는 방향의 모습이 없다면, 어떤 이유로, 해가 하나의 부분을 비출 때 나머지 부분을 [동시에] 비추지 않는가? 이 때문에 [부분이 없는] 원자[를 가지고]는 [방향이 구별될 수 있는] 모든 [네 가지] 물질적 원소가 성립할 수 없다. 이 때문에 게송에서 '그늘진 부분이나 물리적 방해가 만약 [네 가지] 물질적 원소에 없다면,'이라고 했던 것이다.

(T31, 68a7-15)

**'則彼二非彼'**者, 何者爲二? 一光照處, 二影障處. 此明何義? 若彼微塵不障此塵, 則不得言: '塵有方所.' 何以故? 以微塵無方所分處十方差別, 以彼東方微塵來者, 不能障於西方微塵, 西方微塵亦不能障於東方微塵. 若彼此塵不相障者, 則一切塵聚在一處. 若一切塵聚[26]在一處者, 是則無處. 以是義故, 一切四大皆是微塵, 皆微塵者, 則不可見, 如向所說."

---

26 聚: 趙成本에는 빠져 있다.

**‘저 둘(= 그늘진 부분과 물리적 방해)은 저 [덩어리]에도 없어야 한다’** 에서 어떤 것을 둘이라고 하는가? 첫째는 햇빛이 비치는 부분이고, 둘째는 그늘로 가려지는 부분이다. [혹은, 첫째는 그늘진 부분이고, 둘째는 물리적으로 방해하는 부분이다] 이것은 어떤 뜻을 밝힌 것인가? 만약 저[쪽 부분의] 원자가 이[쪽 부분의] 원자를 물리적으로 방해하지 않는다면, ‘원자에 방향을 지닌 부분이 있다’라고 말할 수 없다. 어째서인가? 원자에 방향을 지닌 부분으로 구분되는 10방위의 차별이 없다면, 저 동쪽의 원자가 [서쪽으로] 온다고 하더라도 서쪽의 원자를 물리적으로 방해할 수 없을 것이고, 서쪽의 원자 또한 동쪽의 원자를 물리적으로 방해할 수 없을 것이다. 만약 저 [원자와] 이 원자가 서로 물리적으로 방해할 수 없다면, 원자들의 덩어리(塵聚, piṇḍa)는 모두 한 지점만을 점유할 것이다. 만약 원자들의 덩어리가 모두 한 지점만을 점유한다면, 이것은 [원자들의 덩어리 각자가 점유하는 특정한] 장소가 [있다고 할 수] 없을 것이다. 이 이유로 모든 네 가지 물질적 원소는 모두 이 [하나의] 원자[와 크기가 같을 것이고, 그렇게 되면] 모든 원자를 곧 볼 수 없다는 것은 앞[의 12송]에서 말한 것과 같다.”

(T31, 68a15-20)

問曰 : "何故不說四大影障, 乃言微塵有影障耶?"

答曰 : "我還問汝. 爲離微塵別有四大, 但說四大有影障耶?"

問曰 : "難者釋云, '不離微塵而有影障.'"

答曰 : "不離微塵有四大者, 則非四大有影障也. 以何義故? 不言 : '微塵自有影障, 非四大等有影障耶?'"

[외경실재론자가] 묻는다. "어떤 이유로 네 가지 물질적 원소에 그늘진 부분과 물리적 방해[가 있다고] 말하지 않고, 오히려 원자에 그늘진 부분과 물리적 방해가 있[어야 한]다고 말하는가?"

[바수반두가] 답한다. "나는 도리어 그대에게 묻겠다. 원자와 분리된 별도의 네 가지 원소가 있다고 여겨서, 다만 네 가지 원소에만 그늘진 부분과 물리적 방해가 있다고 말하는 것인가?"

[외경실재론자가] 묻는다. "대론자의 뜻은 '원자와 [원자들의 덩어리가] 별개인 것은 아니지만, [네 가지 물질적 원소에만] 그늘진 부분과 물리적 방해가 있다'라는 것이다."

[바수반두가] 답한다. "원자와 별개로 네 가지 물질적 원소가 없다면, 네 가지 원소에도 그늘진 부분과 물리적 방해가 없어야 한다. 왜 그런가? '[그대는] 원자 자체에는 그늘진 부분과 물리적 방해가 있다고 하지 않으면서, [원자들이 모인] 네 가지 원소 등에는 그늘진 부분과 물리적 방해가 있다'라고 하는 것이 아닌가?"

## 14송 해제

14송에서는 "원자가 어떤 방식으로 인식대상이 될 수 있는가?"라는 문제로부터 조금 선회하여 존재론적으로 원자가 존재할 수 없음을 적극적으로 논의한다. 이는 13장의 마지막 부분에 "원자는 하나의 실체로서 존재가 증명되지 않는다"라는 내용을 조금 더 확장한 것이다. 원자의 결합을 인정하든 인정하지 않든 원자는 다른 것에 의존하지 않고 독립적으로 존재하는 하나의 실체가 될 수 없다는 것이다.

바수반두는 우선 12송에서 다루었던 원자의 부분에 관한 논의를 표현을 바꾸어 환기한다. 만약 원자의 앞, 뒤, 왼쪽, 오른쪽, 위, 아래가 각각 달라서 방향(digbhāga)에 따른 구별이 있다면, 원자는 하나의 실체일 수 없다. 그러므로 원자에는 방향에 따른 구별이 없어야 한다.

그런데 원자에 방향의 구별이 없다면, 사물에는 그늘진 부분이 있을 수 없다. 예를 들어, 해가 떠올라 사물을 비출 때, 즉 사물의 옆에서 가로로 빛을 비출 때 사물의 한쪽 면은 밝고 다른 쪽 면은 어둡게 된다. 일출을 바라보고 있는 사람의 앞쪽 면은 빛이 비치지만, 뒤쪽 면은 그늘이 지는 것과 마찬가지이다. 그렇다면 빛을 원자에 비추면 어떻게 될까?

만약 원자도 사물처럼 한쪽 면이 밝고 다른 쪽 면은 어둡게 된다면, 원자는 방향에 따른 구별을 지니는 것이 된다. 왜냐하면, 같은 원자 안에서 밝은 면과 어두운 면이 생기기 때문이다. 그러면 앞에서 지적했던 원자가 부분을 지닐 때의 문제가 발생한다.

만약 원자가 부분을 지니지 않아서 한쪽 면은 밝고 다른 쪽 면은 어두운 현상이 생기지 않는다면, 원자들이 모여 이루어진 사물도 역시 마찬가지가 되어야 한다. 그러면 사물들도 한쪽 면만 어두운 현상은 일어날 수 없게 되는데 현실은 그렇지 않다. 여기에는 예상되는 반박이 있다. 이를테면, 어떤 공 모양의 사물을 옆에서 비출 때 한쪽 면은 밝고 한쪽 면은 어둡게 된다면, 그 사물의 밝은 쪽 면에 있는 원자들은 모두 원자 전체 – 반반이 아니라 – 가 밝게 된 것이고, 어두운 쪽 면의 원자들은 원자 전체가 어둡게 된 것이라고 반박한다면 어떻게 대답해야 할까? 이 부분은 다음의 물리적 방해에 관한 논의에서 해결된다.

이어서 원자가 방향에 따른 구별을 지닌다면, 사물들 사이의 물리적 방해도 있을 수 없다고 바수반두는 논변한다. 사물들의 기초를 이루는 원자들 사이의 물리적 방해가 불가능하기 때문이다.

물리적 방해란 무언가를 가로막는 것을 말한다. 벽이 가로막거나, 당구공끼리 부딪치거나 하는 현상이다. 어떤 사물이든 물리적 방해를 일으키기 위해서는 접촉해야 하고 접촉을 위해서는 앞의 논의에서처럼 부분이 있어야 한다. 그런데 원자는 부분을 지니지 않으므로 접촉할 수 없다. 원자가 부분 없이 '전체 대 전체'로 접촉한다면, 또 앞의 논의처럼 모두 원자 하나의 크기가 된다는 모순에 빠진다.

무언가를 가로막는다는 것은 특정한 방향성을 지니는 것이다. 애초에 그냥 '가로막는다'라는 것은 있을 수 없다. 왼쪽에서 오른쪽으로 가는 것을 가로막는다거나, 앞에서 뒤로 가는 것을 가로막는다는 식으로만 '가로막는다'라는 개념이 성립할 수 있다. 그래서 한 사물이 자신에게 다가오는 어떤 사물을 가로막게 되면 그 반발력으로 크게든 작게든 서로 튕겨 나가게 되고, 그 튕겨 나가는 방향은 다가오는 사물과 자신이 가로막는 힘의 방향에 영향을 받는다. 이렇게 물리적 방해는 방향성을 지녀야 하고, 그러기 위해서는 그런 방해를 일으키는 사물에도 방향에 따른 구분이 있어야 한다. 그러므로 방향에 따른 구분이 없는 원자는 물리적 방해를 일으킬 수 없다.

이렇게 원자가 물리적 방해를 일으킬 수 없다면, 원자들이 모인 어떤 종류의 덩어리도 물리적 방해를 일으킬 수 없다. 원자가 일으킬 수 없는 능력을 원자들의 덩어리가 일으킨다는 것은 모순이기 때문이다. "한 스푼의 물로 책상을 불태울 수 없다면, 호수의 물로도 불태울 수 없다"라는 식의 발상이다. 하지만 현실에서는 사물들 사이에 물리적 방해가 일어나고 있다.

사실 앞에서 예상되는 반박으로 제시했던 원자의 그늘진 부분에 관한 문제를 더 큰 사물에까지 적용하는 문제에 대한 답변도 이런 물리적 방해가 불가능하다는 논리로부터 확장될 수 있다. 물리적 방해가 불가능하면, 애초에 원자는 빛을 가로막을 수 없다. 빛이 비친다는 것은 다른 말로 빛을 가로막고 있다는 것을 나타내므로, 원자가 빛을 가로막을 수 없으면 원자는 어떤 방식으로든 빛이 비치는 것이 불가능하다. 그러면 큰 사물의 한쪽 면에 있는 원자들만 빛을 받고, 빛이 가로막힌 반대쪽 면의 원자들은 빛을 받지 못해서 그늘지게 되는 것과 같은 일도 일어날 수 없게 된다.

이상으로 바수반두는 눈으로 확인할 수도 없는 원자를 가정하면 그 존재는 모순덩어리 - 원자는 덩어리가 아니지만 - 일 수밖에 없다고 주장한다. 이 논변은 원자의 존재가 불가능하다고 확증하는 것은 아니다. 당시 인도에서 원자론을 옹호하는 사람들이 기존의 이론들로부터 논리적 결함을 끌어내는 방식이다. 이를 통해서 그들이 생각하는 방식들로는 원자가 존재할 수 없음을 보여줌으로써 당시 사람들이 정의하는 원자의 존재를 간접적으로 부정하는 것이다.

# 15송

## 이로써 유식이 증명되었다

## 산스크리트 15송

(L 8,6; S 195,11)

sanniveśaparikalpa eṣaḥ |[1] paramāṇuḥ saṃghāta iti vā kim anayā cintayā | lakṣaṇan tu rūpādīnāṃ[2] na pratiṣidhyate |

kiṃ punas teṣāṃ lakṣaṇaṃ |

cakṣurādiviṣayatvaṃ nīlāditvañ ca |

tad evedaṃ sampradhāryate | yat tac cakṣurādīnāṃ viṣayo nīlapītādikam iṣyate kiṃ tad ekaṃ dravyam atha vā tad anekam iti |

kiñ cātaḥ |

anekatve doṣa uktaṃ |

**ekatve na krameṇetir yugapan na grahāgrahau |**
**vicchinnānekavṛttiś ca sūkṣmānīkṣā ca no bhavet || 15 ||**

---

1 F : ... esaḥ paramāṇuḥ ...; all : ... esaḥ | paramāṇuḥ ...

2 S : rūpādīnāṃ; R : rūpādīnāṃ; all : rūpādi yadi

[외경실재론자 :] 이는 [원자의] 배열(sanniveśa)에 대해 망상분별하는 것[에 불과한 것]이다. [그것이] 원자라던가 [원자가] 집합체를 이룬 것이라던가 하는 이런 고민이 무슨 소용인가? 어쨌거나 형색 등 [대상]의 특징[이 지각된다는 사실]은 부정되지 않는다.

[바수반두 :] 그렇다면 그것들(= 형색 등 대상)의 특징은 무엇인가?

[외경실재론자 :] 시각기관 등의 대상인 것(viṣayatva, 對象性)이고, 푸른색인 것(nīlatva, 靑性) 등[이 형색 등 대상의 특징]이다.

[바수반두 :] 시각기관 등의 대상이고 푸른색, 황색 등인 것으로 [당신이] 인정하는 그것(= 형색 등 인식영역)이 하나의 실체인지, 혹은 여러 개인지가 확실하게 결정되어야 한다.

[외경실재론자 :] 그러면 이에 [어느 쪽인지에] 따라 어떻게 되는가?

[바수반두 :] 여러 개[의 원자]일 경우에 일어나는 오류는 앞[의 11송]에서 이미 설명하였다.

**만약 [푸른색인 것 등의 대상이] 하나[의 실체]라면,**
**① 한 걸음씩(krameṇa) 이동하는 것도 있을 수 없을 것이며,**
**② [사물의 한쪽 면을] 파악하는 동시에 [반대쪽 면을] 파악하지 못하는 일도 없을 것이며,**
**③ [한 장소에서] 구별되는 여러 존재가 [함께] 있을 수 없을 것이며,**
**④ 미세한 것을 볼 수 없는 일도 없을 것이다. [15]**

yadi yāvad avicchinnaṃ nīlādikañ[3] cakṣuṣo viṣayas tad ekaṃ dravyaṃ kalpyate pṛthivyāṃ krameṇetir na syāt | gamanam[4] ity arthaḥ | sakṛtpādakṣepeṇa sarvasya gatatvāt |

arvāgbhāgasya ca grahaṇaṃ parabhāgasya cāgrahaṇaṃ yugapan na syāt | na hi tasyaiva tadānīṃ grahaṇañ cāgrahaṇaṃ ca yuktam |

vicchinnasya cānekasya hastyaśvādikasyaikatra vṛttir na syāt | yatraiva[5] hy ekaṃ tatraivāparam iti kathaṃ tayor viccheda iṣyate[6] | kathaṃ vā tad ekaṃ yat prāptaṃ ca tābhyāṃ na ca prāptam, antarāle tacchūnyagrahaṇāt[7] |

sūkṣmāṇāṃ ca udakajantūnāṃ sthūlaiḥ samānarūpāṇām anīkṣaṇaṃ na syād | yadi lakṣaṇabhedād eva dravyāntaratvaṃ kalpyate, nānyathā |

---

3 L : nānekaṃ, RS ...

4 L, BN, A, F : syād gmanam; TD, RS : syād | gamanam; S : syāt | gamanam

5 L, BN, A, F: syād yatraiva

6 RS, S : vicchedo yujyate

7 F : tac chūnyagrahaṇāt

만약 시각기관의 대상인 푸른색 등이 [형태상] 나뉘어 있지 않을 때 하나의 실체라고 생각한다면,

① [하나로 이어져 있는] 대지에서 [누군가가] 한 걸음씩 이동하는 것(itiḥ)이 있을 수 없을 것이다. 즉, '가는 것(gamana)'[이 있을 수 없을 것]이라는 의미이다. 왜냐하면, [대지에] 한 발 내딛는 것으로 [대지의] 모든 곳에 도달할 것이기 때문이다.

또한, ② [어떤 사물을 볼 때 보는 사람과] 마주하는 부분을 파악하는 동시에 [마주하지 않는] 반대편을 파악하지 못하는 일이 일어나지도 않을 것이다. 왜냐하면, 같은 것을 같은 시간에 파악하면서 파악할 수 없는 것은 이치에 맞지 않기 때문이다.

또한, ③ [서로] 구별되는 여러 코끼리나 말 등이 한 장소에 [함께] 있을 수 없을 것이다. 왜냐하면, 어떤 것이 있는 곳과 바로 같은 장소에 다른 것도 있다고 할 때, 어떻게 그 둘의 구별이 있을 수 있겠는가? 한편, [우리의 인식에서는] 그 둘(= 코끼리와 말) 사이에서 공간이 비어 있는 것이 파악되는데, 어떻게 그 둘이 차지하기도 하고 차지하지 않기도 하는 곳이 하나[의 장소]일 수 있겠는가?

또한, ④ 만약 오직 [대상인 것이나 푸른색인 것 등이라는] 특징의 구분에 의해서 [서로] 다른 실체라는 것이 구별되고, 다른 방법으로 [구별되는 것이] 아니라면, 거대한 것과 똑같은 모습이면서 미세한 물벌레들을 볼 수 없는 일은 없을 것이다.

tasmād avaśyaṃ paramāṇuśo bhedaḥ kalpayitavyaḥ |

sa caiko na sidhyati | tasyāsiddhau rūpādīnāṃ cakṣurādiviṣayatvam asiddham iti siddhaṃ vijñaptimātram[8] bhavatīti ||

8 TD, F : vijñaptimātraṃ

그러므로, [시각기관 등의 대상으로서 형색 등을 고려할 때는 특징에 의해서 구별하는 것이 아니라] 반드시 원자의 관점에서 구분을 고려해야 한다.

그런데 [앞에서 살펴본 것처럼] 그것(= 원자)이 하나[의 실체]인 것으로 성립되지 않는다. 그것이 성립되지 않으면 형색 등이 시각기관 등의 대상이라는 것이 성립되지 않는다. 따라서 [삼계에 속한 것은] '오직 인식일 뿐'이라는 것이 증명되었다.

## 티베트어 15송

(D 126 7b5, P 235 8b1)

yongs su rtogs[9] pa 'di ni gnas pa'i khyad par te | gzugs la sogs pa'i mtshan nyid ni ma bkag na rdul phra rab ce'am | 'dus pa zhes bsam pa 'dis ci zhig bya zhe na | de dag gi mtshan nyid gang yin[10] | mig la sogs pa'i yul nyid dang | sngon po la sogs pa nyid do | gang mig la sogs pa'i yul sngon po dang | ser po la sogs pa 'dod pa de ci rdzas gcig pu zhig gam | 'on te du ma zhig ces de dpyad par bya'o | 'dis ci zhig bya zhe na | du ma'i nges pa ni bshad zin to ||

---

9 P.N : rtog

10 N : yin no

[외경실재론자 :] 이 비판적 고찰(yongs su rtogs pa, parīkṣā)은 [원자의] 배열(gnas pa, sanniveśa)을 구분[하여 망상분별]한 것[에 불과한 것]이다.

형색 등 [대상]의 특징(mtshan nyid, lakṣaṇa)이 부정되지 않는다면, 원자라던가 [원자가] 집합체를 이룬 것이라던가 하는 이런 고민이 무슨 소용인가?

[바수반두 : 그렇다면] 그것들(= 형색 등 대상)의 특징은 무엇인가?

[외경실재론자 :] 시각기관 등의 대상인 것(yul nyid, viṣayatva)과 푸른색인 것(sngon po nyid, nīlatva) 등[이 형색 등 대상의 특징]이다.

[바수반두 :] 시각기관 등의 대상이고 푸른색이나 황색 등인 것으로 [당신이] 인정하는 그것(= 형색 등의 대상)이 하나의 실체인지, 혹은 여러 개인지가 고찰되어야 한다.

[외경실재론자 :] 이에 [어느 쪽인지에] 따라 어떻게 되는가?

[바수반두 :] 여러 개[의 원자]로 결정되는 경우[의 오류]는 [11송에서] 이미 설명하였다.

**gcig na rim gyis 'gro ba med |**

**zin dang ma zin[11] cig car med |**

**ris chad[12] du mar gnas pa[13] dang |**

**mig gis mi sod phra ba'ang med || 15 ||**

gal te mig gi yul sngon po dang ser po la sogs pa gang yin pa de ris su ma chad de rdzas gcig par rtogs nas la rim gyis 'gro bar mi 'gyur te | gom[14] pa gcig bor bas thams cad du son pa'i phyir ro |

tshu rol gyi cha zin la pha rol gyi cha ma zin pa cig car du mi 'gyur te | de'i tshe zin pa dang ma zin pa de mi rigs so |

glang po che dang rta la sogs pa'i ris su chad pa du ma gcig na 'dug par mi 'gyur te | gcig gang na 'dug pa de nyid na gzhan yang 'dug na de dag ris su chad par ji ltar rung | de gnyis kyis gang non pa dang ma non pa de dag gcig tu ji ltar rung ste | bar na de dag gis stong pa gzung du yod pa'i phyir ro ||

11 P.K.125 : bzung dang ma bzung

12 P.K.125 : bar chad

13 P.K.125 : 'jug pa

14 P.N : goms

**[만약 푸른색인 것 등의 대상이] 하나[의 실체]라면,**

**① 점진적으로 이동하는 것은 있을 수 없을 것이며,**

**② [사물의 한쪽 면을] 파악하는 동시에 [반대쪽 면을] 파악하지 못하는 일도 없을 것이며,**

**③ [한 장소에서] 구별되는 여러 존재가 [함께] 머물지도 [못하며],**

**④ 시각기관이 미세한 것을 볼 수 없는 일도 없을 것이다. [15]**

만약 시각기관의 대상인 푸른색이나 황색 등이 형태상 나뉘어 있지 않을 때 하나의 실체라고 생각한다면,

① [하나로 이어져 있는] 대지에서 [누군가가] 한 걸음씩(rim gyis, krameṇa) 이동하는 것('gro ba, gamana)은 있을 수 없을 것이다. 왜냐하면, [대지에] 한 발 내딛는 것으로 [대지의] 모든 곳에 도달하기 때문이다.

② [어떤 사물을 볼 때 보는 사람과] 마주하는 부분을 파악하고 동시에 [마주하지 않는] 반대편을 파악하지 못하는 일이 일어나지도 않을 것이다. [왜냐하면, 하나의 사물을] 파악하는 그 순간에 [같은 사물을] 파악하지 못하는 것은 이치에 맞지 않[기 때문이]다.

③ 코끼리와 말 등의 [서로] 구별되는 여러 개체는 한 장소에 [함께] 머물 수 없을 것이다. 어떤 것이 머물러 있는 바로 그 장소에 다른 것도 머물고 있다고 할 때, 어떻게 그들 [둘]의 구별이 있을 수 있는가? [또한,] 그 둘이 머물면서 머물지 않는 곳이 [있다면,] 어떻게 그들 [둘]이 [머물러 있는 곳이] 한 장소라고 할 수 있는가? 왜냐하면, 그들 [둘] 사이에서 공간이 비어 있는 것을 파악할 수 있기 때문이다.

gal te mtshan nyid tha dad pa nyid kyis rdzas gzhan kho nar rtog gi gzhan du ma yin na go | chu'i skye bo phra mo rnams kyang chen po dag dang gzugs mtshungs pas mig gis mi sod par mi[15] 'gyur ro |

de'i phyir nges par rdul phra rab tha dad par brtag par bya ste | de dag gcig[16] tu mi 'grub bo | de ma grub pas gzugs la sogs pa yang mig la sogs pa'i yul nyid du mi 'grub ste | rnam par rig pa tsam du grub pa yin no ||

15 P.N : 내용상 mi를 삭제하였다.

16 P : cig

④ 만약 오직 [대상인 것이나 푸른색인 것 등이라는] 특징의 구분에 의해서 [서로] 다른 실체인 것이 구별되고 다른 방법으로 [구별되는 것이] 아니라면, 미세한 물벌레들도 거대한 것들과 똑같은 모습이기 때문에 [미세한 물벌레들은] 시각기관이 볼 수 없는 일은 없을 것이다.

그러므로 [시각기관 등의 대상으로서 형색 등을 고려할 때는 특징에 의해서 구별하는 것이 아니라] 반드시 원자의 [관점에서] 구분을 고려해야 한다. [그런데 앞에서 살펴본 것처럼] 그것(= 원자)들이 하나[의 실체]인 것으로 성립되지 않는다. 그것이 성립되지 않으면 형색 등이 시각기관 등의 대상인 것은 성립되지 않는다. [따라서 삼계에 속한 것은] '오직 인식일 뿐'이라는 것이 증명되었다.

## 진제역 15송

(T31, 72b29-c4)

"何用作此思量? 是色等諸塵體相未破."

"何者爲其體?"

"眼等境界及青等類."

"此義卽應共[17]思量. 此眼等境界及青等類, 汝執爲塵體, 爲是多物? 爲是一物?"

"若爾[18]有何失?"

---

17 共 : 永樂本 · 乾隆本에는 빠져 있다.

18 爾 : 趙成本 · 高麗本 · 磧砂本 · 洪武本에는 '尒'로 되어 있다.

[외경실재론자가 말한다.] "[원자라던가 원자가 집합체를 이룬 것이라던가] 이런 고민이 무슨 소용인가? [어쨌거나] 이 형색 등의 모든 대상의 특징(體相, lakṣaṇa)[이 지각된다는 사실]은 여전히 논파되지 않았다."

[바수반두가 묻는다.] "어떤 것이 그 [형색 등 대상의] 특징(體)인가?"

[외경실재론자가 답한다.] "시각기관 등의 대상[인 것]과 푸른색 등의 종류[인 것이 형색 등 대상의 특징]이다."

[바수반두가 묻는다.] "이 의미에 대하여 곧 함께 생각해 보아야만 한다. 이 시각기관 등의 대상[인 것]과 푸른색 등의 종류를 그대가 대상의 특징이라고 고집한다면, 이 [형색 등 대상]은 여러 개의 실체인가? [아니면] 하나의 실체인가?"

[외경실재론자가 답한다.] "만약 그렇다면(= 푸른색 등이 다수의 실체라든가 단일한 실체라고 한다면,) [각각] 어떤 오류가 있는가?"

(T31, 72c4-11)

"若多[19]者其失如前. 若一者亦有[20]過. 如偈言 :

'若一無次行, 俱無已[21]未得,

及別類多事, 亦無細難見.' (15송)

若一切青黃等無有隔別, 是眼境界執爲一物, 於地則無次第行. 若一下足應遍[22]行一切.

此間已得彼處未得, 於一時中此二不成. 何以故, 一時中一物不應有已得未得.

---

19 多 : 磧砂本 · 洪武本에는 뒤에 '失'이 있다.

20 有 : 洪武本에는 빠져 있다.

21 已 : 磧砂本 · 洪武本 · 永樂本 · 乾隆本에는 '以'로 되어 있다.

22 遍 : 永樂本 · 乾隆本 · 頻伽本에는 '徧'으로 되어 있다.

[바수반두가 말한다.] "만약 [형색 등 대상이] 여러 개[의 실체]라면, 그 오류는 앞[의 11송]에서 말한 것과 같다. 만약 하나의 실체라고 하여도 또한 오류가 있다. [그 오류는] 게송에서 말하는 것과 같다.

**'만약 [푸른색인 것 등의 대상이] 하나[의 실체]라면, ① 한 걸음씩(次, kramеṇa) 이동하는 일이 없어야 하고,**

**② [한 사물에 대해] 이미 파악한 것과 아직 파악하지 못한 것이 동시에 일어나지 않을 것이며,**

**③ 더불어 구별되는 여러 존재도 [없어야 하고],**

**④ 또 미세하여 보기 어려운 것도 없어야 한다.' (15송)**

만약 모두가 푸른색이나 황색 등이 간격을 두고 나뉘는 부분이 없는 이런 시각기관의 대상을 하나의 실체라고 고집한다면,

① [하나로 이어져 있는] 대지에서는 곧 한 걸음씩(次第, kramеṇa) 이동하는 일이 없게 된다. [왜냐하면,] 만약 한번 발을 내려놓게 되면 두루 모든 곳에 [한번에] 가게 될 것이[기 때문이]다.

② [우리의 경험에서는 어떤 사물을] 이쪽에서 파악하면, 저쪽은 파악하지 못하게 되는데, [그대의 주장처럼 사물이 하나의 실체라면] 같은 순간에 [사물의 어떤 쪽은 파악하고 다른 쪽은 파악하지 못한다는] 이 둘은 성립하지 않아야 한다. 왜냐하면, 같은 순간에 하나의 실체에서[라면, 어떤 쪽은] 파악하였는데 [다른 쪽은] 파악하지 않았다는 것이 있어서는 안 되기 때문이다.

(T31, 72c11-19)

不應有多別類如象馬等軍, 亦不應有多別事. 何以故? 是一物處多物則在其中, 此彼差別云何得成? 復次云何爲一是二所至中間則空?

復次是最細水蟲與大同色, 無不可見義, 若汝由相差別色等諸塵, 執有別物不由別[23]義.

若爾[24]決定約隣虛別類. 應分別[25]塵差別, 則隣虛不成一物, 色等五塵非眼等境界. 是故'唯識'義得成."

---

23 別 : 磧砂本 · 洪武本 · 永樂本 · 乾隆本에는 앞에 '差'가 있다.

24 爾 : 趙成本 · 高麗本 · 磧砂本 · 洪武本에는 '尒'로 되어 있다.

25 別 : 乾隆本에는 '判'으로 되어 있다.

③ [그리고 한 장소에서] 코끼리나 말 등의 군대[를 볼 때]처럼 여러 종류의 구별이 없어야 하고, 또 여러 사물의 구별이 없어야 한다. 왜 그런가? [만약 대상이 하나의 실체라면] 이 하나의 실체인 장소에 여러 사물이 곧 그 안에 있을 때, 이것과 저것의 구별이 어떻게 일어날 수 있겠는가? 또 [대상이] 하나[의 실체]라면 [한 장소에 있는 코끼리나 말 등의] 둘이 머무는 사이가 어떻게 곧 비어 있을 수 있겠는가?

④ 또, 만약 그대가 [대상인 것이나 푸른색인 것 등이라는] 특징(相)의 구분에 따라 형색 등의 모든 대상이 [서로 다른] 실체로 구별된다고 고집하고, 다른 이유에 따라 [구별되는 것이] 아니라면, 다시 여기에는 가장 미세한 물벌레라 하더라도 [그 물벌레보다 더] 큰 [크기의 물벌레와] 똑같은 모습을 지니므로 [그 물벌레가 미세해서] 볼 수 없을 이유가 없어야 한다.

만약 그렇다면 [특징에 의해서 구별하는 것이 아니라] 반드시 원자의 관점에서 [대상의] 종류를 구별해야만 한다. [그리고 원자의 관점에서] 대상의 차이를 분별한다면, [앞에서 살펴본 것처럼] 원자는 하나의 실체로 성립되지 않으므로, 형색 등의 다섯 대상은 시각기관 등의 대상이 되지 않는다. 이 때문에 '오직 인식일 뿐'이라는 의미가 증명될 수 있다."

## 현장역 14송

(T31, 76a27-29)

"何用思擇極微聚爲? 猶未能遮外色等相."

"此復何相?"

"謂眼等境亦是靑等實色等性."

"應共審思. 此眼等境靑等實性, 爲一爲多?"

[외경실재론자가 말한다.] "원자나 [원자들이] 집합체를 이룬 것에 대해 헤아리는 것이 무슨 소용이 있는가? [어쨌거나] 여전히 외부의 형색 등 [대상]의 특징[이 지각된다는 것]을 부정할 수는 없다."

[바수반두가 묻는다.] "여기서 다시 [형색 등 대상의] 특징이란 무엇을 말하는가?"

[외경실재론자가 답한다.] "말하자면 시각기관 등의 대상과 또 이 푸른색[인 것(nīlatva, 靑性)] 등 실재하는 색깔 등인 것(-性, -tva)이다."

[바수반두가 말한다. "그렇다면] 함께 깊이 생각해 보아야 한다. 이 시각기관 등의 대상과 푸른색 등의 실재[하는 색깔]인 것은 ① 하나[의 실체]인가? ② 여러 개인가?"

(T31, 76a29-b7)

"設爾[26]何失?"

"二俱有過. 多過如前. 一亦非理. 頌曰:

**'一應無次行, 俱時至未至,**

**及多有間[27]事, 幷難見細物.'" (14송)**

論曰: "若無隔別所有靑等, 眼所行境執爲一物, 應無漸次行大地理. 若下一足至一切故.

又應俱時於此於彼, 無至未至. 一物一時. 理不應有得未得故.

---

26 爾: 高麗本 · 磧砂本 · 洪武本에는 '尒'로 되어 있다.

27 間: 高麗本에는 '閒'으로 되어 있다.

[외경실재론자가 묻는다.] "가령 그렇다면(= 푸른색 등이 하나의 실체라든가 여러 개라든가 한다면,) [각각] 어떤 오류가 있는가?"

[바수반두가 답한다.] "둘 다 오류가 있다. 여러 개[라고 할 경우]의 오류는 앞[의 10송]에서 말한 것과 같다. 하나[의 실체]라는 것 또한 이치에 맞지 않는다. [그 이유를] 게송으로 말한다.

**'[만약 푸른색인 것 등의 대상이] 하나[의 실체]라면, ① 한 걸음씩(次, kramena) 이동하는 것과**
**② 도달하거나 도달하지 않는 일이 동시에 일어나는 것과**
**③ 더불어 많은 것 사이에 간격이 있는 일과**
**④ 아울러 보기 어려운 미세한 사물은 없어야 한다.'" (14송)**

[바수반두가] 논한다. "만약 간격을 두고 나뉘는 부분이 없이 실재하는 푸른색 등 눈이 보게 되는 대상을 하나의 실체라고 고집한다면, ① [하나로 이어져 있는] 대지에서 한 걸음씩(漸次, kramena) 이동하는 이치는 없어야 한다. 왜냐하면, 만약 한 발을 내디디면 [그와 동시에 나머지] 모든 곳에 도달할 것이기 때문이다.

② 또, 같은 시간에 [한 사물의] 이쪽과 저쪽에서 [이쪽에는 손이] 도달하는데 [저쪽에는] 도달하지 못하는 것이 없어야 한다. 논리적으로 하나의 사물을 동시에 획득하면서 획득하지 못하는 것은 있을 수 없기 때문이다.

(T31, 76b7-15)

又一方處, 應不得有多象馬等有間[28]隙事. 若處有一亦卽有餘, 云何此彼可辯差別? 或二如何可於一處, 有至不至中間[29]見空?

又亦應無小水虫[30]等難見細物. 彼與麁物同一處所量應等故, 若謂由相此彼差別, 卽成別物不由餘義, 則定應許此差別物.

展轉分析成多極微. 已辯極微非一實物. 是則離識眼等色等, 若根若境皆不得成. 由此善成'唯有識'義."

---

28 間: 高麗本에는 '閒'으로 되어 있다.

29 間: 高麗本에는 '閒'으로 되어 있다.

30 虫: 磧砂本 · 洪武本 · 永樂本 · 乾隆本 · 頻伽本에는 '蟲'으로 되어 있다.

③ 또 한 장소에서 많은 코끼리나 말 등이 간격을 두고 존재하는 일도 없어야 한다. 만약 [같은] 장소에 하나가 있는데 또 곧 다른 것이 있다면, 어떻게 이것과 저것을 구별할 수 있겠는가? 또는 [코끼리나 말 등의] 둘이 있는 하나의 장소에서 어떻게 차지한 곳과 차지하지 못한 곳이 [동시에] 있어서 중간의 빈 곳을 볼 수 있겠는가?

④ 또 역시 만약 [대상인 것이나 푸른색인 것 등이라는] 특징으로 말미암아 이것과 저것이라는 차별[이 생겨서] 곧 [여러 가지] 다른 사물이[라는 구분이] 성립되는 것이지, 다른 이유로 [구분이 성립되는 것이] 아니라면. 작은 물벌레 등 보기 어려운 미세한 것(細物, sūkṣma)도 없어야만 한다. 저 [작은 물벌레]는 [큰 물벌레와 같은 모습을 하고 있기에] 큰 것(麁物, sthūla)과 같은 장소에서 파악되는 것이 같아야 하기 때문이다.

분명 이렇게 차별화된 사물을 여러 형태로 분석하면, [그것이] 많은 원자로 이루어져 있다는 것을 인정해야만 한다. [그런데] 이미 원자는 하나의 실재하는 실체가 아니라고 [앞에서] 분석했다. 이것은 곧 인식(識)과 분리된 시각기관 등이나 형색 등은 [그것이] 감각기관이든 감각대상이든 모두 성립할 수 없다는 말이다. 이로 말미암아 '오직 인식일 뿐'이라는 의미가 잘 증명된다."

## 반야류지역 15송

(T31, 68a21-25)

問曰 : "爲是微塵有影障? 爲是四大有影障耶? 且置是事不須分別, 而色等入相不全[31]令無."

答曰 : "我還問汝: '以何等法是諸入相?'"

問曰 : "難者釋言, 眼等境界靑·黃·赤·白. 如是等法此是諸入相."

---

31 全 : 永樂本·乾隆本에는 '可'로 되어 있다.

[외경실재론자가] 묻는다. "[그대는] 이 원자에 그늘진 부분과 물리적 방해가 있다고 여기는가? [아니면] 이 네 가지 물질적 원소에 그늘진 부분과 물리적 방해가 있다고 여기는가? [그대가 어느 쪽으로 생각하든] 또 이 일을 두고 [그와 같은] 분별을 하지 않더라도, 형색 등 인식영역의 특징(相, lakṣaṇa)[이 지각된다는 것]을 완전히 [부정하여] 없앨 수는 없다."

[바수반두가] 답한다. "나는 도리어 그대에게 묻겠다. '어떤 법이 이 모든 인식영역의 특징인가?'"

[외경실재론자가] 묻는다. "대론자의 해석에 의하면, 시각기관 등의 대상인 푸른색 · 황색 · 붉은색 · 흰색을 말한다. 이와 같은 여러 가지 법, 이것이 모든 인식영역의 특징이다."

(T31, 68a25-b6)

答曰 : "我意正爲思惟此事欲益衆生, 何[32]故眼等內入取青·黃等外諸境界? 爲是一物? 爲是多物? 若是多物, 向已說多不可得見. 若是[33]一物亦不可取. 偈言 :

**'若一行不次, 取捨亦不同,**
**差別無量處, 微細亦應見.' (15송)**

此偈明何義? 若純一青物不雜黃等, 若人分別眼境界者, 行於地中不得說言有次第行. 是故偈言 : **'若一行不次'**故. 此句明何義?

---

32 何 : 磧砂本·永樂本·乾隆本에는 '何' 뒤에 '以'가 있다.

33 若是 : 趙成本에는 두 글자가 빠져 있다.

[바수반두가] 답한다. "나의 의도는 이 일을 바르게 사유하여 중생을 이롭게 하려는 것인데, 어떤 이유로 시각기관 등의 내부 인식영역이 푸른색·황색 등의 외부의 모든 대상을 파악한다고 하는가? [그대는] 이 [대상]이 하나의 실체라고 생각하는가? [아니면] 여러 개의 실체라고 생각하는가? 만약 이것이 여러 개의 실체라면, 앞에서 이미 말했듯이 여러 개의 실체는 볼 수 없다. 만약 하나의 실체라 하더라도 또한 파악될 수 없다. [그 이유를] 게송으로 말한다.

> **'만약 [푸른색인 것 등의 대상이] 하나[의 실체]라면, ① [대지에서] 이동하는 것이 한 걸음씩(次, kramena) 일어날 수 없고,**
> **② [한 사물에 대해] 취하는 것과 취하지 못하는 것 또한 동시에 [일어날 수] 없고,**
> **③ [같은 장소에 있는 여러 사물에 대한] 차별도 파악할 수 없어야 하고,**
> **④ 미세한 것 또한 볼 수 있어야만 한다.' (15송)**

이 게송은 어떤 의미를 밝히고 있는가? 만일 [어떤 대상이] 순수한 하나의 푸른색의 실체여서 황색 등[의 다른 색]이 [전혀] 섞이지 않았고, 사람이 [그런 특징을 지닌 하나의 실체를] 시각적 대상으로 분별하는 것이라면,

① [하나의 색깔로 이루어진] 대지에서 걸어갈 때, 한 걸음씩 이동한다고 말할 수 없다. 이 때문에 게송에서 **'만약 [푸른색인 것 등의 대상이] 하나[의 실체]라면, ① [대지에서] 이동하는 것이 한 걸음씩 일어날 수 없고'**라고 하였던 것이다. 이 구절은 어떤 의미를 밝히고 있는가?

若純一靑是一物者, 擧一足時卽應遍[34]躡一切靑處. 以不遍[35]躡是故非一.

34 遍 : 磧砂本 · 永樂本 · 乾隆本 · 頻伽本에는 '徧'으로 되어 있다.

35 遍 : 磧砂本 · 永樂本 · 乾隆本 · 頻伽本에는 '徧'으로 되어 있다.

만약 순수한 하나의 푸른색이 하나의 실체로 존재한다면, [여기에] 한 발을 올렸을 때, 곧 두루 모든 푸른 곳을 밟는 것이어야 한다. 두루 밟는 것이 아니라고 한다면 이 이유로 하나[의 실체]가 아니게 된다.

(T31, 68b6-17)

**'取捨亦不同'**者, 此句明何義? 若純一青物者, 擧足步時, 何故唯當足所躡處, 足未躡處及步中間[36]所有空處? 以何義故, 不一時躡而有到處, 有不到處? 又若一物, 則不得言足躡此處不躡彼處. 是故偈言 : **'取捨亦不同'**故.

**'差別無量處'**者, 此句明何義? 若純靑一段是一物者, 以何義故, 有多差別, 象 · 馬 · 車等不共一處? 若是一者, 白象住處亦應有[37]馬住. 若爾[38]不應有象馬等住處差別. 又若一者, 以何義故, 象所到處馬等不到? 又若一者, 象馬中間何故有空? 是故偈言 : **'差別無量處'**故.

36 足未躡處及步中間 : 磧砂本 · 永樂本 · 乾隆本에는 '及步中間足未躡處'로 되어 있다. 저본에서는 일본에서 소장하고 있는 宋本 · 元本 · 明本 · 宮內省本에 '及步中間足未躡處'로 되어 있다고 교감하였다.

37 有 : 趙成本 · 乾隆本에는 빠져 있다.

38 爾 : 趙成本 · 高麗本 · 磧砂本에는 '尒'로 되어 있다.

'**[한 사물에 대해] 취하는 것과 취하지 못하는 것 또한 동시에 [일어날 수] 없고**'라는 이 구절은 어떤 의미를 밝히고 있는가? 만약 순수한 하나의 푸른색이 [하나의] 실체라면, ② 발을 들어 걸어갈 때, 어떤 이유로 오직 발이 닿는 곳만 밟을 수 있고, 아직 발이 닿지 않은 곳이나 발걸음 사이의 비어 있는 곳이 있게 되는가? [다시 말하면] 어떤 이유로 [모든 곳을] 동시에 밟을 수 없어서, 어떤 곳은 발이 닿고 어떤 곳은 발이 닿지 않게 되는가? 또 만약 하나의 실체라면 곧 발이 이곳은 밟고 있는데 저곳은 밟고 있지 않다고 말할 수는 없다. 이 때문에 게송에서 '**[한 사물에 대해] 취하는 것과 취하지 못하는 것 또한 동시에 [일어날 수] 없고**'라고 하였던 것이다.

'**[같은 장소에 있는 여러 사물에 대한] 차별도 파악할 수 없어야 하고**'라는 이 구절은 어떤 의미를 밝히고 있는가? 만약 순수한 푸른색의 한 조각이 하나의 실체라면, ③ 어떤 이유로 [같은 장소에 있는 다수의 사물에 대한] 여러 차별이 있어서, 코끼리 · 말 · 수레 등이 모두 한곳에 있지 않[고 떨어져 있는 것으로 보이]는가? 만약 이 [푸른색 등]이 하나[의 실체]라면 흰 코끼리가 머무는 곳은 또한 말이 머무는 곳이어야만 한다. 만약 그렇다면 코끼리와 말 등이 머무는 곳의 차별은 없을 것이다. 또 만약 하나[의 실체]라면, 어떤 이유로 코끼리가 차지하는 곳에 [동시에] 말 등이 차지하지 못하는가? 또 만약 하나[의 실체]라면, 코끼리와 말 사이는 어떤 이유로 비어 있는 곳이 있는가? 이 때문에 게송에서 '**[같은 장소에 있는 여러 사물에 대한] 차별도 파악할 수 없어야 하고**'라고 하였던 것이다.

(T31, 68b17-25)

**'微細亦應見'**者, 此句明何義? 若彼青等是一物者, 於彼水等諸青物中, 有青色等麁細諸虫[39], 以何義故, 但見麁虫[40]不見細虫[41]? 是故偈言 : **'微細亦應見'**故."

問曰 : "以何義故, 意識思惟彼[42]青 · 黃等?"

答曰 : "以汝向言虛妄分別, 諸入等相靑等境界以爲實有. 是故我觀微塵差別, 而彼微塵不成一物. 不成一[43]故色等境界眼等不取. 是故成我, '唯有內識無外境界.'"

---

39 虫 : 磧砂本 · 永樂本 · 乾隆本 · 頻伽本에는 '蟲'으로 되어 있다.

40 虫 : 磧砂本 · 永樂本 · 乾隆本 · 頻伽本에는 '蟲'으로 되어 있다.

41 虫 : 磧砂本 · 永樂本 · 乾隆本 · 頻伽本에는 '蟲'으로 되어 있다.

42 彼 : 趙成本에는 '破'로 되어 있다.

43 一 : 磧砂本 · 永樂本 · 乾隆本에는 뒤에 '物'이 있다.

'**미세한 것 또한 볼 수 있어야만 한다**'라는 이 구절은 어떤 의미를 밝히고 있는가? 만약 저 푸른색 등이 하나의 실체라면, ④ 저 물 등에 있는 푸른색 물체들 중에서 푸른색 등을 띤 크거나(麁, sthūla) 미세한(細, sūkṣma) [차이는 있으나 같은 모습을 한] 물벌레들은 어떤 이유로 오직 큰 물벌레만 볼 수 있고, 미세한 물벌레는 볼 수 없는가? 이 때문에 게송에서 '**미세한 것 또한 볼 수 있어야만 한다**'라고 했던 것이다."

[외경실재론자가] 묻는다. "어떤 이유로 [유식론자는] 의식이 저 푸른색·황색 등을 사유한다고 하는가?"

[바수반두가] 답한다. "그대는 좀 전에 그릇되게 분별하여 모든 인식 영역 등의 특징인 푸른색 등의 대상이 실제로 있다고 하였다. 이 때문에 나는 원자의 차별을 관찰하여, 저 원자는 하나의 실체로 성립되지 않는다고 하였다. 하나[의 실체]로 증명되지 않기 때문에 형색 등 대상을 시각기관 등이 파악하지 않는다. 이 때문에 내가 [말하는] '오직 내부의 인식(內識)만 있을 뿐 외계 대상은 없다'라고 하는 것이 증명된다."

## 15송 해제

여기에서 또 다른 외경실재론자가 등장한다. 하지만 실제로는 11송에서 논의되었던 '전체의 모습'이 인식대상이라고 주장했던 바이쉐시카의 이론과 같은 선상에 있다. 이 대론자는 원자가 집합체를 이루니 어쩌니 하는 고민은 원자의 배열(sanniveśa)에 관해서 망상분별하는 것에 불과하다고 물러선다. 그리고 원자가 어떻게 인식대상이 되는가는 우선 옆으로 치워두고, 물질인 사물이 어떻게 인식되는지만 살펴보자고 한다. 어쨌거나 대상의 특징이 우리에게 지각된다는 사실은 부정되지 않는다고.

여기서 대론자는 대상의 특징이 시각기관 등의 대상인 것(viṣayatva, 對象性), 푸른색인 것(nīlatva, 靑性) 등이라고 한다. 이런 것들이 실제로 우리에게 인식을 일으키는 원인이다. 바수반두는 이에 대해서 이런 특징이 인식되는 것이라면, 이 특징을 지닌 것이 여러 개인지 하나의 실체인지 묻는다. 만약 여러 개의 실체라면, 앞에 11송에서 여러 개의 원자를 인식하는 논의에서 이미 반박되었다고 한다.

만약 하나의 실체일 경우에 11송에서 논의한 '전체로서의 모습'을 인식한다는 주장의 연장선에 있게 되는데, 여기에 네 가지 문제가 생긴다고 지적한다.

(1) 대지에서 한 걸음씩 이동할 수 없다.
(2) 사물의 한쪽 면을 파악하는 동시에 반대쪽 면을 파악하지 못하는 일은 없다.
(3) 한 장소에서 구별되는 여러 존재가 함께 있을 수 없다.
(4) 미세한 사물을 볼 수 없는 일도 있을 수 없다.

만약 내가 대지를 인식할 때 인식되는 방식이 대론자의 주장처럼 하나의 실체에 대해서 '대지인 것', '황토색인 것', '평평한 모양을 가진 것' 등의 특징을 인식하는 것이라면, (1)의 논의처럼 대지에서 한 걸음씩 이동해서 지평선 쪽으로 걸어가는 것을 불가능하게 된다. 내가 대지에 발을 내딛는 순간 나는 대지라는 부분을 지닌 전체로서의 실체에 발을 디딘 것이 될 것이며, 내 발로 '평평한 모양을 가진 것'이라는 특징을 인식한다. 그러면 그 실체 전체에 발을 디딘 것이 된다. 하나의 실체라는 특성을 인식하였으면, 그 실체 전체를 인식한 것이 되고, 그래서 내가 대지에서 더 이상 새로 인식할 특징이 없으며, 결국 대지 전체를 밟고 있는 셈이 되기 때문이다. 그러면 사하라 사막 한가운데에서 조난하는 일도 없게 된다. 하지만 현실은 그렇지 않다.

그리고 같은 논리로 (2)의 논의처럼 사물의 한쪽 면을 파악하면서 동시에 반대쪽 면을 파악하지 못하는 일도 있을 수 없다. 예를 들어, 주전자의 한쪽 면을 보면 다른 쪽 면을 볼 수 없다. 우리가 푸른색 주전자를 인식할 때, '주전자인 것', '푸른색인 것'이라는 특성을 하나의 실체로서 인식하는 것이라면 우리는 주전자의 모든 면을 인식해야 하고, 푸른색인 부분은 남김없이 볼 수 있어야 한다. 하지만 실제로 우리는 한쪽 면만을 보게 된다. 우리가 눈을 감고 주전자를 만질 때도 마찬가지이다. 우리가 눈을 감고 주전자를 만지면, 그 특징을 통해서 우리는 "이것이 주전자이다"라고 인식할 수 있다. 대론자의 이론에 따르면 그것은 '주전자인 것'이라는 특성을 인지하기 때문이다. 그런 식으로 '전체 모습으로서의 주전자'라는 것을 인식한다면, 우리는 주전자 전체를 만질 수 있어야 하는데, 실제로 우리는 주전자의 일부만을 만질 수 있을 뿐이다.

(3)의 논의에서는 사물들 사이의 접촉 문제를 다루고 있다. 한 마리의

코끼리가 어떤 장소에 있다면 그 코끼리의 실체가 그 장소라는 실체에 접촉하는 것이 된다. 그러면 코끼리는 그 장소의 모든 곳을 차지하고 있어야 한다. '전체 모습으로서의 코끼리'가 '전체 모습으로서의 대지'와 접촉하는 것이기 때문이다. 같은 장소에 한 마리 말이 있어도 마찬가지이다. 그런데 그 둘이 동시에 같은 장소에 있다면, 이를테면 같은 울타리 안에 한 마리 코끼리와 한 마리 말이 있다면, 둘 다 그 장소의 모든 곳을 차지하고 있는 것이 되므로 그 둘을 구분할 수 없게 된다. 그런데 실제로 우리의 인식에서는 그 둘이 한 장소에 있을 때 구분할 수 있으며, 그 둘이 간격을 두고 떨어져 있는 것도 보인다. 그 둘이 간격을 두고 떨어져 있는 것을 보기 위해서는 코끼리와 말이 각각 그 장소의 어떤 곳은 차지하고 어떤 곳은 차지하지 않아야 한다. 하지만 하나의 실체인 그 장소에서 차지하는 곳과 차지하지 않는 곳이 동시에 존재한다는 것은 모순이다.

또한, 미세한 물벌레, 이를테면 민물에 사는 새우를 생각해 보자. 그 새우는 1mm 크기로 아주 작은 것도 있고, 큰 것은 5cm쯤 된다고 하자. 그렇게 크기의 차이가 있더라도 큰 새우와 작은 새우는 모양 자체는 똑같이 생겼다. 그런데 대론자의 주장처럼 우리가 '새우의 모양을 가진 것'이라는 형태상의 특징으로만 새우를 인식한다면, 큰 새우와 작은 새우는 우리의 인식상에 아무런 차이가 없을 것이다. 인식을 일으키는 원인이 되었던 특징은 큰 것과 작은 것이 동일하게 지니고 있기 때문이다. 그럴 경우 둘 사이를 나눌 수 있는 기준이 없으므로, 큰 새우는 눈에 보이지만 아주 작은 새우는 눈에 보이지 않는 일상에서 일어나는 흔한 일이 생길 수 없다.

이런 모순들이 생기기 때문에, "하나의 실체에 대해서 그 특징은 인식 대상이 된다"라고 하는 대론자의 주장은 문제가 있으며, 인식의 문제는 '하나의 실체'가 아니라 부분으로 나누어서 고찰해야 한다. 그리고 부분으로 나누어서 고찰하면 결국 "원자는 어떻게 인식되는가?"라는 문제로 돌아가야 한다. 다시 말해서 "물질이 어떻게 인식되는가?"라는 문제는 원자의 관점에서 고려되어야 하는 것이다. 하지만 앞에서 고찰했듯이 하나의 독립된 실체로서 원자라는 존재는 증명되지 않는다. 그러므로 사물을 하나의 실체로 분석하든 원자로 분석하든 그것이 우리에게 인식되는 과정을 설명할 수 없으며, 그 결과 외계 대상이 우리에게 인식되는 일은 있을 수 없다.

그러면 앞의 3~7송에서 "대상 없는 인식이 가능하다"라고 증명했던 것과 여기 11~15송을 통해서 "외계 대상은 인식될 수 없다"라고 증명한 것을 합치면, "대상 없는 인식만이 존재한다"라는 최종적인 결론에 이르게 된다. 다시 말해서, 여기서 '오직 인식일 뿐'을 성립시키기 위한 논리가 완성되는 것이다. 실제로 바수반두는 15송의 마지막 문장에서 처음으로 "따라서 오직 인식일 뿐이라는 것이 증명되었다(iti siddhaṃ vijñaptimātram bhavati)"라는 표현을 사용한다.

# 16송

## 지각은 대상이 존재하는 근거가 될 수 없다

## 산스크리트 16송

(L 8,22; S 196,9)

pramāṇavaśād astitvaṃ nāstitvaṃ vā nirdhāryate | sarveṣāṃ ca pramāṇānāṃ pratyakṣaṃ pramāṇaṃ gariṣṭham ity asaty arthe katham iyaṃ buddhir bhavatīdam me pratyakṣam[1] iti |

**pratyakṣabuddhiḥ svapnādau tadā**

vināpy artheneti pūrvam eva jñāpitaṃ

**sā ca yadā tadā |**

**na so 'rtho dṛśyate, tasya pratyakṣatvaṃ kathaṃ mataṃ || 16 ||**

---

1 L : bhavati pratyakṣam

[외경실재론자 :] 바른 인식수단(pramāṇa)에 의해 [어떤 것이] 존재하는지, 혹은 존재하지 않는지가 결정된다. 또한, 모든 바른 인식수단 중에서 지각(pratyakṣa-pramāṇa)이 가장 권위있는(gariṣṭha) 인식수단이다. 따라서 만약 대상이 존재하지 않는다면, "이것은 나에게 일어나고 있는 [대상에 대한] 지각이다"라는 [일상에서 일어나는] 이런 인지(buddhi)가 어떻게 생길 수 있겠는가?

**[바수반두 :] 지각에 대한 인지(pratyakṣa-buddhi)는 꿈 등에서 [대상 없이 그것이 일어나는 경우]와 같다. [16ab']**

[꿈과 관련한 논의에서] '대상 없이도'[인식이 가능하다]라는 것은 앞[의 3~4송]에서 [이미] 소상하게 언급하였다.

**또한, [그대에게] 그것(= 지각에 대한 인지)이 있을 때, 그 순간에 그 [지각을 일으켰던] 대상은 [이미] 보이지 않을 것이다. [그런데] 어떻게 [그대는 지금 인지하고 있는] 그것이 [대상에 대한] 지각이라고 확신할 수 있는가? [16]**

yadā ca sā pratyakṣabuddhir bhavatīdaṃ me pratyakṣam iti tadā na so 'rtho dṛśyate, manovijñānenaiva paricchedāc cakṣurvijñānasya ca tadā niruddhatvād iti kathaṃ tasya pratyakṣatvam iṣṭaṃ | viśeṣeṇa tu kṣaṇikavādino yasya[2] tadānīṃ niruddham evaṃ tad rūpaṃ rasādikaṃ vā ||

---

2 RS, S : kṣaṇikavādino yasya; all: kṣaṇikasya viṣayasya; msB : kṣaṇika(++++)yasya. msB의 근대 데바나가리 필사본(msI, Mimaki 1989: 144)에서 이 빈 부분을 'kṣṇika(sya viṣa)yasya'라고 해석하여 부기하였는데, 이를 반영한 L의 교정에 대해 이후 대부분의 편집본에서 동의하였다. 하지만 이는 티베트역, 진제역 및 현장역과는 맞지 않는 교정이다.

또한, "이것은 나에게 일어나고 있는 [대상에 대한] 지각이다"라는 그런 지각에 대한 인지가 일어날 때, 그 순간에 그 대상은 [이미] 보이지 않을 것이다. 왜냐하면, ["이것은 나에게 일어나고 있는 지각이다"라는 인지는] 오직 [지각 이후에 일어나는] 내면적 의식(mano-vijñāna, 意識)에 의해서만 확인할 수 있기 때문이며, 그때(= 자신의 지각을 인지할 때)는 [그 내면적 의식에 앞서 일어났던] 시각적 의식(cakṣur-vijñāna, 眼識)이 [이미] 소멸했기 때문이다. 따라서 어떻게 [그대는] 그것이 [대상에 대한] 지각이라고 인정할 수 있는가? 그리고 특히(viśeṣeṇa) [지각에 대한 인지가 일어나는] 그 순간에 이런 형색이나 맛 등[의 대상]은 [이미] 소멸해 버린다고 주장하는 찰나멸론자(Kṣaṇikavādin, 刹那滅論者)라면 [더더욱 인정할 수 없을 것이다].

## 티베트역 16송

(D 136 8a4, P 235 9a1)

tshad ma'i dbang gis na yod dam med pa dmigs kyis dbye bar 'gyur la | tshad ma thams cad kyi nang na yang[3] mngon sum gyi tshad ma ni mchog yin no | don de med na 'di ni bdag gi mngon sum mo snyam pa blo 'di ji ltar 'byung zhe na |

**mngon sum blo ni rmi sogs bzhin |**

don med par yang zhes sngar bstan ba nyid do |

**de yang gang tshe de yi tshe |**
**khyod kyi[4] don de min[5] snang na |**
**de ni mngon sum ji ltar 'dod[6] || 16 ||**

---

3 P.N : 없음
4 P.N : kyis
5 P.N : mi
6 P.K.125 : phye

[외경실재론자 :] 바른 인식수단(tshad ma, pramāṇa)에 의해 외계 대상이 존재하는지 혹은 존재하지 않는지가 결정된다. 또한, 모든 바른 인식수단 중에서 지각(mngon sum gyi tshad ma, pratyakṣa-pramāṇa)이 가장 뛰어나다. [따라서] 만약 대상이 존재하지 않는다면, "이것은 나에게 일어나고 있는 [대상에 대한] 지각이다"라고 여기는 이런 인지(blo, buddhi)는 어떻게 생기는가?

**[바수반두 :] 지각에 대한 인지(mngon sum blo, pratyakṣa-buddhi)는 꿈 등에서 [대상 없이 그것이 일어나는 경우]와 같다. [16a]**

[꿈과 관련된 논의에서] '대상 없이도'[인식이 가능하다]라는 것은 앞[의 3~4송]에서 [이미] 설명하였다.

**더욱이 [그대에게] 그것(= 지각에 대한 인지)이 있을 때, 그 순간에 그대의 [지각을 일으켰던] 그 대상이 [이미] 보이지 않는다면, 어떻게 [그대는 지금 인지하고 있는] 그것이 [대상에 대한] 지각이라고 인정할 수 있는가? [16]**

gang gi tshe yul 'di nyid ni bdag gi[7] mngon sum mo snyam du mngon sum gyi blo de byung ba de'i tshe khyod kyi[8] don de mi snang ste | yid kyi rnam par shes pas yongs su bcad pa dang | mig gi rnam par shes pa yang de'i tshe 'gags pa'i phyir ro | lhag par yang skad cig mar smra bas de mngon sum du ji ltar 'dod | de ltar na de'i tshe gzugs dang ro la sogs pa de dag ni 'gags zin to ||

---

7 P.N : gis

8 P.N : kyis

[또한,] "이 대상이 곧 나에게 일어나고 있는 지각[의 원인]이다"라고 여기는 그런 지각의 인지가 일어날 때, 그 순간에 그대의 [지각을 일으켰던] 그 대상은 [이미] 보이지 않을 것이다. 왜냐하면 ["이것은 나에게 일어나고 있는 지각이다"라는 인지는] 오직 [지각 이후에 일어나는] 내면적 의식(yid kyi rnam par shes pa, mano-vijñāna)에 의해서만 확인할 수 있기 때문이며, 그 [자신의 지각을 인지하는] 순간은 [그 내면적 의식에 앞서 일어났던] 시각적 의식(mig gi rnam par shes pa, cakṣur-vijñāna, 眼識)이 [이미] 소멸했기 때문이다. 특히(lhag par, viśeṣeṇa) 찰나멸론자(skad cig mar smra ba, kṣaṇikavādin)는 어떻게 그것(= 지각에 대한 인지)을 [대상에 대한 직접적인] 지각으로 인정하는가? 그런 경우(= 찰나멸론자인 경우) [지각에 대한 인지가 일어나는] 그 순간에 형색과 맛 등 이러한 것(= 외계 대상)들은 [이미] 소멸해 버린다.

## 진제역 16송

(T31, 72c19-27)

"諸塵者, 謂識及識法爲體. 離能取所取故無增. 立正因果故不減. 無無因及不平等因, 二空及十二緣生卽是其自性, 如偈言."[9]

"是有是無由依諸量可決是非. 一切量中證量最[10]勝. 若塵實無如此證智, 云何得起, 所謂: '我證如此?'"

**"證智如夢中 (16송 1구)**

如夢時, 離塵見山樹等色. 無有外塵, 證智亦如此.

---

9 이 부분은 범본에는 없고 진제역에만 들어가 있는데, 『고려대장경』, 『조성금장』, 『홍무남장』, 『영락북장』, 『건륭대장경』, 『빈가대장경』 등 역대 대장경 판본에 모두 이 내용이 들어가 있다.

10 最: 趙成本·高麗本에는 '㝡'로 되어 있다.

“모든 외계 대상이란 인식과 인식의 존재 요소(識法)를 본질로 한다. 인식주체(能取, grāhaka)와 인식대상(所取, grāhya)을 여의기 때문에 [존재하지 않는 것을 존재하는 것으로] 확장(增, *adhyāropa/samāropa)하지 않는다. 바른 인과를 세우기 때문에 [존재하는 것을 존재하지 않는 것으로] 은폐(減, *apavāda)하지 않는다. 근거가 없는 것과 불평등한 근거, 이공(二空)과 십이인연의 발생이 곧 그 자성이라는 것은 게송에서 말한 것과 같다.”

[외경실재론자가 묻는다.] “이것이 존재한다거나 이것이 존재하지 않는다는 것은 바른 인식수단(量, pramāṇa)들에 의해 옳고 그름을 판단할 수 있다. [그리고] 모든 바른 인식수단 가운데 지각(證量, pratyakṣa-pramāṇa)이 가장 뛰어나다. 만약 외계 대상이 실제로 존재하지 않는다면, 어떻게 ‘나는 이같이 [대상을] 지각하고 있다’라는 이런 지각에 대한 인지(證智, pratyakṣa-buddhi)가 생겨나겠는가?”

[바수반두가 답한다.]

**“지각에 대한 인지는 꿈에서 [대상 없이 그것이 일어나는 경우]와 같다. (16송 1구)**

꿈꿀 때, 외계 대상이 없더라도 산과 나무 등의 형색을 보는 것과 같다. [깨어있을 때,] 외계 대상이 없더라도 지각에 대한 인지[가 일어날 수 있는 것]도 이와 같다.

(T31, 72c28-73a4)

**是時如證智, 是時不見塵,**

**云何塵可證? (16송 2,3,4구)**

如汝所說證智起時, 謂: '我如此證,' 此時中汝不得見塵. 但意識分別, 眼識已[11]滅故. 是塵云何可證? 若人說刹那[12]滅, 此人是時執色乃至觸已謝."

---

11 已 : 磧砂本 · 洪武本 · 永樂本 · 乾隆本에는 '以'로 되어 있다.

12 刹那 : 磧砂本 · 洪武本 · 永樂本 · 乾隆本에는 '刹那刹那'로 되어 있다.

**[또한, 그대에게] 지각에 대한 인지가 있을 때**
**이때 외계 대상이 [이미] 보이지 않는데**
**어떻게 [그대가 지금] 외계 대상을 지각할 수 있다고 하겠는가?**
**(16송 2,3,4구)**

만약 그대가 말하듯이 지각에 대한 인지가 일어날 때 '나는 이같이 [대상을] 지각하고 있다'라고 말한다면 이때 그대는 외계 대상을 볼 수 없다. 왜냐하면, [지각의 인지가 일어날 때] 다만 ['나는 이같이 지각하고 있다'라는 인지는 지각 이후에 일어나는] 내면적 의식(意識, mano-vijñāna)으로만 분별할 뿐인데 [그때] 시각적 의식(眼識, cakṣur-vijñāna)은 이미 소멸했기 때문이다. [그런데] 이 외계 대상을 어떻게 [그대가 지금] 지각할 수 있다고 하겠는가? [그리고] 만약 찰나멸을 주장하는 사람(人說刹那滅, Kṣaṇikavādin)이라면, 이 사람에게 있어서 [지각에 대한 인지가 일어나는] 이때 고집하는 형색에서 촉감에 이르기까지 [모든 외계 대상은] 이미 소멸한 것이다."

## 현장 역 15송

(T31, 76b15-19)

“諸法由量刊定有無. 一切量中現量爲勝. 若無外境寧有此覺, ‘我今現證如是境’耶?”

“此證不成. 頌曰 :

**現覺如夢等. 已起現覺時,**
**見及境已無, 寧許有現量?” (15송)**

[외경실재론자가 묻는다.] "모든 존재는 바른 인식수단(量, pramāṇa)에 의해 [그것이] 존재하는지 존재하지 않는지를 판정한다. 모든 바른 인식수단 가운데 지각(現量, pratyakṣa-pramāṇa)이 가장 뛰어나다. 만약 외계 대상이 없다면 어떻게 '나는 지금 이와 같은 대상을 지각하고 있다'라는 이런 인지(覺, buddhi)가 있을 수 있겠는가?"

[바수반두가 답한다.] "이 논증은 성립하지 않는다. [그 이유를] 게송으로 말한다.

> **지각에 대한 인지(pratyakṣa-buddhi, 現覺)는 꿈 등에서 [대상 없이 그것이 일어나는 경우]와 같다.**
> **이미 지각에 대한 인지가 일어날 때는**
> **보는 작용과 대상이 이미 없는데**
> **어떻게 [그대는 지금 대상에 대한] 지각이 있다고 인정할 수 있는가?"**
> **(15송)**

(T31, 76b20-25)

論曰 : “如夢等時雖無外境, 而亦得有如是現覺. 餘時現覺應知亦爾.[13] 故彼引此爲證不成. 又若爾[14]時有此現覺, ‘我今現證如是色等,’ 爾[15]時於境能見已無. 要在意識能分別故. 時眼等識必已謝故. 刹那論者有此覺時, 色等現境亦皆已滅. 如何此時許有現量?”

---

13 爾 : 高麗本 · 磧砂本 · 洪武本에는 ‘尒’로 되어 있다.

14 爾 : 高麗本 · 磧砂本 · 洪武本에는 ‘尒’로 되어 있다.

15 爾 : 高麗本 · 磧砂本 · 洪武本에는 ‘尒’로 되어 있다.

[바수반두가] 논한다. "꿈 등에서처럼 비록 외계 대상이 없더라도 또한 이와 같은 지각에 대한 인지가 있을 수 있다. 다른 때(= 깨어있을 때)의 지각에 대한 인지도 그와 같다고 알아야 한다. 그러므로 저들이 이것(= 지각의 인지)을 끌어와 [외계 대상이 있다는] 증거로 삼는 것은 성립하지 않는다. 또 만약 그때 이 지각이 있고, '나는 지금 이와 같은 형색 등을 지각하고 있다'라고 하면, 그때 대상에 대해 보는 것(= 시각적 의식, 眼識)은 이미 사라지고 없다. 요컨대 ['나는 지금 이와 같은 형색 등을 지각하고 있다'라는 인지는 지각 이후에 일어나는] 내면적 의식(意識, mano-vijñāna)으로만 분별할 수 있기 때문이다. [그]때 시각적 의식(眼識, cakṣur-vijñāna) 등은 반드시 이미 물러나기 때문이다. [특히] 찰나멸론자(刹那論者, Kṣaṇikavādin)는 이 [지각에 대한] 인지가 있을 때 형색 등의 지각 대상 또한 모두 이미 사라졌다[고 인정할 것이다]. [그런데] 어떻게 이때(= 지각에 대한 인지가 일어날 때) 지각이 있다고 하겠는가?"

## 반야류지역 16송

(T31, 68b25-c4)

問曰 : “依信說有. 信者有四種. 一者現見, 二者比[16]知, 三者譬喩, 四者阿含. 此諸信中現信最[17]勝. 若無色等外境界者, 云何世人言 : ‘我現見此青等物?’”

答曰 : “偈言 :

**現見如夢中. 見所見不俱.**
**見時不分別, 云何言現見? (16송)**

此偈明何義? 我已先說: ‘夢見虛妄. 諸凡夫人煩惱夢中有所見事皆亦如是.’ 是故偈言 : **‘現見如夢中’**故.

---

16 比 : 趙成本에는 ‘次’로 되어 있다.

17 最 : 趙成本 · 高麗本에는 ‘取’로 되어 있다.

[외경실재론자가] 묻는다. "바른 인식수단(信, pramāṇa)에 의해 [외계 대상이] 있다고 말한다. 바른 인식수단에는 네 종류가 있다. 첫째는 지각(現見, pratyakṣa)이고, 둘째는 추리(比知, anumāna)이고, 셋째는 비교(譬喩, *upamāna)이고, 넷째는 전승된 가르침(阿含, āgama)이다. 이 모든 바른 인식수단 가운데 지각이 가장 뛰어나다. 만약 형색 등의 외계 대상이 없다면 어떻게 세상 사람들이 '나는 [지금] 이 푸른색 등의 사물을 지각하고 있다'라고 말할 수 있겠는가?"

[바수반두가] 답한다. "게송으로 말한다.

**지각[에 대한 인지(buddhi)]는 꿈에서 [대상 없이 그것이 일어나는 것]과 같다.**
**지각[에 대한 인지]와 대상[에 대한 인지]는 [시간적으로] 함께 존재하지 않는다.**
**지각이 일어날 때 [동시에 지각의 인지를] 분별하지 않는다면,**
**어떻게 지각이라고 말할 수 있겠는가? (16송)**

이 게송은 어떤 의미를 밝히고 있는가? 나는 이미 앞에서 '꿈에서 보는 것은 그릇된 것이고, 모든 보통 사람들이 번뇌의 꿈속(= 현실)에서 지각하는 일 또한 모두 이(= 꿈)와 같다'라고 말하였다. 이 때문에 게송에서 '**지각[에 대한 인지]는 꿈에서 [대상 없이 그것이 일어나는 것]과 같다**'라고 하였던 것이다.

(T31, 68c4-14)

**'見所見不俱'**者, 此句明何義? 如現見色不知色義. 此明何義? 如彼現見青色等時, 作如是念, '我雖現見青·黃色等,' 彼時不見青色等義. 何以故, 以於後時意識分別然後了知. 意識分別時無眼等識. 以眼等識於先滅故. 云何說言:'我現見彼青·黃色等?' 於佛法中無如是義. 何以故? 以一切法念念不住故. 以見色時, 無彼意識及以境界. 意識起時, 無彼眼識及以境界. 以是義故, 不得說言:'於四信中現信最[18]勝.' 是故偈言:**'見所見不俱, 見時不分別, 云何言現見'**故."

---

18 最: 趙成本·高麗本에는'取'로 되어 있다.

'**지각[에 대한 인지]와 대상[에 대한 인지]는 [시간적으로] 함께 존재하지 않는다**'라는 이 구절은 어떤 의미를 밝히고 있는가? [어떤] 형색을 지각한다 하더라도 [그 순간에는 그처럼] 형색을 [지각한다는 사실을] 알지 못한다는 의미이다. 이것은 어떤 의미를 밝히고 있는가? 저와 같이 지금 푸른색 등을 볼 때 '나는 비록 지금 푸른색 · 황색 등을 보고 있다'라고 이같이 생각하지만, 저때 [이미] 푸른색 등을 보지 않는다는 의미이다. 왜냐하면, [푸른색 등에 대한 시각적 의식(眼識)이 소멸한] 이후에 내면적 의식(意識, mano-vijñāna)이 분별한 뒤에야 ['나는 푸른색 등을 보고 있다'라는 사실을] 분명히 알기 때문이다. [어떤 형색을 보고] 내면적 의식이 분별할 때 시각[적 의식] 등의 의식(識, vijñāna)은 [이미 사라지고] 없을 것이다. 시각[적 의식] 등의 의식은 앞서 [이미] 소멸했기 때문이다. [그런데] 어떻게 '나는 저 푸른색 · 황색 등을 지각하고 있다'라고 말할 수 있겠는가? 붓다의 가르침 가운데 이와 같은 의미는 없다. 왜 그런가? 모든 존재는 순간순간에(念念, *pratikṣaṇam) [발생하고 소멸하여] 머무르지 않기 때문이다. 형색을 보고 있을 때 저 내면적 의식은 [아직] 대상[에 대한 지각의 인지]에 이르지 못한다. [또한] 내면적 의식이 일어날 때 저 시각적 인식(眼識, cakṣur-vijñāna)은 [이미] 대상에 미치지 않는다. 이 이유로 '[외계 대상이 존재하거나 존재하지 않는다는 것을 판정하는 것에 있어서] 네 가지 바른 인식수단 가운데 지각이 가장 뛰어나다'라고 말할 수 없다. 이 때문에 게송에서 '**지각[에 대한 인지]와 대상[에 대한 인지]는 [시간적으로] 함께 존재하지 않는다. 지각이 일어날 때 [동시에 지각의 인지를] 분별하지 않는다면 어떻게 지각이라고 말할 수 있겠는가?**'라고 하였던 것이다."

## 16송 해제

16송부터는 유식과 관련된 다양한 부수적인 논쟁이 이어진다. 여기에서 외경실재론자는 여러 바른 인식수단 사이의 권위 차이를 통해서 외계 대상이 존재함을 증명하고자 한다.

인도에서는 고전적으로 '바른 인식수단'을 설정하는 것으로부터 철학적 논의가 시작된다. 어떤 것이 바른 인식수단인지가 결정되어야 철학적으로 논의할 수 있는 범위와 한계가 결정되기 때문이다. 여러 학파의 철학적 주장들은 바른 인식수단으로 인정된 것을 통해서만 타당성을 확보할 수 있다고 생각했다. 그리고 여러 학파에서 공통으로 인정하는 인식수단은 지각, 추리 등이 있다.

그런데 지금까지 『유식이십론』에서의 논의는 전적으로 추리를 통해서 이루어졌다. 그래서 대론자는 기본적으로 추리보다는 지각이 더 우선시되는 인식수단이라고 하는 통념을 활용하고자 한다. 지각을 통해서 외계 대상의 존재를 증명하여 이전에 이루어졌던 추리를 통한 논의를 모두 무효로 돌리려는 것이 대론자의 기획이다. 그래서 지각의 권위를 강조하는 것이다.

예를 들어, 뚜껑이 닫힌 종이상자 안에서 강아지가 짖는 소리가 들린다고 하자. 상자를 들어보니 뭔가 상자 안에서 움직이는 것이 느껴진다. 그러면 우리는 '상자 안에 강아지가 있다'라고 추리하게 된다. 실제로 상자 속에 강아지가 있는 것을 눈으로 보고 확인하지는 못했지만, 논리적 추리를 통해서 간접적으로 강아지를 인식하는 것이다.

누군가 100년 전에 상자 속에 짖는 소리를 듣고 안에 있는 강아지라고 추리했다면, 거의 100% 타당한 추리라는 것을 확인할 수 있었을 것이다.

그런데 지금이라면, 가끔 틀릴 수도 있다. 상자 안에 있는 것이 강아지가 아니라 그와 비슷하게 행동하고 소리를 내는 강아지 로봇일 수도 있기 때문이다. 만약 추리를 통해서 상자 속의 존재가 '강아지'라고 결론을 내렸는데 실제로 상자를 열어서 확인했더니 강아지가 아니라 '강아지 로봇'이었다면, 그것은 지각을 통해 추리의 결과가 정정되었음을 의미한다.

그렇게 정정될 수 있는 이유는 지각이 추리보다 더 우선시되는 인식수단이라고 여기기 때문이다. 산 위에 연기가 나는 것을 보고 산에 불이 났다고 추리했는데 막상 가서 눈으로 확인해 보니 불은 없고 연기라고 여겼던 것이 산 정상 부근의 저수지에서 올라오는 수증기였다거나, 콜라병에 들어 있는 검은 액체가 콜라라고 생각했는데 실제로 마셔보니 간장이었다거나 하는 것도 지각을 통해서 추리의 결과를 정정하는 사례이다.

대론자는 이처럼 지각에 의해서 '인식일 뿐'이라는 추리 결과를 뒤집는 것이 가능하다고 생각했다. 왜냐하면, "내가 대상을 지각하고 있다"라는 자기 상황에 대한 인지(buddhi)가 지금 나에게 일어나고 있다면 그것은 지각을 통해서 – 지난 2~15송의 여러 논의에서 추리되었던 결과를 뒤집어서 – 외계 대상이 존재한다고 확인할 수 있음을 의미한다고 생각했기 때문이다. 원문은 지각에 대한 인지를 "이것은 나에게 일어나고 있는 [대상에 대한] 지각이다(idam me pratyakṣam)"라고 표현한다. 여기서 pratyakṣa라는 말은 '지각'뿐만 아니라 '지각대상'을 의미할 수도 있기 때문에, "이것은 나의 지각대상이다"라고 번역할 수도 있다. 그럴 경우 인지(buddhi)는 '지각에 대한 인지'가 아니라, '지각대상의 인지'가 된다. 후자 쪽이 논리적으로 좀 더 선명한 면이 있으나, 세 한역자 모두 '대상에 대한 확인'보다는 '지금 대상을 지각하고 있는 상황'을 중심에 두고 있어서 본문을 전자처럼 읽고자 한다.

여기서 대론자는 인식수단의 권위까지 거론하면서 '지각에 대한 인지(pratyakṣa-buddhi)'를 통해 추리 결과를 부정하려고 하지만, 이는 18세기에 버클리가 관념론을 주장하는 저서를 냈을 때 "돌뿌리를 걷어차는 것으로 반박할 수 있다"라고 했던 사무엘 존슨의 주장과 논리적으로는 같은 형식의 반박이다. 바수반두는 이런 주장에 대해서 '꿈의 사례'를 다시 거론하면서 반박한다. 꿈에서도 대상 없는 인식이 일어나지만, "내가 대상을 지각하고 있다"라는 지각의 인지는 일어난다는 것이다. 이어서 또 다른 형태로 상대방의 입장을 두 단계로 반박하고 있는데, 여기서는 편의상 반대의 순서로 설명하고자 한다.

비니타데바는 16송의 대론자가 경량부라고 하고 있는데, 바수반두가 직접 언급한 것이 아니라서 사실 여부는 확인할 수 없다. 적어도 경량부가 논박 대상에 포함된 것은 분명하다. 이는 논의의 후반부에 나오는 찰나멸론자(Kṣaṇikavādin)라는 표현과 그것을 기반으로 하는 대론자의 인식론적 입장을 통해서 알 수 있다.

인도에서는 힌두교·불교·자이나교를 불문하고 "마음은 매 찰나(kṣaṇa, 순간)마다 발생·소멸을 반복하고, 물질은 파괴되기 전까지 지속한다"라고 하는 것이 전통적인 견해였다. 그 이유는 물질 – 물질로 이루어진 사물들도 – 은 겉보기에 누군가 건드리거나 세월이 흘러 마모되지 않는 한 계속 동일한 모습을 유지하고 있기에 외부적 자극이 없으면 영원히 지속한다고 생각했고, 마음은 이 생각이 떠올랐다가 사라지고 저 생각이 떠오르기도 하기에 상태를 유지할 수 없이 찰나생멸하는 것으로 보았다. 즉, 마음은 매 순간 소멸하고 매 순간 새로 발생한다. 이를테면, 지금 우리에게 보이는 세계의 모습은 – 외계 대상을 인정하든 인정하지 않든 – 마음속에 나타난 모습이다. 그런데 우리가 한순간이라도 눈을 감으면,

우리 눈앞의 세계는 시야에서 사라진다. 눈을 감음으로써 새로운 마음 – 시각적 의식(안식) – 의 발생이 중단되었기 때문이다.

이런 전통적 사고에서 확장된 것이 일부 불교도들이 지지하는 찰나멸론으로서, 마음뿐만 아니라 물질 – 결과적으로는 모든 존재 – 도 찰나생멸한다는 이론이다. 설일체유부의 논서인 『대비바사론』에서 최초로 보이는 이 이론은 힌두교뿐만 아니라 대부분의 불교 부파 – 심지어 설일체유부 내부에서도 – 가 반대하였지만, 점차 불교의 주류 이론으로 자리 잡았다. 설일체유부, 화지부, 경량부, 유식학파, 유가행 중관학파 등이 각자 다른 형태로 찰나멸론을 공식적으로 지지했다.

우리가 형광등을 보면, 빛이 계속 나오고 있는 것처럼 보이지만 실제로 형광등은 1초에도 수십 번 꺼지고 켜짐을 반복한다. 우리 눈에만 형광등의 불빛이 지속하는 것으로 보일 뿐이다. 가스라이터의 불도 '불'이라는 하나의 존재가 계속 그 모습을 유지하고 있는 것처럼 보이지만, 실제로는 매 순간 앞의 불이 꺼지고 뒤의 불이 새로 생기는 것이다. 한순간이라도 가스라이터의 스위치에서 손을 떨어뜨리면 불이 꺼지는데, 이는 정확히는 불을 끈 것이 아니라 스위치에서 손을 떼는 순간 연료의 공급이 중단되어 새로운 불을 만들지 못했기 때문이다. 가스라이터에서 손을 떼는 행위는, 앞서 논의했던 곳에서 눈을 감는 행위와 유사하다. 찰나멸론자는 이런 형광등이나 가스라이터의 불처럼, 그리고 마음처럼 모든 물질도 매 순간 소멸하고 매 순간 새로 발생한다고 생각한다.

이런 배경을 염두에 두고, 지각을 통해서 사물의 존재를 증명하는 것이 왜 불가능한지에 대해서 바수반두가 어떻게 설명하는지 살펴보자. 조금 돌아가서, 우리가 저 하늘의 별을 보고 있다고 생각해 보자. 이 별은 3억 광년 떨어져 있다. 3억 광년이란 빛의 속도로 3억 년이 걸리는 거리를 뜻

하니, 지금 내가 보고 있는 별은 3억 년 전에 빛나고 있던 것을 보는 것이다. 그러면 과연 "지금 내가 저 별을 보고 있다"라는 주장이 맞을까? 이 질문은 기준점을 어디에 두는지에 따라서 다른 대답이 나올 수 있으니 잠시 미루도록 하자.

그렇다면 말을 바꿔서, "저 별이 존재한다는 것을 지금 나는 지각을 통해서 확인하고 있다"라는 주장은 문제가 없을까? 이 주장은 오류라고 분명하게 말할 수 있다. 지금 내가 보고 있는 별은 3억 년 전의 모습을 하고 있으며, '지금' 저 별이 아직 존재하는지는 알 수 없다. 3억 년 사이에 저 별이 수명이 다했거나, 폭발하였거나, 블랙홀에 빨려 들어가서 이미 존재하지 않을지도 모르기 때문이다. 그러므로 "지금 내가 저 별을 보고 있다"라는 표현은 기준에 따라 제한적으로 사용할 수 있어도, "저 별이 존재한다는 것을 지금 나는 지각을 통해서 확인하고 있다"라는 표현은 어떤 기준에서도 논리적으로 틀렸다.

여기까지의 논의를 염두에 두고, 다음으로 찰나멸론과 외경실재론에 기반한 경량부의 인식론을 살펴보자. 경량부 인식론의 주요한 주장은 "우리에게 대상이 보일 때, 그것은 대상 자체가 아니라 대상이 내 마음에 나타난 것이다"라고 요약할 수 있다.

우리가 대상을 인식할 때, 이를테면 우리의 눈이 주전자를 인식할 때 그것이 우리 마음에 무언가 인상을 남기는 것은 대상과의 접촉이 일어난 그다음 순간에 일어난다. 경량부의 이론에 따르면 눈이 포착한 대상의 감각적 인상은 대상의 모습을 취한 이미지(ākāra)로 마음에 나타나고, 그렇게 마음에 나타나는 데에는 접촉하는 순간으로부터 한 찰나의 시간이 더 필요하기 때문이다. 그리고 찰나멸론에 따르면, 이런 이미지가 마음에 나타날 때 내가 지각했던 주전자는 한 찰나 만에 이미 소멸하였고 다음 찰나의 새로운 주전자가 발생한 상태가 된다.

그리고 "이것이 주전자이다"라고 내가 인지하는 것은 주전자의 이미지에 대한 나의 재해석이므로 최소한 또 한 찰나 이상이 더 지나간 후의 일이다. 더욱이 "내가 지금 주전자를 지각하고 있다"라는 지각에 대한 자기인지는 거기서 또 최소한 한 찰나가 더 지난 이후에 일어난다. 이처럼 "내가 지금 주전자를 지각하고 있다"라는 지각에 대한 인지가 일어날 때 그것은 적어도 세 찰나 이전에 존재했던 – 그리고 두 찰나 이전에 소멸했던 – 주전자의 지각에 대한 인지라고 할 수 있다. 이처럼 경량부의 인식 이론에 따르면, 애초에 '주전자가 지금 존재함'을 "내가 지금 지각하고 있다"는 인지를 통해서 아는 것은 불가능하다.

사실 경량부의 인식론에서 찰나멸론적인 가정을 빼더라도 – 즉, 대상이 매 순간 생멸한다고 가정하지 않더라도 – 현재의 지각이 '현재 대상이 존재함'을 보장하지 못한다는 논리를 세울 수 있다. 앞서 3억 광년 떨어진 별에 대해서 "지금 저 별이 존재한다는 것을 나는 지금 지각을 통해서 확인하고 있다"라는 표현이 논리적으로 틀렸다고 했다. 지금 보이는 저 별은 3억 년 전에 존재했던 것이기 때문이다. 그러면 세 찰나 전에 존재했던 대상이라면 어떨까? "여기에 주전자가 존재한다는 것을 나는 지금 지각을 통해서 확인하고 있다"라는 표현은 정당할까? 3억 년 전이었던 것이 세 찰나 전이 되면 무엇이 바뀔까?

찰나멸론자의 입장에서는 3억 년 전의 사물이나, 세 찰나 전의 사물이나 이미 소멸하였다는 점에서는 동일하다. 그리고 찰나멸론을 가정하지 않는다 하더라도, 만약 3억 년 전의 사물에 대한 '지각의 인지'가 그 존재의 근거가 될 수 없다면, 세 찰나 전의 사물에 대해서도 마찬가지이다. "시간이 경과했다"라는 점에서 논리적으로 다를 게 없기 때문이다. 그래서 경량부의 인식론적 입장에서는 적어도 세 찰나 이전에 존재했던 대상에 대한 지각을 파악하는 '지각에 대한 인지'는 대상이 존재하는 근거가 될 수 없는 것이다.

그렇다면 찰나멸론을 인정하지 않는 사람에게는 어떨까? 실제로 찰나멸론을 부정할 뿐만 아니라 경량부가 제시하는 인식의 과정을 지지하지 않는 부파도 있다. 경량부처럼 대상에 대한 인상이 마음에 남겨지고 난 후, 다음 찰나에 그에 대해서 "이것은 주전자이다"라는 인식이 다음 찰나에 일어나는 것이 아니라, 사물을 보는 순간 "이것은 주전자이다"라고 바로 인식한다고 생각할 수도 있는 것이다. 앞서 논의했던 바이쉐시카처럼 '주전자성(性)'을 인식하는 것이라면, 그럴 수 있다. 물론 이에 관해서는 별도의 복잡한 논의가 더 필요하지만, 여기서는 생략한다.

그 경우에도 결론은 바뀌지 않는다. 그런 주장을 하는 사람들에게도 주전자에 대한 감각 인상은 시각적 의식(眼識)으로 나타나고, "내가 주전자를 지각하고 있다"라는 인지는 내면적 의식(mano-vijñāna, 意識)에서 일어난다. 이 둘은 다른 종류의 인식이다. 지각에 대한 인지는 시각적 의식이 일어난 이후에 일어나는 내적 인지이기 때문이다. 그러면 '주전자'에 대한 시각적 의식이 일어나는 것과 "내가 주전자를 지각하고 있다"라는 지각에 대한 인지 사이에는 여전히 최소한 한 찰나의 시간차가 생기게 된다. 그리고 찰나멸론을 인정하지 않더라도 "마음이 찰나생멸한다"라는 것은 인도의 거의 모든 철학적 전통 – 마음의 동일성 지속을 주장하는 상키야, 그리고 마음의 존재조차도 부정하는 유물론자들인 차르바카 정도를 제외하면 – 에서 인정하는 이론이라고 앞서 설명하였듯이, "내가 주전자를 지각하고 있다"라는 지각에 대한 인지가 일어날 때 그 인지에 영향을 미친 한 찰나 전의 시각적 의식 – 주전자의 감각 인상 – 은 이미 소멸한 상태가 된다. 따라서 '지각에 대한 인지'는 한 찰나 전에 사라져 버린 인상에 대한 인지이다.

앞에서 3억 년 전의 별에 대한 인식이 그 사물의 존재를 증명하지 못하듯이 세 찰나 전의 사물도 이와 마찬가지라고 하였는데, 그것은 한 찰나 전이라도 마찬가지가 된다. 그러므로 "내가 지금 저 주전자가 존재함을 지각으로 확인하고 있다"라는 표현은 어떤 인식 이론에 근거하더라도 오류가 된다.

이상의 내용을 바수반두는 반대의 순서로 설명하였다. 우선 찰나멸론과 무관한 입장에서 서술한 후, 찰나멸론자의 입장에서 서술한다. "내면적 의식이 지각을 인지할 때 시각적 의식(안식)은 이미 사라져 버렸기 때문에 지각에 대한 인지는 대상이 존재하는 근거가 될 수 없으며, 찰나멸론자라면 더더욱 그것은 인정할 수 없다"라고. 한편 유식 논사이자 바수반두의 형으로 알려진 아상가(Asaṅga, 無着)가 저술한 『순중론의입대반야바라밀경초품법문(順中論義入大般若波羅蜜經初品法門)』에서도 16송과 거의 같은 논리로 '인식일 뿐'의 이론을 공격하는 외경실재론자가 나오고 이에 대해 반박하는데, 이 구절에서는 유일한 대론자가 찰나멸론자로 설정되어 논의가 진행된다. 16송의 논의와 관련해서 역사적으로 볼 때는 『유식이십론』의 순서와는 반대로 '찰나멸론자에 대한 반박'이 '비찰나멸론자에 대한 반박'보다 먼저 등장하는 셈이다.

중요한 것은 지금까지의 논의에서 바수반두가 "나는 지각하고 있다"라는 내면적 인지로 '현재 대상이 존재함'을 보장할 수 없다는 것을 증명하려 했지만, 그것으로 한 찰나, 혹은 세 찰나 전에 '대상이 존재했었음'을 완전히 부정하는 데 초점을 둔 것은 아니라는 점이다. 바수반두가 여기서 최종적으로 증명하고자 하는 것은 "지각으로는 대상이 존재함을 알 수 없다"라는 것에 그치며, '대상이 존재하지 않음'은 여기서 논의의 대상은 아니다. 앞서 언급했듯이 바수반두의 입장에서는 지난 게송에서 '대상이 존재하지 않음'에 대한 증명은 '추리'를 통해서 이미 완료된 상태로 간주되고 있다. 여기서는 부가적인 논의를 통해서 '대상이 존재하는지'의 여부는 '지각'으로는 확인할 수 없고, '추리'의 영역에서 판가름해야 된다는 것만을 주장할 뿐이다.

# 17송

## 기억, 꿈, 세간에 대한 청정한 앎

## 산스크리트 17송

(L 9,1; S 196,23)

nānanubhūtaṃ manovijñānena smaryata ity avaśyam arthānubhavena bhavitavyaṃ, tac ca darśanam ity evaṃ tadviṣayasya rūpādeḥ pratyakṣatvaṃ mataṃ |

asiddham idam anubhūtasyārthasya smaraṇaṃ bhavatīti | yasmāt

**uktaṃ yathā tadābhāsā vijñaptiḥ**[1]

vināpy arthena yathārthābhāsā cakṣurvijñānādikā vijñaptir utpadyate tathoktaṃ |

**smaraṇaṃ tataḥ**

tato hi vijñapteḥ smṛtisamprayuktā tatpratibhāsaiva rūpādivikalpikā manovijñaptir utpadyata iti na smṛtyutpādād arthānubhavaḥ sidhyati ||

---

1 msA : vijñapti

[외경실재론자 : 이전에] 경험하지 않은 것을 내면적 의식(mano-vijñāna)이 회상하지는 않는다. 따라서 [기억하고 회상하기 위해서는] 반드시 [그] 대상에 대한 경험이 [기억 이전에] 있어야 한다. 그리고 그것(= 대상에 대한 경험)은 [직접] '보는 것(darśana)'이라고 불린다. 이처럼 [경험이란] 그것(= 경험)의 대상인 형색 등에 대한 지각이라고 인정된다.

[바수반두 :] 이렇게 경험한 대상에 대해 기억한다는 것은 성립되지 않는다. 왜냐하면,

**앞에서 설명했던 것처럼, 인식이란 그것(= 외계 대상)처럼 [마음에] 나타나는 것(ābhāsa, 顯現)이다. [17ab']**

그와 같이 외계 대상이 없더라도 대상처럼 [마음에] 나타나는 시각적 의식(cakṣur-vijñāna, 眼識) 등의 인식(vijñapti)이 일어난다고 앞에서 설명했기 때문이다.

**[그리고 바로] 그것(= 대상 없는 인식)을 원인으로 하여 회상(samaraṇa)이 일어난다. [17b]**

왜냐하면 그것, 즉 [대상 없는] 인식을 원인으로 하여 ① 기억(smṛti)과 연관되고(samprayukta, 相應), ② 바로 그것(= 이전의 인식)처럼 [마음에] 나타나서(pratibhāsa), ③ 형색 등으로 분별하는 내면적 인식(mano-vijñapti = 회상)이 일어나기 때문이다. 따라서 기억이 일어난다고 해서 대상이 경험된다는 것이 증명되지는 않는다.

yadi yathā svapne vijñaptir abhūtārthaviṣayā tathā jāgrato ’pi syāt tathaiva tadabhāvaṃ lokaḥ svayam avagacchet | na caivaṃ bhavati | tasmān na svapna ivārthopalabdhiḥ sarvā nirarthikā |

idam ajñāpakaṃ | yasmāt

**svapnadṛgviṣayābhāvaṃ nāprabuddho ’vagacchati[2] || 17 ||**

evaṃ vitathavikalpābhyāsavāsanānidrayā prasupto lokaḥ svapna ivābhūtam arthaṃ paśyann aprabuddhas[3] tadabhāvaṃ yathāvan nāvagacchati ||

---

2 F : ’vigacchati

3 F : paśyan na prabhudhas

[외경실재론자 :] 만약 꿈에서 실재하지 않는 대상을 [감각적] 대상영역으로 하여 인식이 일어나는 것처럼 깨어있는 자도 또한 그러하다면, [꿈속의 대상이 실재하지 않는다는 것을 누구나 이해하고 있듯이] 완전히 그와 마찬가지로 사람들은 그것(= 외계 대상)이 실재하지 않음을 스스로 알아차렸을 것이다. 그러나 [실제로는] 그렇지 않다. 그러므로 꿈에서처럼 대상에 대한 관찰(upalabdhi)이 모두 외계 대상을 지니지 않는 것은 아니다.

[바수반두 :] 그것은 논거(jñāpaka)가 되지 않는다. 왜냐하면,

> **꿈에서 보는 대상이 실재하지 않음을 [아직 꿈에서] 깨어나지 못한 [상태에 있는] 자는 알아차리지 못하기 때문이다. [17]**

이처럼 [실재하지 않는 것을 실재하는 것으로] 진실하지 않게(vitatha) 분별하는 것이 반복[되어 형성]된 경향성(vāsanā, 薰習)이라는 잠[과 같은 일상]에 빠진 세상 사람은 꿈에서처럼 실재하지 않는 대상을 [실재하는 것으로] 보는 깨어나지 못한 [상태에 있는] 자(aprabuddha)로서, 그것(= 외계 대상)이 실재하지 않음을 정확하게 이해하지 못하고 있다.

yadā tu tatpratipakṣalokottaranirvikalpajñānalābhāt prabuddho bhavati tadā tatpṛṣṭhalabdhaśuddhalaukikajñānasaṃmukhībhāvād viṣayābhāvaṃ yathāvad avagacchatīti samānam etat ||

하지만 그것(= 분별)의 교정수단(pratipakṣa, 對治)인 세간을 넘어선 분별없는 앎(lokottara-nirvikalpa-jñāna, 出世間無分別智)을 획득하여 [일상이라는 잠으로부터] 깨어난 자(prabuddha)가 되면, 그것(= 세간을 넘어선 분별없는 앎)으로부터 뒤따라 얻게 되는 세간에 대한 청정한 앎(tatpṛṣṭha-labdha-śuddha-laukika-jñāna, 後得淸淨世間智)이 나타나서 외계 대상이 실재하지 않는다는 것을 정확하게 이해하게 된다. 이처럼 이것(= 세간을 넘어선 분별없는 앎을 얻은 후에 깨어난 자가 되어 세간에 대한 청정한 앎을 얻는 과정)은 [꿈에서 깨면 꿈속의 대상이 실재하지 않는 것이었다고 이해하게 되는 과정과] 동일하다.

## 티베트역 17송

(D 136 8a7, P 235 9a5)

myong ba med par yid kyi rnam par shes pa dran par mi 'gyur bas don gdon mi za bar myong bar 'gyur te | de ni de mthong ba[4] yin no | de ltar de'i yul gzugs la sogs pa mngon sum du 'dod do zhe na | myong ba ni don dran pa yin no | zhes de ma[5] grub ste | 'di ltar |

**dper na der snang rnam rig[6] bzhin |**
**bshad zin[7] |**

dper na don med par don du snang ba mig gi rnam par shes pa la sogs pa'i rnam par rig pa 'byung ba de bzhin te[8] bshad zin to ||

---

4 D : ma mthong ba. 내용상 ma를 삭제하였다.

5 P : ma가 없다.

6 P.K.125 : rnam shes

7 P.N : zin nas

8 P.N : de

[외경실재론자 : 이전에] 경험하지 않은 것을 내면적 의식(yid kyi rnam par shes pa, mano-vijñāna)은 회상하지 않기 때문에 [기억하고 회상하기 위해서는] 반드시 대상이 경험되어야 한다. [또한,] 그것(= 경험)은 그것(= 대상)을 [직접] '보는 것(mthong ba, darśana)'이다. 이처럼 [경험이란] 그것(= 경험)의 대상인 형색 등에 대한 지각으로 인정된다.

[바수반두 :] '경험한 대상을 회상하는 것이다'라는 그것은 성립되지 않는다. 왜냐하면,

> **예를 들어, 그것(= 외계 대상)처럼 [마음에] 나타나는(snang, ābhāsa) 인식이라는 식으로 앞에서 이미 설명했다. [17ab']**

그와 같이 외계 대상이 없더라도 대상처럼 [마음에] 나타나는 시각적 의식(mig gi rnam par shes pa, cakṣur-vijñāna) 등의 인식(rnam par rig pa, vijñapti)이 일어난다고 이미 앞에서 설명했기 때문이다.

**de las dran par zad |**

rnam par rig pa de las dran pa dang mtshungs par ldan pa der snang ba nyid gzugs la sogs pa la rnam par rtog pa yid[9] kyi rnam par rig pa 'byung ste | dran pa byung ba las don myong bar mi 'grub bo |

dper na rmi lam gyi rnam par rig pa'i yul yod pa ma yin pa de bzhin du | gal te gnyid kyis ma log pa'i tshe na yang de ltar yin ni de kho na bzhin du de med par 'jig rten rang rang gis khong du chud pa'i rigs[10] na | de ltar[11] yang ma yin te | de'i phyir rmi lam bzhin du don dmigs pa thams cad don med pa ma yin no zhe na |

de ni gtan tshigs su mi rung ste | 'di ltar |

**rmi lam mthong ba yul med par |**
**ma sad bar du rtogs[12] ma yin || 17 ||**

---

9 P : yin

10 P.N : rig

11 P.N : lta

12 P.N : rtog, P.K.125 : chud

**[그리고 바로] 그것(= 대상 없는 인식)을 원인으로 하여 회상(dran pa, smaraṇa)이 일어난다. [17b]**

[왜냐하면,] 그 [대상 없는] 인식을 원인으로 하여 ① 기억(dran pa, smṛti)과 연관되고(mtshungs par ldan pa, samprayukta, 相應), ② 그것(= 이전의 인식)처럼 [마음에] 나타나서, ③ 형색 등으로 분별하는 내면적 인식(yid kyi rnam par rig pa, mano-vijñapti, = 회상)이 일어난다. [따라서] 기억이 일어난다고 해서 대상이 경험된다는 것이 증명되지는 않는다.

[외경실재론자 :] 예를 들면, 꿈에서 인식의 대상이 실재하지 않는 것처럼, 만약 깨어있는 자도 또한 그와 같다고 한다면, [꿈속의 대상이 실재하지 않는다는 것을 누구나 이해하고 있듯이] 완전히 그와 마찬가지로 사람들은 그것(= 외계 대상)이 실재하지 않음을 스스로 알아차렸을 것이다. 그러나 [실제로는] 그렇지 않다. 그러므로 꿈에서처럼 대상에 대한 관찰(dmigs pa, upalabdhi)이 모두 외계 대상을 지니지 않는 것이 아니다.

[바수반두 :] 그것은 논거(gtan tshigs, jñāpaka)가 되지 않는다. 왜냐하면,

**꿈에서 보는 대상이 실재하지 않음을 [아직 꿈에서] 깨어나지 못한 [상태에 있는] 자는 알아차리지 못하기 때문이다. [17]**

de ltar log par rnam par rtog pa la goms pa'i bag chags kyi gnyid kyis log pa'i 'jig rten ni rmi lam bzhin du yang dag pa ma yin pa'i don mthong te | ma sad kyi bar du de med par ji lta[13] ba bzhin du rtogs pa ma yin gyi | gang gi tshe de'i gnyen po 'jig rten las 'das pa rnam par mi rtog pa'i ye shes thob nas sad par gyur pa de'i tshe de'i rjes las thob pa dag pa 'jig rten pa'i ye shes de mngon du gyur nas yul med par ji lta ba bzhin du khong du chud de de ni mtshungs so ||

---

13 P.N : lte

이처럼 [실재하지 않는 것을 실재하는 것으로] 진실하지 않게(log pa, vitatha) 분별하는 것이 반복[되어 형성]된 경향성(bag chags, vāsanā)이라는 잠[과 같은 일상]에 빠진 사람들은 꿈에서처럼 역시 실재하지 않는 대상을 [실재하는 것으로] 보면서, 깨어나지 못하는 한 그것(= 외계 대상)이 실재하지 않는다는 것을 정확하게(ji lta ba bzhin du, yathāvat) 이해하지 못한다. [하지만] 그것(= 분별)의 교정수단(gnyen po, pratipakṣa, 對治)인 세간을 넘어선 분별없는 앎('jig rten las 'das pa rnam par mi rtog pa'i ye shes, lokottara-nirvikalpa-jñāna, 出世間無分別智)을 획득하여 [일상이라는 잠으로부터] 깨어난 자(sad pa, prabhuddha)가 되면, 그것(= 세간을 넘어선 분별없는 앎)에 뒤따라 얻게 되는 세간에 대한 청정한 앎(de'i rjes las thob pa dag pa 'jig rten pa'i ye shes, tatpṛṣṭha-labdha-śuddha-laukika-jñāna, 後得淸淨世間智)이 나타나서 외계 대상이 실재하지 않는다는 것을 정확하게 이해하게 된다. 그것(= 세간을 넘어선 분별없는 앎을 얻은 후 깨어난 자가 되어 세간에 대한 청정한 앎을 얻는 과정)은 그것(= 꿈에서 깨면 꿈속의 대상이 실재하지 않는 것이었다고 알아차리게 되는 것)과 동일하다.

## 진제역 17송

(T31, 73a4-10)

問[14]: "若非五識所量, 意[15]不能憶持. 是故五塵決定是五識所量. 量者是名'見.' 是故色等六塵說是所證."

答[16]: "是義不然. 謂: '先已證塵[17], 後方憶持.' 何以故,

**如說似塵識 (17송 1구)**

離色等六塵眼等六識, 似六塵起. 此義如前說.

---

14 問: 磧砂本 · 洪武本 · 永樂本 · 乾隆本에는 빠져 있다.

15 意: 磧砂本 · 洪武本 · 永樂本에는 뒤에 '識'이 있다.

16 答: 磧砂本 · 洪武本 · 永樂本 · 乾隆本에는 빠져 있다.

17 塵: 洪武本 · 永樂本 · 乾隆本에는 빠져 있다.

[외경실재론자가] 묻는다. "만약 다섯 가지 감각적 의식(五識)을 통해 지각되지 않는다면 내면적 의식(意, mano-vijñāna)은 회상할 수 없다. 이 때문에 다섯 가지 감각적 대상은 반드시 다섯 가지 감각적 의식을 통해 지각된 것이어야만 한다. 지각이란 이[같이 직접] '보는 것'을 말한다. 이 때문에 형색 등의 여섯 대상을 이 지각된 것이라고 말한다."

[바수반두가] 답한다. "'먼저 이미 대상을 지각하고 난 뒤에 비로소 회상한다'라는 이 의미는 옳지 않다. 왜냐하면,

**앞에서 설명했던 것처럼, 대상처럼 [마음에] 나타난 것(似塵, arthābhāsa)이 인식이다. (17송 1구)**

형색 등의 여섯 가지 대상이 없더라도 여섯 가지 대상처럼 [마음에] 나타나서 시각기관 등의 여섯 가지 인식이 일어난다. 이 의미는 그와 같이 앞에서 말했기 때문이다.

(T31, 73a11-18)

### 從此生憶持 (17송 2구)

從此似塵識有分別意識與憶持相應. 似前所起之塵後時得生. 是故不可執由憶持起, 謂先以識證塵."

"若如夢中識無塵得起, 覺時若爾[18], 如世人自知夢識無塵, 亦應自知覺識無塵. 既無此事. 故知覺時所見塵, 異夢中所見. 復次夢有更起義, 覺時則不爾[19], 非一切無塵."

---

18 爾 : 趙成本 · 高麗本 · 磧砂本 · 洪武本에는 '尒'라고 되어 있다.

19 爾 : 趙成本 · 高麗本 · 磧砂本 · 洪武本에는 '尒'라고 되어 있다.

**이것(= 대상 없는 인식)을 원인으로 하여 회상(憶持, smaraṇa)이 일어난다. (17송 2구)**

이것, 즉 대상처럼 [마음에] 나타나는 인식을 원인으로 하여 ① 기억(憶持, smṛti)과 연관되고(相應, samprayukta), ② [형색 등으로] 분별하는 내면적 인식(意識, mano-vijñapti, = 회상)이 ③ 이전에 [마음에] 일어났던 대상과 유사한 [모습으로] 이후에 일어날 수 있다. 이 때문에 기억이 일어나는 것을 이유로 이전에 인식에 의해서 대상을 지각했다고 고집할 수는 없다."

[외경실재론자가 묻는다.] "만약 꿈속에서 인식이 대상 없이 일어나는 것처럼 깨어있을 때도 그렇다면, 세상 사람들은 꿈속의 인식에 대상이 없다는 것을 스스로 아는 것처럼 또한 깨어있을 때의 인식에도 대상이 없다는 것을 스스로 알아야만 한다. [그런데] 이미 [실제로는] 이런 일은 없다. 그러므로 깨어났을 때 보이는 대상은 꿈속에서 보이는 것과 다르다는 것을 알아야 한다. 다시 [말하면] 꿈에서는 재차 [대상 없이 인식이] 일어난다는 뜻이 있지만, 깨어났을 때는 곧 그렇지 않아서 모든 [인식에] 대상이 없는 것이 아니다."

(T31, 73a18-25)

答[20]: "此言非證.

**夢見塵非有, 未覺不能知. (17송 3,4구)**

如是虛妄分別串習惛熟, 世人見非實塵如夢所見謂爲實有. 覺則不爾[21], 如實能解夢塵非有. 如是若觀行人修出世治道得無分別智, 入非安立聖諦見位得覺悟, 是時無分別智後得淸淨世智, 如[22]理見六塵實無所有. 此義平等."

---

20 答: 永樂本 · 乾隆本에는 빠져 있고, 磧砂本 · 洪武本에는 뒤에 '曰'이 있다.

21 爾: 趙成本 · 高麗本 · 磧砂本 · 洪武本에는 '尒'라고 되어 있다.

22 如: 洪武本 · 永樂本 · 乾隆本에는 '如如'로 되어 있다.

[바수반두가] 답한다. "이 말은 증거(證, jñāpaka)가 되지 않는다. [왜냐하면,]

**꿈에서 보는 대상은 실재하지 않지만**
**아직 [꿈에서] 깨어나지 못했을 때는 알아차릴 수 없[기 때문이]다. (17송 3,4구)**

이같이 [실재하지 않는 것을 실재하는 것으로] 그릇되게 분별하는 [것이 반복되어 형성된] 경향성(串習, vāsanā)이라는 잠[과 같은 일상]에 빠진 세상 사람들은 [일상에서] 실재하지 않는 대상을 보고 꿈에서 [대상이 실재하는 것으로] 보는 것과 같이 [그것이] 실재한다고 여긴다. [그런데 꿈에서] 깨어나면 그렇지 않아서 꿈에서 [본] 대상이 실재하지 않는다는 것을 정확하게(如實, yathāvat) 이해할 수 있다. 이같이 만약 관찰하고 행동하는 사람이 [분별로부터] 세간을 넘어서게 하는 교정수단(治道, pratipakṣa)을 닦아 분별없는 앎(無分別智, nirvikalpa-jñāna)을 얻어, 언어로 표현할 수 없는 성스러운 진리를 보는 경지(非安立聖諦見位)에 들어가 깨달음을 얻는다면, 이때 [세간을 넘어선] 분별없는 앎으로부터 뒤따라 얻게 되는 세간에 대한 청정한 앎(後得淸淨世間智, tatpṛṣṭha-labdha-śuddha-laukika-jñāna)으로 여섯 종류의 감각적 대상은 존재하는 것이 아니라는 것을 정확하게(如理, yathāvat) 보게 된다. 이 의미는 [꿈에서 깨면 꿈속의 대상이 실재하지 않는 것이었다고 이해하게 되는] 경우와 같다."

## 현장역 16송

(T31, 76b25-30)

"要曾現受意識能憶. 是故決定有曾受境. 見此境者許爲現量. 由斯外境實有義成."

"如是要由先受後憶, 證有外境理亦不成. 何以故? 頌曰:

**如說似境識. 從此生憶念." (16송 1,2구)**

[외경실재론자가 말한다.] "요컨대 먼저 [대상을] 지각(現)에 의해서 받아들여야만, 내면적 의식(意識, mano-vijñāna)이 [그것을 다시] 회상할 수 있다. 이 때문에 [기억하고 회상하기 위해서는] 먼저 받아들이는 대상이 [기억 이전에] 반드시 있어야 한다. 이 대상을 보는 것을 지각이라고 하는 것이 인정된다. 이러한 이유로 외계 대상은 실제로 존재한다는 의미가 증명된다."

[바수반두가 답한다.] "이같이 요컨대 먼저 [대상을] 받아들이고 [내면적 의식이] 뒤에 회상하는 것을 근거로 외계 대상의 존재를 증명한다는 논리는 또한 성립되지 않는다. 왜 그런가? [그 이유를] 게송으로 말한다.

> **앞에서 설명했던 것처럼 대상처럼 [마음에] 나타난 것(似境, arthābhāsa)이 인식이다.**
> **[그리고 바로] 이것(= 대상 없는 인식)을 원인으로 하여 회상(憶念, smaraṇa)이 일어난다." (16송 1,2구)**

(T31, 76c1-8)

論曰 : "如前所說雖無外境, 而眼識等似外境現. 從此後位與念相應, 分別意識似前境現. 卽說此爲憶曾所受. 故以後憶, 證先所見實有外境, 其理不成."

"若如夢中雖無實境而識得起, 覺時亦然, 如世自知夢境非有, 覺時旣爾[23], 何不自知? 旣不自知覺境非有, 寧如[24]夢識實境皆無?"

"此亦非證. 頌曰 :

**未覺不能知. 夢所見非有." (16송 3,4구)**

---

23 爾 : 高麗本 · 磧砂本 · 洪武本에는 '尒'로 되어 있다.

24 如 : 磧砂本 · 洪武本 · 永樂本 · 乾隆本에는 '知'로 되어 있다.

[바수반두가] 논한다. "앞에서 말한 것과 같이 비록 외계 대상은 없어도 시각적 의식 등은 외계 대상처럼 [마음에] 나타난다. [그리고 바로] 이것(= 대상 없는 인식)을 원인으로 하여 뒤에 ① 기억과 연관되고(samprayukta, 相應), ② [형색 등으로] 분별하는 내면적 인식(意識, mano-vijñapti, = 회상)이 ③ 이전의 대상처럼 [마음에] 나타난다(似…現, pratibhāsa). 즉, 이것은 먼저 [대상 없이] 받아들인 것(= 인식)을 [그 뒤에] 회상한다는 것을 말한다. 그러므로 뒤에 회상하는 것에 의해 실제로 존재하는 외계 대상을 이전에 보았다는 것을 증명한다는 그 논리는 성립하지 않는다."

[외경실재론자가 묻는다.] "만약 꿈에서 비록 실재하는 대상이 없더라도 인식이 일어날 수 있는 것처럼, 깨어났을 때도 또한 그러하다면, 마치 세상 사람들이 꿈에서의 대상이 존재하지 않는다는 것을 스스로 아는 것처럼, 깨어있을 때도 이미 그와 같[이 대상이 실재하지 않는]다는 것을 왜 스스로 알지 못하는 것인가? 이미 깨어있을 때의 대상이 존재하지 않는다는 것을 [세상 사람들은] 스스로 알지 못하는데, 어떻게 꿈의 인식과 같이 [깨어있을 때의 인식도] 실재하는 대상이 모두 없다고 할 수 있겠는가?"

[바수반두가 답한다.] "이 또한 증거(證, jñāpaka)가 되지 못한다. [그 이유를] 게송으로 말한다.

> **꿈에서 본 것들이 실재하지 않는다는 것을 아직 [꿈에서] 깨어나지 않았을 때는 알지 못한다." (16송 3,4구)**

(T31, 76c9-14)

論曰 : "如未覺位, 不知夢境非外實有, 覺時乃知, 如是世間虛妄分別串習惛[25]熟, 如在夢中諸有所見皆非實有, 未得眞覺不能自知. 若時得彼出世對治無分別智, 乃名眞覺. 此後所得世間淨智現在前位, 如實了知彼境非實. 其義平等."

---

25 惛 : 洪武本 · 永樂本 · 乾隆本에는 '昏(民+日)'으로 되어 있다.

[바수반두가] 논한다. "아직 깨어나지 않은 상태에서는 꿈속의 대상이 [자기] 외부에 실재하지 않는다는 것을 알지 못하지만, 깨어났을 때 비로소 [보았던 대상이 실재하지 않는다는 것을] 알아차리는 것처럼, 이같이 세상 사람들은 [실재하지 않는 것을 실재하는 것으로] 그릇되게 분별하는 [것이 반복되어 형성된] 경향성(串習, vāsanā)이라는 잠[과 같은 일상]에 빠져서, 마치 꿈속에 있을 때와 같이 보는 것이 모두 실제로 존재하는 것이 아닌데도 아직 참으로 깨어나지 못했을 때는 스스로 알지 못한다. [분별로부터] 저 세간을 넘어서게 하는 교정수단(對治, pratipakṣa)인 분별없는 앎(無分別智, nirvikalpa-jñāna)을 얻을 때, 그것을 참된 깨어남이라고 한다. 이것(= 분별없는 앎)에 뒤따라 얻게 되는 세간에 대한 청정한 지혜(此後所得世間淸淨智, tatpṛṣṭha-labdha-śuddha-laukika-jñāna)가 앞에 나타나는 경지에서는 저 대상이 실재가 아니라는 것을 정확하게(如實, yathāvat) 안다. 그 뜻은 [꿈에서 깨면 꿈속의 대상이 실재하지 않는 것이었다고 이해하게 되는 것과] 같다."

## 반야류지역 17송

(T31, 68c14-28)

問曰 : "此義不然. 何以故? 以[26]凡所見外境界者, 先眼識見, 後時意識憶念了知. 是故必[27]有色·香·味等外諸境界. 以是義故, 不得言 : '無彼外境界.' 何以故, 以見青等外諸境界, 名爲'見青等境界.'":

答曰 : "此義不然. 何以[28]故? 汝向說言 : '先眼識見, 後時意識憶念了知,' 此義不成. 何以故? 我已先說 : '內自心識虛妄分別有外境界, 而無色等外諸境界.' 向說 : '眼識虛妄分別,' 如說夢中一切所見. 依彼前時虛妄分別, 後時意識思惟憶念. 此以何義? 依彼前時虛妄分別色等境界, 虛妄眼識起心相應, 虛妄意識虛妄分別, 作是思惟 : '我分別知青等境界'故. 不得言 : '眼見境界意識分別.' 以是義故, 眼識見色後時憶念, 此義不成."

---

26 以 : 磧砂本 · 永樂本 · 乾隆本에는 빠져 있다.

27 必 : 乾隆本에는 '畢'로 되어 있다.

28 以 : 趙成本에는 빠져 있다.

[외경실재론자가] 묻는다. "이 의미는 옳지 않다. 왜 그런가? 무릇 보이는 외계 대상이란 먼저 시각적 의식(眼識, cakṣur-vijñāna)이 보고 난 뒤에 내면적 의식(意識, mano-vijñāna)이 회상해서 분별하여 아는 것이다. 이 때문에 반드시 형색 · 향기 · 맛 등의 모든 외계 대상은 존재해야만 한다. 이런 이유로 '저 외계 대상이 존재하지 않는다'라고 말할 수는 없다. 왜냐하면, 푸른색 등의 외부의 모든 대상을 보는 것을 '푸른색 등의 대상을 보는 것'이라고 말하기 때문이다."

[바수반두가] 답한다. "이 의미는 옳지 않다. 왜 그런가? 그대는 조금 전에 '먼저 시각적 의식이 보고 난 뒤에 내면적 의식이 회상해서 분별하여 아는 것이다'라고 하였는데 이 의미는 성립되지 않는다. 왜 그런가? 나는 이미 앞에서 '자기 내부의 마음(心識)이 그릇되게 분별하여 외계 대상이 존재한다고 여기지만, [실제로] 형색 등의 외부의 모든 대상은 존재하지 않는다'라고 하였다. 앞에서 '시각적 의식이 그릇되게 분별한다'라고 말한 것은 마치 꿈속에서 본 모든 것을 말하는 것과 같다. 그 이전에 그릇되게 분별한 것에 의하여 나중에 내면적 의식이 사유하고 회상한다. 이것은 어떤 의미에 의해서인가? 그 이전에 그릇되게 분별한 형색 등의 대상에 의하여 그릇된 시각적 의식이 마음과 연관되고(相應, samprayukta), 그릇된 내면적 의식이 그릇되게 분별하여, '나는 푸른색 등의 대상을 분별하여 안다'라고 사유하기 때문이다. [그래서] '시각기관이 대상을 보고 내면적 의식이 분별한다'라고 말할 수는 없다. 이 이유로 시각적 의식이 형색을 보고 난 뒤에 회상한다는 이 의미는 증명되지 않는다."

(T31, 68c28-69a5)

問曰 : "如夢見色虛妄憶念, 寤[29]時亦爾[30]虛妄分別, 若如是者, 以何義故, 世人見夢皆知虛妄, 寤[31]時所見皆不虛妄? 是故寤[32]時所見色等, 不同夢時[33]虛妄所見."

答曰 : "偈言 :

**先說虛妄見, 則依彼虛憶.**
**見虛妄夢者, 未寤[34]則不知. (17송)**

29 寤 : 趙成本 · 高麗本에는 '寤'로 되어 있다.
30 爾 : 趙成本 · 高麗本 · 磧砂本에는 '尒'로 되어 있다.
31 寤 : 趙成本에는 '寤'로 되어 있다.
32 寤 : 趙成本 · 高麗本에는 '寤'로 되어 있다.
33 時 : 磧砂本永樂本 · 乾隆本에는 '中'으로 되어 있다.
34 寤 : 趙成本 · 高麗本에는 '寤'로 되어 있다.

[외경실재론자가] 묻는다. "마치 꿈에 형색을 보고 그릇되게 회상하듯이 깨었을 때도 그와 같이 그릇되게 분별하는 것이라고 하는데, 만약 이와 같다면 어떤 이유로 세상 사람들은 꿈에서 본 것은 모두 그릇된 것이라고 [스스로] 알지만, 깨었을 때 본 것은 모두 그릇되지 않은 것이라고 하겠는가? 이 때문에 깨었을 때 보는 형색 등은 꿈꿀 때 [실재하지 않는 것을 실재하는 것으로] 그릇되게 보는 것과는 같지 않다."

[바수반두가] 답한다. "게송으로 말한다.

**앞에서 [대상이 존재하는 것처럼] 그릇되게 본다고 말했다.**
**곧 그것(= 대상이 있다고 여기는 그릇된 인식)에 의해서 그릇되게 회상하는 것이다.**
**꿈에서 그릇되게 보는 자는**
**아직 깨어나기 전에는 알아차리지 못한다. (17송)**

此偈明何義? 汝向說言 : '如夢見色皆是虛妄, 寤[35]時所見皆不如是,' 此比決者義不相應. 何以故? 以夢見者當未寤[36]時皆謂爲實, 乃[37]至寤[38]時方[39]知虛妄. 是[40]故偈言 : **'見虛妄夢者, 未寤[41]則不知'**故. 如是世間諸凡大人, 爲無始來虛妄顚倒分別, 集熏無明睡夢. 夢[42]中不實虛妄分別, 見外境界謂以爲實. 以夢寤[43]者見彼境界皆是虛妄. 此以何義? 以得出世對治實智無有分別, 如實覺知一切世間色等外法皆是虛妄. 依彼出世淸淨實智, 便[44]得世間及出世間勝智現前, 如實知見一切境界皆悉虛妄. 如[45]是義者與夢不異."

---

35 寤 : 趙成本에는 '寤'로 되어 있다.
36 寤 : 趙成本에는 '寤'로 되어 있다.
37 乃 : 永樂本 · 乾隆本 · 乾隆本에는 '及'으로 되어 있다.
38 寤 : 趙成本 · 高麗本에는 '寤'로 되어 있다.
39 方 : 趙成本에는 '皆'로 되어 있다.
40 是 : 磧砂本 · 永樂本 · 乾隆本에는 '見'으로 되어 있다.
41 寤 : 趙成本에는 '寤'로 되어 있다.
42 夢 : 磧砂本 · 永樂本 · 乾隆本에는 빠져 있다.
43 寤 : 趙成本에는 '寤'로 되어 있다.
44 便 : 磧砂本 · 永樂本 · 乾隆本에는 '更'으로 되어 있다.
45 如 : 磧砂本 · 永樂本 · 乾隆本에는 '知'로 되어 있다.

이 게송은 어떤 의미를 밝힌 것인가? 그대는 앞에서 말하기를 '꿈에서 보는 형색은 모두 그릇되지만 깨어났을 때 보는 것은 모두 이와 같지 않다'라고 하는데, 이 [둘을] 비교하여 판단한 것은 [내가 말하는] 의미와 상응하지 않는다. 어째서인가? 꿈에 보는 것은 마땅히 깨어나지 않았을 때는 모두 진실하다고 여기지만, 깨어나게 되면 비로소 그릇된 것이라고 알아차린다. 이 때문에 게송에서 '**꿈에서 그릇되게 보는 자는 아직 깨어나기 전에는 알아차리지 못한다**'라고 하였던 것이다. 이같이 세간의 모든 평범한 사람은 시작도 없이 그릇되고 잘못된 분별을 하여 반복[되어 형성]된(集) 경향성(熏, vāsanā)이라는 어리석음(無明)의 잠[과 같은 일상]에서 꿈을 꾼다. 꿈속에서는 실재하지 않는 것을 그릇되게 분별하여 외계 대상을 보고 그것을 실재한다고 여긴다. [그러나] 꿈에서 깨어난 사람은 저 [꿈속의] 대상은 모두 그릇된 것이라고 본다. 이것은 어떤 의미 때문인가? [분별로부터] 세간을 넘어서게 하는 교정수단(對治, pratipakṣa)이 되는 분별없는 참다운 앎을 얻으면, 정확하게(如實, yathāvat) 깨달아서 모든 세간의 형색 등의 외계 대상이 모두 그릇된 것이라는 것을 안다. 저 세간을 넘어선 청정하고 참다운 앎(出世淸淨實智)에 의하여 곧 세간과 세간을 넘어선 뛰어난 앎이 앞에 나타나서 정확하게 대상이 모두 그릇된 것이라는 것을 안다. 이와 같은 의미는 꿈[에서 깨어난 사람이 꿈속의 대상이 그릇된 것이라고 알게 되는 것]과 다르지 않다."

## 17송 해제

17송은 두 가지 주제로 나뉜다. 첫 번째는 기억을 근거로 외계 대상의 실재성을 주장하는 대론자의 주장에 대한 반박이고, 두 번째는 사람들이 대상의 비실재성을 스스로 인지하지 못한다는 사실을 근거로 문제를 제기하는 것에 대한 반박이다.

우선 대론자는 우리의 기억이 반드시 경험한 대상에 의지하여 일어난다는 것을 지적한다. 예를 들어, 우리가 예전에 망고를 먹었던 사실을 기억하고 있다고 한다면, 그것은 우리가 망고의 맛을 체험했던 경험이 있기 때문이고, 이는 망고라는 대상을 지각했다는 것을 의미한다. 이렇게 기억하고 다시 회상하는 일련의 과정을 거치기 위해서는 반드시 '망고'라는 대상이 실제로 존재해야 한다는 것이다. 우리가 직접 먹어보는 경험을 가지지 못한 과일의 맛을 기억할 수는 없기 때문이다. 다시 말해서, 인식이 있었기 때문에 기억하는 것이고, 그 인식은 대상이 있었기 때문에 가능했다.

이러한 주장은 사실 앞선 논의에서 다루어졌던 문제를 반복하는 것이다. 인식이 대상 없이 일어난다고 하는 앞의 논의들이 유효하다면, 당연히 기억도 대상 없이 일어날 수 있기 때문이다. 다만 대론자가 인도의 인식론 전통에서 인식과 거의 유사한 의미로 사용되는 경험(anubhāva)이라는 용어를 사용하기 때문에 새로운 논의처럼 보이는 것일 뿐이다.

그래서 바수반두도 '앞에서 설명했던 것처럼, 인식이란 외계 대상이 있는 것처럼 마음에 나타나는 것'이라고 앞의 논의를 환기한다. 그리고 그렇게 마치 외계 대상이 존재하는 것처럼 마음에 일어났던 인식이 기억과 연관되고, 그렇게 기억되었던 것이 시간이 지난 후에 다시 내면적 인식(mano-vijñapti)으로 나타나는 것을 우리는 회상이라고 한다고 설명한다.

이렇게 인식 이후에 일어나는 기억과 회상의 과정은 바수반두와 대론자가 크게 다르지 않으며, 여기서 문제가 되는 것은 애초에 그 "인식이 어떻게 일어나는가?"라는 문제이다. 그리고 그 문제는 앞에서 이미 다루어졌다.

그다음 논의에서 대론자는 "유식론자의 주장이 사실이라면, 왜 인간들은 외계 대상이 실재하지 않는다는 것을 스스로 알아차리지 못하는가? 애초에 사실과 어긋나기 때문에 알아차리지 못하는 것이 아닌가?"라는 문제를 제기한다.

우리는 꿈에서 깨어나면, "아, 꿈이었구나!"라고 누가 가르쳐주지 않아도 스스로 알아차린다. 지난 꿈에서 나에게 공포를 느끼게 했던 괴물도, 아름다운 풍경도 모두 실제로 존재하는 대상들이 아니었다는 것을 깨어나자마자 바로 알게 된다. 이렇게 꿈속의 대상이 허상이라고 자각할 수 있는 능력이 우리에게 있다면, 그리고 유식론자의 주장대로 정말로 현실의 대상도 꿈속과 같이 허상이라고 한다면, 우리는 그것을 이미 자각하고 있었어야 했다. 그런데 왜 아무도 그것을 알아차리지 못하고, 사람들은 외계 대상이 진짜라고 여기는가? 그것은 외계 대상이 실제로 존재하기 때문이라고 보아야 한다는 것이 대론자의 주장이다.

바수반두는 이에 대해서 사람들이 꿈속의 대상이 허상이었다는 것을 알아차리는 것은 꿈에서 깨어난 후의 일이지 꿈꾸고 있을 때 그것을 알아차리는 것이 아니라고 반박한다. 꿈속에서 빠져나오지 못한 상태에서는, 그리고 그것이 꿈이라고 인지조차 못하는 상태에서는 사람들이 대상들이 허위라고 알지 못한다. 이와 마찬가지로 현실에서 빠져나오지 못한 상태에서는 외계 대상들이 헛된 것이라고 스스로 알아차릴 수 없다는 것이다.

이렇게 사람들이 빠져나오지 못하는 현실 역시도 일종의 꿈과 같은 것이라고 바수반두는 설명한다. 대상을 있는 그대로 보지 못하고 진실하지 않게 분별하는 것이 누적되고 반복되면서 생긴 정신적 습관 혹은 경향성(vāsanā, 薰習, = 잠재력)이 일종의 잠과 같은 것이다. 꿈속의 대상이 헛된 것이라고 알기 위해서는 잠에서 깨어나야 하는 것처럼, 현실 속의 대상도 허위인 것을 알기 위해서는 이 현실에 대한 착각의 누적으로 형성된 경향성이라는 잠에서 깨어나야 한다는 것이다. 이 깨어난 자(prabuddha)라는 표현은 깨달은 자(buddha)의 은유일 것이다.

그렇다면 어떻게 하면 깨어난 자가 될 수 있는가? 바수반두는 명상을 통해서 세간을 넘어선 분별없는 앎(lokottara-nirvkalpa-jñāna), 즉 출세간의 무분별지(出世間無分別智)가 일어나는 상태를 얻게 되면 깨어난 자가 될 수 있다고 설명한다. 무분별지가 우리가 반복해서 일으키는 분별의 교정수단이 될 수 있는 것이다. 교정수단(pratipakṣa, 對治)이라는 말은 어떤 잘못된 상태에 반대되는 것을 실행하는 명상의 수단을 말한다. 성욕이 강한 사람에게 아름다운 사람의 모습이 시체가 되어 썩어가는 모습을 상상하는 백골관(白骨觀)을 수행하게 하는 것과 같은 것이 대표적인 교정수단이다. 결국, 상태에 따라 다르게 적용되는 맞춤형의 치유법을 말한다. 그래서 분별에 대해서는 무분별지가 교정수단이 되는 것이다. 그렇게 무분별지를 얻게 되면, 꿈에서 깨어난 사람이 꿈속에서 진짜라고 여겼던 대상들이 허상이었다고 알게 되듯이, 경향성이라는 잠에서 깨어난 자가 되어 지금껏 현실에서 보아왔던 대상들이 허상이었다는 것을 알게 된다.

여기에는 한 가지 의문이 있을 수 있다. 세간을 넘어선 분별없는 앎을 얻는 사람이 되면 그야말로 분별이 없게 되는 것인데, 이 사람이 '외계 대상이 허망한 것'이라고 아는 것 또한 분별작용이 아닌가?

바수반두는 이에 대해서 명상으로 무분별지를 얻은 상태에서는 '외계 대상이 허망한 것'이라는 분별조차 일으킬 수 없지만, 다시 현실의 의식으로 돌아올 때 그것을 알게 된다고 설명한다. 이렇게 무분별지를 얻고 난 후 다시 현실로 돌아온 상태에서 일어나는 앎을 '그것으로부터 뒤따라 얻게 되는 세간에 대한 청정한 앎(tatpṛṣṭha-labdha-śuddha-laukika-jñāna, 後得世間淸淨智)'이라고 한다. 이 후득세간청정지는 말 그대로 세간을 대상으로 하는 앎이며, 분별이 존재하는 앎이다. 다만 이 상태에서는 대상이 허망하다는 것을 알고 있어서 그에 대한 탐욕이나 애착과 같은 번뇌를 일으키지 않기 때문에 '청정'이라는 표현이 붙게 된다. 이때 꿈에서 깨어난 자가 자신이 지금까지 꿈속에 있었다는 것을 스스로 알아차리듯이, 외계 대상이 허망하다는 것을 스스로 알아차리게 된다. 이는 마치 꿈속에 있으면서 이것이 꿈이라고 알게 되는 것과 비슷한 상황이다.

이는 송나라 때 청원유신(淸原惟信)이라는 선사(禪師)가 "산은 산이요, 물은 물이로다"라고 했던 깨달음의 문구와 유사하다. 이 선사는 자신이 예전 참선에 들지 않을 때 '산은 산, 물은 물'이었는데 참선에 들고 나서는 "산을 보아도 산이 아니고, 물을 보아도 물이 아니었다"라고 했다. 그런데 의연히 쉴 곳에서 깨달음을 얻은 후에는 다시 '산은 산, 물은 물'이라고 실감하게 된다. 여기서 참선에 들지 않던 시절에 보았던 '산은 산, 물은 물'은 분별이 있던 상태고, '산은 산이 아니고, 물은 물이 아닌' 상태는 무분별지를 얻은 상태, 다시 '산은 산, 물은 물'이라고 알게 된 것은 후득세간청정지를 얻은 상태로 빗댈 수 있을 것이다.

# 18송

## 다른 사람에게 미치는 영향력,
## 꿈과 현실

## 산스크리트 18송

(L 9,16; S 197,18)

yadi svasantānapariṇāmaviśeṣād eva satvānām arthapratibhāsā vijñaptaya utpadyante nārthaviśeṣāt | tadā ya eṣa pāpakalyāṇamitrasamparkāt sadasaddharmaśravaṇāc ca vijñaptiniyamaḥ sattvānāṃ sa kathaṃ sidhyati asati sadasatsamparke taddeśanāyāṃ ca |

**anyonyādhipatitvena vijñaptiniyamo mithaḥ |**

sarveṣāṃ hi sattvānām anyonyavijñaptyādhipatyena mitho vijñapter niyamo bhavati yathāyogaṃ | mitha iti parasparataḥ | ataḥ santānā-ntaravijñaptiviśeṣāt santānāntare vijñaptiviśeṣa utpadyate nārthaviśeṣāt ||

[외경실재론자 :] 만약 중생(sattva)들에게 대상처럼 [마음에] 나타나는(artha-pratibhāsa) 인식들이 특정한 외계 대상(artha-viśeṣa)으로부터 [발생하는 것이] 아니라 오로지 [중생] 자신의 [의식] 흐름에서 겪는 특수한 변화(sva-santāna-pariṇāma-viśeṣa)로부터만 발생하는 것이라면, 진실한 사람이나 삿된 사람과의 교류(samparka)도 그 사람들로부터의 가르침(deśanā)도 [있을 수] 없[게 되]는데, 어떻게 중생들에게 선량한 [친구나] 나쁜 친구와 교류하게 된 결과로, 혹은 바른 [가르침이나] 바르지 않은 교리(dharma)를 들은 결과로 [좋거나 나쁘게 되는] 인식의 한정(niyama)이 성립될 수 있는가?

**[바수반두 : 중생들은] 상호 간에 [미치는] 영향력(ādhipatitva)으로 인식을 서로 한정한다. [18ab]**

실로 모든 중생은 상호 간의 인식(vijñapti)에 미치는 영향력(ādhipatya)으로 상황에 맞게(yathāyogam) 인식을 서로 한정한다. '서로(mithas)'라는 것은 '서로를 원인으로 하여(parasparatas)'라는 의미이다.

그러므로 [교류나 가르침에 따라 좋거나 나쁘게 되는 인식의 한정이란] 어떤 [사람의 개인의식의] 흐름에서 [일어난] 특정한 인식 때문에 다른 [사람의 개인의식의] 흐름에서 [또 다른] 특정한 인식이 발생하는 것[을 말하는 것]이지, 특정한 외계 대상 때문[에 발생하는 것을 말하는 것]이 아니다.

yadi yathā svapne nirarthikā vijñaptir evaṃ jāgrato 'pi syāt kasmāt kuśalākuśalasamudācāre[1] suptāsuptayos tulyaṃ phalam iṣṭāniṣṭam āyatyāṃ na bhavati |

yasmāt

**middhenopahataṃ cittaṃ svapne tenāsamaṃ phalaṃ || 18 ||**

idam atra kāraṇāṃ na tv arthasadbhāvaḥ ||

---

1 F : kuśalākuśalasamudācāro

[외경실재론자 :] 만약 꿈속에서 인식이 대상을 지니지 않는 것처럼 깨어있는 사람[의 인식]도 이와 같다면, 잠든 사람[이 꿈속에서 선하거나 악하게 행동하거나], 깨어있는 사람이 선하거나 악한 행동을 일으킬 때 무슨 이유로 미래에 [두 사람이] 동등하게 좋거나 나쁜 결과[를 받게] 되지 않는 것인가?

[바수반두 :] 왜냐하면,

> **꿈속에서 마음은 몽롱함(middha)에 의해 [깨어있을 때보다] 약화되기 때문이다. 그러므로 [이 둘의] 결과가 동등하지 않[게 되는 것이]다. [18]**

이런 경우(= 꿈속과 현실의 행동이 다른 결과를 일으키는 경우)에 이것(= 꿈속에서 몽롱함으로 인한 마음의 약화)이 원인이지, [외계] 대상의 실제 존재(sadbhāva)[의 여부]가 [원인인 것은] 아니다.

## 티베트역 18송

(D 136 8b6, P 236 9b4)

gal te rang gi rgyud gyur pa'i khyad par yid las sems can rnams kyi don du snang ba'i rnam par rig pa 'byung[2] gi | don gyi khyad par[3] las ma yin na | brten[4] pa de dang bshad pa de med pas sdig pa'i grogs po dang | dge ba'i bshes gnyen la brten pa dang | dam pa dang dam pa ma yin pa'i chos mnyan pa las sems can rnams kyis[5] rnam par rig pa nges pa ji ltar 'grub[6] par 'gyur |

**gcig la gcig gi dbang gis na |**
**rnam par rig pa[7] phan tshun nges |**

---

2 P.N : byung
3 P : pa
4 P.N : rten
5 P.N : kyi
6 P.N : grub
7 P.K.125 : rnam par shes pa

[외경실재론자 :] 만약 중생(sems can, sattva)들에게 있어 [중생] 자신의 [의식] 흐름에서 겪는 특수한 변화(rang gi rgyud gyur pa'i khyad par, sva-santāna-pariṇāma-viśeṣa)로부터 대상처럼 [마음에] 나타나는(don du snang ba'i, artha-pratibhāsa) 인식이 발생하는 것이지 특정한 외계 대상(don gyi khyad par, artha-viśeṣa)으로부터 [발생하는 것이] 아니라면, [특정한 사람들과의] 그 교류(brten pa, samparka)나 [스승으로부터의] 그 가르침(bshad pa, deśanā)도 [있을 수] 없[게 되]는데, 나쁜 친구와 [교류하거나] 좋은 친구와 교류하고 바르거나 바르지 않은 교리(chos, dharma)를 들은 결과로써 중생들이 [좋거나 나쁘게 되는] 인식의 한정(nges pa, niyama)이 어떻게 성립될 수 있는가?

**[바수반두 : 중생들은] 상호 간에 [미치는] 영향력(dbang, ādhipatya)으로 인식을 서로 한정한다. [18ab]**

sems can thams cad kyi rnam par rig pa phan tshun gyi dbang gis[8] phan tshun du rnam par rig pa rnams nges par 'gyur te | ci rigs su sbyar ro | gcig la gcig ces bya ba ni phan tshun no | de'i phyir rgyud gzhan gyi[9] rnam par rig pa'i khyad par las rgyud gzhan la rnam par rig pa'i khyad par 'byung[10] gi don gyi khyad par las ni ma yin no |

dper na rmi lam gyi rnam par rig pa'i don med pa bzhin du gal te gnyid kyis ma log pa'i yang de lta na gnyid kyis log pa dang ma log pa na[11] dge ba dang mi dge ba'i las kun tu spyod[12] pa'i 'bras bu phyi ma la 'dod pa dang mi 'dod pa[13] 'dra bar ci'i phyir mi 'gyur |

**sems ni gnyid kyis non pas na |**
**de phyir rmi[14] dang 'bras mi mtshungs[15] || 18 ||**

de ni 'dir rgyu yin gyi[16] don yod pa ni ma yin no ||

---

8 N : gi
9 P.N : gyis
10 P : byung
11 P : ni
12 P.N : dpyad
13 P.N : par
14 N : mi
15 P.K.125 : myi mnyam
16 N : gyis

모든 중생은 서로의 인식(rnam par rig pa, vijñapti)에 미치는 영향력으로 상황에 맞게(ci rigs su, yathāyogam) 인식들을 서로 한정한다. '상호 간에(gcig la gcig)'라는 것은 '서로(phan tshun)'라는 말이다. 그러므로 [교류나 가르침에 따른 좋거나 나쁘게 되는 인식의 한정이란] 어떤 [사람의 개인의식의] 흐름에서 [일어난] 특정한 인식 때문에 다른 [사람의 개인의식의] 흐름에서 [또 다른] 특정한 인식이 발생하는 것[을 말하는 것]이지, 특정한 외계 대상 때문[에 발생하는 것을 말하는 것]이 아니다.

[외경실재론자 :] 예를 들어, 꿈속에서 인식이 대상이 없[이 발생하]는 것처럼, 만약 잠에서 깨어있는 사람[의 인식]도 이와 같다면, 무슨 이유로 잠든 사람[이 꿈속에서 일으킨 선하거나 악한 행동]과 깨어있는 사람의 선한 [행동과] 악한 행동(las kun tu spyod pa, *karma-samudācāra)은 미래에 좋거나 나쁜 결과를 [양쪽이] 동등하게 일으키게 되지 않는 것인가?

**[바수반두 :] [꿈속에서] 마음(sems, citta)은 몽롱함(gnyid, middha)에 의해 압도된다. 그러므로 꿈속과 [깨어있을 때의] 결과가 동등하지 않[게 되는 것이]다. [18]**

이것(= 꿈속에서 몽롱함으로 인한 마음의 약화)이 그것(= 꿈속과 깨어있을 때의 행동이 각각 다른 결과를 일으키는 것)의 원인이지, [외계] 대상의 실제 존재(yod pa, sadbhāva)[의 여부]가 [원인인 것은] 아니다.

## 진제역 18송

(T31, 73a25-b4)

"若有[17]自相續轉異[18]勝故, 衆生六識似六塵起, 實不從塵生者, 由事善惡友聽受正邪二法, 衆生有正邪二定, 云何得成? 若所親近及說實無."

**"更互[19]增上故, 二識正邪定. (18송 1,2구)**

衆生由更互[20]識增上故, 有二種識定成, 或正定或邪定. '更互[21]'者, 自他共成自他事. 是故別識相

一切續勝能故, 別識相續勝能生, 不從外塵起."

17 有 : 磧砂本 · 洪武本 · 乾隆本 · 頻伽本에는 '由'로 되어 있다.

18 異 : 永樂本 · 乾隆本에는 빠져 있다.

19 互 : 趙成本 · 高麗本에는 '𠀋'로 되어 있다.

20 互 : 趙成本 · 高麗本 · 磧砂本 · 洪武本에는 '𠀋'로 되어 있다.

21 互 : 趙成本 · 高麗本 · 磧砂本 · 洪武本 · 永樂本에는 '𠀋'로 되어 있다.

[외경실재론자가 묻는다.] "만약 자신의 [의식] 흐름에서 겪는 특수한 변화(自相續轉異勝, sva-santāna-pariṇāma-viśeṣa) 때문에 중생에게 여섯 가지 대상처럼 [마음에] 나타나는(似...塵, artha-pratibhāsa) 여섯 가지 인식이 발생하는 것이지, 실제로는 외계 대상을 원인으로 발생하는 것이 아니라면, 선한 [친구나] 악한 친구[와 교류하는] 일에 의해 바르거나 나쁜 두 가지 교리(法, dharma)를 듣고 받아 지녀서, 중생이 바르거나 나쁜 두 가지 [인식의] 한정(定, niyama)이 있게 되는 일이 어떻게 성립할 수 있겠는가? 만약 친근해지는 것과 말하는 것이 실제로 없다고 한다면 [말이다]."

**[바수반두가 답한다.] "[중생들은] 번갈아 상호 간에 [미치는] 영향력 (增上, ādhipatya) 때문에**
**두 인식이 [서로] 바르거나 나쁘게 한정한다. (18송 1,2구)**

모든 중생은 번갈아 상호 간의 인식(識, vijñapti)에 미치는 영향력 때문에 두 가지 인식[사이]의 한정이 성립하여 어떤 때는 바른 한정이 어떤 때는 나쁜 한정이 있게 된다. '번갈아 상호 간에 [미치는]'이란 자신과 다른 사람이 함께 자신과 다른 사람의 일을 성립시키는 것이다. 이 때문에 [교류나 가르침에 따라 좋거나 나쁘게 되는 인식의 한정이란] 어떤 사람의 의식(識, vijñāna) 흐름에서 [일어난] 특정[한 인식] 때문에 다른 사람의 의식 흐름에 [또 다른] 특정[한 인식]이 발생하는 것[을 말하는 것]이지, 외계 대상 때문에 발생하는 것[을 말하는 것]이 아니다."

(T31, 73b4-8)

“若如夢識無境界, 覺識亦如此者, 云何夢覺二人, 行善作惡愛憎[22]兩果, 未來不同?”

**“夢識由眠壞. 未來果不同. (18송 3,4구)**

是正因, 能令夢心無有果報. 謂惛睡所壞故, 心弱不能成善惡業.”

---

22 憎 : 洪武本에는 ‘增’으로 되어 있다.

[외경실재론자 묻는다.] "만약 꿈속의 인식이 외계 대상이 없는 것처럼 깨어난 [사람의] 인식도 이와 같다면 어떻게 꿈을 꾸거나 깨어있는 두 사람이 [각각] 선을 행하거나 악을 지음[에 따라] 미래에 [받게 되는] 사랑과 증오의 두 결과가 [서로] 동등하지 않은 것인가?"

> **[바수반두가 답한다.] "꿈속의 인식은 몽롱함(眠, middha)으로 말미암아 [깨어있을 때보다] 약화된다.**
> **[그러므로 꿈꾸거나 깨어있을 때 받게 되는] 미래의 결과는 동등하지 않[게 되는 것이]다. (18송 3,4구)**

이것(= 꿈속의 인식이 몽롱함으로 인한 약화)이 바로 원인이어서 꿈꾸는 마음으로 하여금 결과를 가지지 않게 만들 수 있다. 말하자면 몽롱한 수면 상태는 [인식을] 약화시키기에 마음이 허약해져서 선하거나 악한 행위를 성립시킬 수 없는 것이다."

## 현장역 17송

(T31, 76c14-21)

"若諸有情由自相續轉變差別, 似境識起, 不由外境爲所緣生, 彼諸有情近善惡友聞正邪法, 二識決定, 旣無友教, 此云何成?"

"非不得成. 頌曰:

**展[23]轉增上力, 二識成決定.[24]" (17송 1,2구)**

論曰 : "以諸有情自他相續諸識展轉爲增上緣, 隨其所應二識決定. 謂餘相續識差別故, 令[25]餘相續差別識生, 各成決定不由外境."

---

23 展 : 磧砂本 · 洪武本에는 앞에 '定'이 있다.

24 定 : 磧砂本 · 洪武本에는 빠져 있다.

25 令 : 磧砂本 · 洪武本에는 '於'로 되어 있다.

[외경실재론자가 묻는다.] "만약 모든 중생이 자신의 [의식] 흐름에서 겪는 특수한 변화(自相續轉變差別, sva-santāna-pariṇāma-viśeṣa)로 인해 대상처럼 나타나는(似境, artha-pratibhāsa) 인식이 일어나고, 인식대상(所緣)이 되는 외계 대상으로 말미암아 [인식이] 발생하는 것이 아니라면, 저 모든 중생은 선한 [친구나] 악한 친구를 가까이하여 바른 [교리나] 나쁜 교리(法, dharma)를 듣고서 두 [사람의] 인식이 [서로 좋거나 나쁘게] 한정(決定, niyama)하는데, 이미 [외계 대상인] 친구나 가르침이 없다면 어떻게 이것이 성립하겠는가?"

[바수반두가 답한다.] "성립할 수 없는 것이 아니다. 게송으로 말한다.

**변화하는 [인식들의] 영향력(增上力, ādhipatya)[에 의해]**
**두 [사람의] 인식[사이에서]의 한정(決定, niyama)이 성립된다." (17송 1,2구)**

[바수반두가] 논한다. "모든 중생은 자신과 다른 사람의 [의식] 흐름에서 변화하는 모든 인식이 [서로에게] 영향을 주는 원인(增上緣)이 되어, 상황에 맞게(隨其所應, yathāyogam) 두 [사람의] 인식이 [서로] 한정한다. 말하자면 한 사람의 [의식] 흐름에서 [일어난] 특정한 인식 때문에 다른 사람의 [의식] 흐름에 [또 다른] 특정한 인식이 발생하게 되어 각각 [두 사람의 인식의] 한정이 이루어지는 것이지 외계 대상 때문[에 한정이 이루어지는 것]이 아니다."

(T31, 76c21-26)

“若如夢中境雖無實而識得起, 覺識亦然, 何緣夢覺造善惡行, 愛非愛果當受不同?”

“頌曰:

**心由睡眠壞. 夢覺果不同.” (17송 3,4구)**

論曰: “在夢位, 心由睡眠壞勢力羸劣, 覺心不爾[26]. 故所造行當受異熟, 勝劣不同, 非由外境.”

---

26 爾: 高麗本 · 磧砂本 · 洪武本에는 ‘尒’로 되어 있다.

[외경실재론자가 묻는다.] "만약 꿈속의 대상이 비록 실재하지 않지만, 인식이 일어날 수 있는 것처럼, 깨어있을 때의 인식도 그러하다면, 어떤 이유로 꿈에서나 깨어있을 때 하게 되는, 착하거나 악한 행위[에 의해] 받게 되는 바라거나 바라지 않는 결과가 [서로] 동등하지 않은가?"

[바수반두가 답한다.] "게송으로 말한다.

> **[꿈속에서] 마음은 몽롱함(睡眠, middha)에 의해 [깨어있을 때보다] 약화된다.**
> **[그러므로] 꿈꿀 [때]와 깨어있을 [때]의 결과는 [서로] 동등하지 않다." (17송 3,4구)**

[바수반두가] 논한다. "꿈의 상태에서는 마음이 몽롱함에 의해 약화되어서 세력이 미약하지만, 깨어있을 때의 마음은 그렇지 않다. 그러므로 지어진 행위로 받게 되는 결과는 뛰어나거나 열등한 [정도가] 동등하지 않을 뿐 외계 대상[의 실제 존재 여부]에 의한 것이 아니다."

## 반야류지역 18송

(T31, 69a17-27)

問曰 : "若但自心如是轉變, 虛妄分別見外境界, 彼無實者, 以何義故, 遇善知識聞說善法, 値惡知識聞說惡法? 若無一切外境界者, 彼云何說, 若不說者, 云何得聞? 若不聞者此云何成?"

答曰 : "偈言 :

**迭共增上因, 彼此心緣合.**
**無明覆於心, 故夢寤果別. (18송)**

此偈明何義? 一切衆生虛妄分別思惟憶念: '彼說我聞,' 依彼前人說者意識, 於此聽人聞者意識, 起如是心: '彼說我聞,' 而實無有彼前境界. 是故偈言 : '**迭共增上因, 彼此心緣合**'故."

[외경실재론자가] 묻는다. "만약 다만 자신의 마음이 이같이 변화(轉變, *pariṇāma)한 것을 그릇되게 분별하여 외계 대상을 보는 것으로 여길 뿐 저것(= 외계 대상)이 실제로 존재하지 않는다면, 어떤 이유로 좋은 스승(善知識)을 만나 좋은 교리(善法)를 말하는 것을 듣고, 나쁜 스승(惡知識)을 만나 나쁜 교리(惡法)를 말하는 것을 듣는다고 하는가? 만약 모든 외계 대상이 존재하지 않는다면, [자신의 외부에 있는] 저들이 어떻게 말을 할 것이며, 만약 말하는 것이 아니라면 어떻게 들을 수 있겠는가? 만약 들을 수 없다면 어떻게 [선한 행위와 악한 행위로 인한 결과를] 성취하겠는가?"

[바수반두가] 답한다. "게송으로 말한다.

**번갈아 상호 간에 [미치는] 영향력(增上, ādhipatya)을 원인으로 하여**
**저 [마음과] 이 마음이 서로 조건이 되어 연계된다.**
**무명이 마음에 덮여 있는**
**까닭에 꿈꿀 때와 깨어있을 때의 결과가 구별된다. (18송)**

이 게송은 어떤 의미를 밝히고 있는가? 모든 중생은 그릇되게 분별하여 '저 [사람은] 말하고 나는 듣는다'라고 사유하고 기억하지만, [실제로는] 저 앞에서 말하는 사람의 의식을 원인으로 하여 여기서 듣는 사람의 의식이 '저 [사람은] 말하고 나는 듣는다'라는 이와 같은 마음을 일으키는 것이지, 실제로 저 앞에 외계 대상이 존재하는 것은 아니다. 이 때문에 게송에서 '**번갈아 상호 간에 [미치는] 영향력을 원인으로 하여 저 [마음과] 이 마음이 서로 조건이 되어 연계된다**'라고 하였다."

(T31, 69a28-b4)

問曰 : "若如夢中虛妄心識無實境界, 寤亦爾[27]者, 以何義故, 夢中寤中行善惡法, 愛與不愛果報不等?"

答曰 : "偈言 : '**無明覆於心, 故夢寤果別**'故. 此明何義? 我已先說 : '唯有內心無外境界,' 以夢寤心差別不同. 是故不依外境界等, 成就善業不善業故."

27 爾 : 趙成本 · 高麗本 · 磧砂本에는 '尒'로 되어 있다.

[외경실재론자가] 묻는다. "만약 꿈속의 그릇된 인식에 실재하는 대상이 없는 것처럼 깨어났을 때도 그렇다면, 어떤 이유로 꿈속에서와 깨어났을 때 [각각] 행하는 좋은 법과 나쁜 법에 의한 바라거나 바라지 않는 결과가 [일어나는 것이 서로] 동등하지 않은 것인가?"

[바수반두가] 답한다. "게송에서 '**무명이 마음에 덮여 있는 까닭에 꿈꿀 때와 깨어있을 때의 결과가 구별된다**'라고 하였기 때문이다. 이것은 어떤 의미를 밝힌 것인가? 나는 이미 앞에서 '오직 내부의 마음(內心)만 있을 뿐 외계 대상은 없다'라고 말했지만, 꿈과 깨어있을 때의 마음은 차이가 있어서 같지 않다. 이 때문에 외계 대상 등에 의존하지 않더라도 [깨어있을 때는] 선한 [행위와] 악한 행위[로 인한 결과]를 성취하게 된다."

## 18송 해제

18송도 17송과 마찬가지로 두 가지 독립적인 주제를 다룬다. 하나는 중생들 사이에 인식의 한정에 관한 것이고, 다른 하나는 현실과 꿈의 차이에 관한 것이다. 행위와 그 결과라는 측면을 다룬다는 점에서는 이 둘이 공통적이다.

우선 대론자는 '대상 없는 인식'의 특성에 대해서 지적한다. 앞서 바수반두는 의식 흐름에서 겪는 특수한 변화가 일어날 때 인식이 일어난다는 인식 발생의 구조를 설명하였는데, 대론자는 이를 '자신의 의식 흐름에서 겪는 특수한 변화'로 정정한다. '자신의 의식 흐름'이라는 표현은 여기서 처음 나오지만, 이에 대해서는 반박이 없는 것을 보면 바수반두도 동의하는 표현으로 봐도 될 것이다.

그렇게 바수반두의 주장처럼 인식이 자신으로부터 일어나는 것이라면, 사람들과의 교류는 어떻게 설명해야 할 것인가? 우리는 나쁜 친구를 만나서 나쁜 교류를 한 결과로 나쁜 일이 일어나기도 하고, 스승을 만나서 바른 가르침을 들은 결과로 의식의 변화를 겪기도 한다. 그런데, 스승의 목소리도 외부의 청각적 대상이므로 "외계 대상을 인식한다"라고 하는 '대상-인식자'의 구도가 허위라면, 그런 '스승-제자'의 구도도 허위가 아닌가? 스승과 제자 간에는 아무런 일도 일어나지 않는데, 어떻게 스승과 제자라고 할 수 있는가? 그러면 '붓다의 가르침'조차도 허위였다고 부정하는 것인가?

바수반두는 이에 대해서 '영향력(ādhypatya, 增上)'이라는 특수한 용어를 사용하여 설명한다. 바수반두에 따르면, 사람은 대상으로부터 영향을 받거나 인식이 한정되는 일은 일어날 수 없다. 대상이라는 것이 존재하지 않기 때문이다. 그런데 사람들 사이에서는 서로 영향을 미칠 수 있다. 이런 특수한 힘을 '영향력'이라고 한다. 원래 영향력은 원격적인 힘을 나타내는 술어인데, 여기서는 굳이 '원격'이라는 의미가 적용되지는 않는다. 원격이라는 말 자체가 공간과 그 안에서 서로 거리를 두고 있는 물질들의 존재를 전제로 하기 때문이다. 바수반두는 이렇게 중생들끼리 마음만으로 서로 영향을 미치는 것이 이 세계라는 것이다. 물질은 존재하지 않지만, 마음과 마음끼리 영향을 미쳐서 '대상'이라는 허위의 존재에 대한 욕심을 부추기기도 하고, 그 대상의 허위성을 알게 해주기도 한다. 이렇게 사람들 사이의 교제나, 스승과 제자 사이의 가르침이 성립될 수 있다는 것이다.

다음으로 외경실재론자는 현실이 마치 꿈과 같다는 바수반두의 설명에 이의를 제기한다. 우리가 현실에서 살인을 저지르면, 행위(업)의 법칙에 따라서 그에 관한 결과를 반드시 받는다. 그런데 바수반두의 설명처럼 현실이 꿈과 같다면, 꿈에서 저지른 살인에 대해서도 현실의 살인과 똑같은 결과를 받아야 하지 않는가? 그런데 꿈에서 저지른 살인에 대해서는 그만큼의 결과를 받지 않는다. 그렇다면 현실이 꿈과 같다는 것은 잘못된 설명이 아닌가?

바수반두는 이에 대해서 현실이 본질적으로는 꿈과 같지만, 꿈은 현실보다 더 몽롱한 상태이기 때문에 행위를 통해 결과를 일으키는 힘이 약화된다고 설명한다. 마음이 약해졌기 때문에 거기서 저지른 행위의 결과도 더 약하게 받는 것이다. 그야말로 '심신미약으로 인한 감형'이라 할 수 있다. 왜 꿈속처럼 몽롱하여 마음이 약화될 때는 그 죄도 경감되는가? 이는 불교에서 전통적으로 행위에 있어서 의지를 중요시하기 때문이다. 마음이 약화되면, 그 마음이 의지를 일으키는 힘도 약화된다고 보는 것이다. 이 의지에 관한 논의는 19~20송에서 이어진다.

# 19송

## 무엇을 죽음이라고 하는가

## 산스크리트 19송

(L 9,27; S 198,4)

yadi vijñāptimātram evedaṃ na kasyacit kāyo 'sti na vāk katham upakramyamāṇānām aurabhrikādibhir urabhrādīnāṃ maraṇaṃ bhavti | atatkṛte vā tanmaraṇe katham aurabhrikādīnāṃ prāṇātipātāvadyena yogo bhavati |

**maraṇaṃ[1] paravijñaptiviśeṣād vikriyā yathā |**
**smṛtilopādikānyeṣāṃ piśācādimanovaśāt || 19 ||**

yathā hi piśācādimanovaśād anyeṣāṃ smṛtilopasvapnadarśanabhūta-grahāveśavikārā bhavanti |

ṛddhivanmanovaśāc ca | yathā sāraṇasyāryamahākātyāyanādhiṣṭhānāt svapnadarśanaṃ |

āraṇyakarṣimanaḥpradoṣāc ca vemacitriṇaḥ parājayaḥ[2] |

thatā paravijñaptiviśeṣādhipatyāt pareṣāṃ jīvitendriyavirodhinī kācid vikriyotpadyate yayā sabhāgasantativicchedākhyaṃ maraṇaṃ bhavatīti veditavyaṃ ||

---

1 F : maraṇam

2 RS, S : vemacitriṇaḥ parājayaḥ; all : vemacitraparājyaḥ

[외경실재론자 :] 만약 이것(= 삼계에 속한 것)이 [모두] 인식일 뿐이고 누구도 신체(kāya, 身)나 언어기관(vāc, 口/語)을 가지고 있지 않다면, 어떻게 양 도살자(aurabhirika) 등에 쫓기는 양 등의 죽음이 있을 수 있는가? 혹은 만약 그것(= 양)들의 죽음을 그들(= 양 도살자 등)이 초래한 것이 아니라면, 어떻게 양 도살자 등이 살생의 죄(prāṇātipātāvadya)와 연결될 수 있겠는가?

**[바수반두 : 살생에 의한] 죽음이란 다른 사람의 특정한 인식에 의해 일어난 [자기의식의] 변화(vikriyā)이다. 예를 들어, 악귀(piśāca) 등의 의지(manas)에 의해서 다른 사람들에게 기억상실(smṛti-lopa) 등이 일어나는 것과 같다. [19]**

왜냐하면, 예를 들어 악귀 등의 의지에 의해서 다른 사람들은 기억상실이 되거나, 꿈속에서 [무서운 장면을] 보거나, 악령(bhūta)에 씌는 [등의] 변화(vikāra)들이 일어난다.

혹은 초능력자(ṛddhivat)의 의지에 의하여 [변화들이 일어난다]. 예를 들어, 사라나(Sāraṇa)왕이 마하카타야나(Mahākātyāyana, 大迦旃延)의 지배력으로 꿈속에서 [미래를] 보거나, [700명의] 숲의 선인들이 적개심(manaḥpradoṣa)을 일으켜서 [아수라의 왕인] 베마치트린이 패하게 되었다.

그런 식으로 어떤 자들의 특별한 인식의 영향력 때문에 다른 이들의 생명력(jīvitendriya, 命根)을 침해하는 어떤 변화가 생긴다. 그것(= 변화)에 의해 '[특정한] 종(種)으로서의 동일성(sabhāga, [衆]同分)[을 유지하는] 흐름의 단절'이라고 부르는 죽음이 일어난다고 알아야 한다.

## 티베트역 19송

(D 136 9a3, P 236 10a1)

gal te ’di dag rnam par rig pa tsam du zad na gang la yang lus dang ngag kyang med pas shan pa la sogs pas gsod pa na lug la sogs pa ’chi bar ji ltar ’gyur | ’chi ba de des ma byas na ni shan pa la sogs pa srog gcod pa’i kha na ma tho ba dang ldan par ji ltar ’gyur zhe na |

**’chi ba gzhan gyi rnam[3] rig[4] gi |**
**bye brag las de dper bya na |**
**’dre la sogs pa’i yid dbang gis |**
**gzhan gyi dran nyams ’gyur sogs bzhin || 19 ||**

---

3 P : rnam par

4 P.K.125 : rnam shes

[외경실재론자 :] 만약 이것들(= 삼계에 속한 것)이 [모두] 인식일 뿐이고 누구도 신체(lus, kāya)나 언어기관(ngag, vāc, 口/語)조차 가지고 있지 않다면, 양 도살자(shan pa, aurabhirika) 등이 살해할 때 어떻게 양 등의 죽음이 있을 수 있는가? 그것(= 양)의 죽음이 그(= 양 도살자)가 초래한 것이 아니라면(des ma byas na, atatkṛte), 어째서 [양] 도살자 등이 살생의 죄(srog gcod pa'i kha na ma tho ba, prāṇātipātāvadya)를 지니게 되는가?

**[바수반두 : 살생에 의한] 죽음이란 다른 사람의 특정한 인식으로 인한 [자기의식의 변화(vikriyā/vikāra)이다.] 예를 들어, 악귀('dre, piśaca) 등의 의지(yid, manas)에 의해서 다른 사람에게 기억상실(dran nyams, smṛti-lopa)이 일어나는 것 등과 같다. [19]**

dper na 'dre la sogs pa'i yid kyi[5] dbang gis[6] gzhan dag gi[7] dran pa nyams pa dang | rmi ltas su mthong ba dang | 'byung po'i gdon phab par 'gyur ba dang | rdzu 'phrul dang ldan pa'i yin kyi dbang gis te |

dper na 'phags pa kātyā'i[8] bu chen po'i byin gyi[9] brlabs kyis[10] sa ra Nas rmi ltas su mthong ba dang | drang srong dgon pa pa'i yid 'khrugs pas thags zangs ris[11] bzhin du | gzhan gyi rnam par[12] rig pa'i bye brag gis sems can gzhan gyi srog gi dbang po dang mi mthun pa'i 'gyur ba 'ga' 'byung ste des[13] bskal pa 'dra ba'i rgyud kyi[14] rgyun chad[15] pa zhes bya ba 'chi bar rig par bya'o ||

---

5 P.N : kyis

6 N : gi

7 P.N : gis

8 P.N : ka ta'i

9 P : gyis

10 N : gyis

11 P.N : thag bzangs rigs

12 N : pa

13 D : de, P.N : des

14 P.N : kyis

15 P.N : 'chad

예를 들면, 악귀 등의 의지에 의해서 다른 사람들은 기억상실이 되거나, 꿈속에서 [무서운 장면을] 보거나, 악령('byung po, bhūta)에 씌는 [변화들이 일어난다].

[혹은] 초능력자(rdzu 'phrul dang ldan pa, ṛddhivat)의 의지에 의해서 [변화들이 일어난다].

예를 들어, 성스러운 마하카타야나(Mahākātyāyana, 大迦旃延)의 위력으로 사라나(Sāraṇa)왕이 꿈속에서 [미래를] 보거나, 숲에 사는 선인이 적대감(yid 'khrugs pa, manaḥpradoṣa)을 일으켜서 [아수라의 왕인] 베마치트린(thags zangs ris, Vemacitrin)왕[이 패하게 되는 것]과 같이, [그와 같이] 어떤 사람의 특정한 인식의 [영향력에] 의해서 다른 중생의 생명력(srog gi dbang po, jīvitendriya, 命根)을 침해하는(dang mi thun pa, virodhin) 변화가 생기고, 그와 같은 것에 의해서 '[특정한] 종(種)으로서의 동일성(sabhāga, [衆]同分)[을 유지하는] 흐름의 단절'이 죽음이라는 것을 알아야 한다.

## 진제역 19송

(T31, 73b8-13)

問: "若一切唯[16]有識, 則無身及言, 云何牛羊等畜生, (非)[17]屠兒所害而死[18]? 若彼死非屠兒[19]所作, 屠兒云何得殺[20]生罪?"

答曰:

**"由[21]他識變[22]異, 死事於此成.**
**如他失心等, 因鬼等心力. (19송)**

---

16 唯: 磧砂本·洪武本·永樂本·乾隆本에는 '惟'로 되어 있다.

17 非: 趙成本·高麗本·磧砂本·洪武本·永樂本·乾隆本·頻伽本에도 '非'가 들어 있다. 의미가 통하지 않아서 번역에서는 생략하였다.

18 死: 趙成本에는 빠져 있다.

19 兒: 趙成本에는 '而'로 되어 있다.

20 殺: 趙成本·高麗本에는 '煞'로 되어 있다.

21 由: 磧砂本·洪武本·永樂本에는 '自'로 되어 있다.

22 變: 磧砂本·洪武本·永樂本·乾隆本에는 '轉'으로 되어 있다.

[외경실재론자가] 묻는다. "만약 모든 것이 오직 인식일 뿐이어서, 곧 [누구도] 신체(身, kāya)와 언어기관(口/語, vāc)을 가지고 있지 않다면, 어떻게 소나 양과 같은 동물이 도살자에게 해를 입어 죽을 수 있는가? 만약 저 [소나 양의] 죽음이 도살자가 한 일이 아니라면, 도살자는 어떻게 살생의 죄(殺生罪, prāṇātipātāvadya)를 지닐 수 있는가?"

[바수반두가] 답한다.

**"다른 사람의 [특정한] 인식으로 인한 변화(變異, vikriyā)가 일어나고,**
**죽음이라는 사태는 여기(= 변화)에서 이루어진다.**
**예를 들어, 다른 사람의 기억상실(失心, smṛti-lopa) 등이**
**악귀(鬼, piśaca) 등의 의지(心, manas)의 힘에 기인하[여 일어나]는 것과 같다. (19송)**

(T31, 73b14-20)

猶如鬼神等心變異故, 令他或失念, 或得夢, 或著鬼等, 諸變異得成.

復次有神通人心願故, 有如此事. 如娑羅那王等得夢, 由大迦旃延心願故.

復次阿蘭若仙人瞋心故, 毘[23]摩質多羅王見怖畏事. 如是由[24]他識變異, 能斷他命根. 因此事故, '同類相續斷'說名爲死. 此義應知."

---

23 毘 : 趙成本 · 高麗本 · 磧砂本 · 洪武本 · 永樂本 · 乾隆本 · 頻伽本에는 '毗'로 되어 있다.

24 由 : 磧砂本 · 洪武本 · 永樂本 · 乾隆本에는 '猶'로 되어 있다.

예를 들면 악귀 등이 [그] 마음의 변화(變異, *vikāra)로 다른 사람으로 하여금 기억을 잃게 하거나, [무서운] 꿈을 꾸게 하거나, 악령이 나타나게 하는 등의 여러 가지 변화(變異, vikāra)를 일으킬 수 있는 것과 같다.

또는 초능력자(神通人, ṛddhivat)가 일으키는 마음의 원력 때문에 이와 같은 일이 발생하기도 한다. 예를 들면 사라나(娑羅那, Sāraṇa)왕 등이 [미래의] 꿈을 꿀 수 있었던 것은 대가전연(大迦旃延, Mahākātyāyana)이 [일으킨] 마음의 원력 때문이다.

또 숲(阿蘭若, araṇya)에 사는 [700명의] 선인의 적개심(瞋心, manaḥ-pradoṣa) 때문에 [아수라의 왕인] 베마치트린(毘摩質多羅, Vemacitrin)왕이 두려운 일을 보게 되었던 일[과 같]다. 이같이 어떤 사람이 일으키는 인식의 변화로 인해 다른 이들의 생명력(命根, jīvitendriya)을 끊을 수 있다. 이런 일을 이유로 '[특정한] 종(種)으로서의 동일성(同類, sabhāga)[을 유지하는] 흐름이 끊어지는 것'을 죽음이라고 한다. 이 의미를 알아야만 한다."

## 현장역 18송

(T31, 76c27-77a1)

"若唯有識無身語等, 羊等云何爲他所殺? 若羊等死不由他害, 屠者云何得殺生罪?"

頌曰 :

**"由他識轉變, 有殺害事業.**
**如鬼等意力, 令他失念等." (18송)**

[외경실재론자가 말한다.] "만약 오직 인식만 존재하고 [누구도] 신체(身, kāya)와 언어기관(口/語, vāc) 등을 가지고 있지 않다면, 양 등이 어떻게 다른 사람(= 양 도살자)에 의해 살해될 수 있는가? 만약 양 등의 죽음이 다른 사람(= 양 도살자)의 살해에 의한 것이 아니라면 도살한 사람은 어떻게 살생의 죄(殺生罪, prāṇātipātāvadya)를 지닐 수 있는가?"

[바수반두가] 게송으로 말한다.

**"어떤 사람의 [특정한] 인식의 변화(轉變, vikriyā)로 말미암아**
**[다른 사람에 대한] 살해의 업이 있게 된다.**
**예를 들어, 악귀(鬼, piśaca) 등의 의지(意, manas)의 힘이**
**다른 사람들에게 기억을 잃게 하는 것(失念, smṛti-lopa) 등과 같다."**
**(18송)**

(T31, 77a2-8)

論曰 : "如由鬼等意念勢力, 令他有情失念得夢, 或著魅等變異事成. 具神通者意念勢力, 令他夢中見種種事. 如大迦多衍那意願勢力, 令娑刺拏王等夢見異事. 又如阿練若仙人意憤勢力, 令吠摩質呾利王夢見異事. 如是由他識轉變故, 令他違害命根事起. 應知死者謂'衆同分, 由識變異相續斷滅.'"

[바수반두가] 논한다. "예를 들어, 악귀 등이 지닌 의지의 힘이 다른 중생으로 하여금 기억이 사라지게 하거나 [무서운] 꿈을 꾸게 하고, 또는 도깨비 등이 나타나는 변화(變異, vikāra)가 일어나게 하는 것과 같다. [혹은,] 초능력자(具神通者, ṛddhivat)가 일으키는 의지의 힘은 다른 사람으로 하여금 꿈속에서 여러 가지 일을 보게 한다. 예를 들어, 대가전연나(大迦多衍那, Mahākātyāyana)가 소원하는 의지의 힘이 사라나(娑剌拏, Sāraṇa)왕 등으로 하여금 꿈에서 [미래의] 이상한 일을 보게 한 것과 같다. 또 숲에 사는 [700명의] 선인이 일으킨 적개심(意憤, manaḥpradoṣa)의 힘이 [아수라의 왕인] 베마치트린(吠摩質呾利, Vemacitrin)왕으로 하여금 꿈에서 이상한 일을 보게 한 것과 같다. 이같이 어떤 사람의 [특정한] 인식의 변화(轉變, vikriyā)로 인해 다른 사람으로 하여금 생명력(命根, jīvitendriya)을 해치는 일이 일어나게 한다. [그러므로] 죽음이란 '[특정한] 종(種)으로서의 동일성(衆同分, sabhāga)이 인식의 변화(變異, vikāra)로 인해 [그] 흐름이 단절되는 것'임을 알아야만 한다."

## 반야류지역 19송

(T31, 69b4-11)

問曰: "若彼三界唯是內心, 無有身口外境界者, 以何義故, 屠獵[25]師等殺[26]害猪[27]羊及牛馬等? 若彼非是屠獵師等殺害猪羊牛馬等者, 以何義故, 屠獵師等得殺生罪? 是故應有外色香等身口境界."

答曰: "偈言:

**死依於他心, 亦有依自心.**
**依種種因緣, 破失自心識. (19송)**

---

25 獵: 趙成本·高麗本에는 '獦'로 되어 있다. 이후의 獵도 趙成本·高麗本에서 동일.
26 殺: 趙成本·高麗本에는 '煞'로 되어 있다. 이후의 殺도 趙成本·高麗本에서 동일.
27 猪: 趙成本·高麗本·頻伽本에는 '豬'로 되어 있다. 이후 猪도 趙成本·高麗本에서 동일.

[외경실재론자가] 묻는다. "만약 저 삼계는 오직 이 내부의 마음일 뿐 신체(身, kāya)와 언어기관(口/語, vāc)이라는 외부의 경계가 없다면, 어떤 이유로 도축하는 사람 등이 돼지나 양, 소나 말 등을 살해하여 죽일 수 있는가? 만약 저것[을 두고] 이 도축하는 사람 등이 돼지나 양, 소나 말 등을 살해하여 죽이는 것이 아니라고 한다면, 어떤 이유로 [이 일로 해서] 도축하는 사람 등은 살생의 죄(殺生罪, prāṇātipātāvadya)를 지닐 수 있는가? 이 때문에 외부의 형색이나 향기 등과 신체와 언어라는 [외부의] 경계는 있어야만 한다."

[바수반두가] 답한다. "게송으로 말한다.

**죽음은 다른 마음에 의해서**
**또는 자신의 마음에 의해서 일어난다.**
**여러 가지 인연에 의해서**
**자신의 마음을 파괴하여 잃는 것이다. (19송)**

(T31, 69b12-22)

此偈明何義? 如人依鬼毘[28]舍闍等是故失心, 或依自心是故失心, 或有憶念愛不愛事是故失心, 或有夢見鬼著失心, 或有聖人神通轉變前人失心. 如經中說, 大迦旃延比丘, 令娑羅那王見惡夢等, 又毘尼中有一比丘, 夜蹈瓜[29]皮謂殺[30]蝦蟆[31]死入惡道. 是[32]故偈言 : **'依種種因緣, 破失自心識'**故.

**'死依於他心, 亦有依[33]自心'**者, 此云何知? 以依仙人瞋[34]心, 瞋毘摩質多羅阿修羅王, 故殺[35]餘衆生. 此依他心他衆生心, 虛妄分別命根謝滅. 以彼身命相續斷絶, 應如是知."

---

28 毘 : 趙成本 · 高麗本 · 磧砂本 · 永樂本 · 乾隆本 · 頻伽本에는 '毗'로 되어 있다. 이하 동일.

29 瓜 : 趙成本에는 '苽'로 되어 있다.

30 殺 : 趙成本 · 高麗本에는 '煞'로 되어 있다.

31 蟆 : 趙成本 · 高麗本 · 磧砂本 · 永樂本 · 乾隆本 · 頻伽本에는 '蟇'로 되어 있다.

32 是 : 趙成本에는 빠져 있다.

33 依 : 趙成本에는 빠져 있다.

34 瞋 : 趙成本에는 빠져 있다.

35 殺 : 趙成本 · 高麗本에는 '煞'로 되어 있다.

이 게송은 어떤 의미를 밝히고 있는가? 예를 들면 사람이 악귀 비사사(毘舍闍, piśāca) 때문에 마음을 잃거나, 또는 자신의 마음 때문에 마음을 잃거나, 또는 바라거나 바라지 않는 일의 기억 때문에 마음을 잃거나, 또는 꿈에서 악령이 나타나는 것을 보고 마음을 잃거나, 또는 성인(聖人)이 신통 변화하는 [힘으로] 앞에 있는 사람의 마음을 잃게 하는 것과 같다. 경전에서는 대가전연(大迦旃延, Mahākātyāyana) 비구가 사라나(娑羅那, Sāraṇa)왕으로 하여금 악몽 등을 꾸게 하고, 또 율장에서는 한 비구가 밤중에 오이 껍질을 밟았는데 두꺼비를 죽였다고 [잘못] 생각하여 죽어서 악도에 들어갔다고 한다. 이 때문에 게송에서 **'여러 가지 인연에 의해서 자신의 마음을 파괴하여 잃는 것이다'**라고 하였던 것이다.

[또 게송에서] **'죽음은 다른 마음에 의해서, 또는 자신의 마음에 의해서 일어난다'**라고 하였는데, 이것을 어떻게 이해해야 하는가? 선인의 적개심(瞋心, manaḥpradoṣa)에 의해 베마치트린(毘摩質多羅, Vemacitrin) 아수라왕에게 화를 냈기 때문에 다른 [여러] 중생을 죽게 하였다. 이것은 어떤 [사람의] 마음에 의해 다른 중생의 마음이 그릇되게 분별하여 [또 다른 이들의] 생명력(命根, jīvitendriya)이 끊어지게 한 것이다. 저 살아있는 신체의 흐름이 단절되는 것에 대해서는 마땅히 이같이 알아야만 한다."

## 19송 해제

19송에서 대론자는 유식의 입장에서 죽음에 대해서 어떻게 설명할 것인지를 묻는다. 우리의 몸이 실제로 존재한다고 생각하는 외경실재론자의 입장에서 볼 때, 죽음이란 신체의 기능이 정지하고 의식이 사라지는 것이다. 신체의 기능이 정지한 후 그 의식이 완전히 사라지는지, 혹은 죽음 이후에도 의식이 지속되는지를 따지기 전의 문제이다. 이는 생명이라는 것이 신체기능의 수반을 바탕으로 유지되고 있다는 것을 의미한다.

중생들 사이에 살해가 일어나는 것도 신체를 전제로 한다. 양 도살자가 양을 죽일 때, 양 도살자는 자신의 신체를 이용하여 양의 신체에 타격을 입힌다. 이렇게 살해하는 쪽과 살해당하는 쪽이 모두 신체를 지니고 있을 때, '살해'라는 것이 성립할 수 있다. 이때 양 도살자는 신체에 의한 행위(kāya- karman, 身業)를 저질러 살생의 죄(prāṇatipātāvadya)를 지니게 된다.

그런데 유식론자의 주장처럼 삼계에 속한 것이 '오직 인식일 뿐'이라면, 중생은 신체나 언어를 소리내어 말하는 기관(vāc, 口/語)을 가지지 않을 것이다. 그러면 양 도살자가 양을 죽이는 것과 같은 신체에 의한 행위나, 언어적 폭력으로 다른 사람에게 피해를 주는 언어기관에 의한 행위(vāk-karman, 口業/語業)를 지을 수 없다. 하지만 우리의 일상적 차원에서는 양 도살자가 직접 양을 죽이는 것처럼 보인다. 그렇다면 양 도살자는 실제로 양을 죽이지 않은 것인가? 그는 살생의 죄도 받지 않는 것인가? 이것이 외경실재론자가 제기하는 내용이다. 외경실재론자가 제기하지는 않았지만, 여기서 파생하는 문제 중 하나는 불교에서 전통적으로 이어져 오던 신체 · 언어 · 의지(manas)로 분류하는 세 가지 업(三業)의 체계를 유식론자가 부정하게 된다는 점이다.

바수반두는 신체 · 언어 · 의지에 의한 행위가 본질적으로는 모두 의지에 의한 행위라고 간접적으로 시인한다. 반야류지는 20송의 번역에서 직접적으로 신체 · 언어에 의한 행위는 존재하지 않으며, 이런 구분은 이름에 불과하다고 부가적으로 언급하기도 한다. 애초에 신체나 언어기관이 있다고 할 수 없는 유식의 입장에서는 신체 · 언어에 의한 행위를 눈에 보이는 그대로 일어나는 일로 인정할 수 없다. 그래서 살생에 의한 죽음을 겪는 상황이란 다른 사람의 인식이 자신의 인식에 영향력을 미쳐서 변화를 겪는 것이라고 설명한다. 살해라는 행위가 우리에게는 두 중생의 신체와 신체 사이에 일어난 일처럼 보이지만, 이는 외부세계의 허구성을 알지 못하는 사람에게 그런 것처럼 보이는 것이며, 실제로는 한 의식과 다른 의식 사이에 일어난 일인 것이다. 한 의식이 다른 의식에게 무언가를 일으키는 것을 '영향력(ādhipatya)'이라고 한다는 것은 18송에서 설명하였다. 바수반두의 입장에서는 중생들이 서로에게 행위를 가하는 것은 모두 영향력을 미치는 것에 불과하다.

바수반두는 신체를 사용하지 않고 의지만으로 다른 사람들에게 해를 미치는 옛이야기들의 사례를 들어서 이것을 설명하고자 한다. 의지만으로 다른 사람들에게 해를 끼친 사례가 확인된다면, 양 도살자가 양을 죽이는 행위가 의지만으로 이루어진다고 하는 것이 터무니없는 발상은 아니게 되어 이 세상에서 가능한 일로 인정된다고 보는 것이다. 여기서는 악귀가 의지만으로 다른 사람들에게 기억상실을 일으키는 일이나 초능력을 가진 사람이 다른 사람들의 꿈에 영향을 미치거나 하는 일 등이 사례로 제시되는데, 이런 사례들이 일어나는 것과 마찬가지로 양 도살자의 살해도 실제로는 그런 식으로 일어난다는 것이다.

마지막으로 바수반두는 '살해에 의한 죽음'의 정의를 새롭게 하는데, 여기서 실제로는 살해에 대한 정의뿐만 아니라 죽음의 대한 정의도 새롭게 이루어지고 있다.

죽음이란 '특정한 종으로서의 동일성(nikāya-sabhāga, 衆同分)이 이어지는 흐름이 단절되는 것'이라고 바수반두는 설명한다. 여기서 '특정한 종으로서의 동일성'이라고 번역한 nikāya-sabhāga는 설일체유부와 유식의 존재 분류에서 마음과 연관되지 않는(citta-viprayukta, 心不相應) 존재 요소 중 하나로서, 다른 중생들과 일부 특성들을 공유하게 하는 가상적인 힘을 말한다. 간단히 말하면, 중생이 태어나기 전에 이전의 행위에 따라 '인간으로서 정체성을 일으키는 힘'을 얻으면 인간으로 태어나게 되고, '동물로서 정체성을 일으키는 힘'을 얻으면 동물로 태어나게 된다. 만약 인간으로 태어나면, 다른 인간들과 유사한 감각능력, 신체모양 등을 가지게 되고 유사한 욕망을 일으키게 된다. 이 '인간으로서의 정체성을 일으키는 힘'은 죽을 때까지 찰나생멸하면서 이어진다. 그런 힘이 유지되는 흐름이 단절되는 것을 '인간으로서의 죽음'이라고 부르며, 그 죽음 이후에도 다음 생으로 이어지는 의식(vijñāna)의 흐름은 계속 이어진다고 보는 것 같다. 바꿔 말하면, 의식의 흐름은 이어지면서도 '특정한 종으로서의 동일성을 유지하는 힘이 찰나생멸하면서 이어지는 흐름'만 단절되는 것이 죽음이라는 것이다.

살해란 어떤 자의 특별한 인식의 영향력이 다른 자의 생명력을 침해하는 변화를 일으키는 것이다. 특별한 인식이라는 것은, 살해자가 지금까지 이어오던 평소의 인식이 아니라 살해하려는 의지를 일으킬 때의 인식을 말한다.

이 두 가지 새로운 정의를 합쳐서 최종적으로 '살해에 의한 죽음'이란

'어떤 자들이 의지를 통해 일으킨 특별한 인식의 영향력 때문에 다른 이들의 생명력을 침해하는 어떤 변화가 생기고, 그 변화로 특정한 종으로서의 동일성을 유지하는 흐름이 단절되는 것'이라고 바수반두는 설명한다. 이상의 '의지에 의한 살생'에 관한 논의는 20송에서도 계속 이어진다.

# 20송

## 의지에 의한 행위의 힘

## 산스크리트 20송

(L 10,10; S 198,18)

**kathaṃ vā daṇḍakāraṇyaśūnyatvam ṛṣikopataḥ |**

yadi paravijñaptiviśeṣādhipatyāt sattvānāṃ maraṇaṃ neṣyate | manodaṇḍasya hi mahāsāvadyatvaṃ sādhayatā bhagavatopālir gṛhapatiḥ pṛṣṭaḥ |

kaccit te gṛhapate śrutaṃ kena tāni daṇḍakāraṇyāni mātaṅgāraṇyāni kaliṅgāraṇyāni śūnyāni medhyībhūtāni |

tenoktaṃ śrutaṃ me bho gautama ṛṣīṇāṃ manaḥpradoṣeṇeti ||

**[바수반두 :] 그렇지 않다면(= 다른 사람의 특별한 인식의 영향력으로 죽음이 일어나는 것이 아니라면), 어떻게 선인(ṛṣi)의 분노(kopa)로 단다카(Daṇḍaka)숲이 텅 비게 되었는가? [20ab]**

만약 다른 사람의 특별한 인식의 영향력에 의해서 중생들이 죽는 것을 [그대가] 인정하지 않는다면[, 그대는 어떻게 선인의 분노로 단다카숲이 텅 비게 되었는지 설명할 수 있는가?] 왜냐하면, 의지(manas)에 의한 폭력이 [신체나 언어의 폭력보다] 큰 죄라고 증명하시던 세존이 거사(gṛhapati)인 우팔리(Upāli)에게 물으셨기 때문이다.

"거사여! 그대는 무엇 때문에 저 단다카숲과 마탕가(Mātaṅga)숲, 칼링가(Kaliṅga)숲이 텅 비어 청정하게 되었는지 [그것에 관하여] 무언가 들었는가?"

그(= 우팔리)가 답하였다. "오, 가우타마시여! 저는 [그런 일들이] 선인들의 적개심(manaḥ-pradoṣa) 때문에 일어났다고 들었습니다."

**manodaṇḍo mahāvadyaḥ kathaṃ vā tena sidhyati || 20 ||**

yady evaṃ kalpyate, tadabhiprasannair amānuṣais tadvāsinaḥ sattvā utsāditā na tv ṛṣīṇāṃ manaḥpradoṣān mṛtā ity evaṃ sati kathaṃ tena karmaṇā manodaṇḍaḥ kāyavāgdaṇḍābhyāṃ mahāvadyatamaḥ siddho bhavati |

tan manaḥpradoṣamātreṇa[1] tāvatāṃ sattvānāṃ maraṇāt sidhyati ||

1 RS : tanmanaḥpradoṣamātreṇa

**[또,] 그렇지 않다면(= 선인들의 적개심 때문이 아니라면), 어떻게 그 것(= 선인이 적개심을 품는 행위)을 가지고 의지에 의한 폭력이 [신체나 언어에 의한 폭력보다] 큰 죄라고 증명할 수 있는가? [20]**

만약 "선인들이 적개심으로 그곳(= 숲)에 사는 중생들을 죽인 것이 아니라 그들(= 선인들)을 신봉하는(abhiprasanna) 정령(amānuṣa)들이 [숲의 중생들을] 섬멸한 것이다"라고 [그대가] 생각한다면, 그 경우 [그대는] 어떻게 그 [선인이 적개심을 품는] 행위(karman)를 가지고 의지에 의한 폭력이 신체(kāya)나 언어기관(vāc)에 의한 폭력보다 더 큰 죄라고 증명할 수 있는가?

오직 [선인들의] 적개심만으로 그만큼 많은 중생이 죽었으므로 그것(= 의지에 의한 폭력이 신체나 언어기관에 의한 폭력보다 더 큰 죄라는 것)이 증명된다.

## 티베트역 20송

(D 136 9a7, P 236 10a6)

**drang srong khros pas dan ta ka'i |**

**dgon pa ji ltar stongs par 'gyur |**

gal te gzhan gyi rnam par rig pa'i bye brag gis sems can dag 'chi bar mi 'dod na | yid kyi nyes pa kha na ma tho ba chen po dang bcas pa nyid du bsgrub pa na | bcom ldan 'das kyis khyim bdag nye ba 'khor la bka' stsal pa |

khyim bdag khyod kyis dan ta ka'i dgon pa dang | ka ling ka'i dgon pa dang ma tang ka'i dgon pa de dag ci zhig gis stongs pa dang | gtsang mar gyur pa ci thos zhes smras pa dang | des gau ta ma drang srong rnams khros pas de ltar gyur ces thos so zhes gsol to ||

**[바수반두 : 다른 사람의 특별한 인식의 영향력으로 죽음이 일어나는 것이 아니라면] 어떻게 선인(drang srong, ṛṣi)의 분노 (khros pa, kopa)로 단다카(Daṇḍaka)숲이 텅 비게 되었는가? [20ab]**

만약 다른 사람의 특별한 인식의 영향력으로 중생들이 죽는 것을 [그대가] 인정하지 않는다면, [어떻게 그대는 선인의 분노로 단다카숲이 텅 비게 되었는지 설명할 수 있는가?]

의지(yid, manas)에 의한 과실(nyes pa, *doṣa)이 [신체나 언어에 의한 과실보다] 큰 죄라는 것을 증명할 때 세존이 거사(khyim bdag, gṛhapati)인 우팔리(Nye ba 'khor, Upāli)에게 말씀하셨다.

[세존이] "거사여! 그대는 그 단다카숲과 칼링가(Kaliṅga)숲과 마탕가(Mātaṅga)숲이 왜 텅 비고 청정하게 되었는지 들었는가?"라고 말씀하셨다. "오, 가우타마시여! 선인들의 분노 때문에 그렇게 되었다고 들었습니다"라고 [우팔리가] 답하였다.

**yid nyes kha na ma tho cher |**

**ji ltar de yis 'grub par 'gyur || 20 ||**

gal te 'di ltar rtog ste | de la dga' ba mi ma yin pa de dag gis de na gnas pa'i sems can rnams kha btag gi | drang srong rnams kyis yid 'khrugs pas dogs pa ni ma yin no zhe na | de ltar na las des lus dang ngag gi nyes pa rnams pas yid kyi nyes pa ches kha na ma tho ba chen po dang bcas par 'grub par ji ltar 'gyur te | de'i yid 'khrugs pa tsam gyis sems can de snyed 'chi bar 'grub bo ||

**[또, 선인들의 적개심 때문에 그런 것이 아니라면] 어떻게 의지에 의한 과실이 [신체나 언어에 의한 과실보다] 큰 죄라는 것이 그것(= 선인이 적개심을 품는 행위)을 가지고 증명할 수 있는가? [20]**

만약 "그(= 선인)를 신봉하는(dga' ba, abhiprasanna) 그 정령(mi ma yin pa, amānuṣa)들이 그곳(= 숲)에 사는 중생들을 사라지게 한 것이지, 선인들의 적개심 때문에 죽은 것이 아니다"라고 [그대가 생각]한다면, 그 경우 [그대는] 어떻게 그 [선인이 적개심을 품는] 행위(las, karman)를 가지고 신체(lus, kāya)나 언어기관(ngag, vāc)에 의한 과실보다 의지에 의한 과실이 더 큰 죄라는 것이 증명할 수 있는가? 그(= 선인)의 적개심만으로 그만큼 많은 중생이 죽었으므로 [신체나 언어기관에 의한 과실보다 의지에 의한 과실이 더 큰 죄라는 것이] 증명된다.

## 진제역 20송

(T31, 73b20-25)

"復次,

**云何檀陀[2]林, 空寂由仙瞋? (20송 1,2구)**

若由他識變異增上不許衆生死, 世尊成立心重罰最[3]爲大罪, 問優婆[4]離長者: '長者[5]! 汝曾聞不, 云何檀陀[6]柯林, 迦陵伽林, 摩登伽[7]林, 空寂淸淨?' 長者答曰[8]: '瞿曇! 曾聞由仙人瞋心.'

---

2 陀 : 趙成本 · 高麗本에는 '陁'로 되어 있다.

3 最 : 趙成本 · 高麗本에는 '㝡'로 되어 있다.

4 婆 : 趙成本 · 高麗本 · 磧砂本 · 洪武本 · 永樂本 · 乾隆本 · 頻伽本에는 '波'로 되어 있다.

5 長者 : 磧砂本 · 洪武本 · 永樂本 · 乾隆本에는 빠져 있다.

6 陀 : 趙成本 · 高麗本에는 '陁'로 되어 있다.

7 伽 : 磧砂本 · 洪武本 · 永樂本 · 乾隆本에는 '迦'로 되어 있다.

8 曰 : 趙成本 · 高麗本 · 磧砂本 · 洪武本 · 永樂本 · 乾隆本 · 頻伽本에는 '言'으로 되어 있다.

[바수반두가 말한다.] "다시

**왜 단다카(檀陀柯, Daṇḍaka)숲이**
**텅 비고 고요하게 된 것이 선인의 분노(瞋, kopa) 때문이라고 하겠는가? (20송 1,2구)**

만약 다른 사람의 변화를 일으킨 [특별한] 인식의 영향력에 의해서 중생이 죽는 것을 [당신이] 인정하지 않는다면, [어째서 단다카숲이 텅 비고 고요하게 된 것이 선인의 분노 때문인지 설명할 수 있겠는가?] 세존이 의지(心, manas)로 일으키는 무거운 벌이 가장 큰 죄가 된다는 것을 성립시키기 위해, 우팔리(優婆離, Upāli) 장자(長者, gṛhapati)에게 물었다. '장자여! 그대는 일찍이 단다카숲이나 칼링가(迦陵伽, Kaliṇga)숲이나 마탕가(摩登伽, Mātaṅga)숲이 무엇 때문에 텅 비어 고요하고 청정하게 되었다고 들었는가?' 하니, 장자가 '가우타마(瞿曇, Gautama)시여! 일찍이 선인의 적개심(瞋心, manaḥ-pradoṣa) 때문[에 그렇게 된 것]이라고 들었습니다'라고 하였다.

(T31, 73b26-c1)

**心重罰大罪, 若爾[9]云何成? (20송 3,4구)**

若汝執有諸鬼神愛敬仙人故, 殺[10]害此中衆生, 不由仙人瞋心, 若爾[11]云何由此業心重罰大罪, 劇於身口重罰? 由仙人瞋心故, 如是多衆生死故, 心重罰成大罪."

9 爾: 趙成本 · 高麗本 · 磧砂本 · 洪武本에는 '尒'로 되어 있다.

10 殺: 趙成本 · 高麗本에는 '煞'로 되어 있다.

11 爾: 趙成本 · 高麗本 · 磧砂本 · 洪武本에는 '尒'로 되어 있다.

**만약 그렇다면 마음(心, manas)이 일으키는 무거운 보복(罰)이 [신체 나 언어로 일으키는 보복보다] 더 큰 죄가 된다는 것이 어떻게 성립하겠느냐? (20송 3,4구)**

만약 그대가 정령(鬼神, amānuṣa)들이 선인을 사랑하고 공경하기(愛敬, abhiprasanna) 때문에 여기(= 숲)에 있는 중생을 살해한 것이지 선인의 적개심 때문[에 그렇게 된 것]이 아니라고 고집한다면, 만약 그렇다면 어떻게 이 [선인이 적개심을 품는] 행위(業, karman)를 [유일한] 근거로 하여 마음이 일으키는 무거운 보복이 큰 죄가 되고, 신체(身, kāya)와 언어기관(口/語, vāc)으로 일으키는 무거운 보복보다 [더] 심하다고 하겠는가? 선인의 적개심으로 말미암아 이같이 많은 중생이 죽었기 때문에 마음이 일으킨 무거운 보복이 [가장] 큰 죄가 된다는 것이 증명된다."

## 현장역 19송

(T31, 77a8-18)

"復次頌曰:

**彈咤[12]迦等空, 云何由仙忿?**

**意罰爲大罪, 此復云何成?" (19송)**

論曰: "若不許由他識轉變增上力故他有情死, 云何世尊爲成意罰是大罪故, 返問長者鄔波離言: '汝頗曾聞何因緣故, 彈咤[13]迦林, 末蹬伽林, 羯陵[14]伽林, 皆空閑寂?' 長者白佛言: '喬答摩! 我聞由仙意憤恚故.' 若執神鬼敬重仙人, 知嫌爲殺彼有情類, 不但由仙意憤恚者, 云何引彼成立, 意罰爲大罪性過於身語? 由此應知, 但由仙忿彼有情死理善成立."

12 咤: 洪武本 · 永樂本 · 乾隆本에는 '宅'으로 되어 있다.

13 咤: 洪武本 · 永樂本 · 乾隆本에는 '宅'으로 되어 있다.

14 陵: 磧砂本 · 洪武本 · 永樂本에는 '淩'으로 되어 있고, 乾隆本에는 '凌'으로 되어 있다.

[바수반두가 말한다.] "다시 게송으로 말한다.

**단다카(彈咤迦, Daṇḍaka) 등이 텅 비게 된 것이**
**어떻게 선인의 분노(忿, kopa) 때문이라고 하겠는가?**
**의지(意, manas)에 의한 보복(罰)이 [신체나 언어에 의한 것보다] 더 큰 죄가 된다는**
**이것이 다시 어떻게 증명되겠는가?" (19송)**

[바수반두가] 논한다. "만약 다른 사람의 변화를 일으킨 [특별한] 인식의 영향력에 의해서 다른 중생이 죽는 것을 인정하지 않는다면, 왜 세존이 의지에 의한 보복이 [가장] 큰 죄가 된다는 것을 성립시키기 위하여 장자(長者, gṛhapati)인 우팔리(鄔波離, Upāli)에게 도리어 [다음과 같이] 물었겠는가? '그대는 자못 일찍이 어떤 인연 때문에 단다카 숲이나 마탕가(末蹬伽, Mātaṅga)숲이나 칼링가(羯陵伽, Kaliṅga)숲이 모두 텅 비고 한적하게 되었다고 들었는가?' 하니, 장자가 부처님에게 말하기를, '가우타마(喬答摩, Gautama)시여! 저는 선인의 적개심(意憤恚, manaḥ-pradoṣa) 때문이라고 들었습니다'라고 하였다. 만약 정령(鬼神, amānuṣa)이 선인을 공경하고 소중하게 여겨서(敬重, abhiprasanna) 저 중생의 무리를 혐오하여 살해한 것이지 다만 선인의 적개심에 의한 것이 아니라고 [그대가] 고집한다면, 어떻게 저 [행위를] 인용하여 의지에 의한 보복이 신체(身, kāya)와 언어기관(口/語, vāc)[에 의한 것]보다 더 큰 죄의 성질을 지니는 것을 증명할 수 있겠는가? 이로써 다만 선인의 분노로 말미암아 저 중생들이 죽었다는 이치가 잘 증명된다는 것을 마땅히 알아야만 한다."

## 반야류지역 20송

(T31, 69b22-c4)

"又偈言 :

**經說'檀拏迦, 迦陵摩燈國,**

**仙人瞋故空.' 是故心業重. (20송)**

此偈明何義? 若有死者不依他心, 不依自心, 若如是者, 以何義故, 如來欲成心業爲重? 是故經中問優波離長者言 : '長者! 汝頗曾聞, 以何因緣檀拏迦[15]國[16], 迦陵迦[17]國, 摩燈伽國, 曠野空寂無有衆生及草[18]木等?' 優波離長者白佛言 : '瞿曇! 我昔曾聞, 依仙人瞋心, 殺[19]害如是無量衆生.' 是故得知唯有意業. 若不爾[20]者, 如來何故於諸經中作如是說? 是故偈言 : **'經說檀拏迦, 迦陵摩燈國, 仙人瞋故空'**故."

---

15 迦 : 頻伽本에는 '加'로 되어 있다.
16 國 : 趙成本에는 빠져 있다.
17 迦 : 高麗本 · 磧砂本 · 永樂本 · 乾隆本에는 '伽'로 되어 있다.
18 草 : 頻伽本에는 '艸'로 되어 있다.
19 殺 : 趙成本 · 高麗本에는 '煞'로 되어 있다.
20 爾 : 趙成本 · 高麗本 · 磧砂本에는 '尒'로 되어 있다.

[바수반두가] "또 게송으로 말한다.

**경전에서 '단다카(檀拏迦, Daṇḍaka)국과**
**칼링가(迦陵迦, Kaliṅga)국과 마탕가(摩登伽, Mātaṅga)국은**
**선인의 분노(瞋, kopa) 때문에 텅 비게 되었다'라고 말한다.**
**이 때문에 의지(心, manas)에 의한 행위(業, karman)가 [가장] 중요하다. (20송)**

이 게송은 어떤 의미를 밝히고 있는가? 만약 죽음이 다른 [사람의] 마음에 의해서도 아니고, 자신의 마음에 의해서도 아니라면, 만약 이와 같다면 어떤 이유로 여래가 의지에 의한 행위가 [가장] 중요하다고 증명하려 하셨겠는가? 이 때문에 경전에서 우팔리(優波離, Upāli) 장자에게 묻기를 '장자여! 그대는 자못 일찍이 어떤 이유로 단다카국과 칼링가국과 마탕가국의 광야가 [본래는 숲이었지만 지금처럼] 텅 비고 고요하고 중생과 초목 등이 없어지게 되었는지를 들어보았는가?' 하니, 우팔리 장자는 부처님께 아뢰기를 '가우타마(瞿曇, gautama)시여! 저는 이전에 일찍이 선인의 적개심(瞋心, manaḥ-pradoṣa) 때문에 이처럼 헤아릴 수 없는 중생이 살해되었다고 들었습니다'라고 하였다. 이 때문에 오직 의지에 의한 행위가 있을 뿐이라는 것을 알 수 있다. 만약 그렇지 않다면 여래가 왜 여러 경전에서 이같이 말씀하셨겠는가? 이 때문에 게송에서 **'경전에서 「단다카국과 칼링가국과 마탕가국은 선인의 분노 때문에 텅 비게 되었다」 라고 말한다'**라고 했던 것이다."

(T31, 69c4-15)

問曰 : "依仙人瞋心, 信[21]仙人鬼殺[22]害如是三國衆生, 非依仙人瞋心而死."

答曰 : "如來於汝外道經中, 問久學尼乾子言 : '於三業中何業[23]爲重?' 久學尼乾子答如來言 : '身業爲重.'

佛言尼乾子 : '此彼[24]城中所有衆生爲多爲少?' 久學外道言 : '無量無邊不可數知.'

佛言 : '尼乾子! 若有惡人欲殺[25]害此諸衆生者, 幾日可殺[26]?' 尼乾子言 : '非是一年二年可[27]殺[28].'

佛告久學尼乾子言 : '摩燈伽等三國衆生, 汝頗曾聞云何而死? 爲身業殺[29]? 爲意業殺[30]?' 尼乾子言 : '瞿曇! 我昔曾聞, 仙人瞋心以意業殺[31]爾[32]數衆生.'

---

21 信 : 磧砂本 · 乾隆本에는 '依'로 되어 있다.
22 殺 : 趙成本 · 高麗本에는 '煞'로 되어 있다.
23 業 : 磧砂本 · 永樂本 · 乾隆本에는 '者'로 되어 있다.
24 彼 : 趙成本에는 '波'로 되어 있고, 磧砂本 · 永樂本 · 乾隆本에는 '彼彼'로 되어 있다.
25 殺 : 趙成本 · 高麗本에는 '煞'로 되어 있다.
26 殺 : 趙成本 · 高麗本에는 '煞'로 되어 있다.
27 可 : 磧砂本 · 永樂本 · 乾隆本에는 '所'로 되어 있다.
28 殺 : 趙成本 · 高麗本에는 '煞'로 되어 있다.
29 殺 : 趙成本 · 高麗本에는 '煞'로 되어 있다.
30 殺 : 趙成本 · 高麗本에는 '煞'로 되어 있다.
31 殺 : 趙成本 · 高麗本에는 '煞'로 되어 있다.
32 爾 : 趙成本 · 高麗本 · 磧砂本에는 '尒'로 되어 있다.

[외경실재론자가] 묻는다. "선인의 적개심에 의지해서 선인을 신봉하는 정령(鬼, amānuṣa)이 이와 같은 세 나라의 중생을 살해한 것이지, 선인의 적개심 때문에 죽은 것이 아니다."

[바수반두가] 답한다. "여래가 오랫동안 배운 자이나교도(尼乾子, Nirgrantha)에게 묻기를, '너희들 외도 경전에서는 [의지와 신체와 언어기관에 의한] 세 종류의 행위(三業) 가운데 어떤 행위가 [가장] 중요한가?' 하니, 오랫동안 배운 자이나교도가 여래에게 '신체(身, kāya)에 의한 행위가 [가장] 중요합니다'라고 대답하였다.

붓다가 자이나교도에게 말씀하시기를, '이 [성]과 저 성(城)에 있는 중생이 많은가 적은가?' 하니, 오랫동안 배운 외도(= 자이나교도)가, '[저는] 생각할 수도 없고, 끝도 없고, 수로 헤아릴 수도 없[이 많]은 것으로 압니다'라고 하였다.

붓다가 말씀하시기를, '자이나교도여! 만약 어떤 악한 사람이 이 모든 중생을 살해하고자 한다면 며칠 만에 죽일 수 있겠느냐?' 하니, 자이나교도가 '1년이나 2년이라도 죽일 수 없을 겁니다'라고 하였다.

붓다가 오랫동안 배운 자이나교도에게 말씀하시기를, '마탕가 등의 세 나라의 중생이 어떻게 해서 죽었는지를 너는 자못 일찍이 들어보았느냐? 신체에 의한 행위로 죽였다고 생각하느냐? 의지에 의한 행위로 죽였다고 생각하느냐?' 하니, 자이나교도가 '가우타마시여! 저는 이전에 일찍이 선인의 적개심이 일으킨 의지에 의한 행위로 수많은 중생을 살해하였다고 들었습니다'라고 하였다.

(T31, 69c15-25)

佛言 : ‘尼乾子! 若如是者, 云何而言: 「身業爲重?」’ 尼乾子言 : ‘如是如是. 我不審諦謬聞而說.’

以是義故, 證成我義, 三界唯心無身口業. 此以何義? 如世人言, 賊燒山林聚落城邑, 不言火燒, 此義亦爾[33]. 唯依心故善惡業成. 以是義故, 經中偈言 :

諸法心爲本. 諸法心爲勝.
離心無諸法. 唯心身口名.

‘唯心身口名’者, 但有心識無身口業. 身口業者但有名字. 實是意業身口名說.”

33 爾 : 趙成本 · 高麗本 · 磧砂本에는 ‘尒’로 되어 있다.

붓다가 말씀하시기를, '자이나교도여! 만약 이와 같다면 어떻게 너는 「신체에 의한 행위가 [가장] 중요하다」고 하느냐?' 하니, 자이나교도가 말하기를 '그렇습니다. 그렇습니다. 저는 진리를 살피지 못하여 잘못된 가르침을 듣고 말씀드렸습니다'라고 하였다.

이 이유로 내가 말하려는 뜻, [즉] 삼계는 오직 마음일 뿐, 신체에 의한 행위와 언어기관(口/語, vāc)에 의한 행위는 없다는 것이 증명되었다. 이것은 어떤 의미인가? 예를 들어, 세상 사람들은 도적이 산림과 마을과 성읍을 불태우는데 불이 태웠다고 말하지 않는 것과 같이 이 의미 또한 그러하다. 오직 마음에 의지하기 때문에 선한 행위와 악한 행위가 이루어진다. 이 이유로 경전 가운데 게송에서 말하였다.

모든 존재는 마음을 근본으로 삼는다.
모든 존재[가운데]는 마음이 [가장] 뛰어나다.
마음을 떠나서는 어떤 존재도 없다.
오직 마음이 있을 뿐, 신체와 언어기관(口, *vāc)은 이름에 지나지 않는다.

'오직 마음이 있을 뿐, 신체와 언어기관은 이름에 지나지 않는다'란 다만 마음(心識)만 있을 뿐, 신체에 의한 행위와 언어기관에 의한 행위는 [실제로는] 없다는 것이다. 신체에 의한 행위와 언어기관에 의한 행위란 단지 이름일 뿐이라는 것이다. 실재하는 것은 의지에 의한 행위이고 신체에 의한 행위와 언어기관에 의한 행위는 이름[만]으로 말한 것이다."

## 20송 해제

바수반두는 19송의 마지막에서 이루어졌던 살해에 대한 재정의를 불교의 전통적 해석을 통해서 보강하려고 한다. "다른 사람의 특별한 인식의 영향력에 의해서 중생들이 죽는다"라는 살해에 대한 그의 정의를 경전의 사례와 행위에 대한 불교의 전통적 입장을 근거로 하여 그것이 가능함을 증명하려는 것이다.

불교는 전통적으로 신체 · 언어기관 · 의지로 이루어지는 세 가지 행위 중에서 의지에 의한 행위(意業)를 더 과중한 것으로 보았다. 이는 자이나교에서 신체에 의한 행위(身業)를 중시했던 것과는 대립적이다. 그런 대립은 예를 들어, 어떤 왕이 하인에게 어떤 사람을 죽이라고 명령을 내리고 실제로 그 이후에 하인이 살인을 저질렀을 때, 그 살해의 죄업을 살인을 명령했던 왕이 받게 될지 아니면 살인을 직접 실행한 하인이 받게 될지 결정하는 문제에서 대답이 나뉘게 된다. 의지에 의한 행위를 중시하는 불교의 입장에서는 살해의 의지를 지니고 지시를 내린 왕에게 더 큰 살해의 죄업이 부과된다. 반대로 신체에 의한 행위를 중시하는 자이나교의 입장에서라면 실제로 살해 행위를 저지른 하인에게 더 큰 죄업이 부과된다. 자이나교의 출가자들이 미생물을 죽이지 않도록 물을 헝겊에 걸러 먹거나, 벌레를 밟지 않도록 길을 걸을 때 빗자루로 쓸면서 다니는 것도 의지보다도 신체에 의한 실질적인 행위를 중시하기 때문이다. 자이나교의 입장에서는 벌레를 죽일 마음이 있든 없든 의도적이든 우연히든 밟아서 죽이게 되면 신체에 의한 살해의 행위를 짓게 되는 것이다. 이처럼 의지에 의한 행위에 중요성을 부여하는 것은 불교의 전통적 교리 내용 중 하나이다. 그리고 이런 내용은 불교와 달리 신체에 의한 행위에 중요성을 부여

하는 자이나교와의 차이를 대비할 때만 맥락을 이해할 수 있다. 반야류지가 논의에서 자이나교도와의 문답을 삽입한 것도 그런 점을 고려한 것이다.

바수반두는 우선 자신의 살해에 대한 정의대로 죽음이 일어날 수 있다고 인정하지 않으면 옛날부터 전해지는 선인의 이야기는 성립할 수 없다고 설명한다. 전통적으로 인도에서는 숲에서 오랜 시간 머문 선인들은 수행의 힘이 축적되어 의지만으로도 물리력을 행사할 수 있다고 생각했다. 그리고 누군가가 그런 선인들을 자극하여 분노를 일으키게 해서, 그 분노의 힘으로 숲을 깡그리 쓸어버려서 텅 비게 했다는 이야기도 많이 전해진다. 이야기 속에서 숲의 나무들과 동물들은 모두 죽게 된다. 따라서 이 이야기는 선인의 의지에 의해 살해의 행위를 저지른 사례가 되는 것이다.

그런데 "다른 사람의 특별한 인식의 영향력에 의해서 중생들이 죽는다"라고 바수반두가 19송에서 제기한 것과 같은 형태의 죽음이 가능하지 않다고 한다면, 그렇게 선인이 분노로 숲의 중생들을 죽인 사례도 사실로서 인정하지 않는 것이 되고, 이는 경전에서 붓다가 전했던 사례가 허무맹랑한 일이 된다는 것을 의미한다. 만약 이 게송에서 바수반두와 대론하는 외경실재론자가 불교도라면, 이는 바라지 않는 결론이 된다. 고행자의 옛 이야기를 공유하는 힌두교도나 자이나교도들에게도 내키지 않는 결론이다. 그러므로 붓다가 전하는 옛이야기가 현실에서도 이루어질 수 있는 일이라고 생각한다면, 다른 사람의 특별한 인식의 영향력에 의해서 죽는 것도 가능하다고 인정해야 한다는 것이 게송의 전반부에서 바수반두가 주장하는 내용이다.

외경실재론자는 여기서 붓다가 전한 사례를 존중하면서 새로운 반론을 제시한다. 숲속의 중생들이 사실은 선인의 분노에 의해서 죽은 게 아니라는 것이다. 인도뿐만 아니라 대부분의 문화권에서는 숲속에 정령과 같은 존재들이 살고 있다고 믿었다. 여기서 정령이라고 번역한 amānuṣa 라는 말은 '인간이 아닌 생명'이라는 의미이다. 이를 테면 영화 <슈퍼배드>에 나오는 미니언들이 맹목적으로 강한 악당을 따르듯이, 그런 정령들은 숲속에서 오랜 기간 고행으로 에너지가 축적된 선인들을 신봉한다. 그리고 숲이 텅 비게 된 것은 선인의 분노에 의한 정신적 힘으로 물리력을 발휘한 것이 아니라, 그의 분노에 정서적으로 공감한 정령들이 날뛰어 나무들을 쓸어버린 것이라고 대론자는 주장한다. 그렇다면 숲이 텅 비게 된 것은 선인의 의지에 의한 행위가 아니라 정령들의 신체에 의한 행위가 원인이라고 해야 하지 않겠는가? 외경실재론자는 이런 해석을 통해서 "다른 사람의 특별한 인식의 영향력에 의해서 중생들이 죽는다"라는 형태의 죽음이 가능함을 인정하지 않으면서도 붓다가 전했던 옛날 선인들의 이야기를 부정하지 않아도 되는 길을 모색한다.

바수반두는 이에 대해서 앞서 19송에서 다루었던 '의지에 의한 행위의 과중성'이라는 불교의 전통적 교리로 반박한다. 앞서 바수반두가 게송의 전반부에 대한 주석에서 복선으로 깔았던 것처럼, 애초에 붓다는 선인의 분노로 숲이 텅 비게 된 사례를 '의지에 의한 폭력'이 신체나 언어기관에 의한 폭력보다 더 큰 죄라는 것을 설명하기 위해서 들었다. 그러면 이 사례를 통한 설명은 오직 '행위'만을 근거로 해서 의지에 의한 폭력이 가장 큰 죄가 되는 것으로 귀결되어야 한다. 그리고 그 근거가 되는 '행위'란 당연히 의지에 의한 행위인 '선인의 분노'가 되어야 한다.

하지만 이 사례를 정령들의 신체에 의한 행위로 숲이 텅 비게 된 것으로 해석하게 되면, 행위만을 근거로 의지에 의한 폭력이 가장 큰 죄가 된다고 결론지을 수 없게 된다. 그러므로 이 사례는 선인의 적개심만으로 숲에 살고 있던 수많은 중생이 죽은 것으로 해석해야 한다는 것이 바수반두의 반박이다.

여기서 바수반두가 정령들이 숲을 쓸어버리는 데 관여했다는 사실 자체를 부정하는 것은 아니다. 다만 거기서 행위의 책임 소재가 어디에 있는지를 반문하는 것이다. 외경실재론자의 반박으로 이 상황은 '선인의 의지에 의한 행위'로 보아야 할지, 아니면 '정령들의 신체에 의한 행위'로 보아야 할지 선택지가 갈리게 되었다. 그리고 이것을 선인의 의지에 의한 행위로 해석해야 불교의 전통적인 행위 이론을 설명할 수 있다고 반박한 것이다.

반야류지역에서는 이에 대하여 한 가지 설명이 추가된다. 그는 도적이 숲이나 마을을 태우는 상황을 예시로 든다. 도적이 불을 질러서 숲이나 마을을 태울 때, 이를 "도적이 태웠다"라고 하지 "불이 태웠다"라고 하지 않는다는 것이다. 왜냐하면 불은 의지가 없기에 선한 행위나 악한 행위를 지을 수 없기 때문이다. 그러므로 정령들이 실제로 숲을 쓸어버리는 데 관여했다 하더라도, 이는 '선인의 분노'로 쓸어버린 것으로 보아야 한다는 것이다.

19송의 악귀나 초능력자의 사례나 20송에서의 숲이 텅 비게 된 사례는 모두 "어떻게 의지로 살해를 일으키는 것이 가능한가?"에 대한 대답으로 제시된 것이다. 19송의 사례들은 의지로 다른 생명체에게 영향력을 미칠 수 있음을 보여주고, 20송의 사례들은 의지로 살해를 일으킬 수 있음을 보여준다. 바수반두는 여기서 "다른 사람의 특별한 영향력에 의해서 중생들이 죽는다"라는 것이 '가능하다'라는 정도로 논의를 마치고, "다른 사람의 특별한 영향력에 의한 살해, 즉 의지에 의한 살해만이 가능하고, 신체나 언어기관에 의한 살해는 불가능하다"라는 속내는 드러내지 않는다. 왜냐하면, 그것을 이 논의 내에서는 완전히 증명할 수 없기 때문이다.

외경실재론자가 양 도살자가 양을 죽이는 것은 '신체에 의한 행위'라고 상식적인 입장을 제시하였고, 바수반두는 '살해는 의식 사이의 영향력에 의해서 일어난 것'이라고 다른 입장을 제시하였다. 그러나 바수반두는 이 논의 내에서 '신체에 의한 살해(의지에 의한 살해)'가 불가능함을 증명하지 못했고, 다른 해석이 가능하다는 것만 보여주었다. 외경실재론자 역시 '두 의식 사이의 영향력에 의한 살해'가 불가능함을 증명하지 못했다. 그러면 양 도살자의 살해를 '의지에 의한 사례'로 보는 바수반두의 주장이나 '신체에 의한 사례'로 보는 외경실재론자의 주장이 모두 가능한 상태로 남겨진다. 여기까지가 바수반두가 의도했던 결론으로 보인다.

그러면 두 입장 중 어느 쪽이 맞는지는 어떻게 판정할 수 있을까? 혹은 바수반두는 어떻게 그가 내린 '영향력에 의한 죽음'이라는 살해의 정의가 살해를 설명할 수 있는 유일한 방법이라는 것을 증명할 수 있을까? 이런 문제들은 이 논의 내에서는 해결될 수 없고, 이 세계의 유식성이 증명되거나, 반대로 외계 대상의 존재가 증명되는 것에 의해서 결정될 수 있다. 유식성이 증명되면 '신체에 의한 살해'는 불가능하게 되고, 반대로 외계 대상의 존재가 증명되어야 '신체에 의한 살해'가 가능하게 된다. 그리고 유식성에 관한 논의는 앞의 게송들에서 이미 수없이 다루어졌다. 그래서 바수반두는 '양 도살자의 살해'라는 사례를 통해 제기하는 반박으로는 유식성을 부정할 수 없다는 것을 보여주는 것으로, 즉 '양 도살자의 살해'에 외경실재론 이외의 다른 해석의 여지가 있다는 것을 보여주는 것으로 충분하다고 생각했던 것으로 보인다.

# 21송

## 다른 사람의 마음에 대한 앎,
## 자신의 마음에 대한 앎, 붓다들의 앎

## 산스크리트 21송

(L 10,19; S 199,1)

yadi vijñaptimātram evedaṃ paracittavidaḥ kiṃ paracittaṃ jānanty atha na |

kiṃ cātaḥ |

yadi na jānanti kathaṃ paracittavido bhavanti |
atha jānanti |

**paracittavidāṃ jñānam ayathārthaṃ kathaṃ, yathā |**
**svacittajñānaṃ**

[외경실재론자 :] 만약 이것(= 삼계에 속한 것)이 실로 '오직 인식일 뿐'이라면, 다른 사람의 마음을 아는 자(paracittavid)들은 [정말로] 다른 사람의 마음을 아는 것인가, 아니면 알지 못하는 것인가?

[바수반두 :] 그러면 [각각의 경우가] 어떻게 되는가?

[외경실재론자 :] 만약 그들이 [다른 사람의 마음을] 알 수 없다[고 한다]면, 어째서 [그런 자들을] '다른 사람의 마음을 아는 자들'[이라고 할 수 있을 것]인가?

한편, 만약 [그들이 다른 사람의 마음을] 안다[고 한다]면,

**어째서 다른 사람의 마음을 아는 자의 앎(jñāna)은 있는 그대로(yathārtham) [아는 것이] 아닌가?**

**[바수반두 :] [다른 사람의 마음에 대한 앎은] 자신의 마음에 대한 앎과 마찬가지[로 있는 그대로 알지 못한]다. [21abc']**

tad api katham ayathārtha |

**ajñānād yathā buddhasya gocaraḥ || 21 ||**

yathā tan nirabhilāpyenātmanā buddhānāṃ gocaraḥ tathā tadajñānāt | tad[1] ubhayaṃ na yathārthaṃ, vitathapratibhāsatayā grāhyagrāhakavikalpasyāprahīṇatvāt ||

1 L, A, TD, RS : tadajñānāt tad

[외경실재론자 :] 어째서 그것(= 자신의 마음에 대한 앎)까지도 있는 그대로 [아는 것이] 아닌가?

**[바수반두 :] 왜냐하면, [다른 사람이나 자신의 마음에 대해] 붓다들[이 그들]의 인식영역(buddha-gocara)[을 아는 것]과 같은 방식으로는 알지 못하기 때문이다. [21]**

마치 언어로 표현할 수 없는 본질과 관련하여 붓다들[이 그들]의 그 인식영역[을 아는 것]과 같은 방식으로 그처럼 [붓다가 아닌 자들이] 그것들(= 다른 사람과 자신의 마음)을 [언어로 표현할 수 없는 본질을 지닌 모습 그대로] 알지 못하기 때문이다. 그 양쪽(= 다른 사람과 자신의 마음에 대한 앎)은 [실재하지 않는 것이 실재하는 것으로] 진실하지 않게 [마음에] 나타나는 것(vitatha-pratibhāsa)이므로 있는 그대로 [아는 것이] 아니다. 왜냐하면, [다른 사람이나 자신의 마음에 대한 앎이 나타날 때] 인식대상(grāhya)과 인식주체(grāhaka)에 대한 분별이 끊어지지 않았기 때문이다.

## 티베트역 21송

(D 136 9b4, P 236 10b2)

gal te 'di dag rnam par rig pa tsam du zad na gzhan gyi sems rig pas ci gzhan gyi sems shes sam 'on te mi shes she na | 'dis ci zhig bya | gal te mi shes na ni gzhan gyi sems rig pa zhes kyang ci skad du bya | ji ste shes na yang |

**gzhan sems rig pas shes pa ni |**
**don bzhin ma yin ji ltar dper |**
**rang sems shes pas |**

[외경실재론자 :] 만약 이것들(= 삼계에 속한 것들)이 실로 '오직 인식일 뿐'이라면, 다른 사람의 마음을 아는 자(gzhan gyi sems rig pa, paracittavid)는 [정말로] 다른 사람의 마음을 아는 것인가, 아니면 알지 못하는 것인가?

[바수반두 :] 그러면 [각각의 경우가] 어떻게 되는가?

[외경실재론자 :] 만약 [그것을] 알 수 없다[고 한다]면, 어째서 '다른 사람의 마음을 아는 자'라고 실로 말할 수 있을 것인가? 한편, 만약 [다른 사람의 마음을] 안다[고 한다]면,

> **어째서 다른 사람의 마음을 아는 자의 앎(shes pa, jñāna)이 있는 그대로(don [ji ltar ba] bzhin [du], yathārtham) [아는 것이] 아닌가?**
> **[바수반두 :] [다른 사람의 마음에 대한 앎은] 자신의 마음에 대한 앎과 마찬가지[로 있는 그대로 알지 못한]다. [21abc']**

de yang ji ltar don ji ltar ba bzhin du ma yin zhe na |

**sangs rgyas kyi |**

**spyod yul ji bzhin ma shes phyir || 21 ||**

ji ltar de brjod du med pa'i bdag nyid du sangs rgyas kyi spyod yul du gyur pa de ltar des ma shes pa'i phyir de gnyi ga yang don ji lta ba bzhin ma yin te | log par snang ba'i phyir ro | gzung ba dang 'dzin pa'i rnam par rtog pa ma spangs pa'i phyir ro ||

[외경실재론자 :] 어째서 그것(= 자신의 마음에 대한 앎)까지도 있는 그대로 [아는 것이] 아닌가?

**[바수반두 :] 왜냐하면, [다른 사람이나 자신의 마음에 대해] 붓다[들이 그들]의 인식영역(sangs rgyas kyi spyod yul, buddha-gocara)[을 아는 것]과 같은 방식으로는 알지 못하기 때문이다. [21]**

언어로 표현할 수 없는 본질과 관련하여 붓다[들이 그들]의 인식영역[을 아는 것]과 같은 방식으로 그처럼 [붓다가 아닌 자들이] 그것(= 다른 사람과 자신의 마음)을 [언어로 표현할 수 없는 본질을 지닌 모습 그대로] 알지 못하기 때문이다. 그 양쪽(= 다른 사람과 자신의 마음에 대한 앎)은 [실재하지 않는 것을 실재하는 것으로] 진실하지 않게 [마음에] 나타나는 것(log par snang ba, vitatha-pratibhāsa)이므로 있는 그대로 [아는 것이] 아니다. 왜냐하면, [다른 사람이나 자신의 마음에 대한 앎이 나타날 때] 인식대상(gzung ba, grāhya)과 인식주체('dzin pa, grāhaka)에 대한 분별이 끊어지지 않았기 때문이다.

## 진제역 21송

(T31, 73c1-5)

"若一切唯識, 他心通人爲知他心? 爲不知?"

"若爾[2]有何所以?"

"若不知云何得'他心通'? 若知云何言'識無境'?

**他心通人智, 不如境云何?"**

**"如知自心故. 不知如佛境. (21송)**

---

2 爾 : 趙成本 · 高麗本 · 磧砂本 · 洪武本에는 '尒'로 되어 있다.

[외경실재론자가 묻는다.] "만약 모든 것(= 삼계에 속한 것)이 오직 인식일 뿐이라면, 다른 사람의 마음을 아는 자(他心通人, paracittavid)는 [정말로] 다른 사람의 마음을 아는 것인가? [아니면] 알지 못하는 것인가?"

[바수반두가 답한다.] "만약 그렇다면 [각각의 경우에] 어떤 문제가 있는가?"

[외경실재론자가 묻는다.] "만약 알 수 없다[고 한다]면 어떻게 '다른 사람의 마음을 안다'라고 할 수 있을 것인가? 만약 안다[고 한다]면 어떻게 '인식이 외계 대상을 지니지 않는다'고 하겠는가?

**다른 사람의 마음을 아는 자의 앎(智, jñāna)은**
**있는 그대로(如境, yathārtham) [아는 것이] 아니라는 것은 어째서인가?"**
**[바수반두가 답한다.] "[다른 사람의 마음에 관한 앎은] 마치 자신의 마음을 아는 것과 마찬가지[로 있는 그대로 알지 못하]기 때문이다.**
**[그래서] 붓다[들이 그들]의 영역(佛境, buddha-gocara)[을 아는 것]과 같은 방식으로는 알지 못한다. (21송)**

(T31, 73c6-8)

是他心智境云何不如? 由無智故. 如不可言體他心則成佛境, 如此不能知故. 此二境界不如(非)[3]是, 此[4]顯現故. 能取所取分別未滅故."

3 非 : 趙成本 · 高麗本 · 頻伽本에는 '非'가 들어 있고, 磧砂本 · 洪武本 · 永樂本 · 乾隆本에는 빠져 있다. 뜻이 통하지 않아서 번역을 생략하였다.

4 此 : 趙成本 · 高麗本 · 磧砂本 · 洪武本 · 永樂本 · 乾隆本에는 앞에 '如'가 있다.

이 다른 사람의 마음을 아는 앎의 영역은 어째서 [있는] 그대로 [아는 것이] 아닌가? 무지로 말미암기 때문이다. 언어로 표현할 수 없는 것(不可言, nirabhilāpya)을 본질(體, ātman)로 하는 다른 사람의 마음, 즉 붓다를 이룬 자[들이 그들]의 영역[을 아는 것]과 같은 방식으로 이같이 알지 못하기 때문이다. 이것(= 다른 사람이나 자신의 마음에 대한 앎)은 [진실되지 않게 마음에] 나타나는 것([虛妄]顯現, [vitatha]-pratibhāsa)이므로, 이 [다른 사람과 자신의 마음에 관한 앎의] 두 영역은 [있는] 그대로 [아는 것이] 아니다. 왜냐하면, 인식주체(能取, grāhaka)와 인식대상(所取, grāhya)에 대한 분별이 사라지지 않기 때문이다."

## 현장역 20송

(T31, 77a19-23)

"若唯有識, 諸他心智知他心不?"

"設爾何失?"

"若不能知, 何謂'他心智', 若能知者, '唯識'應不成."

"雖知他心, 然不如實. 頌曰 :"

> **"他心智云何, 知境不如實?"**
>
> **"如知自心智. 不知如佛境." (20송)**

[외경실재론자가 묻는다.] "만약 오직 인식일 뿐이라면, 모든 다른 사람의 마음을 아는 자(他心智, paracittavid)는 [정말로] 다른 사람의 마음을 아는 것인가? 알지 못하는 것인가?"

[바수반두가 답한다.] "설령 그렇다면 [각각의 경우에] 어떤 결함이 있는가?"

[외경실재론자가 묻는다.] "만약 알 수 없다[고 한다]면 어떻게 '다른 사람의 마음을 아는 자'라고 할 것인가? 만약 알 수 있다면 '오직 인식일 뿐'이라는 것은 성립할 수 없을 것이다."

[바수반두가 답한다.] "비록 다른 사람의 마음을 안다 하더라도 대상 그대로(如實, yathārtham) 아는 것이 아니다. 게송으로 말한다."

> **[외경실재론자가 묻는다.] "다른 사람의 마음에 대한 앎(他心智, paracittajñāna)은 왜 있는 그대로 아는 것이 아니라고 하는가?"**
> **[바수반두가 답한다.] "[다른 사람의 마음에 관한 앎은] 자기의 마음을 아는 앎과 마찬가지[로 있는 그대로 알지 못한]다.**
> **[왜냐하면,] 붓다[들이 그들]의 인식영역[을 아는 것]과 같은 방식으로는 알지 못하[기 때문이]다." (20송)**

(T31, 77a24-28)

論曰 : "諸他心智云何於境不如實知? 如自心智. 此自心智云何於境不如實知? 由無知故. 二智於境各由無知所覆蔽故, 不知如佛淨智所行不可言境. 此二於境不如實知. 由似外境虛妄顯現故, 所取能取分別未斷故."

[바수반두가] 논한다. "모든 다른 사람의 마음에 관한 앎은 어째서 대상에 대해서 있는 그대로 알지 못한다고 하는가? [다른 사람의 마음에 관한 앎은] 자신의 마음에 관한 앎과 마찬가지[로 있는 그대로 알지 못한]다. 이 자신의 마음에 관한 앎은 왜 대상에 대해서 있는 그대로 알지 못하는가? 무지에서 비롯되기 때문이다. 두 앎(= 다른 사람과 자신의 마음에 관한 앎)은 대상에 대해서 각각 무지에 뒤덮여 있기에 붓다[들이 그들]의 청정한 앎에서 행해지는 언어로 표현할 수 없는(不可言, nirabhilāpya) 인식영역[을 아는 것]과 같은 방식으로 [있는 그대로] 알지 못한다. [다른 사람이나 자신의 마음에 관한 앎은 둘 다] 마치 외계 대상[이 있는 것]처럼 [실재하지 않는 것이 실재하는 것으로] 진실하지 않게 [마음에] 나타나는 것(虛妄顯現, vitatha-pratibhāsa)이므로 이 둘(= 다른 사람과 자신의 마음에 관한 앎)은 대상에 대해 있는 그대로 알지 못한다. 왜냐하면, 인식대상(所取, grāhya)과 인식주체(能取, grāhaka)의 분별이 끊어지지 않았기 때문이다."

## 반야류지역 21송

(T31, 69c25-70a7)

問曰 : "若但有[5]心無外境界, 此義不然. 何以故? 他心智者, 觀察他心他衆生心是外境界, 云何說言無外境界?

又復有難. 他心智者, 爲實知心? 爲不實知? 若不知者, 云何說言知於他心? 若實知者, 云何說言無外境界?"

答曰 : "偈言 :

**他心知於境, 不如實覺知.**
**以非離識境. 唯佛如實知. (21송)**

---

5　有 : 磧砂本 · 永樂本 · 乾隆本에는 '唯'로 되어 있다.

[외경실재론자가] 묻는다. "만약 다만 마음만 있고 외계 대상이 없다면, [다른 사람의 마음을 안다고 하는] 이 뜻은 옳지 않다. 왜 그런가? 다른 사람의 마음에 대한 앎이란 다른 사람의 마음을 관찰하는 것이고, [관찰되는] 다른 중생의 마음은 [바로] 외계 대상이 되는데, 어째서 외계 대상이 없다고 하겠는가?

또 다른 난점도 있다. 다른 사람의 마음을 아는 자(他心智者, paracittavid)는 정말로 [다른 사람의] 마음을 아는 것인가? 정말로 알지 못하는 것인가? 만약 알지 못한다면 어떻게 다른 사람의 마음을 안다고 할 것인가? 만약 정말로 안다면 어떻게 외계 대상이 없다고 하겠는가?"

[바수반두가] 답한다. "게송으로 말한다.

**다른 사람의 마음을 외계 대상으로 [하여] 안다면**
**[이것은] 있는 그대로(如實, yathārtham) 인지하여 아는 것이 아니다.**
**인식 [주체]와 [인식] 대상을 벗어나지 않았기 때문이다.**
**오직 붓다만이 있는 그대로 알 수 있다. (21송)**

此偈明何義? 他心智[6]者不如實知. 何以故, 以自內心虛妄分別, 以爲他心不能了知. 何以故? 以自心意意識離故. 是故偈言 : '**他心知於境, 不如實覺知, 以非離識境**' 故."

6 智 : 趙成本에는 빠져 있다.

이 게송은 어떤 의미를 밝히고 있는가? 다른 사람의 마음을 아는 자는 대상 그대로 아는 것이 아니다. 왜냐하면, 자신의 내부 마음(內心)으로 그릇되게 분별하여 다른 사람의 마음이라고 여기기 때문에 [대상 그대로를] 분명하게 알지 못한다. 왜 그런가? 자신의 마음의 생각(心意)에 따라 의식(意識)이 뒤섞여 있기 때문이다. 이 때문에 게송에서 '**다른 사람의 마음을 외계 대상으로 [하여] 안다면, [이것은] 있는 그대로 인지하여 아는 것이 아니다. 인식 [주체]와 [인식] 대상을 벗어나지 않았기 때문이다**'라고 했던 것이다."

(T31, 70a7-13)

問曰 : "爲一切聖人皆不能知他衆生心? 爲有知者?"

答曰 : "偈言 : **'唯佛如實知'**故. 此明何義? 如彼佛地如實果體, 無言語處勝妙境界. 唯佛能知餘人不知. 以彼世間他心智[7]者, 於彼二法不如實知. 以彼能取可取境界虛妄分別故. 彼世間人虛妄分別."

---

7 智 : 趙成本에는 '知'로 되어 있다.

[외경실재론자가] 묻는다. "모든 성인(聖人)이 다른 중생의 마음을 [대상 그대로] 알 수 있는가? [아니면 그 가운데 특수하게] 아는 자가 있는 것인가?"

[바수반두가] 답한다. "게송에서는 '**오직 붓다만이 있는 그대로 알 수 있다**'라고 했다. 이것은 어떤 뜻을 밝히고 있는가? 저 붓다의 경지와 같은 대상 그대로인 [인식] 결과의 본질은 언어[로 표현할 수] 없는 인식영역이며, 뛰어나고 신비한 경계이다. 오직 붓다만이 알 수 있으며 나머지 사람들은 알지 못한다. 저 세간에서 다른 사람의 마음을 아는 자들은 저 두 가지(= 자신의 마음과 다른 사람의 마음)에 대해 있는 그대로 알지 못한다. 저 인식주체(能取, grāhaka)와 인식대상(可取, grāhya)의 경계로 그릇되게 분별하기 때문이다. 저 세간 사람들은 [그와 같이] 그릇되게 분별한다."

## 21송 해제

21송에서 외경실재론자는 '다른 사람의 마음을 아는 자(paracittavid)'의 사례를 통해서 '대상 없는 인식'을 부정하고자 한다. 다른 사람의 마음을 아는 능력(타심지)은 인도 전통에서는 단골처럼 거론되는 초능력 중 하나이며, 불교에서도 붓다의 여러 신통력 중 하나로 간주했다.

외경실재론자는 우선 다른 사람의 마음을 아는 자라고 불리는 사람들이 정말로 타인의 마음을 아는 것인지를 묻는다. 만약 아니라고 대답한다면, 이는 전통적으로 인정되어 오던 붓다의 신통력을 부정하는 것이 된다. 따라서 불교도라면 이들이 정말로 다른 사람의 마음을 아는 것이라고 대답해야 한다. 그런데 다른 사람의 마음을 정말로 안다고 대답하게 되면, 이는 다른 사람의 마음을 대상으로 인식을 일으키는 것이 되므로 '대상 없는 인식'을 주장하는 유식론자들의 주장은 잘못된 것이 된다. 산스크리트 원문에서는 외경실재론자의 주장이 '대상 없는 인식'만 존재한다는 유식론자의 주장에 대한 공격이라고 명확하게 표현되지 않지만, 진제와 현장 모두 번역에서 다른 사람의 마음에 대한 앎이 외계 대상의 존재를 긍정하여 '인식일 뿐'을 부정할 수 있다는 것을 분명하게 드러내고 있다.

바수반두는 여기서 다른 사람의 마음을 아는 자의 존재를 부정하지 않으면서도 그런 타인의 마음에 대한 앎이 대상 없는 인식이라는 것을 증명해야 한다. 그는 여기서 다른 사람의 마음에 대한 앎은 자신의 마음에 대한 앎과 마찬가지라고 설명한다. 우리는 모두 자신의 마음 상태를 있는 그대로 안다고 생각한다. 내가 어떤 것을 상상하고 있는지, 내가 어떤 시각적 인식을 일으키고 있는지, 혹은 내 마음속에 어떤 감정이 일어나고 있는지 나는 알고 있다. 하지만 바수반두에 따르자면, 자신의 마음에 대한 앎은 있는 그대로 아는 것이 아니다.

"나(A)의 마음속에서 지금 어떤 것을 상상하고 있는지 나(B)는 알고 있다"라고 할 때, 상상하고 있는 나(A)의 마음은 대상이 되고 이를 알고 있는 나(B)는 주체가 된다. 이렇게 "나의 마음을 안다"라고 하는 것은 내 마음속에서 주체와 객체를 나누었을 때 일어나는 인지이다. 그런데 내 마음속의 주체와 객체는 내가 망상하여 분별한 것으로서 실제로 주체의 존재와 객체의 존재가 마음속에 따로 있는 것은 아니다. 이처럼 자신의 마음에 대한 앎이란 내 마음을 타자화하여 나타난 결과일 뿐으로서, 있는 그대로 아는 것이 아니다. 내가 일상에서 '대상에 대한 인식'이라고 생각하는 것이 실은 '마치 대상처럼 나타나는 것'에 불과한 것처럼, 내가 '내 마음에 대한 인지'라고 생각하는 것 역시 본질적으로는 망상분별이다.

바수반두는 다른 사람의 마음에 대한 앎도 이와 마찬가지라고 설명한다. 앞의 18~20송에서 두 의식의 흐름 사이에는 서로 영향력이 발휘된다고 했었다. 여기서 분명하게 언급되지는 않지만, 지금까지의 설명에 따르자면, 다른 사람의 마음에 대한 앎도 영향력이 일어나는 것처럼 두 의식 사이에 일어나는 작용이라 할 수 있다. 그런 다른 사람의 마음에 대한 앎은 자신의 마음에 대한 앎처럼 주객이 분리된 망상분별이며, 있는 그대로의 모습을 보는 것이 아니다. 그렇다면 있는 그대로의 모습이란 어떤 것일까? 본문의 설명을 참조하면, 있는 그대로의 모습이란 인식대상과 인식주체에 대한 분별이 끊어진 상태를 말하며, 이는 붓다들의 인식영역이다.

# 22송

## 유식을 완전하게 이해하는<br>붓다들의 인식영역

## 산스크리트 22송

(L 10,28; S 199,12)

anantaviniścayaprabhedāgādhagambhīryāyāṃ[1] vijñaptimātratāyāṃ |

**vijñaptimātratāsiddhiḥ svaśaktisadṛśī mayā |**

**kṛteyaṃ sarvathā sā tu na cintyā**

sarvaprakārā tu sā mādṛśaiś cintayituṃ na śakyā[2], tarkāviṣayatvāt[3] | kasya punaḥ sā sarvathā gocara ity āha |

**buddhagocaraḥ || 22 ||**

buddhānāṃ hi sā bhagavatāṃ sarvaprakāraṃ gocaraḥ sarvākārasarvajñeyajñānāvighātād iti ||

viṃśikā[4] vijñaptimātratāsiddiḥ

kṛtir iyam ācāryavasubandhoḥ ||[5]

---

1 L : -prabhedāgādha-; Lc : -prabhedagādha-; F : -prabhedâ

2 msB, RS, S : śakyā; L, A, TD, F : śakyate

3 RS : śakyā, tarkāviṣayatvāt; S : śakyā tarkāviṣayatvāt

4 msA, S : viṃśkā; L, A, msB, TD, F, RS : viṃśatikā

5 T : viṃśatikākārikāḥ samāptāḥ; maA : viṃśikā vijñaptiprakaraṇaṃ samāptam

[삼계에 속한 것이] '오직 인식일 뿐'이라는 것(vijñapti-mātratā)은 셀 수 없이 많은 확정적 판단(viniścaya)과 세부적 분석(prabheda)으로 가늠할 수 없는 깊이를 지니므로,

**나는 내 능력만큼 [삼계에 속한 것은] '오직 인식일 뿐'임(vijñapti-mātratā)을 증명하[고자 하]였다.**
**그러나 [나 바수반두는] 그것(= 삼계에 속한 것은 오직 인식일 뿐임)을 모든 방면에서 생각할 수는 없다. [22abc]**

그러나 나 같은 자들은 그것(= 오직 인식일 뿐임)을 모든 측면을 갖추고 생각할 수 없다. 왜냐하면, [그것은] 논리적 사유(tarka)의 영역을 초월하기 때문이다.

그렇다면 그것(= 오직 인식일 뿐임)은 모든 방면에서 [생각할 수 있을 때] 누구의 인식영역이 되는가? 이에 대답한다.

**[그것은] 붓다들의 인식영역이다. [22]**

왜냐하면, 그것(= 오직 인식일 뿐임)은 모든 측면으로 [고려할 수 있을 때] 붓다들, 즉 세존들의 인식영역이기 때문이다. [붓다들은] 모든 인식대상(jñeya)을 모든 형태(ākāra)로 아는 것(jñāna)에 걸림이 없기 때문이다.

이것은 '오직 인식일 뿐'임을 증명하는 스무 게송으로, 바수반두 스승의 저작이다.

## 티베트역 22송

(D 136 9b6, P 236 10b5)

rnam par rig pa tsam gyis rab tu dbye ba rnam par nges pa mtha' yas la gting mi dpogs shing zab pa'i |

**rnam rig tsam du grub pa 'di |**
**bdag gis bdag gi mthu 'dra bar |**
**byas kyi de yi rnam pa kun |**
**bsam yas |**

bdag 'dra bas rnam pa thams cad ni bsam par mi nus te | rtog ge'i spyod yul ma yin pa'i phyir ro | 'o na de rnam pa thams cad du su'i spyod yul snyam pa la |

**sangs rgyas spyod yul lo || 22 ||**

zhes bya ba smos te | de ni sangs rgyas bcom ldan 'das rnams kyi spyod yul te | shes bya thams cad kyi rnam pa thams cad la mkhyen pa thogs pa mi mnga' ba'i phyir ro |

slob dpon dbyig gnyen gyis mdzad pa nyi shu pa'i 'grel pa rdzogs so | rgya gar gyi mkhan po dzi na mi tra dang | shI len dra bo dthi dang | zhu chen gyi lo tsā ba ban de ye shes sdes zhus te gtan la phab pa ||

[삼계에 속한 것이] '오직 인식일 뿐'[이라는 것]에 대한 세부적 분석(rab tu dbye ba, prabheda)과 확정적 판단(rnam par nges pa, viniścaya)은 셀 수 없이 많고 가늠할 수 없는 깊이를 지니고 있다.

**나는 내 능력만큼 [삼계에 속한 것은] 이 '오직 인식일 뿐'[이라는 것]을 증명하[고자 하]였다. 그러나 [나 바수반두는] 그것(= 오직 인식일 뿐임)을 모든 방면에서 생각할 수 없다. [22abc]**

나 같은 자들은 [오직 인식일 뿐임을] 모든 측면에서 생각할 수 없다. 왜냐하면 [그것은] 논리적 사유(rtog ge, tarka)의 영역을 초월하기 때문이다.

그렇다면 모든 방면에서 [생각할 수 있을 때] 그것(= '오직 인식일 뿐'인 것의 성립)은 누구의 인식영역(spyod yul, gocara)이라고 여기는가?

**[그것은] 붓다[들]의 인식영역이다. [22]**

라고 답한다. 그것(= '오직 인식일 뿐'인 것의 성립)은 불세존들의 인식영역이다. [불세존들은] 모든 인식대상(shes bya, jñeya)을 모든 형태(rnam pa, ākāra)로 아는 것(mkhyen pa, jñāna)에 걸림이 없기 때문이다.

스승 바수반두가 설하신 『유식이십론』을 마친다.

인도의 대학승 지나미트라(Jinamitra), 쉴렌드라보디(Śīlendrabohi)와 편집자인 벤데 예셰데(Ben de ye shes sde)가 번역하고 편집하여 완성하였다.

## 진제역 22송

(T31, 73c9-16)

"此唯識理無窮, 簡擇品類甚深無底.

**成就唯識理, 我造隨自能.**

**如理及如量, 難思佛等境. (22송)**

我等作一切功用, 不能思度此理. 此理非覺觀所緣故. 何人能遍[6]通達此境? 是佛境界. 何以故? 諸佛世尊於一切法知[7]無礙故. 如量如理, 此境唯佛所見."

婆藪槃[8]豆菩薩造, 『唯識論』竟[9]

---

6 遍 : 永樂本 · 乾隆本 · 頻伽本에는 '徧'으로 되어 있다.

7 知 : 趙成本에는 뒤에 '故'가 들어 있다.

8 槃 : 磧砂本 · 洪武本 · 永樂本 · 乾隆本에는 '盤'으로 되어 있다.

9 竟 : 永樂本 · 乾隆本에는 뒤에 '婆藪盤頭即天親也'가 들어 있다.

[바수반두가 말한다.] "이 [삼계에 속한 것은] 오직 인식일 뿐이라는 이치(唯識理, vijñapti-mātratā)는 무궁하며, 해명(簡擇, viniścaya)과 세부적 분석(品類, prabheda)은 매우 깊고 끝이 없다.

**[삼계에 속한 것은] 오직 인식일 뿐이라는 이치를 증명하기 위해**
**나는 내 능력에 따라 [논서를] 지었다.**
**[오직 인식일 뿐임에 대해서] 이치 그대로, 또 인식 그대로는**
**[나 같은 자들의 능력으로] 헤아리기 어렵다. [그것은] 붓다들의 인식 영역이다. (22송)**

우리가 모든 노력을 기울이더라도 이 [오직 인식일 뿐이라는] 이치를 생각으로 헤아릴 수 없다. 이 이치는 논리적 사유(覺觀, tarka)의 영역(所緣, viṣaya)이 아니기 때문이다. [그렇다면] 어떤 사람이 이 인식영역(境, gocara)에 두루 통달할 수 있는가? 이것은 붓다의 인식영역(境界, gocara)이다. 왜 그런가? 모든 불세존은 모든 방식(法, prakāra)으로 아는 데 걸림이 없기 때문이다. 인식 그대로, 또 이치 그대로 [헤아리는] 이 인식영역은 오직 붓다[들]에게만 보이는 것이다."

바수반두보살 지음, 『유식론』 마침

(T31, 73c17-27)

菩提留支法師, 先於北[10]翻[11]出『唯識論』. 慧[12]愷以陳天嘉四年歲次癸未正月十六日, 於廣州制旨寺, 請三藏法師枸羅那他[13], 重譯此論. 行翻[14]行講, 至三月五日方竟. 此論外國本有義疏, 翻[15]得兩卷, 三藏法師更釋本文, 慧[16]愷注記, 又得兩卷. 末有僧忍法師, 從晋安齎[17]舊本達番禺[18], 愷取新文對讎校舊[19]本, 大意雖復略同, 偈語有異, 長行解釋, 詞繁義闕, 論初無歸敬. 有識君子宜善尋之. 今謹別抄[20]偈文, 安於論後, 庶披閱者爲易耳. 此論是佛法正[21]義, 外國盛弘. 沙門慧愷記.[22]

---

10 北 : 磧砂本 · 洪武本 · 永樂本 · 乾隆本에는 뒤에 '魏'가 있다.

11 翻 : 趙成本 · 磧砂本 · 洪武本 · 永樂本 · 乾隆本에는 '飜'으로 되어 있다.

12 慧 : 磧砂本 · 洪武本 · 永樂本에 · 乾隆本는 '惠'로 되어 있다.

13 枸羅那他 : 磧砂本 · 洪武本 · 永樂本 · 乾隆本에는 '羅那那陀'로 되어 있다.

14 翻 : 趙成本 · 高麗本 · 磧砂本 · 洪武本 · 永樂本 · 乾隆本에는 '飜'으로 되어 있다.

15 翻 : 趙成本 · 高麗本 · 磧砂本 · 洪武本 · 永樂本 · 乾隆本에는 '飜'으로 되어 있다.

16 慧 : 磧砂本 · 洪武本 · 永樂本 · 乾隆本에는 '惠'로 되어 있다.

17 齎 : 趙成本 · 高麗本 · 磧砂本 · 洪武本에는 '賚'로 되어 있다.

18 番禺 : 磧砂本 · 洪武本에는 '蕃隅'로 되어 있다.

19 舊 : 磧砂本 · 洪武本 · 永樂本 · 乾隆本에는 앞에 '當'이 있다.

20 抄 : 乾隆本 · 頻伽本에는 '鈔'로 되어 있다.

21 正 : 趙成本에는 '政'으로 되어 있다.

22 沙門慧愷記 : 趙成本에는 '後記及傾沙門慧愷注'라고 되어 있으며 위치도 후기 첫머리에 있다. 磧砂本 · 洪武本 · 永樂本 · 乾隆本에는 5字가 빠져 있다.

보리류지(菩提留支) 법사가 먼저 북[위]에서 『유식론』을 번역하였다. 나(慧愷)는 진(陳)나라 천가(天嘉) 4년(563) 계미년 1월 16일에 광주(廣州) 제지사(制旨寺)에서 삼장법사 구라나타(枸羅那陀, 眞諦, Guraṇata)에게 청하여 이 논을 다시 번역하였다. 번역하면서 강의도 진행하여 3월 5일에 끝마쳤다. 이 논은 외국본에 주석(義疏)이 있어서 번역하니 2권이 되었고, 삼장법사가 다시 본문을 해석하고 혜개가 주기(注記)하여 다시 2권을 얻었다. [번역을] 마칠 무렵 승인(僧忍) 법사가 진안(晉安)에서 구본(舊本, = 보리류지역)을 가지고 반우(番禺; 광주)에 도착하여서, 내(愷)가 새 번역을 구본과 비교 대조하여보니, 큰 뜻은 비록 대략 같지만, 게송에 차이가 있고, [바수반두의] 주석(長行) 해석도 글이 번잡하고 뜻이 빠질 뿐 아니라 논의 처음에 귀경게도 없었다. 식견이 있는 군자라면 마땅히 잘 살펴볼 것이다. 지금 삼가 별도로 게송[만]을 모아서 논의 말미에 붙여, [게송] 전체를 함께 살펴보려는 이들이 쉽게 볼 수 있게 하였다. 이 논은 불법(佛法)의 바른 뜻이어서 외국에서는 널리 퍼져 있다.

사문 혜개 적음

## 현장역 21송

(T31, 77a28-b8)

“唯識理趣無邊, 決擇品類差別難度甚深. 非佛誰能具廣決擇? 頌曰 :

**我已隨自能, 略[23]成唯識義.**

**此中一切種, 難思佛所行.” (21송)**

論曰 : “唯識理趣品類無邊. 我隨自能已略成立. 餘一切種非所思議. 超諸尋思所行境故. 如是理趣唯佛所行. 諸佛世尊於一切境, 及一切種智無礙故.”

『唯識二十論』一卷[24]

---

23 略 : 頻伽本에는 ‘畧’으로 되어 있다.

24 一卷 : 磧砂本 · 洪武本 · 永樂本 · 乾隆本에는 빠져 있고, 高麗本에는 ‘一卷’ 뒤에 “《丹藏》此《論》有後序三十餘行沙門靖邁製者, 今撿之彼乃慈恩《述記》之後序耳. 非爲《論》本所製, 故今不取. 癸卯歲 高麗國 大藏都監奉勅雕造(“『거란대장경』에는 이 『이십론』에 후서 30여 행이 있으며 사문 정매가 지었다고 하는데, 지금 조사해 보니 이 글은 자은대사의 『술기』 후서에 있는 것이었다. 본래 이 『이십론』을 번역할 때 쓴 글이 아니어서 지금 덧붙이지 않는다.” 계묘년에 고려국 대장도감에서 왕명을 받들어 새기다)”라는 54字가 있다. 頻伽本에는 ‘癸卯歲~奉勅調造를 제외한 40字가 들어 있다. 乾隆本에는 고려본의 54字가 없으며, ‘一卷’ 뒤에 音譯이 들어 있다.

[바수반두가 말한다.] "[삼계에 속한 것은] 오직 인식일 뿐이라는 이치(唯識理, vijñapti-mātratā)는 끝이 없어서, 확정적 판단(決擇, viniścaya)과 세부적 분석(品類差別, prabheda)은 헤아리기 어렵고 매우 깊다. 붓다가 아니라면 누가 [이러한] 광범위한 해명을 할 수 있겠는가? 게송으로 말한다.

**나는 이미 나의 능력에 따라**
**[삼계에 속한 것은] 오직 인식일 뿐이라는 의미(唯識義, vijñapti-mātratā)를 간략하게 증명하였다.**
**여기(= 오직 인식일 뿐임)에 포함될 수 있는 모든 [세부적 분석의] 종류는 생각하기 어렵다. [그것은] 붓다가 행하는 인식영역(所行, gocara)이다." (21송)**

[바수반두가] 논한다. "[삼계에 속한 것은] 오직 인식일 뿐이라는 이치에 대한 세부적 분석은 끝이 없다. 나는 나의 능력에 따라 이미 간략하게 증명하였다. 나머지 모든 [세부적 분석의] 종류는 생각으로 논의할 내용이 아니다. 모든 논리적 사유(尋思, tarka)가 행하는 영역(行境, viṣaya)을 초월하기 때문이다. 이와 같은 이치는 오직 붓다가 행하는 인식영역이다. 모든 불세존은 모든 인식대상(境, jñeya)과 모든 종류의 지혜에 있어서 걸림이 없기 때문이다."

『유식이십론』 1권

## 반야류지역 22송

(T31, 70a13-22)

"此唯是識, 無量無邊甚深境界. 非是心識可測量故. 偈言 :

**作此『唯識論』, 非我思量義,**

**諸佛妙境界. 福德施群生. (22송)**

此偈[25]明何義? 此是諸佛甚深境界. 非是我等思量所知. 何以故? 以彼非是心·意·意識思量境界故. 若如是者, 是誰境界? 偈言 : **'諸佛妙境界'** 故. 此明何義? 唯諸佛如來, 以一切種智, 於一切所知境界, 皆如實而知故."

『唯識論』一卷[26]

---

25 偈 : 趙成本에는 빠져 있다.

26 唯識論一卷 : 趙成本에는 '一卷'이 빠져 있고, 永樂本·乾隆本에는 '大乘楞伽經唯識論'으로 되어 있다. 그리고 永樂本에는 뒤에 音釋이 들어 있다.

[바수반두가 말한다.] "이 [삼계에 속한 것은] 오직 인식일 뿐이라는 [이치는] 헤아릴 수도 없고 끝도 없는 매우 깊은 영역이다. 이것은 [우리의] 마음(心識)으로는 헤아릴 수 없기 때문이다. 게송으로 말한다.

**이『유식론』을 지은 것은**
**내 생각으로 헤아릴 수 있는 의미가 아니라**
**붓다들의 묘한 인식영역(境界, gocara)이다.**
**[이 가르침으로] 복덕이 수많은 중생들에게 베풀어지기를 [바란다].**
**(22송)**

이 게송은 어떤 의미를 밝히고 있는가? 이것(= 오직 인식일 뿐임)은 모든 붓다의 매우 깊은 인식영역이다. 이것은 우리들의 생각으로 헤아려서 알 수 있는 것이 아니다. 왜 그런가? 저 [영역]은 이 마음 · 사유기능 · 의식의 생각으로 헤아리는 영역이 아니기 때문이다. 만약 이와 같다면 이것은 누구의 인식영역인가? 게송에서는 '**붓다들의 묘한 인식영역이다**'라고 하였다. 이것은 어떤 의미를 밝힌 것인가? 오직 모든 불여래만이 모든 종류의 지혜로 모든 인식대상(所知境界, jñeya)을 모두 있는 그대로 알기 때문이다."

『유식론』1권

## 大乘唯識論序[27]

(T31, 70a23-c13)

『唯識論』者, 乃是諸佛甚深境界, 非是凡夫二乘所知. 然此論始末明三種空. 何者爲三? 一者人無我空. 二者因緣法體空. 三者眞歸佛性空. 我空者, 我本[28]自無, 但凡夫之人愚癡顚倒, 於五陰中妄計爲有. 何以知無? 凡夫依心識妄想分別, 於五陰因緣法中見我爲有. 然此我相於五陰中實不可得. 若爾[29]般若觀此五陰中一二離二, 實體不可得猶如兎角. 若有此我於一中住者, 應於一中見, 應於異中見, 應於和合中見.

---

27 大乘唯識論序 : 趙成本 · 高麗本 · 洪武本에는 이 서문이 빠져 있고, 磧砂本 · 永樂本 · 乾隆本 · 頻伽本에는 魏譯 앞에 놓여 있다.

28 本 : 乾隆本에는 '大'로 되어 있다.

29 爾 : 磧砂本에는 '尒'로 되어 있다.

『유식론』[에서 논의되는 내용]은 모든 부처님의 매우 깊은 영역이어서 범부나 이승(二乘)의 인식대상이 아니다. 그렇지만 [그 요점을 정리하자면] 이 논에서는 처음부터 끝까지 세 종류의 공(空)에 대해 밝히고 있다. 세 종류란 어떤 것인가? 첫째는 인무아공(人無我空)이고, 둘째는 인연법체공(因緣法體空)이고, 셋째는 진귀불성공(眞歸佛性空)이다. 아공(我空)이란 나는 본래 스스로 없는데 다만 범부들이 어리석고 전도되어 다섯 가지 무더기(五陰, pañca-skandha, 오온) 가운데 그릇되게 헤아려서 [내가] 존재한다고 여기는 것이다. 어떻게 해서 [내가] 없다는 것을 알 수 있는가? 범부는 심식의 그릇된 분별에 의지하여 다섯 무더기의 인연법 가운데 내가 존재한다는 견해를 가진다. 그러나 이 아상은 오음 가운데 실로 얻을 수 없다. 만약 그대가 반야에서 다섯 무더기 가운데 [그것들과 나는] 하나이다, 둘이다, 둘을 떠나있다고 본다면 그 실체를 얻을 수 없으니 [이는] 마치 토끼의 뿔과 같다. 만약 이 내가 있어서 [다섯 무더기와] 하나[가 된] 속에 머무는 것이라 한다면 [다섯 무더기와] 하나[가 된] 속에서 [나를] 보거나, [다섯 무더기와] 다른 가운데 [나를] 보거나, [다섯 무더기와] 화합한 가운데 [나를] 보아야만 한다.

云何一中無我者? 以有常無常過故. 若有我與五陰一者, 五陰無常我亦應無常, 復有我若與陰一者, 我是常故陰亦應常. 若我與陰二者, 一邊卽同前無常, 一邊卽同前常. 若離二邊者此亦不然, 離於二邊別相不可得. 是故實無神我. 如是知者名入人無我空.

[그런데] 왜 [다섯 무더기와] 하나[가 된] 속에 내가 없다고 하는가? [그 주장에는] 영원함(常)과 영원하지 않음(無常)의 오류가 있기 때문이다. 만약 다섯 무더기와 하나인 내가 있다면 다섯 무더기가 영원하지 않으므로 나 또한 영원하지 않아야 하고, 혹은 내가 있어서 만약 다섯 무더기와 하나라고 한다면 나는 영원하므로 다섯 무더기 역시 영원해야만 한다. 만약 나와 다섯 무더기는 둘이라고 한다면 한쪽은 곧 앞의 영원하지 않음과 같고, 한쪽은 곧 앞의 영원함과 같다. 만약 양쪽을 떠난 것이라면 이것은 또한 옳지 않으니, 양쪽을 떠난 별도의 [아]상은 얻을 수 없기 때문이다. 이런 까닭에 진실로 신아(神我)는 없다. 이같이 아는 사람을 인무아공에 들어갔다고 한다.

因緣法體空者, 謂諸色等因緣法, 以隨俗因緣起. 云何隨俗因緣起? 世人見牛起於牛想不起馬想, 見馬起於馬想不起牛想. 色等法中亦復如是, 見柱起柱想不起色想, 見色起色想不起柱想. 如薪火相待無實. 以離於薪更無實火, 以離於火更無實薪. 於薪更無實火, 以離於火更無實薪. 於薪更無實火能作薪因, 以離於火更無實薪能作火因. 而見火說假名薪, 見薪說假名火. 以相待成故. 如是能成所成, 而不離能成因而有所成, 不離所成因而有能成. 如彼薪火能成所成亦實無. 是名因緣法體空.

인연법체공은 모든 형색 등의 인연법이 세속의 인연을 따라 일어남을 말한다. 무엇을 일러 세속의 인연을 따라 일어난다고 하는가? 세상 사람들은 소를 보고 소라는 표상을 일으키지 말이라는 표상을 일으키지는 않고, 말을 보고는 말이라는 표상을 일으키지 소라는 표상을 일으키지는 않는다. 형색 등의 존재도 또한 이와 같아서 기둥을 보면 기둥이라는 [모양의] 표상을 일으키지 색깔이라는 표상을 일으키지 않고, 색깔을 보고는 색깔이라는 표상을 일으키지 기둥이라는 [모양의] 표상을 일으키지는 않는다. 마치 장작과 불이 서로를 의존하여 실체가 없는 것과 같다. 장작을 떠나 다시 실체로서의 불은 없고, 불을 떠나 다시 실체로서의 장작은 없다. 장작에는 곧 실체로서의 불이 없기에 불을 떠나 곧 실체로서의 장작은 없다. 장작에 다시 실체로서의 불이 없어서 장작이라는 원인이 될 수 있고, 불을 떠나서 다시 실체로서의 장작이 없어서 불이라는 원인이 될 수 있다. 그래서 불을 보면 가명으로서 장작을 말하고, 장작을 보면 가명으로서 불을 말한다. [왜냐하면, 장작과 불은] 서로 의존하여 이루어지기 때문이다. 이같이 이루게 하는 것과 이루어지는 것이 되어서 이루게 하는 원인을 떠나 이루어지는 것이 [별도로] 존재하지 않고, 이루어지는 원인을 떠나 이루게 하는 것이 [별도로] 존재하지 않는다. 마치 저 장작과 불이라는 이루게 하는 것과 이루어지는 것이 또한 실제로 존재하지 않는 것과 같다. 이것을 인연법체공이라고 한다.

眞如法空者, 所謂佛性淸淨之體古今一定. 故經云: "佛性者名爲第一義空." 所言空者體無萬相故. 言其空無萬相者, 無有世間色等有爲法故無萬相, 非是同於無性法. 以其眞如法體. 是故經云 : "去八解脫者名不空空." 是故不同無法空也. 若如是觀, 是名解眞如法空.

『唯識論』言 : "唯識"者, 明但有內心無色·香等外諸境界. 何以得知? 如人目有膚瞖妄見毛輪·乾[30]闥婆城等種種諸色. 實無前境界, 但虛妄見有如是諸衆生等外諸境界, 故言 : "唯識." 若爾[31]但應言 : "破色," 不應言 : "破心," 此亦有義.

---

30 乾 : 磧砂本 · 永樂本 · 頻伽本에는 '犍'으로 되어 있고, 乾隆本에는 '揵'으로 되어 있다.

31 爾 : 磧砂本에는 '尒'로 되어 있다.

진여법공이란 이른바 불성의 청정한 본체는 과거나 지금이나 일정함을 말한다. 그러므로 경전에서 "불성이란 제일의공을 말한다"라고 하였던 것이다. 이른바 공이란 본체에 어떤 상도 없기 때문이다. 그 공에는 어떤 상도 없다는 것은 세간의 형색 등의 유위법이 없기에 어떤 상도 없다는 것이지 본성이 없는 존재(無性法)와 같다는 말이 아니다. 그것(= 공에는 어떤 상도 없다는 것)은 진여법체이기 때문이다. 이런 까닭에 경전에서 "여덟 가지 해탈을 넘어선 것을 공하지 않은 공(不空空)이라고 한다"라고 하였던 것이다. 이 때문에 [진여법공은] 존재가 없는 공(無法空)과 같지 않다. 만약 이같이 본다면 이것을 진여법공을 이해한 것이라고 한다.

『유식론』에서 "[삼계에 속한 것은] 오직 인식일 뿐"이라고 말하는 것은 다만 내부의 마음만 있을 뿐 형색과 향기 등의 외부 경계는 없다는 것을 밝힌 것이다. 어떻게 그것을 알 수 있는가? 예를 들어 비문증 환자(人目有膚翳)가 머리카락 뭉치 · 간다르바성 등과 같은 여러 가지 형색을 그릇되게 보는 것과 같다. 실제로 눈앞의 대상은 존재하지 않는데도 불구하고 다만 중생들은 이같이 외계 대상들이 존재한다고 그릇되게 보기 때문에 "[삼계에 속한 것은] 오직 인식일 뿐"이라고 하였다. 만약 그대들이 다만 "물질을 논파한 것"이지 "마음을 논파한 것"이 아니라고 한다면 여기에는 또 의미가 있다.

心有二種, 一者相應心, 二者不相應心. 相應心者, 謂無常妄識虛妄分別. 與煩惱結使相應, 名相應心. 不相應心者, 所謂常住第一義諦. 古今一相自性淸淨心. 今言 : "破心"者, 唯破妄識煩惱相應心, 不破佛性淸淨心. 故得言 : "破心"也.

마음에는 두 종류가 있으니 첫째는 상응심이고 둘째는 불상응심이다. 상응심이란 무상하고 그릇된 인식이 그릇되게 분별하는 것을 말한다. [이렇게] 번뇌와 결부되어 상응하는 것을 상응심이라고 한다. 불상응심이란 영원히 존재하는 가장 수승한 진리(第一義諦)를 말한다. 옛날부터 지금까지 한결같은 상(相)으로 자성청정심을 말한다. 지금 "마음을 논파한다"라고 하는 것은 오직 그릇된 인식인 번뇌와 상응하는 마음을 논파하는 것이지 불성청정심을 논파하는 것은 아니다. 그러므로 "마음을 논파한 것"이라고 말할 수 있다.

## 22송 해제

22송에서 바수반두는 지금까지의 서술에 대한 술회를 남기고 있다. 그는 자신이 유식성과 관련하여 모든 방면에서 생각할 수 없었음을 토로한다. 그런 이유로써 유식이라는 것이 논리적 사유의 영역을 초월하기 때문이라고 설명하면서 그것을 모든 방면에서 생각하는 것은 붓다들의 인식영역이라고 한다. 여기서 붓다들의 인식영역에 대해서 21송과는 다르게 설명하고 있다. 21송에서 붓다들의 인식영역은 인식주체와 인식대상의 분별을 끊은 영역으로 표현되지만, 여기서는 무엇을 인식하더라도 방해받지 않는 것으로 나타낸다.

이상을 설명하자면 다음과 같다.

'오직 인식일 뿐'이라고 하는 유식성은 본래 논리적 사유의 영역을 초월하는 개념이고, 인식주체와 인식대상의 분별이 없는 붓다들의 인식영역에 속한다. 그런데 그것을 사유하고 설명하려고 하면 모든 방면에서 생각할 수는 없다. 그것을 개념적 사유의 영역에서 설명하려고 하면 한계에 부딪히게 되는 것이다. 그런데 붓다들은 그런 한계가 없으므로 논리적 사유의 영역에서도 모든 방면으로 그것을 인식영역으로 삼을 수 있다.

이 '논리적 사유(tarka)의 영역'이라는 말은 바수반두가 『변중변론(辯中邊論, Madhyānta-vibhāga-bhāṣya)』(=『중변분별론』)의 주석부에서(v.30) "논리적 사유(tarka)의 영역(gocara)이 아니기 때문이다"라는 표현에서 그대로 사용하고, 『대승장엄경론(大乘莊嚴經論, Mahāyānasūtrālaṃkāra-bhāṣya)』의 주석부에서도(v.1.7) 위대하고 심원한 진리가 '논리적 사유를 따르는 자(tārkika)들의 영역(gocara)'이 아니라고 언급한다. 하지만 이들 논서들은 '두 명의 바수반두'를 주장하는 연구에서는 『유식이십론』의 저자 바수반두와 다른 사람으로 지목한 바수반두가 주석한 문헌이다. 이 점에 관해서는 보다 광범위한 고찰이 필요하다.

이 게송을 통해서 바수반두는 두 가지 목적을 달성하고자 하는 것으로 보인다. 하나는 유식성이 붓다들의 인식영역과 연관되는 것으로 자리매김하여 유식 이론의 위상을 정립하는 것이고, 다른 하나는 논리적 사유가 장애 없이 구사될 때 붓다들의 인식영역과 다름없다는 것을 지적하여 지금까지의 논의가 불완전하게나마 붓다들의 사유에 접근하고 있다는 것을 드러내는 것이다. 이렇게 유식 사상 자체의 권위를 확립하는 방식으로 논을 마무리한다. 1송의 경증으로부터 다양한 이증들과 더불어 22송 붓다들의 인식영역에 이르기까지의 논리적 연속성을 통해서 저자 바수반두는 『유식이십론』에서 펼치는 논의들을 보다 유의미한 것으로 자리매김하였다.

# 참고문헌

**단행본**


가츠라 쇼류 외 저, 김성철 역(2014), 『유식과 유가행』, 씨아이알.

가츠라 쇼류 외 저, 박기열 역(2017), 『인식론과 논리학』, 씨아이알.

교토불교각종학교연합회 저, 최종남 · 박용진 역(2024), 『새로 쓰는 대장경의 성립과 변천』, 운주사.

김명우(2009), 『유식삼십송과 유식불교』, 예문선원.

마크 시더리츠 저, 강병화 역(2023), 『철학으로서의 불교』, 운주사.

안성두 역(2011), 『보성론』, 운주사.

앤디 로트먼 저, 이종복 역(2024), 『아귀: 탐욕에 잡아먹힌 아귀에 대한 열 가지 이야기』, 담앤북스.

얀 웨스터호프 저, 강병화 · 유경 공역(2024), 『인도불교철학』, 불광출판사.

왕뽀 저, 유리 외 공역(2021), 『티베트에서의 불교철학입문』, 씨아이알.

요코야마 고이츠 저, 유리 외 공역(2013), 『불교의 마음사상: 유식사상입문』, 산지니.

우제선(2006), 『요가행자의 증지』, 무우수.

우제선(2013), 『찰나멸논증』, 소명출판.

이규완(2018), 『세친의 극미론』, 씨아이알.

이규완(2022), 『하운의 유식이십론술기 한글역』, 씨아이알.

이종철 역주(2015), 『구사론 계품 · 근품 · 파아품』, 한국학중앙연구원출판부.

이지수(2014), 『인도불교철학의 원전적 연구』, 여래.

정승석(2020), 『요가수트라 주석』, 씨아이알.

카지야마 유이치 저, 전치수 역(1989), 『인도불교의 인식과 논리』, 민족사.

폴 윌리엄스 · 앤서니 트라이브 · 알렉산더 윈 저, 안성두 · 방정란 역(2022), 『인도불교사상』(2판), 씨아이알.

핫토리 마사아키 저, 이만 역(1991), 『인식과 초월: 유식의 철학』, 민족사.

효도 가즈오 저, 김명우 · 이상우 역(2011), 『유식불교, 『유식이십론』을 읽다』, 예문서원.

히라카와 아키라 저, 이호근 역(1989), 『인도불교의 역사(상)』, 민족사.

加藤純章(1989), 『經量部の研究』, 春秋社.

結城令聞(1986), 『世親唯識の研究 上,下』, 大藏出版社.

袴谷憲昭(2001), 『唯識思想論考』, 大藏出版社.

高崎直道(1975), 『如來藏系經典』, 大乘佛典 12, 中央公論社.

大竹晋(2013), 『元魏漢訳ヴァスバンドゥ釈經論群の研究』, 大藏出版.

稲津紀三(1937), 『世親唯識の根本的研究』, 大東出版社.

菱田邦男(1993), 『インド自然哲學の研究-Tattvasaṃgrahaの考察とSaptadārthīの和譯解說-』, 山喜房佛書林.

明石惠達(1928), 『藏漢和譯對校二十唯識論解說』, 龍谷大學出版部(復刊: 1985).

木村泰賢(1977), 『小乘佛教思想論』, 大法輪閣.

梶山雄一(1983), 『仏教における存在と知識』, 紀伊國屋書店.

梶山雄一 외 7인(1984), 『講座大乘佛教 9: 認識論と論理學』, 春秋社.

梶山雄一(1988), 『インド佛教 1 東洋思想』 第八卷, 岩波書店.

兵藤一夫(2006), 『唯識ということ—『唯識二十論』を読む』, 春秋社.

保坂玉泉(1976), 『唯識根本教理』, 鴻盟社.

富貴原章信(1944), 『日本唯識思想史』, 大訝堂.

富貴原章信(1988), 『唯識の研究』, 國書刊行會.

司馬春英(2003), 『唯識思想と現象學』, 大正大學出版會.

山口益(1941), 『佛教における無と有との對論: 中觀心論入瑜伽行眞實決擇章の研究』, 山喜房佛書林(再刊: 1975).

山口益(1951), 『世親の成業論』, 法藏官.

山口益 · 野澤靜證(1953), 『世親唯識の原典解明』, 法藏館.

山口益 · 佐々木月樵(1923), 『唯識二十論の對譯研究』, 國書刊行會(復刊: 1977).

三枝充悳(2004),『世親』, 講談社學術文庫.

勝呂信靜(1989),『初期唯識思想の研究』, 春秋社.

勝呂信静(2009),『唯識思想の形成と展開』, 山喜房佛書林.

勝又俊教(1974),『佛教における心識論の研究』, 山喜房佛書林.

深浦正文(1934),『唯識論解說』, 龍谷大學出版部.

深浦正文(1954),『唯識學研究 上籥(教史論)』, 永田文昌當.

深浦正文(1954),『唯識學研究 下籥(教史論)』, 永田文昌當.

岩田諦靜(1981),『初期唯識思想研究-世親造『攝大乘論釋』所知相の漢藏對照』, 大東出版社.

櫻部建(1979),『俱舍論の研究-界・根品』, 法藏館.

御牧克己(1988),「經量部」,『インド佛教I』, 岩波講座 東洋思想 第8卷, 岩波書店.

宇井伯壽(1949),『四譯對照唯識二十論研究』, 岩波書店.

宇井伯壽(1953),『佛教辭典』, 東成出版社.

宇井伯壽・水野弘元 解說(1963),『大乘佛典の研究』, 岩波書店(再刊, 1990).

長尾雅人(1978),「所緣行相門の一問題」,『中觀と唯識』, 岩波書店.

長尾雅人・井筒俊彦・福永光司・上山春平・服部正明・梶山雄一・高崎直道(1988),『インド仏教 1』, 岩波講座・東洋思想 第8巻, 岩波書店.

長尾雅人・井筒俊彦・福永光司・上山春平・服部正明・梶山雄一・高崎直道(1989),『インド佛教 3』, 岩波講座 東洋思想 第10卷, 岩波書店.

長尾雅人・梶山雄一・荒牧典俊(1991),『世親論集』, 大乘仏典 15, 中公文庫.

早島慧 等 翻譯(2024),『『大乘莊嚴經論』第III章の和譯と注解』, 法藏館.

佐佐木現順(1982),『阿毘達磨思想研究』, 民族史.

舟橋一哉(1969),『業の研究』, 法藏館(再刊, 1981).

中村元(1981),『佛教語大辭典』, 東京書贊.

沖和史(1982),「有相唯識と無相唯識」,『講座大乘佛教8 唯識思想』, 春秋社.

海野孝憲(2002),『インド後期唯識思想の研究』, 山喜房佛書林.

荒牧典俊(1991),『大乘佛典-15 世親論集』, 中央公論社.

横山紘一(1983),『佛教における存在と知識』, 紀伊國屋書店.

横山紘一(2000),『唯識佛教辭典』, 春秋社.

Allen, William Cully (2015), *Sanskrit Debate: Vasubandhu's Viṃśatikā versus Kumārila's Nirālambanavāda*, New York: Peter Lang Publishing.

Anacker, Stefan (1984), *Seven Works of Vasubandhu: The Buddhist Psychological Doctor*, Religion of Asia Series 4, Motilal Banarsidass.

Buescher, Hartmut (2008), *The Inception of Yogācāra-Vijñānavāda*, Wien: Österreichische Akademie der Wissenschaften.

Cook, Francis H. (1999), *The Treatise in Twenty Verses on Consciousness only*, Berkeley, Numata Center for Buddhist Translation and Research.

Coseru, Christian (2012), *Perceiving reality: Consciousness, intentionality, and cognition in Buddhist philosophy*, Oxford University Press.

Frauwallner, Erich (2010), *The Philosophy of Buddhism*, Tr. Gelong Lodrö Sangpo and Jigme Sheldrön under the supervision of Ernst Steinkellner. Delhi: Motilal Banarsidass.

Hayes, Richard (1988), *Dignāga on the Interpretation of Signs*, Dordrecht: Kluwer Academic Pubslishers.

Hillis, Gregory A. (1993), *An Introductioin and Translation of Vinitadeva's Explanation of the First Ten Stanzas of [Vasubandhu's] Commentary on His "wenty Stanzas," with Appended Glossary of Technical Terms*, Ann Arbor, University Microfilms.

Kochumuttom, Thomas (1982), *A Buddhist Doctrine of Experience: A New Translation and Interpretation of the Works of Vasubandhu the Yogācārin*, Motilal Banarsidass.

Kritzer, Robert (2005), *Vasubandhu and the Yogācārabhūmi*, Tōkyō: International Institute of Buddhist Studies of the International College for Advanced Buddhist Studies.

Lamotte, Étienne (1976), *Histoire du Bouddhisme indien*, Publication de l'Institut Orientaliste de Louvain 14, Université de Louvain, Institut Orientaliste.

Lamotte, Etienne (1988), trs. by Pruden, Leo M., *Karmasiddhiprakaraṇa: The Treatise on Action by Vasubandhu*, Asian Humanities Press.

Lévi, Sylvain (1925), *Vijñaptimātratāsiddhi: Deux Traites de Vasubandhu: Viṃśatikā et Triṃśikā*, Ed, Libairie Ancienne Honore Champion.

Lévi, Sylvain (1932), *Matériaux pour l'étude du système Vijñaptimātra*, Bibliothèque de l'École des Hautes Études.

Lusthaus, Dan (2002), *Buddhist Phenomenology: A Philosophical Investigation of Yogācāra Buddhism and the Ch'eng Wei-shih lun*, Routledge.

Matilal, Bimal Krishna (1986), *Perception: An Essay on Classical Indian Theories of Knowledge*, Oxford: Clarendon Press.

Mimaki, Katsumi, Musashi Tachikawa, and Akira, Yuyama (1989), *eds. Three Works of Vasubandhu in Sanskrit Manuscript: The Trisvabhāvanirdeśa, the Viṁśatikā with its Vṛtti, and the Triṁśikā with Sthiramati's Commen tary*, Bibliotheca Codicum Asiaticorum 1, The Centre for East Asian Cultural Studies.

Mills, Ethan (2013), *The Dependent Origination of Skepticism in Classical India: An Experiment in Cross-Cultural Philosophy*, PhD Dissertation, *Philosophy ETDs*, Albuquerque: The University of New Mexico.

Park, Changhwan (2014), *Vasubandhu, Śrīlāta, and the Sautrāntika theory of seeds(Wiener Studien zur Tibetologie und Buddhismuskunde; Heft 84)*, Wien: Arbeitskreis für Tibetische und Buddhistische Studien, Universität Wien.

Poussin, La Vallée (1926), *L'Abhidharmakośa de Vasubandhu - Traduit et annoté par Louis de la Vallée Poussin. Troisième chapitre (Vo. II)*, Paul Geuthner.

Poussin, La Vallée (1912), Louis de. *Vasubandhu Viṁśakakārikāprakaraṇa. Traité des Vingt ślokas, avec le commentaire de l'auteur*, Le Muséon 13, 53-90.

Pradhan, Prachandra (1967), *Abhidharm-kośabhāṣya of Vasubandhu,* K.P. Jayaswal Research Institute.

Schmithausen, Lambert (1987), *Ālayavijñāna - On the Origin and the Early Development of a Central Concept of Yogācāra Philosophy,* IIBSt.

Schmithausen, Lambert (2005), *On the Problem of the External World in the Ch'eng wei shih lun,* The International Institute for Buddhist Studies.

Sharma, T. R. (1993), *Vijñaptimātratāsiddhi (Viṃśatikā), with Introduction, Translation and Commentary,* Eastern Book Linkers.

Siderits, Mark (2003), *Personal Identity and Buddhist Philosophy: Empty Persons,* Aldershot, England: Ashgate.

Silk, Janathan A. (2018), *Materials Toward the Study of Vasubandu's Viṁśikā (I) - Sanskrit and Tibetan Critical Editions of the Verses and Autocommentary, An English Translation and Annotations* (Harvard Oriental Series 81), Cambridge: Harvard University.

Tripathi, Ram Shankar (1992), *Vijnaptimatratasiddhi prakarana dvayam,* Varanasi: Sampurnananda Sanskrit University.

Tola, Fernando & Dragonetti, Carmen (2004), *Being as Consciousness: Yogācāra Philosophy of Buddhism,* Motilal Barnarsidass.

Wood, Thomas E. (1991), *Mind Only: A Philosophical and Doctrinal Analysis of the Vijñānavāda,* University of Hawaii Press.

**논문**

강성용(2003), 「바수반두(Vasubandhu)의 논쟁에 대한 이해」, 『불교학연구』 7, 불교학연구회.

강성용(2004), 「"Pramāṇa"와 "Pratyakṣa"에 대하여」, 『인도철학』 16, 인도철학회.

강형철(2017), 「가상현실을 통한 불교이론의 재검토」, 『한국불교학』 84, 한국불교학회.

강형철(2021), 「『유식이십론』 2~4송의 재고」, 『동아시아불교문화』 45, 동아시아불교문화학회.

강형철(2024), 「공간의 창조 – 지옥의 생명체에 관한 바수반두의 해명 중심으로」, 『동아시아불교문화』 64, 동아시아불교문화학회.

권서용(2017), 「유식(唯識)과 기억[念]에 관하여: 『유식이십론』과 『양평석』을 중심으로」, 『동아시아불교문화』 31, 동아시아불교문화학회.

구미숙(2017), 「『유식이십론』 한역 3본의 경명 변천과 역자 이설에 대한 고찰」, 『동아시아불교문화』 31, 동아시아불교문화학회.

김성철(2010), 「알라야식의 기원에 관한 최근의 논의 – 람버트 슈미트하우젠과 하르트무트 뷔셔를 중심으로」, 『불교학연구』 26, 불교학연구회.

김성철(2016), 「『십지경』 '삼계유심'구에 대한 유가행파와 중관학파의 해석」, 『한국불교학』 78, 한국불교학회.

김성옥(2010), 「'keśa: 눈병 걸린 자에게 나타나는 머리카락' 비유에 관한 고찰」, 『인도철학』 29, 인도철학회.

김치온(2012), 「阿賴耶識에서의 種子에 관한 고찰」, 『密敎學報』 13, 위덕대학교 밀교문화연구원.

김현구(2011), 「짠드라끼르띠의 유식학 비판」, 『범한철학』 62-3, 범한철학회.

김현구(2020), 「표상일 뿐[vijñaptimātra]에 대한 홀(B. C. Hall)의 분석과 비평」, 『불교학보』 91, 불교문화연구원.

남수영(1997), 「『유식이십론』의 극미설 비판」, 『인도철학』 7, 인도철학회.

박기열(2014), 「감관지의 인식대상, '집합체(sañcita)'에 관한 고찰」, 『불교학리뷰』 15, 금강대학교 불교문화연구소.

박기열(2017), 「양의 도살에 비유된 타심상속의 단절과 과보 – 『유식이십론』 18~20 시송과 자주를 중심으로」, 『동아시아불교문화』 31, 동아시아불교문화학회.

박재용(2014), 『5心에 관한 연구: 식의 俱起와 相續에 대한 논의를 중심으로』, 동국대학교 박사학위논문.

박창환(2009), 「法稱(Dharmakīrti)의 감각지각(indriyapratyakṣa)론은 과연 經量部적인가?: 上座 슈리라타(Śrīlāta)의 감각지각 불신론과 이에 대한 世親의 절충론을 통해 본 경량부 前5識說의 전개 과정」, 『인도철학』 27, 인도철학회.

박창환(2010), 「구사론주 세친의 극미(paramāṇu)실체론 비판과 그 인식론적 함의」, 『불교학리뷰』 8, 금강대학교 불교문화연구소.

박현수(2013), 『유식이십론』에서의 artha와 viṣaya에 대한 고찰』, 금강대학교 석사학위논문.

방인(1988), 「불교의 극미론(極微論)」, 『철학연구』 65, 철학연구회.

백도수(2013), 「불교대치명상의 심리치료에 대한 고찰: 빨리 불전을 중심으로」, 『인도철학』 43, 인도철학회.

백진순(2017), 「唯識의 지평에서 본 물질의 본성: 『成唯識論』과 그 주석서를 중심으로」, 『東洋哲學』 47, 한국동양철학회.

안성두(2012), 「불가언설성과 교법: 궁극적인 것에대한 유식학의 접근방식과 붓다의 태도」, 『불교학리뷰』 11, 금강대학교 불교문화연구소.

안성두(2016), 「유식(vijñaptimātra)에 대한 관념론적 해석 비판: 분별과 진여 개념을 중심으로」, 『철학사상』 61, 서울대학교 철학사상연구소.

안성두(2019), 「유식학의 법무아 해석과 그 증득 방법」, 『인도철학』 56, 인도철학회.

안성두(2019), 「진제의 『十八空論』에 나타난 공성의 분류의 특징」, 『불교연구』 51, 한국불교연구원.

안호영(2018), 「식의 관념성과 외계실재론 비판: 『물질과 기억』, 『중론』, 『유식이십론』을 중심으로」, 『코기토』 84, 부산대학교 인문학연구소.

우제선(2012), 「씨앗으로부터 싹의 발생: 니야야-바이세쉬까 학파와 후기 유가행파의 存在와 因果」, 『보조사상』 37, 보조사상연구원.

우제선(2016), 「玄奘譯 어떻게 譯解할 것인가: 『俱舍論』 <三世實有說>의 國譯에 나타난 문제점과 그 해소방안」, 『불교학연구』 48, 불교학연구회.

유리(2017), 「세친(世親) 『유식이십론』 제9게송 논고(論考) – 특히, '근은 종자이다' 중심(中心)으로 –」, 『동아시아불교문화』 31, 동아시아불교문화학회.

유리(2021), 「『유식이십론』의 vijñapti 고찰」, 『철학논총』 104, 새한철학회.

유리(2024), 「진제의 『無相思塵論』 역주」, 『불교학리뷰』 36, 금강대학교 불교문화연구소.

이규완(2016), 「세친의 극미(paramāṇu)해석의 변화와 12처(āyatana)설의 상관성에 대하여」, 『보조사상』 46, 보조사상연구원.

이규완(2017), 『極微 해석을 통해 본 世親 철학의 轉移』, 서울대학교 박사학위논문.

이규완(2017), 「유식가 세친의 극미설: 극미의 결합방식에 대한 일고찰」, 『동아시아불교문화』 31, 동아시아불교문화학회.

이길산(2021), 『『유식이십론』 연구 – 관념론적 해석을 중심으로-』, 서울대학교 박사학위논문.

이길산(2022), 「이십론주의 대론자는 누구인가? – 대론자 문제를 통해서 본 『유식이십론』」, 『한국불교학』 102, 한국불교학회.

이길산(2022), 「『유식이십론』과 유식성 개념의 변화 – 『섭대승론』과 『유식이십론』을 중심으로」, 『인도철학』 65, 인도철학회.

이길산(2024), 「『유식이십론』의 논변 전략에 대하여」, 한국불교학』 109, 한국불교학회.

이길산(2024), 「바수반두의 쁘라마나 이해 – 『논궤』와 『아비달마구사론』의 차이를 중심으로 –」, 한국불교학』 111, 한국불교학회.

이정수[혜융](2023), 「Prakāśamātra vs Svaprakāśa: 궁극의 실재를 지시하는 후기 유가행파의 두 가지 용어들 1」, 『인도철학』 109, 인도철학회.

이종철(1997), 「12處考」, 『伽山學報』 6, 가산불교문화연구원.

이종철(2000), 「vijñāna에 관한 논변」, 『불교학연구』 창간호, 불교학연구회.

이종철(2003), 「와수반두(Vasubandhu, 세친)의 저작 및 사상적 귀속문제 (1)」, 『불교학연구』 6, 불교학연구회.

이중표(1988), 「十二處說考」, 『한국불교학』 13, 한국불교학회.

이지수(2007), 「有外境論者와 唯識論者의 對論 – 『유식이십론』(Viṃśatikā)의 이해를 위하여-」, 『인도철학』 23, 인도철학회.

이태승(2010), 「『타트바상그라하』<外境考察의 章>에 나타나는 3종의 形象說 批判」, 『불교연구』 32, 한국불교연구원.

이혜경(2009), 『유식사상에서 의식의 구조와 전환에 관한 연구 – 세친의 『섭대승론석』을 중심으로』, 이화여자대학교 박사학위논문.

정현주(2018), 「유식사상의 관념론적 해석 고찰: 근세 관념론적 해석을 중심으로」, 『범한철학』 88-1, 범한철학회.

정현주(2019), 『유식무경의 인지과학적 해명』, 전남대학교 박사학위논문.

정현주(2020), 「『유식이십론』 '유식무경'의 인지과학적 해명」, 『불교학연구』 62, 불교학연구회.

정현주(2020), 「『유식이십론』 타심지 문제의 인지과학적 해명」, 『불교학연구』 65, 불교학연구회.

정현주(2022), 「유식사상 해석논쟁의 비판적 고찰 I: 현대 유식사상 연구에서 관념론적 해석과 현상학적 해석의 대립을 중심으로」, 『불교학연구』 71, 불교학연구회.

정현주(2023), 「유식으로서의 타자의 식상속에 대한 인지과학적 해명: 『유식이십론』과 『성유식론』을 중심으로-」, 『보조사상』 67, 보조사상연구원.

조환기(2001), 「유식(唯識)에서 vijñapti의 개념」, 『인도연구』 6/1, 한국인도학회.

加藤純章(2011), 「補説「極微の和集と和合」」, 『豊山学報』 54, 真言宗豊山派総合研究院.

加藤純章(2012), 「『倶舎論』における「相続の特殊な変化」 (saṃtati-pariṇāma-viśeṣa 相続転変差別): 積集説から転変説へ(覚え書)」, 『豊山学報』 55, 真言宗豊山派総合研究院.

菊地哲(1994), 「唯識無境について一考察」, 『宗教研究』 67-4, 日本佛教學會.

菊地哲(1996), 「唯識無境と相違識相智について」, 『佛教學セミナ-』 63, 大谷大學佛教學會.

宮下晴輝(1978), 「心心所相應におけるākāraにづいて」, 『印度學佛教學研究』 26/2, 日本印度学仏教学会.

那須実秋(1953), 「唯識二十論の還梵」, 『印度学仏教学研究』 3/2, 日本印度学仏教学会.

那順円照(1997), 「アビダルマの極微論(1)」, 『仏教学研究』 53, 龍谷仏教学会.

那順円照(1997), 「アビダルマの極微論(1)」, 『インド学チベット学研究』 2, インド哲学研究会.

那順円照(1999),「ヴァスバンドゥの外界非実在論」,『仏教学研究』55, 龍谷仏教学会.

那順円照(2007),「『唯識二十論』における唯識無境の論理」,『印度學佛教學研究』56/1, 日本印度学仏教学会.

那順円照(2019),「『唯識二十論』における他心智の研究」,『印度學佛教學研究』67/2, 日本印度学仏教学会.

落合俊典(2008),「唯識二十論後序の著者」,『印度學佛教學研究』56/2, 日本印度学仏教学会.

丹橋尚哉(1992),「唯識に關する一私見」,『佛教學セミナー』65, 大谷大学佛教学会.

大岐昭子(1971),「唯識二十論におけるarthaについて」,『佛教學セミナー』14, 大谷大学佛教学会.

稲津紀三(1928),「世親の唯識說に識の概念-梵文「唯識二十論」にあらはれたる'識'に對する 二種の原語と其意義」,『宗教研究』5, 東京大學 文學部 宗教學研究室內 日本宗教學會.

稲津紀(1929),「梵文唯識二十論和訳並びに註解」,『哲學研究』156, 京都大學京都哲學.

藤隆生(1957),「唯識無境の考察」,『佛教學研究』14/15, 龍谷大學佛教學會.

藤本智董(1957),「唯識無境の解釋に就いて」,『印度學佛教學研究』5/1, 日本印度学仏教学会.

落合俊典(2006),「唯識論序と大乘唯識論序」,『印度哲学仏教学』21, 北海道印度哲学仏教学会.

落合俊典(2008),「唯識二十論後序の著者」,『印度學佛教學研究』56/2, 日本印度学仏教学会.

林香奈(2012), 「基撰とされる論疏および『大乘法苑義林章』の成立過程について」,『불교학보』61, 불교문화연구원.

梶山雄一(1967),「存在と知識 - 仏教哲学諸派の論争 : (二)経量部の根本的立場」,『哲學研究』43, 京都哲學會.

般山徹(1990),「部分と全體 - インド佛教知識論における概要と後期の問題點」,『東洋學報』62, 東洋協會學術調査部.

芳村博實(1978),「vijñaptiについての一考察(1)」,『佛教學研究』34, 龍谷大學佛教學會.

芳村博實(1978),「初期唯識論書におけるvijñaptiをめぐつて」,『印度學佛教學研究』27/1, 日本印度学仏教学会.

芳村博實(1987),「vijñaptiについての一考察(2)」,『佛教學研究』43, 龍谷大學佛教學會.

兵藤一夫(1982),「心(citta)の語義解釋」,『佛教學セミナー』36, 大谷大學佛教學會.

兵藤一夫(1990),「三性說における唯識無境の意義(1)」,『大谷學報』69-4, 大谷學會.

兵藤一夫(1991),「三性說における唯識無境の意義(2)」,『大谷學報』70-4, 大谷學會.

富貴原章信(1954),「二十論の唯識義」,『大谷大學研究年報』7, 大谷大学大谷学会.

北野新太郎(2003),「artha-vijñapti(意識)とは何か?」,『印度學佛教學研究』51/1, 日本印度学仏教学会.

北野新太郎(2005),「Vijñapti についての再考察」,『印度學佛教學研究』54/1, 日本印度学仏教学会.

山口益(1940),「唯識の破析する極微説について」,『宗教研究』106, 日本宗教学会.

森山清徹(2015),「世親の『倶舎論』『唯識二十論』とウァツヤヤナ, ウッディヨタカラ」,『大乗仏教と浄土教』135, 小澤憲珠名誉教授頌寿記念論集.

上山大峻(1987),「敦煌出土・チベット異訳『唯識二十頌』『唯識三十頌』: P.tib.125」,『仏教学研究』第43号, 龍谷大学仏教学会.

上田愉美子(1987),「唯識学派における相続転変差別の概念(一)」,『印度學佛教學研究』35/2, 日本印度学仏教学会.

上田義文(1961),「顯現の原語」,『印度學佛教學研究』9/2, 日本印度学仏教学会.

上田義文(1964),「彌勒, 無着, 世親におけるpratibhāsaの意味」, 干潟博士古稀記念論文第5部.

小谷信千代(1975),「saṃtatipariṇāmaviśeṣaとvijñānapariṇāmaについて」,『印度學佛教學研究』24/1, 日本印度学仏教学会.

松田和信(1984),「Vasubhandu 研究 ノート(1)」,『印度學佛教學研究』31/1, 日本印度学仏教学会.

水野弘元(1951),「佛教における色(物質)の概念について」, 宇井伯寿還暦記念論集, 岩波書店.

勝呂信靜(1982),「二取·二分論-唯識説の基本的思想」,『法華文化研究』8卷, 法華經文化研究所.

神子上惠生(1967),「瑜伽師地論に於ける極微説批判」,『印度學佛教學研究』15/2, 日本印度学仏教学会.

神子上惠生(1996),「唯識學派による外界對象の考察(2)-TattvasaṃgrahaとTattva-saṃgrahapañjikāの第」23章外界對象の考察」,『インド學チベット學研究』第1号, インド哲學研究會.

神子上惠生(1996),「唯識學派による外界對象の考察(3)-TattvasaṃgrahaとTattva-saṃgrahapañjikāの第」23章外界對象の考察」,『龍谷大學論集』449, 龍谷学会.

神子上惠生(1997),「唯識學派による外界對象の考察(1)-TattvasaṃgrahaとTattva-saṃgrahapañjikāの第」23章外界對象の考察」,『インド學チベット學研究』第2号, インド哲學研究會.

氏家昭夫(1967),「唯識說における習氣vasanaと轉變parinamaについて」,『印度學佛教學研究』16/1, 日本印度学仏教学会.

阿部真也(2004),「極微説をめぐって」,『大正大学綜合仏教研究所年報』26, 大正大学綜合仏教研究所.

原田和宗(1998),「「経量部の「単層の」識の流れ」という概念への疑問(III)」,『インド学チベット学研究』3, インド哲学研究会.

原田和宗(1999),「『唯識二十論』ノート(1)」,『仏教ぶんか』9, 九州龍谷短期大学仏教文化研究所.

原田和宗(2000),「『唯識二十論』ノート(2)」,『九州龍谷短期大学紀要』46, 九州龍谷学会.

原田和宗(2001),「<経量部の「単層の」識の流れ>という概念への疑問(V)」,『インド学チベット学研究』5/6, インド哲学研究会.

原田和宗(2003),「『唯識二十論』ノート(3)」,『九州龍谷短期大学紀要』49, 九州龍谷学会.

李鍾徹(2004),「vijñaptiの語形について」,『印度學佛教學研究』53/1, 日本印度学仏教学会.

長澤實導(1953),「vijñaptiとvijñāna」,『印度學佛教學研究』1/2, 日本印度学仏教学会.

長澤實導(1953), 「唯識實性:vijñaptimātratataについて」, 『日本佛教學會』 18, 日本佛教學會年報.

早島理(1988), 「『顕揚聖教論』に見られる極微説」, 『印度學佛教學研究』 73, 日本印度学仏教学会.

早島理(1989), 「極微説管見—瑜伽行唯識学派を中心に—」, 『龍谷大学大学院研究紀要』 11, 龍谷大学大学院研究紀要編集委員会.

舟橋尚哉(1986), 「『大乘莊嚴經論』(求法品)の原典再考びに『唯識二十論』の第1偈, 第2偈の原本について」, 『佛教学セミナー』 6, 大谷大学佛教学会.

舟橋尚哉(1986), 「ネパール写本対照による 『唯識三十頌』 の原典考 並びに 『唯識二十論』 第一偈第二偈の原本について」, 『佛教學セミナー』 43, 大谷大学佛教学会.

舟橋尚哉(2000), 「唯識思想の成立と展開」, 『佛教學セミナー』 71, 大谷大学佛教学会.

竹村牧男(1976), 「vijñaptiについて—チベット譯「攝大乘論」の用例を中心に」, 『宗教研究』 49, 日本宗教学会.

横山紘一(1949), 「唯識思想における認識作用の一考察 —特に顯現と行相とを中心にして」, 『東方学』 46, 東方学会.

横山紘一(1972), 「唯識無境の理證」, 『印度學佛教學研究』 21/1, 日本印度学仏教学会.

御牧克己(1971), 「初期唯識諸論書に於けるSautrāntika說」, 『東方学』 43, 東方学会.

Bagchi, Sitamsu Sekhar (1957), "Vijñaptimātratāsiddhi, Viṃśatikā of Vasubandhu." *The Nava-Nālandā-Mahāvihāra Research Publication*, vol. I, Nalanda.

Balcerowicz, Piotr und Nowakowska, Monika (1999), "Wasubandhu: Dowód na wyłączne istnienie treści świadomości w dwudziestu strofach (Vasubandhu: Viṃśatikā Vijñapti-mātratā-siddhi)." *Studia Indologiczne* 6.

Chu, Junjie (2004), "A Study of Sataimira in Dignāga's Definition of Pseudo-Perception (PS 1.7cd-8ab)." *Wiener Zeitschrift für die Kunde Südasiens* XLVIII.

Cox, Collet (1988), "On the Possibility of a Nonexistent object of Consciousness: Sarvāstivādin and Dārṣṭāntīka Theories." *Journal of the*

*International Association of Buddhist Studies* 11/1.

Collinson, Hazel (2008), "Vasubandhu's use of Vijñapti-mātra: A Reinterpretation in the Context of the Bodhisattva Ideal." *An Anthology of Philosophical Studies* vol. II, edited by Patricia Hanna, Athens: Athens Institute for Education an Rsearch.

Das, Nilanjan (2018), "Vasubandhu, Twenty Verses with Auto-commentary (translated from the original Sanskrit)." *The Norton Introduction to Philosophy*, G. Rosen, A. Byrne, J. Cohen, & S. Shiffrin (eds.), New York: W.W.Norton & Company.

Feldman, Joel (2005), "Vasubandhu's Illusion Argument and the Parasitism of Illusion upon Veridical Experience." Philosophy East and West 55.

Frauwallner, Erich (1957), "Vasubandhu's Vādavidhi." *Wiener Zeitschrift für die Kunde Süd-und Ostasiens* 1.

Hall, Bruce Cameron (1986), "The Meaning of vijñapti in Vasubandhu's Concept of Mind." *Journal of the International Association of Buddhist Studies* 9/1.

Hanneder, Jürgen (2007), "Vasubandhus Viṁśatikā 1-2 anhand der Sanskritund tibetischen Fassungen." *Indica et Tibetica. Festschrift für Michael Hahn* 65.

Hattori, Masaaki (1982), "The Dream Simile in Vijñānavāda treatises." *Indological and Buddhist Studies*, Volume in Honour of Professor J. W. de Jong on his Sixtieth Birthday, Canberra: Australian National University, Faculty of Asian Studies.

Jaini, Padmanabh S. (1958), "On the Theory of Two Vasubandhus." *Bulletin of the School of Oriental and African Studies*, University of London. Vol. 21, No. 1/3.

Giri, Saroj (2018), "The Buddhist Ineffable Self and Political Subjectivity." *Political Theology Journal*, Vol. 19, No. 8.

Kano, Kazuo (2008), "Two Short Glosses on Yogācāra texts by Vairocanarakṣita: Viṁśikāṭīkāvivṛti and *Dharmadharmatāvibhāgavivṛti." *In Francesco*

*Sferra, ed., Sanskrit Texts from Giuseppe Tucci's Collection. Part I, Manu scripta Buddhist Serie Orientale Roma* 104 (Rome: Istituto Italiano per l'Africa e l'Oriente).

Kellner, Birgit & Taber, John (2014), "Studies in Yogācāra-Vijñānavāda idealism Ⅰ: The interpretation of Vasubandhu's Viṃśatikā." *Asiatische Studien: Zeitschrift der Schweizerischen Asiengesellschaft = Études asiatiques: revue de la Société Suisse - Asie*, Vol. 68(3-4).

Kern, Iso (1988), "The Structure of Consciousness According to Xuanzang." *Journal of the British Society for Phenomenology* 19(3).

King, Richard (1998), "Vijñaptimātratā and the Abhidharma Context of Early Yogācāra." *Asian Philosophy*, Vol. 8, 5-13.

Kizow, Inazu (1966), "The Concept of Vijñapti and Vijñana in the Text of Vasubandhu's Vimsatika-vijñaptimatrata-siddhi." *Journal of Indian and Buddhist Studies*, 15/1.

Nasu, Enshō (2013), "A Study of the Theory of 'Consciousness-Only with No External objects' Discussed in Dharmapala's Vijñaptimātratā-sīddhiratnasaṃbhava." *Journal of Indian and Buddhist Studies*, Vol. 61, No. 3.

Nasu, Enshō (2015), "On Vasubandhu's Theory of 'Mind-Only'." *Journal of Indian and Buddhist Studies*, Vol. 63, No. 3.

Oetke, Claus (1992), "Doctrine and Argument in Vijñānavāda-Buddhism." Wiener Zeitschrift für die Kunde Südasiens 36.

Schmithausen, Lambert (1967), "Sautrāntika-Voraussetzungen in Viṁśatikā und Triṁśikā." *Wierner Zeitschrift für die Kunde Süd-und Ostasiens* 11.

Schmithausen, Lambert (1976), "On the problem of the Relation of Spiritual Practice and Philosophical Theory in Buddhism." *German Scholars on India, ed. by the Cultural Department,* Embassy of the Federal Republic of Germany, Vol. II, Nachiketa Publications.

Sharf, Robert H. (2016), "Is Yogācāra Phenomenology? Some Evidence from the Cheng weishi lun." *Journal of Indian Philosophy* 44.

Skilling, Peter (2000), "Vasubandhu and the Vyākhyāyukti." *Journal of the International Association of Buddhist Studies* 23-2.

Silk, Janathan A. (2017), "Materials Toward the Study of Vasubandu's Viṁśikā (II) - An edition of the Dunhuang Manuscript Pelliot tibétain 797." *Revue d'Etudes Tibétaines* 39.

Tanji, Teruyoshi (2000), "On Samāropa: Probing the Relationship of the Buddha's Silence and His Teaching." In Jonathan A. Silk, ed., *Wisdom, Compassion, and the Search for Understanding: Te Buddhist Studies Legacy of Gadjin M. Nagao. Studies in the Buddhist Traditions* 3 (Honolulu: University of Hawai'i Press): 347-368.

Trivedi, Saam (2005), "Idealism and Yogācāra Buddhism." *Asian Philosophy*, Vol. 15, No. 3.

Wayman, Alex (1979), "Yogācāra and the Buddhist Logicians." *Journal of the International Association of Buddhist Studies* 2(1).

Yamabe, Nobuyoshi (1998), "Self and Other in the Yogācāra Tradition." 『日本仏教文化論』(北畠典生古稀記念論文集), 京都: 永田文昌堂.

Zimmerman, Dean W. (1996), "Could Extended Objects Be Made Out of Simple Parts? An Argument for 'Atomless Gunk'." *Philosophy and Phenomenological Research* 56.

# 부록 ①『유식이십론』 게송 번역 모음

## 산스크리트

1송. [주장 :] 이것(= 삼계에 속한 것)은 오직 인식일 뿐이다.
[이유 :] [삼계에 속한 것은 모두] 존재하지 않는 대상이 [존재하는 것처럼] 나타나는 것이기 때문이다.
[예증 :] [존재하지 않는 대상이 존재하는 것처럼 나타나는 것은 모두 오직 인식일 뿐인 것이다.] 예를 들어, 비문증 환자(taimirika)가 실재하지 않는 머리카락 뭉치[의 환영] 등을 보는 것과 같다.

2송. 만약 인식이 외계 대상으로부터 발생한 것이 아니라면, [인식이 특정한] 장소와 시간에 한정되[어 일어나]는 것도 [이치에 맞지 않을 것이고], [개인의식의] 흐름(santāna)에 한정됨이 없[이 여러 사람에게 공통적 인식이 일어나]는 것도 [이치에 맞지 않을 것이고], [인식된 것이] 인과적 효력(kṛtya-kriyā)[을 일으키는 것]도 이치에 맞지 않을 것이다.

3송. [대상 없는 인식이] 장소[와 시간] 등에 한정됨[은 이치에 어긋나지 않는다는 것]이 증명된다. 마치 꿈과 같이. 또한, 마치 아귀(preta, 餓鬼)의 경우처럼 [대상 없는 인식이라도 개인의식의] 흐름에 한정되지 않음이 [이치에 어긋나지 않는다고 증명된다. 같은 장소에 있는 아귀들이] 모두 고름 강 등을 보는 경우처럼.

4송. [바수반두 : 또한, 외계 대상 없이 인식된 것도] 인과적 효력[을 일으킬 수 있음]은 마치 몽정의 경우와 같이. 또한, 지옥과 같이 [대상 없는 인식에서 이 네 가지가] 모두 [증명된다]. [지옥에 떨어진 사람들이] 지옥의 파수꾼(naraka-pāla) 등을 [같은 시간과 장소에서 함께] 보는 경우[를 예시로 하여], 또한 그들(= 지옥의 파수꾼 등)이 고통을 주는 경우[를 예시로 하여 증명된다].

5송. 동물들이 천상에서 태어나는 것[이라 하더라도, 그것]과 같은 방식으로 [동물들이] 지옥에서 [파수꾼 등으로 태어나는 것은] 아니며, [특수한] 아귀들이 [그런 것도] 아니다. 왜냐하면 그들(= 지옥의 파수꾼 등)은 거기(= 지옥)에서 일어나는 고통을 경험하지 않기 때문이다.

6송. 만약 그들(= 지옥 중생들)의 [과거에 저지른] 행위들로 인해 거기(= 지옥)에서 [지옥의 파수꾼 등의 칭호를 획득하는] 물질적 원소들이 발생하고 [지옥 중생들에게 두려움을 일으키기 위하여] 그런 방식으로 변형(pariṇāma)한다고 인정한다면, 왜 [그대는 행위들로 인해] 의식(vijñāna)[에서 파수꾼 등으로 변화하는 것]은 인정하지 않는 것인가?

7송. [만약 그대가] 어떤 곳에 행위의 [결과를 일으킬] 잠재력(vāsanā, 熏習)이 있고, 다른 곳에 [행위의] 결과가 있다고 상정한다면, 도대체 왜 [행위의 결과를 일으킬] 잠재력이 [머물러] 있는 바로 그곳에 [결과의 발생이] 있다고 인정하지 않는 것인가?

8송. 홀연히 태어나는 중생(upapāduka, 化生)[이 존재한다고 교육용 목적으로 설명하셨던 것]처럼 그것(= 열두 인식영역의 가르침)에 의해서 인도되어야 할 사람을 위하여 [붓다가] 숨은 의도(abhiprāya, 密意趣)를 가지고 [존재하지 않는] 형색 등의 [열 가지] 인식영역이 존재한다고 설명하신 것이기 때문이다.

9송. 어떤 것(= 대상)처럼 [마음에] 나타난 인식은 자신(= 그 인식)의 마음 씨앗(bīja, 種子)으로부터 발생하는데, 성자(muni, = 붓다)는 그 둘(= 마음 씨앗과 마음에 나타난 것)이 [각각] 그것(= 인식)에 있어서 두 가지 [내 · 외] 인식영역이라고 [숨은 의도를 가지고] 설명하셨다.

10송. 왜냐하면, 이런 방식으로 [열두 인식영역을 가르침으로써] '인격적 주체가 없는 상태(pudgala-nairātmya, 人無我)'[를 깨닫는 경지]에 들어가기 때문이다. 더욱이 다른 방식으로 [전하는 다음 단계의] 가르침은 '존재의 요소가 없는 상태(dharma-nairātmya, 法無我)'[를 깨닫는 경지]에 들어가게 한다. [그것은] 망상된 본질(ātman)과 관련하여 [존재의 요소들에 그와 같은 내재적 본질이 없다는 것을 깨닫는 경지에 들어간다고 한 것이다.]

11송. [만약 인식이 외부의 물질을 대상으로 한다면] 그 대상은 하나[인 대상 전체]도 아니고, [가까이 모인] 여러 개의 원자인 것도 아니고, [원자들이] 구성물을 이룬 것(saṃhata, 聚)도 아니다. 왜냐하면, 원자(paramāṇu, 極微)[의 존재]가 증명되지 않았기 때문이다.

12송. [원자들이 구성물을 이룰 경우] 하나의 원자가 여섯 개의 [다른 원자들의] 무리와 동시에 결합(yoga)하므로, [원자는] 여섯 부분(aṃśa)을 지니게 되기 때문이다. [혹은 중심에 있는 하나의 원자와 결합한] 여섯 개[의 원자]는 [그 중심 원자와] 같은 장소를 차지하게 되므로, [원자들이 결합한] 덩어리(piṇḍa)는 원자 [하나] 크기가 되어버릴 것[이기 때문]이다.

13송. 원자가 결합하지 않[지만 원자들이 인접하여 집합체를 이룬 것끼리는 서로 접촉하여 결합하]는 경우에, 그것(= 원자)들이 집합체를 이룬 것[의 부분 원자 중]에서 [대체] 누가 [접촉하여] 그것(= 결합)을 하는가? 또한, [반대로 집합체들끼리 결합하는 것이 아니라고 하면, 원자들이] 부분이 없다는 것을 이유로 그것(= 원자)들의 결합이 성립되지 않는 것이 아니[게 된]다.

14송. 방향에 따른 구별(digbhāga-bheda)이 있는 것이 하나[의 실체]라는 것은 이치에 맞지 않는다. 혹은 [원자에 방향에 따른 구별이 없다면,] 어떻게 [사물에] 그늘진 부분(chāya)이나 물리적 방해(āvṛti)가 있을 수 있는가? 만약 [원자들이 모인] 덩어리가 [원자와 본질적으로] 다른 것이 아니라면, 그것(= 덩어리)에[도] 그 두 가지(= 그늘진 부분과 물리적 방해)가 없을 것이다.

15송. 만약 [형색 등 대상이] 하나[의 실체]라면, 한 걸음씩(krameṇa) 이동하는 것도 있을 수 없을 것이며, [사물의 한쪽 면을] 파악하는 동시에 [반대쪽 면을] 파악하지 못하는 일도 없을 것이며, [한 장소에서] 구별되는 여러 존재가 [함께] 있을 수 없을 것이며, 미세한 것을 볼 수 없는 일도 없을 것이다.

16송. 지각에 대한 인지(pratyakṣa-buddhi)는 꿈 등에서 [대상 없이 그것이 일어나는 경우]와 같다. 또한, [그대에게] 그것(= 지각에 대한 인지)이 있을 때, 그 순간에 그 [지각을 일으켰던] 대상은 [이미] 보이지 않을 것이다. [그런데] 어떻게 [그대는 지금 인지하고 있는] 그것이 [대상에 대한] 지각이라고 믿을 수 있는가?

17송. 앞에서 설명했던 것처럼, 인식이란 그것(= 외계 대상)처럼 [마음에] 나타나는 것(ābhāsa, 顯現)이다. [그리고 바로] 그것(= 대상 없는 인식)을 원인으로 하여 회상(samaraṇa)이 일어난다. 꿈에서 보는 대상이 실재하지 않음을 [아직 꿈에서] 깨어나지 못한 [상태에 있는] 자는 알아차리지 못하기 때문이다.

18송. [중생들은] 상호 간의 [미치는] 영향력(ādhipatitva)으로 인식을 서로 한정한다. 꿈속에서 마음은 몽롱함(middha, 睡眠)에 의해 [깨어있을 때보다] 약화되기 때문이다. 그러므로 [이 둘의] 결과가 동등하지 않[게 되는 것이]다.

19송. [살생에 의한] 죽음이란 다른 사람의 특정한 인식에 의해 일어난 [자기의식의] 변화(vikriyā)이다. 예를 들어, 악귀(piśāca) 등의 의지(manas)에 의하여 다른 사람들에게 기억상실(smṛti-lopa) 등이 일어나는 것과 같다.

20송. 그렇지 않다면(= 다른 사람의 특별한 인식의 영향력으로 죽음이 일어나는 것이 아니라면), 어떻게 선인(ṛṣi)의 분노(kopa)로 단다카(Daṇḍaka)숲이 텅 비게 되었는가? [또,] 그렇지 않다면(= 선인들의 적개심 때문이 아니라면), 어떻게 그것(= 선인이 적개심을 품는 행위)을 가지고 의지에 의한 폭력이 [신체나 언어에 의한 폭력보다] 큰 죄라고 증명할 수 있는가?

21송. 어째서 다른 사람의 마음을 아는 자의 앎(jñāna)은 있는 그대로(yathārtham) [아는 것이] 아닌가? [다른 사람의 마음에 대한 앎은] 자신의 마음에 대한 앎과 마찬가지[로 있는 그대로 알지 못한]다. 왜냐하면, [다른 사람이나 자신의 마음에 대해] 붓다들[이 그들]의 인식영역(buddha-gocara)[을 아는 것]과 같은 방식으로는 알지 못하기 때문이다.

22송. 나는 내 능력만큼 [삼계에 속한 것은] 오직 인식일 뿐임(vijñaptimātratā)을 증명하[고자 하]였다. 그러나 그것(= 삼계에 속한 것은 오직 인식일 뿐임)을 모든 방면에서 생각할 수는 없다. [그것은] 붓다들의 인식영역이다.

### 티베트역

1송. [주장 :] 이것들(= 삼계에 속한 것)은 오직 인식(rnam rig, vijñapti)일 뿐이다.
[이유 :] [삼계에 속한 것은 모두] 존재하지 않는 대상이 [존재하는 것처럼 마음에] 나타나[는 것이]기 때문이다.
[예증 :] [존재하지 않는 대상이 존재하는 것처럼 마음에 나타나는 것은 모두 오직 인식일 뿐이다.] 예를 들면, 비문증 환자(rab rib can, taimirika)가 존재하지 않는 머리카락, [두 번째] 달 등을 보는 것과 같다.

2송. 만약 대상 없는 인식이 [발생한다면,] [인식이 특정한] 장소와 시간에 한정되지 않게 [발생할 것이고], [특정한 개인]마음[의 흐름(santāna)]에도 한정되지 않는 것이 아니게 [되어 여러 사람이 함께 같은 대상을 인식하지 않게] 될 것이고, [인식된 것이] 인과적 효력(bya ba byed pa, kṛtya-kriyā)[을 일으키는 것]도 이치에 맞지 않[을 것이]다.

3송. [대상 없는 인식이] 장소[와 시간] 등에 한정됨[은 이치에 어긋나지 않는다는 것]이 증명되기 때문이다. 마치 꿈과 같이. 또한, [대상 없는 인식이라도 특정한] 마음에 한정되지 않음은 마치 아귀(yi dwags, preta, 餓鬼)의 경우처럼 [이치에 어긋나지 않는다는 것이 증명된다]. [같은 장소에 있는 아귀들이] 모두 고름 강 등을 보는 경우처럼 [그것이 증명된다].

4송. [또한, 외계 대상 없이 인식된 것도] 인과적 효력[을 일으킬 수 있음]은 마치 몽정의 경우와 같이 [증명된다]. [대상 없는 인식에서 이 네 가지는] 모두 지옥과 같이 [증명된다. 지옥 중생들이] 지옥의 파수꾼 등을 보기 [때문에], 또 그들(= 지옥의 파수꾼 등)이 [지옥 중생들에게] 고통을 주기 때문에.

5송. 동물이 천상에 태어나는 것[이라 하더라도, 그것]과 같은 방식으로 [동물이] 지옥에서 [파수꾼 등으로 태어나는 것은] 아니며, [특수한] 아귀가 [그런 것도] 아니다. 왜냐하면, 거기(= 지옥)에 있는 고통을 그것[들](= 파수꾼 등)은 경험하지 않기 때문이다.

6송. 만약 그(= 지옥 중생)가 [과거에 저지른] 행위로 인해 거기(= 지옥)에서 [지옥의 파수꾼 등의 칭호를 획득하는] 물질적 원소('byung ba, bhūta)들이 발생하고, [지옥 중생들에게 두려움을 일으키기 위하여] 그런 방식으로 변형하는 것을 인정한다면, 왜 [그대는 행위들로 인해] 의식(rnam par shes pa, vijñāna)[이 파수꾼 등으로 변화하는 것]은 인정하지 않는 것인가?

7송. [그대는] 어떤 곳에 행위의 [결과를 일으킬] 잠재력(bag chags, vāsanā, 熏習)이 있고 [행위의] 결과('bras bu, phala)들은 다른 곳에 있다고 상상하는데, 왜 [행위의 결과를 일으킬] 잠재력이 [머물러] 있는 곳과 같은 장소[인 의식 안]에 [결과가 있다고] 인정하지 않는 것인가?

8송. 형색 등의 [열 가지] 인식영역이 존재한다는 것은 그것(= 열두 영역의 가르침)에 의해서 인도되어야 할 사람을 위하여 숨은 의도(dgongs pa, abhiprāya, 密意趣)를 가지고 설명하셨다. 마치 홀연히 태어나는 중생(brdzus te byung ba, upapāduka, 化生)[이 존재한다고 교육용 목적으로 설명하셨던 것]처럼.

9송. 어떤 것(= 대상)처럼 [마음에] 나타난 인식은 자신의 마음 씨앗(sa bon, bīja, 種子)으로부터 발생하는데, 성자(thub pa, muni, = 붓다)는 그것들(= 마음 씨앗과 마음에 나타난 것)이 그것(= 인식)에 있어서 두 가지 [내·외] 인식영역이라고 [숨은 의도를 가지고] 설명하셨다.

10송. 이런 방법으로 [열두 인식영역을 가르침으로써] '인격적 주체가 없는 상태(gang zag la bdag med pa, pudgala-nairātmya, 人無我)'[를 깨닫는 경지]에 들어가게 된다. 더욱이 다른 방식으로 [전하는 다음 단계의] 가르침은 '존재의 요소가 없는 상태(chos la bdag med pa, dharma-nairātmya, 法無我)'[를 깨닫는 경지]에 들어가게 된다. [그것은] 망상된 본질(bdag nyid, ātman)과 관련하여 [존재의 요소에 그와 같은 내재적 본질이 없다는 것을 깨닫는 경지에 들어간다고 한 것이다].

11송. [만약 인식이 외부의 물질을 대상으로 한다면,] 그것(= 대상)은 하나인 대상[전체]도 아니고, [가까이 모인] 여러 개의 원자(phra rab rdul, paramāṇu, 極微)도 아니고, 그것들(= 원자들)이 구성물을 이룬 것('dus pa, saṃhata, 聚)도 아니다. 왜냐하면, 원자[의 존재]가 증명되지 않았기 때문이다.

12송. [원자들이 구성물을 이룰 경우 하나의 원자가] 여섯 개[의 다른 원자]와 동시에 결합(sbyar ba, yoga)하므로, 원자는 여섯 부분(cha, aṃśa)을 지니게 되기 때문이다. [혹은 중심에 있는 하나의 원자와 결합한] 여섯 개[의 원자] 또한 [그 중심에 있는 원자와] 같은 장소[에 있는 것이]라면, [원자들이 결합한] 덩어리(gong bu, piṇḍa)는 원자 [하나] 크기가 되어버릴 것[이기 때문]이다.

13송. 원자가 결합하지 않[지만 원자들이 인접하여 집합체를 이룬 것끼리는 서로 접촉하여 결합하]는 경우에, 그것(= 원자)이 집합체를 이룬 것[의 부분 원자 중]에서 [대체] 누가 [접촉하여 결합하는가]? [또한, 그렇게 집합체들끼리 결합한다고 하면, 원자들이] 부분이 없다는 것을 이유로 그것(= 원자들)의 결합이 성립되지 않는다고 말해서는 안 된다.

14송. 방향에 따른 구별(phyogs cha tha dad [pa], digbhāga-bheda)이 있는 것이 하나[의 실체]라는 것은 이치에 맞지 않는다. [혹은, 원자에 방향에 따른 구별이 없다면,] 어떻게 [사물에] 그늘진 부분(grib [ma], chāya)이나 물리적 방해(sgrib pa, āvṛti)가 있을 수 있는가? 만약 [원자들이 모인] 덩어리가 [원자와 본질적으로] 다른 것이 아니라면, 그것(= 덩어리)에는 그것(= 그늘진 부분과 물리적 방해)이 없을 것이다.

15송. [만약 형색 등의 대상이] 하나[의 실체]라면, 점진적으로 이동하는 것은 있을 수 없을 것이며, [사물의 한쪽 면을] 파악하는 동시에 [반대쪽 면을] 파악하지 못하는 일도 없을 것이며, [한 장소에서] 구별되는 여러 존재가 [함께] 머물지도 [못할 것이며], 시각기관이 미세한 것을 볼 수 없는 일도 없을 것이다.

16송. 지각에 대한 인지(mngon sum blo, pratyakṣa-buddhi)는 꿈 등에서 [대상 없이 그것이 일어나는 경우]와 같다. 더욱이 [그대에게] 그것(= 지각에 대한 인지)이 있을 때, 그 순간에 그대의 [지각을 일으켰던] 그 대상이 [이미] 보이지 않는다면, 어떻게 [그대는 지금 인지하고 있는] 그것이 [대상에 대한] 지각이라고 인정할 수 있는가?

17송. 예를 들어, 그것(= 외계 대상)처럼 [마음에] 나타나는(snang, ābhāsa) 인식이라는 식으로 앞에서 이미 설명했다. [그리고 바로] 그것(= 대상 없는 인식)을 원인으로 하여 회상(dran pa, smaraṇa)이 일어난다. 꿈에서 보는 대상이 실재하지 않음을 [아직 꿈에서] 깨어나지 못한 [상태에 있는] 자는 알아차리지 못하기 때문이다.

18송. [바수반두 : 중생들은] 상호 간에 [미치는] 영향력(dbang, ādadhipatitva)으로 인식을 서로 한정한다. [꿈속에서] 마음(sems, citta)은 몽롱함(gnyid, middha)에 의해 압도된다. 그러므로 꿈속과 [깨어있을 때의] 결과가 동등하지 않[게 되는 것이]다.

19송. [살생에 의한] 죽음이란 다른 사람의 특정한 인식으로 인한 [변화(vikriyā/vikāra)이다.] 예를 들어, 악귀('dre, piśaca) 등의 의지(yid, manas)에 의해서 다른 사람에게 기억상실(dran nyams, smṛtilopa)이 일어나는 것 등과 같다.

20송. [다른 사람의 특별한 인식의 영향력으로 죽음이 일어나는 것이 아니라면,] 어떻게 선인(drang srong, ṛṣi)의 분노(khros pa, kopa)로 단다카(Daṇḍaka)숲이 텅 비게 되었는가? [또, 선인들의 적개심 때문에 그런 것이 아니라면] 어떻게 의지에 의한 과실이 [신체나 언어에 의한 과실보다] 큰 죄라는 것이 그것(= 선인이 적개심을 품는 행위)을 가지고 증명할 수 있는가?

21송. 어째서 다른 사람의 마음을 아는 자의 앎(shes pa, jñāna)이 있는 그대로(don [ji ltar ba] bzhin [du], yathārtham) [아는 것이] 아닌가? [다른 사람의 마음에 대한 앎은] 자신의 마음에 대한 앎과 마찬가지[로 있는 그대로 알지 못한]다. 왜냐하면, [다른 사람이나 자신의 마음에 대해] 붓다[들이 그들]의 인식영역(sangs rgyas kyi spyod yul, buddha-gocara)[을 아는 것]과 같은 방식으로는 알지 못하기 때문이다.

22송. 나는 내 능력만큼 [삼계에 속한 것은] 이 '오직 인식일 뿐'[이라는 것]을 증명하[고자 하]였다. 그러나 [나 바수반두는] 그것(= 오직 인식일 뿐임)을 모든 방면에서 생각할 수 없다. [그것은] 붓다[들]의 인식영역이다.

## 진제역

1송. [주장 :] 실로 외계 대상(外塵)은 존재하지 않는다.
[이유 :] 마치 [존재하지 않는] 대상(塵, artha)[이 존재하는 것]처럼 인식(識, vijñapti)이 일어나기 때문이다.
[예증 :] 예를 들어, 눈에 병이 있는 사람이 머리카락이나 두 번째 달 등을 보는 것과 같다.

2송. [인식이 특정한] 장소와 시간 모두에 한정되지 않을 것이고, [특정한 개인의식의] ③ 흐름(相續, santāna)에 한정될 것이고, 인과적 효력(作事, kṛtya-kriyā)도 모두 성립하지 않을 것이다. 만약 오직 인식(識, vijñapti)일 뿐이고 외계 대상(塵, artha)이 없다고 한다면.

3송. [대상 없는 인식이] 장소[와 시간] 등에 한정된다는 뜻이 [이치에 어긋나지 않음이] 증명된다. 마치 꿈과 같이. [또, 예를 들면] 마치 아귀(餓鬼, preta)의 경우처럼 [대상 없는 인식이 개인의식의] 흐름(santāna, 續)에 한정되지 않음이 [이치에 어긋나지 않는다고 증명된다]. [아귀가] 모두 똑같이 고름 강(膿河, pūya-nadī) 등을 보는 것에서 [그것이 증명된다].

4송. 몽정의 경우와 같이 인과적 효력[을 일으킬 수 있음이 증명된다]. 또한, 지옥과 같이 [대상 없는 인식에서 이 네 가지 뜻] 모두는 지옥의 파수꾼(獄卒, naraka-pāla)을 보는 것과 고통을 함께 받는 것[을 통해 가능하다는 것이 증명된다].

5송. 동물들이 천상에 태어나는 것[이라 하더라도, 그것]과 같은 방식으로 [동물들이] 지옥도에 뒤섞여 [태어나는 것은] 아니다. 지옥에서 고통받는 결과(報)를 저들(= 파수꾼 등)이 받을 수 없기 때문이다.

6송. [그대는] 죄인의 [과거에 저지른] 행위로 인해 [물질적 원소가] 지옥의 파수꾼 등과 같은 모습으로 [변형하여] 발생한다[고 한다]. [그런데] 만약 그것(= 물질적 원소)의 변형(變異, pariṇāma)을 인정한다면, 왜 의식(識, vijñāna)에서 [파수꾼 등으로 변화한다고] 인정하지 않는가?

7송. 행위의 [결과를 일으킬] 잠재력(熏習, vāsanā)이 의식 안에 있는데, [그대는 그런 행위의] 결과가 [의식] 외부[의 다른 곳]에서 생겨난다고 고집한다. 어떤 이유로 [결과를 일으킬] 잠재력이 있는 곳, [그] 안에 [행위의] 결과[가 있다고] 말하지 않는가?

8송. [존재하지 않는] 형색 등의 [열 가지] 인식영역이 존재한다는 가르침은 자아와 인간에 집착하는 사람들을 교화시키기 위해서이다. 숨은 의도(別意, abhiprāya)를 가지고 말씀하셨으니, 마치 홀연히 태어나는 중생(化生, upapāduka)을 [교육용 목적으로 그것이 존재한다고] 설명하셨던 것과 같다.

9송. 인식은 자신의 마음 씨앗(種子, bīja)으로부터 발생하는데, 대상처럼 [마음에] 나타나서 일어난다. [마음 씨앗과 나타난 것이 각각] 내부와 외부의 영역이 되기 때문에, 붓다가 [숨은 의도를 가지고] 이 두 가지로 말씀하신 것이다.

10송. 만약 다른 사람들이 이 [열두 가지 인식영역의] 가르침에 의지하면, 인격적 주체가 없는 상태(人無我, pudgala-nairātmya)[를 깨닫는 경지]에 들어갈 수 있고, 다른 [방식으로 전하는 다음 단계의] 가르침으로는 망상분별[된 본질](分別, kalpita)을 제거하여 [모든] 존재의 요소가 없는(法空, dharma-nairātmya)[를 깨닫는 경지]에 들어갈 수 있다.

11송. [만약 인식이 외부의 물질을 대상으로 한다면] 외계 대상은 원자(隣虛, paramāṇu)와 더불어 하나[인 대상 전체]도 아니고, [가까이 모인] 여러 개[의 원자]인 것도 아니고, 저 [원자들이] 구성물을 이룬 것(聚, saṃhata) 또한 외계 대상이 아니다. 원자[의 존재]가 증명되지 않았기 때문이다.

12송. [원자들이 구성물을 이룰 경우 하나의 원자가] 동시에 여섯 개[의 다른 원자]와 함께 결합(聚, yoga)하므로 원자는 여섯 부분으로 이루어지게 된다. 만약 [중심에 있는 하나의 원자와 결합한] 여섯 개[의 원자]가 [그 중심 원자와] 같은 장소에 있으면, [원자들이] 결합[한 덩어리]의 크기(量)는 [하나의] 원자와 같을 것이다.

13송. 만약 원자가 결합(合, saṃyoga)하지 않[지만 원자들이 인접하여 집합체를 이룬 것끼리는 서로 접촉하여 결합한]다면, [원자들이] 집합체를 이룬 것[의 부분 원자] 중에서 [대체] 누가 [접촉하여] 결합(和合, saṃyoga)한 것인가? 또한, 이 [원자에] 부분이 없다고 해서 원자의 결합(聚, yoga)은 성립되지 않는 [것은 아니]다.

14송. 만약 [어떤] 물체가 방향에 따른 구별(方分, digbhāga-bheda)이 있다면, [그것이] 하나의 실체라는 것은 성립하지 않아야 한다. 한편 [원자에 방향에 따른 구별이 없다면,] 그늘진 부분(影, chāya)이나 물리적 방해(障, āvṛti)는 어떻게 있을 수 있겠는가? 만약 [원자와 원자들의 덩어리가] 같다면 [그늘진 부분과 물리적 방해라는] 두 가지는 없어야 한다.

15송. 만약 [형색 등 대상이] 하나[의 실체]라면, 한 걸음씩(次, krameṇa) 이동하는 일이 없어야 하고, [한 사물에 대해] 이미 파악한 것과 아직 파악하지 못한 것이 동시에 일어나지 않을 것이며, 더불어 구별되는 여러 존재도 [없어야 하고], 또 미세하여 보기 어려운 것도 없어야 한다.

16송. 지각에 대한 인지(mngon sum blo, pratyakṣa-buddhi)는 꿈 등에서 [대상 없이 그것이 일어나는 경우]와 같다. 더욱이 [그대에게] 그것(= 지각에 대한 인지)이 있을 때, 그 순간에 그대의 [지각을 일으켰던] 그 대상이 [이미] 보이지 않는다면, 어떻게 [그대는 지금 인지하고 있는] 그것이 [대상에 대한] 지각이라고 인정할 수 있는가?

17송. 앞에서 설명했던 것처럼, 대상처럼 [마음에] 나타난 것(似塵, arthābhāsa)이 인식이다. 이것(= 대상 없는 인식)을 원인으로 하여 회상(憶持, smaraṇa)이 일어난다. 꿈에서 보는 대상은 실재하지 않지만 아직 [꿈에서] 깨어나지 못했을 때는 알아차릴 수 없[기 때문이]다.

18송. [중생들은] 번갈아 상호 간에 [미치는] 영향력(增上, ādhipatya) 때문에 두 인식이 [서로] 바르거나 나쁘게 한정한다. [또한,] 꿈속의 인식은 몽롱함(眠, middha)으로 인해 [깨어있을 때보다] 약화된다. [그러므로 꿈꾸거나 깨어있을 때 받게 되는] 미래의 결과는 동등하지 않[게 되는 것이]다.

19송. 다른 사람의 [특정한] 인식으로 인한 변화(變異, vikriyā)가 일어나고, 죽음이라는 사태는 여기(= 변화)에서 이루어진다. 예를 들어, 다른 사람의 기억상실(失心, smṛtilopa) 등이 악귀(鬼, piśaca) 등의 의지(心, manas)의 힘에 기인하[여 일어나]는 것과 같다.

20송. 왜 단다카(檀陀柯, Daṇḍaka)숲이 텅 비고 고요하게 된 것이 선인의 분노(瞋, kopa) 때문이라고 하겠는가? 만약 그렇다면(= 그것이 선인의 분노 때문이 아니라 귀신들이 일으킨 것이라고 한다면) 마음(心, manas)이 일으키는 무거운 보복(罰)이 [신체나 언어로 일으키는 보복보다] 더 큰 죄가 된다는 것이 어떻게 성립하겠느냐?

21송. 다른사람의 마음에 대한 앎(他心智, paracittajñāna)은 왜 있는 그대로 아는 것이 아니라고 하는가?" [바수반두가 답한다.] "[다른 사람의 마음에 대한 앎은] 자기의 마음을 아는 앎과 마찬가지[로 있는 그대로 알지 못한]다. [왜냐하면,] 붓다[들이 그들]의 인식영역[을 아는 것]과 같은 방식으로는 알지 못하[기 때문이]다.

22송. [삼계에 속한 것은] 오직 인식일 뿐이라는 이치를 증명하기 위해 나는 내 능력에 따라 [논서를] 지었다. [오직 인식일 뿐임에 대해서] 이치 그대로, 또 인식 그대로는 [나 같은 자들의 능력으로] 헤아리기 어렵다. [그것은] 붓다들의 인식영역이다.

## 현장역

1송. 만약 인식(識, vijñapti)에 실재하는 외계 대상(境, artha)이 없다고 한다면, [인식이 특정한] 장소와 시간에 한정되[어 일어나는 것]도, [개인의식의] 흐름(相續, santāna)에 한정됨이 없[이 여러 사람에게 공통적 인식이 일어나]는 것도, 인과적 효력(作用, kṛtya-kriyā)[을 일으키는 것]도 성립하지 않을 것이다.

2송. [대상 없는 인식이] 장소와 시간에 한정됨은 [이치에 어긋나지 않는다는 것이 증명된다.] 마치 꿈과 같이. [대상 없는 인식이라도 특정한] 사람(身, santāna)에 한정되지 않음은 [이치에 어긋나지 않는다고 증명된다]. 마치 아귀(鬼, preta)가 똑같이 고름 강(膿河, pūya-nadī) 등을 보는 것과 같이. 마치 꿈에서 손실이 있는 것처럼 [대상 없는 인식이] 인과적 효력(用, kṛtya-kriyā)을 지님[이 가능하다는 것이 증명된다].

3송. [또한, 대상 없는 인식에서 네 가지] 모두가 지옥과 같이 [가능함이 증명된다]. [지옥 중생들은 같은 시간과 장소에서] 지옥의 파수꾼(獄卒, naraka-pāla) 등을 함께 보고, [그 지옥의 파수꾼 등이 그들을] 박해할 수 있다[는 것을 예시로 하여 증명된다]. 그러므로 [외계 대상이 존재하지 않더라도 인식이 장소와 시간에 한정됨 등의] 네 가지는 [이치에 어긋나지 않는다는 것이] 모두 증명된다.

4송. 천상에 동물(傍生, tiryañc)[들이 태어난다 하더라도, 그것]과 같은 방식으로 [동물들이] 지옥에 그렇게 [파수꾼 등으로 태어나는 것은] 아니다. [그대들이 지옥에서 파수꾼 등으로 태어난다고] 고집하는 동물들과 [특수한] 아귀는 저 [지옥 중생들이 받는 것과 같은] 고통을 받지 않기 때문이다.

5송. 만약 [그대가] 행위의 힘으로 인해 [지옥의 파수꾼 등의 이름을 받는] 특수한 물질적 원소가 생기고 [지옥 중생들에게 두려움을 일으키기 위하여] 이런 방식으로 변형(轉變, pariṇāma)을 일으킨다고 인정한다면 왜 [행위의 힘으로 인해] 의식(識, vijñāna)에서 [파수꾼 등으로 변화하는 것]은 인정하지 않는 것인가?

6송. [그대는] 행위의 [결과를 일으킬] 잠재력(熏習, vāsanā)이 어떤 곳에 있고 [행위의] 결과는 다른 곳에서 일어난다고 고집한다. [행위가] 저장되[어 잠재력을 남기]는 의식(識, vijñāna)에 [행위의] 결과가 있다고 [그대가] 인정하지 않는 것은 어떤 이유인가?

7송. 그 교화 받는 사람에 따라 세존(世尊, 붓다)은 숨은 의도(密意趣, abhiprāya)를 가지고 형색 등의 [열 가지] 인식영역이 존재한다고 설명하셨다. 마치 홀연히 태어나는 중생(化生, upapāduka)[이 존재한다고 교육용 목적으로 설명하셨던 것]처럼.

8송. 인식은 자신의 마음 씨앗(種, bīja)으로부터 발생하는데, [마음에서] 대상과 유사한 모습으로 변화하[여 나타난]다. [마음 씨앗과 나타난 것이 각각] 내부와 외부의 인식영역이 되기 때문에 붓다가 [숨은 의도를 가지고] 저 열 가지 인식영역을 설명하셨다.

9송. 이 가르침에 의해서 인격적 주체가 없는 상태(數取趣無我, pudgala-nairātmya)[를 깨닫는 경지]에 들어갈 수 있다. [더욱이] 집착되는 존재의 요소가 없는 상태[를 깨닫는 경지]는 다시 [다음 단계의] 다른 가르침에 의해서 들어간다.

10송. [만약 인식이 외부의 물질을 대상으로 한다면] 저 외계 대상은 하나[인 대상 전체]도 아니며, 또 [가까이 모인] 여러 개의 원자(極微 paramāṇu)도 아니고, 또 ③ [원자들의] 구조적 결합을 이룬 것(和合, *saṃcita) 등도 아니다. 원자는 [그 존재가] 증명되지 않았기 때문이다.

11송. [원자들이 구성물을 이룰 경우, 하나의] 원자는 여섯 개[의 원자]와 [동시에] 결합(合, yoga)하므로 하나[의 원자]는 여섯 부분으로 이루어져야 한다. [혹은,] 만약 [중심에 있는 하나의 원자와 결합한] 여섯 개[의 원자]가 [그 중심 원자와] 같은 장소[를 차지하고 있는 것이]라면, [원자들이 결합한] 덩어리(聚, piṇḍa)는 [하나의] 원자와 [크기가] 같아져 버릴 것이다.

12송. 원자가 이미 결합하지(合, saṃyoga) 않[지만 원자들이 인접하여 집합체를 이룬 것끼리는 서로 접촉하여 결합하]는데, [원자들이] 집합체를 이룬 것[의 부분 원자 중]에서 [접촉하여] 결합하는 자는 [대체] 누구인가? 혹은 [그렇게 집합체들끼리 결합한다고 하면, 원자들이] 서로 결합이 이루어지지 않는 것은 부분이 없다는 이유는 아니다.

13송. 원자에 방향에 따른 구별(方分, digbhāga-bheda)이 있다면, 논리적으로 하나[의 실체]라는 것이 성립되지 않아야 한다. [만약 원자에 방향에 따른 구별이] 없다면, 그늘진 부분(影, chāya)이나 물리적 방해(障, āvṛti)가 없어야 한다. [원자들이 모인] 덩어리(聚, piṇḍa)도 [하나의 원자와] 다르지 않아서 두 가지(= 그늘진 부분과 물리적 방해)가 없어야 한다.

14송. [형색 등 대상이] 하나[의 실체]라면, 한 걸음씩(次, krameṇa) 이동하는 것과 도달하거나 도달하지 않는 일이 동시에 일어나는 것과 더불어 많은 것 사이에 간격이 있는 일과 아울러 보기 어려운 미세한 사물은 없어야 한다.

15송. 지각에 대한 인지(pratyakṣa-buddhi, 現覺)는 꿈 등에서 [대상 없이 그것이 일어나는 경우]와 같다. 이미 지각에 대한 인지가 일어날 때는 보는 작용과 대상이 이미 없는데 어떻게 [그대는 지금 대상에 대한] 지각이 있다고 인정할 수 있는가?

16송. 앞에서 설명했던 것처럼 대상처럼 [마음에] 나타난 것(似境, arthābhāsa)이 인식이다. [그리고 바로] 이것(= 대상 없는 인식)을 원인으로 하여 회상(憶念, smaraṇa)이 일어난다. 꿈에서 본 것들이 실재하지 않는다는 것을 아직 [꿈에서] 깨어나지 않았을 때는 알지 못한다.

17송. 변화하는 [인식들의] 영향력(增上力, ādhipatya)[에 의해] 두 [사람의] 인식[사이에서]의 한정(決定, niyama)이 성립된다. [꿈속에서] 마음은 몽롱함(睡眠, middha)에 의해 [깨어있을 때보다] 약화된다. [그러므로] 꿈꿀 [때]와 깨어있을 [때]의 결과는 [서로] 동등하지 않다.

18송. 어떤 사람의 [특정한] 인식의 변화(轉變, vikriyā)로 말미암아 [다른 사람에 대한] 살해의 업이 있게 된다. 예를 들어, 악귀(鬼, piśaca) 등의 의지(意, manas)의 힘이 다른 사람들에게 기억을 잃게 하는 것(失念, smṛti-lopa) 등과 같다.

19송. 단다카(彈咤迦, Daṇḍaka) 등이 텅 비게 된 것이 어떻게 선인의 분노(忿, kopa) 때문이라고 하겠는가? 의지(意, manas)에 의한 보복(罰)이 [신체나 언어에 의한 것보다] 더 큰 죄가 된다는 이것이 다시 어떻게 증명되겠는가?

20송. 다른 사람의 마음에 대한 앎(他心智, paracittajñāna)은 왜 있는 그대로 아는 것이 아니라고 하는가? [다른 사람의 마음에 대한 앎은] 자기의 마음을 아는 앎과 마찬가지[로 있는 그대로 알지 못한]다. [왜냐하면,] 붓다[들이 그들]의 인식영역[을 아는 것]과 같은 방식으로는 알지 못하[기 때문이]다.

21송. 나는 이미 나의 능력에 따라 [삼계에 속한 것은] 오직 인식일 뿐이라는 의미(唯識義, vijñaptimātratā)를 간략하게 증명하였다. 여기(= 오직 인식일 뿐임)에 포함될 수 있는 모든 [세부적 분석의] 종류는 생각하기 어렵다. [그것은] 붓다가 행하는 인식영역(所行, gocara)이다.

**반야류지역**

1송. [주장 :] [삼계에 속한 모든 존재는] 오직 인식일 뿐(唯識, vijñapti-mātra)이고 외계 대상은 없다.

[이유 :] [삼계에 속한 모든 존재는] 대상(塵, artha)이 없는데도 [있는 것처럼] 그릇되게 보이기 때문이다.

[예시 :] 마치 비문증 환자(人目有瞖, taimirika)가 머리카락이나 [두 개의] 달 등을 보는 것과 같다.

2송. 만약 대상(塵, artha)이 없는데도 다만 마음이 외계 대상 없이 [그것이 있는 것처럼] 그릇되게 보는 것이라면, [인식이] 장소와 시간의 한정도 한정되지 않을 것이고, [특정한] 사람(人, *santāna)[에게 한정됨이 없이 여러 사람에게 공통적 인식이 일어나지도 않을 것이고], 인과적 효력(所作事, kṛtya-kriyā)[을 일으키는 것도 이치에 맞지 않을 것이다].

3송. [대상 없는 인식이] 장소와 시간 등[에 한정되어 일어나는] 모든 것은 형색 등의 외부 존재(外法)가 없다 하더라도 사람은 꿈에서 [대상을 보는 것처럼] 그리고 아귀는 [이전에 각자 서로 유사하게 저질렀던] 행위(業, karman)[가 초래한 결과]에 따라 [똑같이] 그릇되게 볼 수 있다.

4송. 꿈속에서 [실재하는] 여인이 없어도 [꿈속에서 본 그 여인으로 인해] 몸을 움직여 [현실에서] 부정한 것(不淨)을 잃는 것과 같이 [대상 없이 인식된 것도 인과적 효력을 일으킬 수 있음이 증명된다]. [또] 지옥에서 [파수꾼 등] 갖가지 주인이 [실재하지 않지만,] [지옥 중생들은 그들을 같은 시간과 장소에서 함께 보고,] 그들(= 갖가지 주인)에게 핍박받는 [것을 통해 네 가지 모두를 증명할 수 있]다.

5송. 동물들이 천상에 태어나는 것이라 해도 지옥에서는 그것(= 천상에 태어나는 것)과 같지 않다. [천상의 동물들은] 천상에 있으면서 [즐거움을 누리지만, 지옥에 태어난] 동물들은 [지옥에서 생겨나는] 고통을 경험하지 않는다.

6송. 만약 중생의 행위로 인해 [지옥의 파수꾼 등의 칭호가 붙는] 네 가지 물질 원소가 이런 방식으로 [중생에게 두려움을 주기 위하여] 변형한다면, 무슨 이유에서 [그대는] 행위로 인해 마음(心, vijñāna)이 이런 방식으로 변화(轉變, pariṇāma)한 것이라고 말하지 않는가?

7송. 행위가 어떤 곳에 저장(熏)되는데 왜 [그 행위의] 결과는 다른 곳에서 [발생한다고] 하는가? 선하거나 악한 [행위는] 마음에 저장(熏)되는데 어떤 이유로 [그 결과는] 마음(心)과 떨어져서 [발생한다고] 하는가?

8송. 형색 등의 [열두] 인식영역들을 설명하신 것은 교화될 수 있는 중생을 위해서이다. 눈앞에 있는 사람들이 가르침을 받아들이는 것에 따라 홀연히 태어나는 중생(化衆生, upapāduka-sattva)이 존재한다고 [교육용 목적으로] 설명하셨[던 것과 같]다.

9송. 저 본심(本心, *ālaya-vijñāna)의 지(智)에 의해서 인식이 그릇되게 외부의 대상을 파악한다. 이 때문에 여래는 내부와 외부의 인식영역들이 있다고 설명하셨다.

10송. [열두 인식영역을 통해서 인식의 주체는] 허망하여 실제로 존재하지 않는다고 알아차림으로써 이렇게 하여 인격적 주체가 없는 상태(我空, pudgala-nairātmya)[를 깨닫는 경지]에 들어간다. [더욱이] 다른 [방식을 통한 다음 단계의] 가르침을 알아차림으로써 모든 존재의 요소가 없는 상태(諸法無我, dharma-nairātmya)[를 깨닫는 경지]에 들어간다.

11송. 저 하나[의 원자]도 파악할 수 없고, [가까이 모인] 여러 개[의 원자]도 파악할 수 없고, [원자들이] 구성물을 이룬 것(和合, *saṃhata)도 파악할 수 없다. 이런 이유로 원자([微]塵, paramāṇu)라는 존재는 없다.

12송. [원자들이 구성물을 이룰 경우 하나의 원자는] 여섯 개의 원자와 동시에 결합(合, yoga)하므로, 원자는 곧 여섯 부분을 지니게 된다. 만약 여섯 개[의 원자]가 오직 하나의 장소에 있는 것이라면, [결합한] 큰 덩어리 전체는 하나의 원자[와 같은 크기가 되어버릴 것]이다.

13송. 만약 원자가 결합하지 않는다면, 저 결합한 것은 어떻게 이루어진 것인가? 원자에 [여섯 방향의] 부분이 없다고 말하지만 [결합을] 이룰 수 있는 것은 부분을 가진 것이다.

14송. 어떤 존재에 방향이 구별될 수 있다면, 저 [존재]는 하나[의 실체]라고 말할 수 없다. 그늘진 부분(影, chāya)이나 물리적 방해(障, āvṛti)가 만약 [네 가지] 물질적 원소에 없다면, 저 둘(= 그늘진 부분과 물리적 방해)은 저 [덩어리]에도 없어야 한다.

15송. 만약 [푸른색 등 대상이] 하나[의 실체]라면 [대지에서] 이동하는 것이 한 걸음씩(次, krameṇa) 일어날 수 없고, [한 사물에 대해] 취하는 것과 취하지 못하는 것 또한 동시에 [일어날 수] 없고, [같은 장소에 있는 여러 사물에 대한] 차별도 파악할 수 없어야 하고, 미세한 것 또한 볼 수 있어야만 한다.

16송. 지각[에 대한 인지(buddhi)]는 꿈에서 [대상 없이 그것이 일어나는 것]과 같다. 지각[에 대한 인지]와 대상[에 대한 인지]는 [시간적으로] 함께 존재하지 않는다. 지각이 일어날 때 [동시에 지각의 인지를] 분별하지 않는다면, 어떻게 지각이라고 말할 수 있겠는가?

17송. 앞에서 [대상이 존재하는 것처럼] 그릇되게 본다고 말했다. 곧 그것(= 대상이 있다고 여기는 그릇된 인식)에 의해서 그릇되게 회상하는 것이다. 꿈에서 그릇되게 보는 자는 아직 깨어나기 전에는 알아차리지 못한다.

18송. 번갈아 상호 간에 [미치는] 영향력(增上, ādhipatya)을 원인으로 하여 저 [마음과] 이 마음이 서로 조건이 되어 연계된다. 무명이 마음에 덮여 있는 까닭에 꿈꿀 때와 깨어있을 때의 결과가 구별된다.

19송. 죽음은 다른 마음에 의해서, 또는 자신의 마음에 의해서 일어난다. 여러 가지 인연에 의해서 자신의 마음을 파괴하여 잃는 것이다.

20송. 경전에서 '단다카(檀拏迦, Daṇḍaka)국과 칼링가(迦陵迦, Kaliṅga)국과 마탕가(摩登伽, Mātaṅga)국은 선인의 분노(瞋, kopa) 때문에 텅 비게 되었다'라고 말한다. 이 때문에 의지(心, manas)에 의한 행위(業, karman)가 [가장] 중요하다.

21송. 다른 사람의 마음을 외계 대상으로 [하여] 안다면, [이것은] 있는 그대로(如實, yathārtham) 인지하여 아는 것이 아니다. 인식 [주체]와 [인식] 대상을 벗어나지 않았기 때문이다. 오직 붓다만이 있는 그대로 알 수 있다.

22송. 이 『유식론』을 지은 것은 내 생각으로 헤아릴 수 있는 의미가 아니라 모든 붓다의 묘한 인식영역(境界, gocara)이다. [이 가르침으로] 복덕이 수많은 중생들에게 베풀어지기를 [바란다].

# 부록 ② 다섯 버전 용어 모음

| 산스크리트 | 티베트 | 진제(眞諦) | 현장(玄奘) | 반야류지(般若流支) |
|---|---|---|---|---|
| **제목** | | | | |
| viṃśika 이십(20) | nyi shu pa | ___ | 二十 | ___ |
| vijñaptimātratā 유식성 | rnam par rig pa tsam | 唯識 | 唯識 | 唯識 |
| **제1송** | | | | |
| mahāyāna 대승 | theg pa chen po | 大乘 | 大乘 | 大乘 |
| traidhātuka 삼계 | khams gsum pa | 三界 | 三界 | 三界 |
| vijñaptimātra 유식, 오직 인식일 뿐 | rnam par rig pa tsam | 唯有識 | 唯識 | 唯心 |
| cittamātra 유심, 오직 마음일 뿐 | sems tsam | 唯有心 | 唯心 | 一心 |
| jinaputra 승리자의 아들 | kye rgyal ba'i sris | 佛子 | ___ | ___ |
| citta 마음, 심 | sems | 心 | 心 | 心 |
| manas 사유기능, 의(意) | yid | 意 | 意 | 意 |
| vijñāna 의식, 식 | rnam par shes pa | 識 | 識 | 識 |
| vijñapti 인식, 요별 | nam par rig pa | ___ | 了 | 了別 |
| sasaṃprayoga 마음과 연관된 것을 지니는 | mtshungs par ldan pa | 有相應法 | 兼心所 | 依相應心 |
| taimirika 비문증 환자, 눈병인 | rab rib can | 瞖眼人 | 有眩瞖 | 人目有瞖 |
| keśoṇḍuka 머리카락 뭉치 | skra | 毛 | 髮 | 毛 |
| artha 대상 | don | 色塵 | 外境 | 境界 |
| pratiṣedha 배제, 부정, 차단 | dgag pa | 除 | 遮 | 無 |

| 산스크리트 | 티베트 | 진제(眞諦) | 현장(玄奘) | 반야류지(般若流支) |
|---|---|---|---|---|
| **제2송** | | | | |
| deśa 장소 | yul | 處 | 處 | 處 |
| kāla 시간 | dus | 時 | 時 | 時 |
| niyama 한정 | nges pa | 定 | 決定 | 定 |
| santāna [의식의] 흐름 | sems | 相續 | 相續 | 人 |
| kṛtya-kriyā 인과적 효력 | bya ba byed pa | 作事 | 作用 | 作事 |
| rūpa 형색 | bgzugs | 六塵 | 實有色 | 色 |
| svapna 꿈 | rmi lam | 夢 | 夢 | 夢 |
| gandharvanagara 간다르바성 | dri za'i grong khyer | 乾闥婆城 | 尋香城 | 乾闥婆城 |
| **제3송** | | | | |
| grāma 마을 | grong | 國 | 村 | 聚落 |
| ārāma 정원 | kun dga' ra ba | 園 | 園 | 城邑 |
| strī 여자 | skyes pa | 女 | 女 | 女 |
| puruṣa 남자 | bud | 男 | 男 | 男 |
| preta 아귀 | yi dwags | 餓鬼 | 餓鬼 | 餓鬼 |
| pūya 고름 | klung | 膿 | 膿 | ___ |
| nadī 강 | rnag | 河 | 河 | ___ |
| darśana 봄, 보는 것 | mthong | 見 | 見 | ___ |
| ghṛta 기 버터 | mar | 酥 | 酥 | ___ |
| ghaṭa 항아리 | bum pa | 甕 | 瓶 | ___ |

| 산스크리트 | 티베트 | 진제(眞諦) | 현장(玄奘) | 반야류지(般若流支) |
|---|---|---|---|---|
| tulya 동일한, 같은 | mtshungs pa | 同 | 同 | 同 |
| karma 행위, 업 | las | 業 | 業 | 業 |
| vipāka 결과, 과보, 이숙 | rnam par smin pa | 報 | 異熟 | ____ |
| avasthā 상태, 상황 | gnas pa | 位 | ____ | ____ |
| mūtra 소변 | gcin | ____ | ____ | 小便 |
| purīṣa 대변 | ngan skyugs | 糞 | 糞 | 大便 |
| daṇḍa 몽둥이 | dbyig pa | 杖 | 杖 | 杖 |
| asidhara 칼 | ral gri | 刀 | 刀 | 刀 |
| **제4송** | | | | |
| upaghātā 해. 상처 | gnod pa | 害 | 損，損失 | 失，漏失 |
| samāpatti 만남, 교합, 일체화 | phrad pa | 交會 | ____ | 交會 |
| śukra 정액 | khu ba | 不淨 | 精血 | 不淨 |
| visarga 방출 | 'byung ba(생기다) | 出 | 損失 | 失 |
| lakṣaṇa 특징 | mtshan nyid | 相 | 用 | ____ |
| dṛṣṭānta 예시, 예증 | dper na | 譬 | 譬喩 | 譬喩 |
| naraka 지옥 | dmyal ba | 地獄 | 地獄 | 地獄 |
| naraka-pāla 지옥의 파수꾼 | dmyal ba'i srung ma | 獄卒 | 獄卒 | 地獄主 |
| nāraka 지옥 중생 | sems can dmyal pa | 地獄衆生 | 地獄有情 | 地獄衆生 |
| śva 개 | khyi | 狗 | 狗 | 狗 |
| vāyasa 까마귀 | bya rog | 烏 | 烏 | 烏 |
| āyasaparvata 철산 | lcags kyi ri | 山 | 鐵山 | 鐵鉤 |

| 산스크리트 | 티베트 | 진제(眞諦) | 현장(玄奘) | 반야류지(般若流支) |
|---|---|---|---|---|
| āgamanagamana 오고 감 | 'ong ba dang 'gro ba | 來 | 來至 | 從兩邊來 |
| grahaṇa 말, 단어 | zhes bya ba | ___ | ___ | ___ |
| eka 하나 | gcis | 一 | ___ | ___ |
| bādhana 핍박, 박해 | gnod | 逼害 | 逼害 | 苦 |
| samāna 동일한 | rnga | 同 | 同 | 同 |
| svakarman 각자의 행위 | rang gis las | 業 | 業 | 業 |
| ādhipatya 영향력, 증상력, 힘 | dbang | 增上緣 | 增上力 | ___ |
| **제5송** | | | | |
| kāraṇa 원인, 이유 | ___ | 故 | 緣 | 義 |
| sattva 중생, 유정 | sems can | 衆生 | 有情 | 衆生 |
| duḥkha 괴로움, 고통 | sdug bsngal | 苦 | 苦 | 苦 |
| pratisaṃvedana 경험, 향유 | myong ba | 受 | 受 | 受 |
| vyavasthā 구분, 차이 | rnam par gzhag pa | 分別 | 立 | 分別 |
| ākṛti 모양 | byad gzugs | 形貌 | 形 | 形 |
| pramāṇa 크기, 양 | bong tshod | 量 | 量 | 體 |
| bala 힘 | stobs | 力 | 力 | 力 |
| bhaya 공포, 두려움 | 'jigs pa | 怖畏 | 怖 | 畏 |
| dāha 불탐, 열기 | tsha ba | 燒燃 | 燒燃 | 熱 |
| bhūmi 땅, 대지, 단계 | sa | 地 | 地 | ___ |
| sambhava 존재함, 태어남, 기원, 가능함 | 'byung ba | 生 | 生 | 生 |
| svarga 천상 | mtho ris | 天上 | 天上 | 天上 |

| 산스크리트 | 티베트 | 진제(眞諦) | 현장(玄奘) | 반야류지(般若流支) |
|---|---|---|---|---|
| tiryañc 축생, 동물 | dud 'gro | 畜生 | 畜生 | 畜生 |
| viśeṣa 특수한 | bye brag | 別類 | ___ | 種種 |
| bhājanaloka 세계, 기세간 | snod kyi 'jig rten | 世界 | 器 | 器世間 |
| sukha 즐거움 | bde ba | 樂 | 樂 | 樂 |
| **제6송** | | | | |
| bhūta 물질 원소, 대종 | 'byung ba | 四大 | 大種 | 四大 |
| varṇa 색깔 | mdog | 色 | 顯 | 色 |
| hasta 손 | lag pa | 手 | 手 | 手 |
| meṣa 양(羊) | lug | 羊 | 羊 | 羊 |
| pariṇāma, 변형, 전변 | gyur pa | 轉異 | 轉變 | 轉變 |
| **제7송** | | | | |
| vāsanā 훈습, 잠재력 | bag chags | 熏習 | 熏習 | 熏 |
| phala 결과 | 'bras bu | 果 | 果 | 果 |
| **제8송** | | | | |
| āgama 아함, 경전 | lung | 阿含 | 有教 | 阿含 |
| pratibhāsa 마음에 나타남, 현현 | snang ba | 似…生 | 似…現 | ___ |
| āyatana 인식영역, 입처, 처 | skye mtshad | 入 | 處 | 入 |
| bhagavat 세존, 존귀한 자 | bcom ldan 'das | 佛世尊 | 佛 | 如來 |
| jana 사람 | skye bo | 人 | 生 | 衆生 |
| abhiprāya 숨은 의도, 밀의취, 밀의 | dgongs pa dban | 別意 | 密意趣 | ___ |

| 산스크리트 | 티베트 | 진제(眞諦) | 현장(玄奘) | 반야류지(般若流支) |
|---|---|---|---|---|
| upapāduka 홀연히 태어나는 중생, 화생 | brdzus te byung ba'i sems can | 化生 | 化生 | 化生 |
| āyati 미래, 내생, 후세 | phyi ma | 來生 | 後世 | ___ |
| vacana 말 | bstan pa | 說 | 說 | 說言 |
| ātman 자아 | bdag | 我 | 我 | 我 |
| **제9송** | | | | |
| sva 자신, 자기 | rang | 自 | 自 | ___ |
| bīja 마음 씨앗, 종자 | sa bon | 種子 | 種子 | ___ |
| ābhāsa, 현현, 나타난 것 | snang ba | 顯現 | 似境相 | ___ |
| muni 성자 | bcom ldan 'das | 佛世尊 | 佛 | 如來 |
| prāpta 도달한, 획득한 | byung ba | 至 | ___ | ___ |
| cakṣus 눈, 시각기관 | mig | 眼 | 眼 | 眼 |
| yathākramam 순서대로, 각각, 연속하여 | go rims | 次第 | 如次 | 次第 |
| spraṣṭavya 촉감, 감촉, 촉 | reg bya | 觸 | 觸 | 觸 |
| kāya 몸, 촉각기관 | lus | 身 | 身 | 身 |
| **제10송** | | | | |
| guṇa 이점, 공덕 | yon tan | 利益 | 勝利 | 功德利益 |
| pudgala 푸드갈라, 인간, 인격적 주체 | gang zag | 人 | 數取趣 | 我 |
| nairātmya 무아, 실체 없음, 존재하지 않음 | bdag med pa | 無我 | 無我 | 空 |
| praveśa 오입(悟入), 입(入), 들어감 | 'jug par | 入 | 入 | 入 |

| 산스크리트 | 티베트 | 진제(眞諦) | 현장(玄奘) | 반야류지(般若流支) |
|---|---|---|---|---|
| vijñānaṣaṭka 여섯 가지 의식 | rnam par shes pa drug | 六識 | 六識 | 六種識 |
| pudgalanairātmya 인격적 주체가 없는 상태, 인무아 | gang zag bdag med pa | 人無我, 人空, 人我空 | 數取趣無我, 有情無我 | 我空, 人無我空 |
| dvaya 둘, 양쪽, 쌍 | gnyis | 六雙 | 六二法 | 六根六塵 |
| pravartate 생기하다 | 'byung ba | 生 | 轉 | 生 |
| draṣṭṛ 보는 자 | lta ba po | 見者 | 見者 | 見者 |
| māntṛ 생각하는 자 | ___ | ___ | 知者 | 覺者 |
| pudgalanairātmyadeśanāvineya 인무아의 교설에 의해 교화되어야 할 자 | gang zag la bdag med par bstan pas 'dul ba | 所化弟子 | 受有情無我教者 | 可化諸衆生 |
| anyathā 한편, 다른 방식으로 | gzhan | 別 | 餘 | 異 |
| deśanā 교설, 가르침 | bstan pa | 教 | 教 | 法 |
| dharmanairātmya 존재의 요소가 없는 상태, 법무아 | chos la bdag med par 'jug | 入法空 | 法無我…入 | 入諸法無我 |
| samutpadyate 생기하다 | byung | 生 | 起 | ___ |
| rūpādilakṣaṇa 형색 등의 특징적 본질 | gzugs la sogs pa'i mtshan nyid | 色等爲相 | 色等相 | 諸法體 |
| sarvathā 모든 점에 있어서, 어떤 방법이라도 | rnam pa thams can du | 一切法一向 | 諸法一切種 | 一切法畢竟 |
| vyavasthāpyate 확립시키다, 성립시키다 | gzhag | 成立 | 安立 | 說言 |
| kalpita-ātman 망상된 본질 | brtags pa'i bdag nyid | 分別性相 | 遍計所執 | 虛妄法 |
| bāla 어린아이, 바보, 어리석은 자 | gang byis pa | 凡夫 | 愚夫 | 凡夫 |
| svabhāva 자성, 본성, 본질 | rang bzhin | ___ | 自性 | 體 |
| grāhya 인식대상, 소취 | ___ | ___ | ___ | ___ |

| 산스크리트 | 티베트 | 진제(眞諦) | 현장(玄奘) | 반야류지(般若流支) |
|---|---|---|---|---|
| grāhaka 인식주체, 능취 | ___ | ___ | ___ | ___ |
| parikalpita 분별망상된 | brtags pa | 分別 | 遍計所執 | 分別 |
| anabhilāpya 언어로 표현할 수 없는 | gang yin pa brjod du med pa | 不可言 | 離言 | 無言 |
| buddha 붓다 | sangs rgyas | 諸佛 | 諸佛 | 諸佛如來 |
| viṣaya 인식영역, 대상, 경계 | yul | 境界 | 境 | 行處 |
| vijñaptyantaraparikalpita 다른 인식에 의해 분별망상된 | rnam par rigs pa gzhan gyi kun brtags pa | 別識所分別 | 餘識所執 | ___ |
| sarvadharma 모든 존재의 요소, 일체법 | chos rnams | 法我, 一切法 | 一切法 | 一切諸法 |
| apavāda 은폐, 부정 | skur pa | 無 | 撥 | 無有 |
| itararthā 만약 그렇지 않다면 | gzhan du | 若不如此 | 不爾 | 若不如是 |
| vijñaptimātratva 유식성 | rnam par rig pa tsam nyid | 唯識義 | 唯識理 | 我空法空 |
| arthavatitva 대상을 가지는 것 | don dang ldan pa | 塵實有 | 有實境 | ___ |
| **제11송** | | | | |
| pratyetavya 인정/이해해야 하는 | rtogs par bya | 信 | 知 | 得知 |
| rūpādyāyatana 형색 등의 인식영역 | gzugs la sogs pa'i skye mched | 色等入 | 色等處 | 色等一切諸入 |
| astitva 존재함, 존재성, 실재 | yad pa | 有 | 有 | 有 |
| santi(√as) 존재하다 | yad pa | 實有 | 實有 | 實有 |
| pratyeka 각각, 별도 | so so | ___ | 各別 | ___ |
| paramāṇu 원자, 극미, 가장 미세한 것 | rdul phra rab | 隣虛 | 極微 | 微塵 |

| 산스크리트 | 티베트 | 진제(眞諦) | 현장(玄奘) | 반야류지(般若流支) |
|---|---|---|---|---|
| sidhyati 증명되다, 성립되다 | 'grub pa | 成 | 成 | ___ |
| viṣaya 대상 | yul | 境界, 外塵 | 境 | 外境界 |
| eka 하나, 단일 | gcig pu | 一 | 一 | 一 |
| aneka 여러 개, 다수 | du ma | 異 | 多 | 多 |
| viṣayībhavanti 대상이 되다 | yul yin | 爲…境界, 成塵 | 爲…境 | 能取境界, 可見 |
| saṃhata 구성물을 이룬 것, 화합, 집합 | 'dus pa | 聚, 聚色, 聚集 | 和合, 和集 | 和合 |
| avayavi-rūpa 전체로서의 물체 | cha shas can gyi ngo bo | 有分色 | 有分色 | 一微塵 |
| vaiśeṣika 바이쉐시카 | bye brag pa | 鞞世師 | 勝論者 | 衛世師 |
| kalpyate 분별되다 | rtogs pa | 所執 | 執 | 虛妄分別 |
| agrahaṇa 파악되지 않음, 보이지 않음 | mi 'grub pa | 不可見 | 理…非 | 不可見 |
| dravya 실체, 실재 | rdzas | 一物 | 一實 | 實…物 |
| **제12송** | | | | |
| ṣaṭka 여섯으로 이루어진 것 | rbul cha drug tu 'gyur | 六 | 六 | 六塵 |
| yugapad 동시에 | cig ca | 一時 | ___ | 同時 |
| yoga 결합 | sbyar ba | 共聚 | 合 | 合 |
| ṣaḍaṃśa 여섯 부분 | cha drug | 六方, 六方分 | 六方, 六分 | 六廂 |
| dig 방향 | phyogs | 方 | 方 | 方 |
| prāpnoti 얻다, 도달하다, 되다 | 'gyur te | 有 | 應成 | 有 |
| asambhava 불가능, 있을 수 없음 | mi 'byung ba | 不得住 | 無容 | 不容 |
| samāna-deśa 동일한 장소 | go gcig | 同一處 | 同處 | 唯一處 |
| piṇḍa 덩어리 | gong bu | 聚, 聚物 | 聚, 聚色 | 諸大, 麁物 |

| 산스크리트 | 티베트 | 진제(眞諦) | 현장(玄奘) | 반야류지(般若流支) |
|---|---|---|---|---|
| aṇumātraka 원자 하나의 크기를 가진 | rdul phran tsam | 量如隣虛 | 如極微 | 一塵 |
| paramāṇumātra 원자 하나의 크기를 가진 | rdul phra rab tsam | 量同隣虛 | 如極微量 | ___ |
| parasparāvyatireka 서로 밀어내지 않음, 서로 모순되지 않음 | phan tsun tha dad pa med pa | 更互不相過 | 展轉相望不過量 | 彼此微塵無差別 |
| **제13송** | | | | |
| samyujyante 결합하다 | sbyor ba | 聚集, 相應, 和合 | 相合, 合 | 和合 |
| niravayava 부분이 없는, 무방분의 | cha shas med pa | 無方分 | 無方分 | 無六方廂, 無廂, 無六廂 |
| sāvayava 부분을 지니는, 유방분의 | cha shas yod pa | 有方分 | 有方分 | 有廂, 與麁物 |
| mā bhūt ~에 적용되지 않는다 | ___ | 不得起 | 離 | 無 |
| doṣa-prasaṅga 결점, 과실이 있다(有過失) | nyes pa | 過失 | 失 | 過失 |
| saṃghāta 집합체를 이룬 것, 적집 | 'dus pa | 聚物, 聚 | 聚色, 聚 | 四大, 彼合 |
| parasparam 서로 | phan tshun | 更互 | 相 | 相 |
| kāsmīra-vaibhāṣika 카슈미라에서 『대비바사론』을 따르는 무리, 설일체유부 | kha che'i bye brag tu smra ba | 罽賓國毘婆沙 | 迦濕彌羅國毘婆沙師 | 罽賓國毘婆沙 |
| praṣṭavya 질문되어야 한다 | zhes brjod par bya'o | 應問 | 應詰 | ___ |
| antara 다른 | gzhan | 異 | 異 | 離…別 |
| vartate 존재하다, 구르다, 작용하다 | bsnyegs so | ___ | ___ | ___ |
| saṃyoga 결합 | sbyor ba | 合, 和合 | 合, 相合 | 合 |
| asaṃyoga 결합하지 않음 | sbyor ba ma yin | 不合 | 無合 | 不合 |
| sidhyati 성립되다, 증명되다 | 'grub ba | 成 | 成 | 成 |
| anyonyam 서로 | phan tshun | 更互 | 展轉 | 相 |

| 산스크리트 | 티베트 | 진제(眞諦) | 현장(玄奘) | 반야류지(般若流支) |
|---|---|---|---|---|
| vaktavya 말해야 하는 | brjod par bya | 應…說 | 應言 | 說言 |
| anabhyupagama 받아들일 수 없는, 인정할 수 없는 | khas mi len pa | 此義不然 | 不許 | 但有言說都無實事 |
| eka-dravya 단일한 실체 | rdzas gcig | 一物 | 一實 | 一物 |
| **제14송** | | | | |
| bhāga 부분, 일부 | cha | 分 | 分 | 所 |
| digbhāga 방향 | phyogs cha | 方分 | 方分 | 方所…方處 |
| bheda 분열, 분할, 구별 | tha dad | ___ | ___ | 別 |
| ekatva 단일성 | gcig | 一物 | — | — |
| na yujyate 논리적으로 타당하지 않다, 이치에 맞지 않다 | mi rung | 不應成 | 理不應成 | 不得言 |
| anya 혹은, 다른 | gzhan | 異 | 異 | 異 |
| pūrva 앞, 동쪽 | shar | 東 | ___ | 東 |
| pūrvadigbhāgo 앞부분, 동쪽 | shar phyogs kyi cha | 東方分 | ___ | 東方所…方處 |
| adhas 아래 | ’og | 下 | ___ | ___ |
| adhodigbhāga 아랫부분 | ’og gi cha | 下方分 | ___ | ___ |
| tadātmaka 그것을 본질로 하는 | de’i bdag nyid | 取分爲體 | 多分爲體 | 如是差別 |
| chāyā 그림자, 그늘진 부분 | grib ma | 影 | 影 | 影 |
| āvṛtī 물리적 방해, 장애 | sgrib pa | 障 | 障 | 障 |
| āditya 태양, 해 | nyi ma | 日 | 日輪 | 日 |
| udaya 출현, 상승 | shar ba | 出 | 纔擧 | 出 |

| 산스크리트 | 티베트 | 진제(眞諦) | 현장(玄奘) | 반야류지(般若流支) |
|---|---|---|---|---|
| anyatra 다른 곳, 다른 부분 | gzhan | 一邊 | 餘邊, 餘分 | 一廂, 餘廂 |
| ātapa 비춤 | nyi ma…'bap pa | 日…照 | 光…及 | 照 |
| āvaraṇa 방해, 장애 | sgrib pa | 障 | 障 | 障 |
| parabhāga 다른 부분 | phyogs cha | 餘分 | 餘分 | ___ |
| pratigha 장애, 방해 | sgrib pa | 障 | 礙 | 障 |
| samāna 동일한 | gcig | 同一(處) | (處)同 | 一(處) |
| āha 말했다, 말한다 | smras pa | ___ | ___ | 云 |
| **제15송** | | | | |
| saṃniveśa 모습, 형체, 배열 | ___ | 形相 | 安布 | ___ |
| parikalpa 분별, 망상분별 | rtogs pa | 分別 | 差別 | ___ |
| cintā 생각, 고찰. 고민 | ___ | 思量 | 思擇 | 分別 |
| lakṣaṇa 특성, 특질, 상(相), 모습 | mtshan nyid | 體相 | 相 | 相 |
| pratiṣidhyate 막히다, 거부되다, 부정되다 | kabg | 破 | 遮 | 令無 |
| saṃpradhāryate 고찰되다, 결정되다 | dmyad pa | 思量 | 審思 | 思惟 |
| cakṣurādiviṣayatva 시각기관 등의 대상인 것 | mig la sogs pa'i yul nyid | 眼等境界 | 眼等境 | 眼等境界 |
| nīlāditva 푸른색인 것, 청성(淸性) | sngon po la sogs pa nyid | 青等類 | 青等實色等性 | 青黃赤白 |
| nīla 푸른 색 | sngon po | 青 | 青 | 青 |
| pīta 황색 | ser po | 黃 | ___ | 黃 |
| anekatva 다수성 | gcig po | 多 | 多 | 多 |

| 산스크리트 | 티베트 | 진제(眞諦) | 현장(玄奘) | 반야류지(般若流支) |
|---|---|---|---|---|
| kramenạ 차례로 | rim | 次, 次第 | 次, 漸次 | 次, 次第 |
| itiḥ 이동 | 'gro ba | 行 | 行 | 行 |
| yugapat 동시에 | cig car | 俱 | 俱 | 同, 一時 |
| vicchinna 별도의, 구별되는, 중단된 | ris chad/ri su chad pa | 別類 | 有間 | 差別 |
| vṛtti 존재함, 작용 | gnas pa | 事 | 事 | 處 |
| sūkṣma 미세한, 미세한 것 | phra ba | 細 | 細物 | 微細 |
| anīkṣā/anīkṣaṇa 보이지 않는, 볼 수 없는 | mi sod | 難見 | 難見 | ___ |
| avicchinna 간격이 없는. 나뉘지 않는 | ma chad | 無有隔別 | 無隔別 | 純一 |
| kalpyate 분별되다, 생각되다 | rtogs pa | 執 | 執 | 分別 |
| pṛthivī 대지 | lam(산) | 地 | 大地 | 地中 |
| gamana 이동, 감 | 'gro ba | 行 | 行 | 行 |
| sakṛt 한 번, 동시 | cig car | 一 | 一 | 一 |
| pāda 발 | ___ | 足 | 足 | 足 |
| kṣepa 던짐, 뻗음, 움직임 | gom pa | 下 | 下 | 擧 |
| gata 간, 떠난, 도달한 | 'gro ba | 行 | 至 | 躡 |
| arvāgbhāga 이쪽 부분 | tshu rol gyi cha | 此間 | 於此 | 此處 |
| grahaṇa 파악, 파악하는 것 | zin pa | 已得 | 至 | 躡 |
| parabhāga 저쪽 부분 | pha rol gyi cha | 彼處 | 於彼 | 彼處 |
| agrahaṇa 파악되지 않음, 보이지 않음 | ma zin pa | 未得 | 未至 | 不躡 |
| hastin 코끼리 | glang po | 象 | 象 | 象 |
| aśva 말 | rta | 馬 | 馬 | 馬 |

| 산스크리트 | 티베트 | 진제(眞諦) | 현장(玄奘) | 반야류지(般若流支) |
|---|---|---|---|---|
| ekatra 하나의 장소, 어떤 곳 | gcig na | 一處 | 一方處 | 一處 |
| viccheda 분리, 파괴, 구별 | chad pa | 差別 | 差別 | 差別 |
| prāpta 도달한, 얻은 | son pa | 至 | 至 | 到 |
| antarāla 중간, 사이의 공간 | bar na | 中間 | 中間 | 中間 |
| śūnya 텅 빈, 존재하지 않는 | stong pa | 空 | 空 | 空 |
| audaka 물속에서 자라는, 물에 속하는 | chu | 水 | 水 | 水 |
| jantu 벌레 | skye bo(창조물) | 虫 | 虫 | 虫 |
| sthūla 커다란 것, 추물(麁物), 조대 | chen po dag | 大 | 麁物 | 麁 |
| antaratva 차이성 | tha dad pa | 別 | 別 | ___ |
| anyathā 달리, 다른 방법으로 | gzhan du | 別義 | 餘義 | ___ |
| avaśyam 반드시, 필연적으로 | nges pa | 應 | 定 | ___ |
| kalpayitavya 분별되어야 한다 | brtag pa | 分別 | 應許…分析 | ___ |
| asiddha 성립되지 않는 | mi 'gyub ba | 非 | 不得成 | 不成 |
| siddha 성립된, 증명된 | 'gyub ba | 成 | 成 | 成 |
| lakṣaṇabheda 특질의 구별 | ___ | 相差別 | 相…差別 | 諸入等相 |
| paramāṇuśas 원자의 관점으로부터 | ___ | 極微 | 多極微 | 微塵 |
| **제16송** | | | | |
| pramāṇa 바른 인식수단 | tshad ma | 量 | 量 | 信 |
| vaśāt ~에 의해, ~로 인해 | dbang gyis | 依 | 由 | 依 |
| astitva 존재성 | yod pa | 有 | 有 | 有 |
| nāstitva 비존재성 | med pa | 無 | 無 | ___ |

| 산스크리트 | 티베트 | 진제(眞諦) | 현장(玄奘) | 반야류지(般若流支) |
|---|---|---|---|---|
| nirdhāryate 결정되다, 확인되다 | dbye bar 'gyur | 決 | 判定 | 說 |
| pratyakṣa 지각 | mngon sum gyi tshad ma | 證量 | 現量 | 現信 |
| gariṣṭha 가장 무거운, 가장 권위있는 | mchog yin | 最勝 | 爲勝 | 最勝 |
| buddhi 인지 | blo | 智 | 覺 | ___ |
| pratyakṣabuddhi 지각에 대한 인지 | mngon sum blo | 證智 | 現覺 | 現見 |
| pūrvam 이전에, 동쪽에, 앞에서 | sngar | ___ | ___ | 已先 |
| jñāptita 알려진, 설명된 | bstan ba | ___ | ___ | 說 |
| dṛśyate 보여지다 | snang | 見 | 見 | 分別, 見 |
| mata 승인되다, 생각되다, 인정되다 | 'dod | 證 | 許 | 言 |
| manovijñāna 내면적 의식 | yid kyi rnam par shes pa | 意識 | 意識 | 意識 |
| pariccheda 분리, 식별, 통찰 | bcad pa | 分別 | 分別 | 分別 |
| cakṣurvijñāna 시각적 의식 | mig gi rnam par shes pa | 眼識 | 眼等識 | 眼等識 |
| niruddha 소멸, 제어 | 'gags pa | 滅 | 謝 | 滅 |
| iṣta 인정되는 | 'dod | 云 | 許 | 言 |
| viśeṣeṇa 특히 | yongs su | ___ | ___ | ___ |
| kṣanikavādin 찰나멸론자 | skad cig mar smra ba | 人說刹那滅 | 刹那論者 | 念念不住 |
| niruddha 소멸 | 'gags | 謝 | 滅 | 無 |
| rasa 맛 | ro | ___ | ___ | ___ |
| **제17송** | | | | |
| ananubhūta 경험하지 못한 | myong ba med pa | 非…所量 | ___ | ___ |
| avaśyam 필연적으로, 반드시 | gdon mi za ba | 決定 | 決定 | 必 |

| 산스크리트 | 티베트 | 진제(眞諦) | 현장(玄奘) | 반야류지(般若流支) |
|---|---|---|---|---|
| anubhava 경험 | myong ba | 所量 | 受 | 見 |
| bhavitavya 되어야 하는 | 'gyur | ___ | 有 | ___ |
| darśana 봄, 견해 | ___ | 見 | 見 | 見 |
| smaraṇa 회상 | dran pa | 憶持 | 憶 | 憶念 |
| ābhāsa 현현, ~처럼 나타남 | snang ba | 似塵 | 似境 | 虛妄 |
| utpāda 발생, 생기 | 'byung | 起 | 現 | ___ |
| smṛti 기억, 각인 | dran pa | 憶持 | 念 | 憶念 |
| saṃprayukta 상응된, 연관된 | mtshungs pa | 相應 | 相應 | ___ |
| rūpādivikalpikā 색 등의 분별 | gzugs la sogs pa la rnam par rtog pa | 分別 | 分別 | 分別 |
| manovijñapti 내면적 인식 | yin kyi rnam par rig pa | 意識 | 意識 | 意識 |
| abhūtārtha 대상이 존재하지 않는, 실체가 없는 | ___ | 無塵 | 無實境 | 色虛妄 |
| jāgrat 깨어있는 자, 깨어있는 상태 | log pa | 覺 | 覺 | 寤 |
| loka 세간, 세계 | 'jig rten | 世人 | 世 | 世人 |
| svayam 자신, 혼자 | ___ | 自 | 自 | ___ |
| avagacchet 이해했을 것이다 | khong du chud pa'i rig | 知 | 知 | 知 |
| upalabdhi 관찰, 인식 | dmigs pa | ___ | ___ | 所見 |
| nirarthika 대상을 가지지 않다 | yul med pa | 無塵 | 非有 | ___ |
| jñāpaka 논거, 가르침 | ___ | 證 | 證 | ___ |
| dṛś 봄, 이해 | thong ba | 見 | 見 | 見 |
| prabuddha 깨어난 자 | sad | 覺 | 覺 | 寤 |

| 산스크리트 | 티베트 | 진제(眞諦) | 현장(玄奘) | 반야류지(般若流支) |
|---|---|---|---|---|
| avagacchati 이해하다 | rtogs pa | 知 | 知 | 知 |
| vitatha 그릇된, 있는 그대로가 아닌 | log pa | 虛妄 | 虛妄 | 虛妄 |
| abhyāsa 반복 | goms pa | 串習 | 串習 | 轉倒 |
| vāsanā 훈습, 경향성 | bag chags | 惛熟 | 惛熟 | 集熏 |
| nidrā 수면, 잠 | gnyid | ____ | ____ | 睡 |
| prasupta 잠든 | gnyid | ____ | ____ | ____ |
| abhūta 존재하지 않는, 허망한 | log pa | 非實 | ____ | 虛妄 |
| paśyat 보는 | mthong | 見 | ____ | 見 |
| abhāva 비존재 | yul med pa | 非有 | 非實有 | 虛妄 |
| yathāvat(adv) 정확하게 | ji lta ba | 如實, 如理 | ____ | ____ |
| avagacchati 이해하다 | rtogs pa | 解 | 知 | 見 |
| pratipakṣa 교정수단, 대치 | gnyen po | 治道 | 對治 | 對治 |
| lokottara 출세간, 세간을 초월한 | ____ | 出世 | 出世 | 出世 |
| nirvikalpa 분별을 벗어난, 무분별 | 'das pa rnam par mi rtog pa | 無分別 | 無分別 | 無有分別 |
| jñāna 앎, 지식 | ye shes | 智 | 智 | 實智 |
| lokottara-nirvikalpa-jñāna 출세간무분별지 | 'jig rten las 'das pa rnam par mi rtog pa'i ye shes | 出世治道…無分別智 | 出世對治無分別智 | 出世對治實智無有分別 |
| lābha 획득, 얻음 | thob nas | 得 | 得 | 以得 |
| pṛṣṭha 후에, 뒤에 | nas | 後 | 後 | 便 |
| śuddha 청정 | ____ | 淸淨 | 淨 | 勝智 |

| 산스크리트 | 티베트 | 진제(眞諦) | 현장(玄奘) | 반야류지(般若流支) |
|---|---|---|---|---|
| laukika 세간에 대한, 세간에 속한 | 'jig rten pa'i ye shes | 世 | 世間 | 世間 |
| pṛṣṭa-labdha-śuddha-laukika-jñāna 후득청정세간지 | rjes las thob pa dag pa 'jig rten pa'i ye shes | 後得淸淨世智 | 後所得世間淨智 | 便得世間及出世間勝智 |
| saṃmukha 현전하는, 대면하는 | mngon | 覺悟 | 現在前 | 現前 |
| **제18송** | | | | |
| sva 자신, 자기 | rang | 自 | 自 | 自 |
| saṃtāna 흐름, 상속 | rgyud | 相續 | 相續 | 心 |
| pariṇāma 전변, 변화 | gyur pa | 轉異 | 轉變 | 轉變 |
| saṃtānapariṇāmaviśeṣa 심상속전변차별, [의식] 흐름에서 겪는 특수한 변화 | rgyud gyur pa khyad pa | 相續轉異勝 | 相續轉變差別 | 心如是轉變 |
| pāpa 유해한, 악한, 나쁜 | sdig pa | 惡 | 惡 | 惡 |
| kalyāṇa 선한 | dge ba | 善 | 善 | 善 |
| mitra 친구, 벗 | grogs po | 友 | 友 | 知識 |
| saṃparka 결합, 접촉, 교류 | bshes gnyen | 事 | 近 | 遇 |
| sat 바른 | dge ba | 正 | 正 | 善 |
| asat 바르지 않은 | mi dge ba | 邪 | 邪 | 惡 |
| dharma 법 | chos | 法 | 法 | 法 |
| śravaṇa 청문, 들음 | mnyan pa | 聽 | 聞 | 聞 |
| deśanā 가르침 | bshes gnyen | 說 | 教 | 說 |
| anyonya 서로, 상호 | gcig la gcig | 更互 | 展轉 | 迭共 |
| ādhipatitva 영향력, 증상력 | ―― | 增上 | 增上力 | 增上因 |

| 산스크리트 | 티베트 | 진제(眞諦) | 현장(玄奘) | 반야류지(般若流支) |
|---|---|---|---|---|
| mithas 상호, 서로 | phan tshun | 二 | 二 | 彼此 |
| yathāyogam(adv) 상황에 맞게 | ___ | 或正…或邪 | 隨其所應 | 如是 |
| antara 타인, 다른 | gzhan | 別 | 餘 | ___ |
| vijñaptiviśeṣa 특수한 인식 | rnam par rig pa'i khyad pa | 識…勝能 | 識差別 | ___ |
| nirarthika 대상을 가지고 있지 않다 | don med pa | 無境界 | 境雖無實 | 虛妄 |
| jāgrat 각성, 깨어있는 사람 | ma log pa | 覺識 | 覺識 | 寤 |
| kuśala 선한 | log pa | 善 | 善 | 善 |
| akuśala 악한 | ma log pa | 惡 | 惡 | 惡法 |
| saṃudācāra 행함, 현행, 행동 | spyod pa | 行…作 | 行 | 行 |
| supta 잠든 | gnyid kyis log pa | 夢 | 夢 | 夢中 |
| asupta 깨어있는 | gnyid kyis ma log pa | 覺 | 覺 | 寤中 |
| tulya 동등한, 같은 | 'dra ba | 同 | 同 | 等 |
| iṣṭa 원하는, 좋아하는, 인정되는 | 'dod pa | 愛 | 愛 | 愛 |
| aniṣṭa 원하지 않는, 싫어하는 | mi 'dod pa | 憎 | 非愛 | 不愛 |
| āyati 미래 | phyi ma | 未來 | ___ | ___ |
| middha 수면, 몽롱함 | gnyid | 眠 | 睡眠 | 無明 |
| upahata 손상, 손해, 약화 | non pa | 壞 | 壞 | 覆 |
| asamam 동일하지 않다. 동등하지 않다 | mi mtshungs | 不同 | 不同 | 別 |
| **제19송** | | | | |
| kāya 몸, 신체 | ngag | 身 | 身 | 身 |

| 산스크리트 | 티베트 | 진제(眞諦) | 현장(玄奘) | 반야류지(般若流支) |
|---|---|---|---|---|
| vāc 언어기관, 언어, 말 | kyang | 言 | 語 | 口 |
| upakramyamāṇa 쫓기고 있는, 공격 받는 | gsod pa | 所害 | 所殺 | 殺害 |
| aurabhirika 양을 살해하는 자, 양 도살자 | shan pa | 屠兒 | 他, 屠者 | 屠獵師 |
| urabhra 양 | lug | 羊 | 羊 | 羊 |
| maraṇa 죽음 | 'chi ba | 死 | ____ | ____ |
| atatkṛta 그에 의해 행해진 것이 아니다 | des ma byas | 非屠兒所作 | 不由他害 | 非是屠獵師等殺害猪羊牛馬等者 |
| prāṇa 생명, 호흡 | ____ | 生 | 生 | 生 |
| atipāta 살해 | ____ | 殺 | 殺 | 殺 |
| avadya 죄 | kha na ma tho ba | 罪 | 罪 | 罪 |
| yoga 연결 | ____ | 得 | 得 | 得 |
| vikriyā 변화, 변이 | 'gyur | 變異 | 轉變 | ____ |
| smṛti 기억, 상기, 억념 | dran | 心 | 念 | ____ |
| lopa 단멸, 상실, 소실 | nyams | 失 | 失 | 破失 |
| piśāca 귀신, 악귀 | 'dre la | 鬼 | 鬼 | ____ |
| manovaśa 마음의 힘 | yid kyi dbang | 心力, 心變異 | 意力 | ____ |
| svapnadarśana 꿈을 꾸다 | rmi | 得夢 | 得夢 | 夢見 |
| bhūtagraha āveśa 귀신에 홀리는 것, 악령에 홀림 | byung po'i gdon phab pa | 著鬼 | 著魅 | 鬼著 |
| vikārā 변화, 변형 | 'gyur ba | 變異 | 變異 | 失心 |
| ṛddhivat 신통을 가진, 초능력자 | rdzu 'phrul | 神通人 | 神通者 | 神通轉變 |

| 산스크리트 | 티베트 | 진제(眞諦) | 현장(玄奘) | 반야류지(般若流支) |
|---|---|---|---|---|
| sāraṇa 사라나왕 | At yA'i bu | 娑羅那王 | 娑刺拏王 | 娑羅那王 |
| ārya 성스러운 | 'phags pa | ___ | ___ | ___ |
| māhakatyāyaṇa 마하카탸야나 | chen po'i byin gyi brlabs | 大迦旃延 | 大迦多衍那 | 大迦旃延 |
| adhiṣṭhāna 위신력, 위력, 지배력 | sa ra | 心願 | 意願勢力 | ___ |
| āraṇyaka 숲 | dgon pa pa | 阿蘭若 | 阿蘭若 | ___ |
| ṛṣi 성선(聖仙), 선인 | drang song | 仙人 | 仙人 | 仙人 |
| mana 생각 | yid | 心 | 意 | 心 |
| manaḥpradośa 분노, 진에, 적개심 | 'khrugs pa | 瞋 | 憤 | 瞋 |
| vemacitra 베마치트라왕 | thags zangs ris | 毘摩質多羅王 | 吠摩質怛利王 | 毘摩質多羅阿修羅王 |
| parājaya 상실, 패배 | ___ | 見怖畏事 | 夢見異事 | ___ |
| jīvitendriya 수명, 명근, 생명력 | srog gi dbang po | 命根 | 命根 | 命根 |
| sabhāga 동분(同分), 중동분(衆同分) | ___ | 同類 | 衆同分 | 身命 |
| viccheda 단절 | mi myhun pa'i 'gyur ba | 斷 | 斷滅 | 斷絶 |
| veditavya 알아야 한다 | rig par bya | 應知 | 應知 | 應如是知 |
| **제20송** | | | | |
| daṇḍakāraṇya 단다카숲 | dan taka'i | 檀陀柯林 | 彈咤迦(林) | 檀拏迦(國) |
| śūnyatva 텅 빔, 공(空) | stongs pa | 空寂 | 空 | 空 |
| kopa 격렬한 분노 | khrod pa | 瞋 | 忿 | 瞋 |
| paravijñaptiviśeṣādhipatya 다른 사람의 특별한 인식의 영향력 | gzhan gyi rnam par rig pa'i bye brag | 他識變異增上 | 他識轉變增上力 | ___ |
| maraṇa 죽음 | 'chi ba | 死 | 死 | 死 |

| 산스크리트 | 티베트 | 진제(眞諦) | 현장(玄奘) | 반야류지(般若流支) |
|---|---|---|---|---|
| manodaṇḍa 의지에 의한 폭력 | yid kyi nyes pa | 心重罰 | 意罰 | 心業 |
| mahāsāvadya 큰 죄 | kha na ma tho ba chen po | 大罪 | 大罪 | 重 |
| upāli 우팔리 | khyim bdag nye ba 'khor | 優婆離 | 鄔波離 | 優波離 |
| gṛhapati 장자, 거사 | khyim bdag | 長者 | 長者 | 長者 |
| pṛṣṭa 질문된 | smras pa | 問 | 返問 | 問…言 |
| śruta 들린 | thos | 聞 | 聞 | 聞 |
| mātaṅgāraṇya 마탕가숲 | mātaṅgā | 摩登伽林 | 末蹬伽林 | 摩登伽國 |
| kaliṅgāraṇya 카링가숲 | kalingaka | 迦陵伽林 | 羯陵伽林 | 迦陵迦國 |
| gautama 가우타마, 붓다의 이름 | bcom ldan 'das | 瞿曇 | 喬答摩 | 瞿曇 |
| medhyībhūta 청정하게 된, 제사에 적합하게 된 | gtsang mar gyur pa | 淸淨 | 閑寂 | 無有衆生及草木等 |
| manas 생각, 의지 | yid | 心 | 意 | 心 |
| pradośa 분노, 진에 | khrod pa | 瞋 | 憤恚 | 瞋 |
| abhiprasanna 신뢰, 호의, 신봉 | dga' ba | 愛敬 | 敬重 | 信 |
| amānuṣa 인간이 아닌 존재(非人), 귀신, 정령 | mi ma yin pa | 鬼神 | 神鬼 | 鬼 |
| utsādita 파괴된, 소멸된, 섬멸된 | kha btag | 殺害 | 爲殺 | —— |
| mṛta 죽은 | dogs pa | —— | —— | 死 |
| kāyavāgdaṇḍa 신체와 언어기관에 의한 폭력 | lus dang ngag gi nyes pa | 身口重罰 | 身語 | 身口業 |

| 산스크리트 | 티베트 | 진제(眞諦) | 현장(玄奘) | 반야류지(般若流支) |
|---|---|---|---|---|
| mahāvadyatama 큰 죄 | kha na mtho ba chen po | 大罪劇於… | 大罪性過於… | ___ |
| **제21송** | | | | |
| paracittavid 다른 사람의 마음을 아는 자 | gzhan gyi sems rig pa | 他心通人 | 他心智 | 他心智者 |
| paracitta 다른 사람의 마음 | gzhan gyi sems | 他心 | 他心 | 他心 |
| jānanti 알다 | rig pa | 知 | 知 | 觀察 |
| jñāna 앎, 지식 | shes | 智 | 知 | 知 |
| ayathārtha 있는 그대로가 아닌 | don bzhin ma yin | 不如境 | 不如實 | 不如實覺知 |
| svacittajñāna 자신의 마음에 대한 앎 | rang sems shes pa | 知自心 | 知自心智 | ___ |
| ajñāna 알지 못함 | ma shes | 不知 | 不知 | ___ |
| buddha-gocara 붓다들의 인식영역 | sangs rgyas spyod yul | 佛境 | 佛境 | 佛如實知 |
| nirabhilāpya 언어로 표현할 수 없는 것, 불가언설 | de brjod du med pa | 不可言 | 不可言 | 無言語處 |
| ubhaya 양자, 둘 다, 양쪽 | gnyi | 二境 | 二 | 二法 |
| yathārtham 있는 그대로, 대상 그대로 | ji lta ba bzhin | 如是 | 如實知 | 如實知 |
| vitatha 진실하지 않은, 허위의 | ji lta ba bzhin ma yin | ___ | 虛妄 | 虛妄 |
| aprahīṇatva 단절되지 않는 것 | ma spangs pa | 未滅 | 未斷 | ___ |
| **제22송** | | | | |
| ananta 끝이 없는, 셀 수 없이 | mtha' yas | 無窮 | 無邊 | 無量無邊 |
| viniścaya 확정된 의견, 확고한 결의, 해명 | rnam par nges pa | 簡擇 | 決擇 | ___ |

| 산스크리트 | 티베트 | 진제(眞諦) | 현장(玄奘) | 반야류지(般若流支) |
|---|---|---|---|---|
| prabheda 분리, 구분, 세부적 분석 | dbye ba | 品類 | 品類差別 | —— |
| agādha 측정하기 어려운, 가늠할 수 없는 | gting mi dpogs shing | 無底 | 難度 | 非…可測量 |
| gāmbhīryā 심원한, 깊은 | zab pa | 甚深 | 甚深 | 甚深 |
| svaśaktisadṛś 자신의 힘에 따른, 내 능력 만큼의 | bdag gi mthu | 隨自能 | 隨自能 | —— |
| sarvathā 모든 점에 있어서, 모든 방면에서 | rnam pa thams cad | 如理及如量 | 此中一切種 | —— |
| cintayitum śakyate 생각할 수 있다 | bsam nus | 能思度 | 思 | 思量所知 |
| sarvaprakāra 일체의 종류, 모든 측면 | rnam pa kun | 一切功用 | —— | 諸佛甚深境界 |
| mādṛś 나와 같은, 나 같은 자 | bdag 'dra ba | 我等 | —— | 我等 |
| tarka 논리적 사유 | rtog ge | 覺觀 | 思議 | 心意意識思量 |
| sarvākāra 모든 종류, 모든 방면 | rnam pa thams cad | —— | 一切種 | 一切種 |
| sarvajñeya 모든 인식대상 | shes bya thams cad | 一切法 | 一切境 | 一切所知境界 |
| avighāta 방해받지 않는, 걸림이 없는 | thogs pa mi mnga' ba | 無疑 | 無礙 | 如實而知 |

# 역자 소개

## 강형철

동국대학교 인도철학과에서 「상키야와 불교의 찰나멸에 관한 대론 연구: Yuktidīpikā를 중심으로」란 논문으로 박사학위를 받았다. 은정 학술상(2010), 불이상(2020), 퇴옹 학술상(2022)을 수상하였다. 「『유식이십론』 2~4송의 재고」(2021), 「엘라파트라 용왕의 수수께끼: 초기 붓다전기의 에피소드 삽입 유형」(2023), 「공간의 창조 – 지옥의 생명체에 관한 바수반두의 해명 중심으로」(2024) 등 다수의 논문이 있다. 현재 경희대학교 종교시민문화연구소 연구교수로 재직하고 있다.

## 유리

부산대학교 철학과 박사과정을 수료하였다. 티베트 망명정부가 있는 인도 다람살라에서 4년간 티베트어와 티베트 불교를 공부하였다. 공역으로 『불교의 마음사상 – 유식사상입문』(2013, 산지니), 『티베트에서의 불교철학입문』(2020, 씨아이알), 『티베트 밀교 만다라 명상법』(2022, 씨아이알) 등이 있고, 논문은 「『유식이십론』의 vijñapti 고찰」(2021), 「진제의 『無相思塵論』 역주」(2024) 등이 있고, 역주서로 『비니타데바의 『유식이십론』과 『관소연론』 주석서 역주』(세창출판사, 2025 출간예정) 등이 있다.

## 구미숙

부산대학교 철학과에서 「주역의 사유 구조에 관한 연구」라는 논문으로 박사 학위를 받았다. 주역학회의 호전 학술상(2023)을 수상하였다. 「유식이십론 한역3본의 경명 변천과 역자 이설에 대한 고찰」(2017), 「『주역』의 은유와 상징」(2021), 「칼융의 동시성 이론과 주역」(2023) 등 다수의 논문이 있다. 현재 창원대학교, 부산교육대학교, 한국외국어대학교에서 강의하고 있다.

# 유식이십론

다섯 가지 버전과 상세한 해설로 읽다

초판 발행 | 2025년 2월 14일

역주 | 강형철 · 유리 · 구미숙
펴낸이 | 김성배

책임편집 | 신은미
디자인 | 안예슬, 엄해정
제작 | 김문갑

펴낸곳 | 도서출판 씨아이알
출판등록 | 제2-3285호(2001년 3월 19일)
주소 | (04626) 서울특별시 중구 필동로8길 43(예장동 1-151)
전화 | (02) 2275-8603(대표) 팩스 | (02) 2265-9394
홈페이지 | www.circom.co.kr

ISBN 979-11-6856-278-3 (93220)